인류세
시대의
맑스

KB075504

마이크 데이비스 지음
안민석 옮김

불평등과
생태위기에 관하여

OLD GODS, NEW ENIGMAS: MARX'S LOST

인류세
시대의
맑스

창비

정말로 자기 일을 다했을 때, 공공의 기금에 자기 몫의 기여를 다했을 때 비로소 삶이 시작된다. 그러고 나서야, 휘트먼이 이야기한 것처럼, 당신의 영혼을 드러내 보일 수 있다.

——유진 뎁스

치킨색의 맑스[1]

맑스를 읽게나!

리 그레고비치의 말이 반세기가 넘도록 내 머릿속을 맴돌았다. 그는
내 아버지의 친구였고 아마도 나의 "붉은 대부"였을 것이다. 달마티아
해안 출신의 다른 많은 사람들처럼 그의 가족도 1차대전 전에 미국 남
서부 구리광산 지대로 이주했다. 거기서 그들은 역사적인 노동분쟁에
휘말렸다. 리는 자신이 술집이나 여인숙 등지를 다니며 세계산업노동
자연맹(IWW)의 기관지 『인더스트리얼 워커』(*Industrial Worker*)를 판
매하던 시절의 흥미진진한 이야기를 들려주었다. 당시 그는 자기 아버
지와 대부분 멕시코나 남부 노예 출신이던 1300명의 다른 파업 광부들
이 펠프스도지(Phelps-Dodge) 구사대에게 체포되어 배설물 가득한 가
축운반차에 실린 채 뉴멕시코 사막 한가운데로 "추방당하는"것을 보
았다. 1930년대에 그는 샌디에이고의 요리사조합에서 활동했고 공산당
에 가입했다. 1954년 '비(非)미국 활동에 관한 하원조사위원회'(House
Committee on Un-American Activities)는 샌디에이고에서 청문회를 열

었는데, 당시 소환을 받은 리도 고용주들의 블랙리스트에 이름이 올랐다. 그가 마지막으로 구한 일자리는, 풍광이 그림같이 아름다운 산간 도시 줄리안 근처의 구식 노변 주점 치킨색(Chicken Shack) 조리사였다.

유년 시절 아버지가 갑작스레 심장마비를 일으켜 쓰러졌을 때, 나는 한 학기 동안 고등학교를 쉬고 삼촌의 육류도매상에서 배달 트럭을 몰았다. 치킨색은 우리의 가장 장거리 고객이었는데, 매주 한번 정도는 래리어트나 레이지제이 같은 지역 식당에 배달을 마친 후 서둘러 줄리안까지의 긴 여정에 나서곤 했다. 그 시절 리와 나는 늘 하던 일이 있었다. 식당 문을 안에서 걸어 잠근 다음 리는 나에게 작은 잔에 적포도주 한 잔을 따라주었고, 우리는 간단히 아버지의 건강과 민권운동(그는 내가 샌디에이고의 인종평등회의에서 활동하게 된 것을 자랑스러워했다)에 관해 이야기를 나눴다. 그런 뒤에 내가 일어나 자리를 뜨려고 하면 리는 내 등을 철썩 때리며 말하곤 했다. "맑스를 읽게나!"(나는 늘 이 얘기를 하고 다녔는데, 리가 불가사의한 소련 첩자라는 식의 왜곡된 내용이 나에 관한 FBI 파일에 등장했을 때에도 놀라지 않았다.)

리 본인은 수백만의 다른 평범한 사회주의자들이나 공산주의자들처럼 맑스(Karl Marx)를 거의 혹은 전혀 읽지 않았다. 아마 맑스의 『임노동과 자본』(*Lohnarbeit und Kapital*)이나 레닌(Vladimir Lenin)의 『칼 맑스의 교의(教義)』(*Karl Marks: Kratkiy biograficheskiy ocherk s izlozheniyem marksizma*) 정도가 그 옛 인물을 이해하는 데 인기 있는 대용물이 되어주었을 것이다. 대부분의 평범한 독자들은 이론의 최고봉 격인 『자본』(*Das Kapital*)을 맞닥뜨리면 겁부터 집어먹었다. 그 정상에 도전한 얼마 안 되는 사람들조차 대개 첫번째 장의 앞부분에 등장하는 크레바스에 빠졌고 다시는 재도전할 생각을 하지 못했다. 물론 이 때문에 맑스의 천재성은 더욱더 신비해 보였으며, 정상에 등극했다고 자임하는 당 지식인들의 위신도 더 높아졌다. 제정기 독일 노동자 도서관에 관한 한 연구에 따르면, 진지하게 책을 접하는 노동자 독자들은 정치경제학 비 판 서적이 아니라 다윈주의 분야나 유물론적으로 해석한 자연사 분야 에 특별히 더 관심이 많았다. 카를 카우츠키(Karl Kautsky)의『칼 맑스 경제론』(*Karl Marx' Ökonomische Lehren*)은 "실제 독서용 책이라기보다 는 대출용 책"이었다.[2]『칼 맑스: 인간이자 투사』(*Karl Marx: Man and Fighter*)는 맑스의 혁명가로서의 면모에 초점을 맞춘 잘 쓰인 평전인데, 이 책을 쓴 멘셰비끼 저자들은 1936년에 다음과 같이 추정했다. "아마 도 사회주의자 1000명 가운데 한명 정도만이 맑스의 경제학 저서를 읽 어봤을 것이고 반(反)맑스주의자들의 경우 1000명 중 단 한명도 읽어보 지 않았을 것이다."[3]

1968년 나는, 소련이 '프라하의 봄'을 진압하는 데 맞선 남캘리포니 아 공산당의 입장에 연대하는 차원에서 그곳에 가입했는데, 당시에도 사정은 거의 변하지 않았다. 신입 당원 정치 교육 커리큘럼이 율리우스 푸치크(Julius Fučík)의『교수대의 비망록』(*Reportáž psaná na oprátce*) 으로만 구성되어 있는 것을 보고 나는 깜짝 놀랐다. 이 책은 1943년 처 형된 한 젊은 체코 공산주의자가 쓴 심금을 울리는 유언장이지, 맑스 주의 입문서와는 거리가 멀다. 내가 가진 지식도 맑스의 '소외' 개념 과 관련해 읽은 대중적 저서『1844년 경제학-철학 수고』(*Ökonomisch- philosophischen Manuskripte aus dem Jahre 1844*)와『독일 이데올로기』 (*Die Deutsche Ideologie*) 일부에 국한되어 있었다. 로스앤젤레스 시부에 서 남녀노소를 불문하고 맑스를 제대로 이해하며 실제로 독일어 원전 을 읽은 당원은 새로 가입한 앤절라 데이비스(Angela Davis)가 유일했다. 그러나 당시 데이비스는 너무나 중요한 투쟁에 많이 참여하느라 나머지 당원들을 교육해줄 시간이 없었다.

그러나 맑스주의 운동에 맑스가 보이지 않게 된 것은 단지 그의 몇몇 핵심 저작이 난해하기 때문만은 아니었다. 다른 장벽들이 있었다. 예를 들면 어디서 시작하느냐의 문제 같은 것 말이다. 만약 당신이 변증법에서 시작했다면 당신은 점점 더 정신을 몽롱하게 하는 헤겔(G. W. F. Hegel)의 날카로운 눈초리를 견뎌야 했을 것이다. 적어도 직장에 다니며 점심과 저녁 식사 시간에 마르쿠제(Herbert Marcuse)의 『이성과 혁명』(*Reason and Revolution*)을 소화해내려고 분투했을 때 나의 경험은 그랬다. 몇년 뒤, 젊은 맑스가 헤겔과 그 해석가들에게 느낀 자신의 좌절감을 표현한 짤막한 시를 발견했을 때는 기쁘기조차 했다.

"헤겔에 관하여"

내가 가르친 모든 단어는 사악한 진창 속으로 뒤섞여버렸고,
누구나 자신이 생각하기로 선택한 것에 대해서만 생각할 것이다.
각자 스스로 알아서 지혜의 자양분이 되는 넥타를 흡수할 것이다.
이제 당신도 모두 알게 되었듯이, 난 당신에게 아무것도 가르친
게 없다![4]

만약 당신이 헤겔을 피해 갔다면, 당시 유행하던 '인간주의적 맑스주의' 해석의 도움을 받아 빠리와 브뤼셀 시절의 영감이 충만한 맑스를 발견했을지도 모른다. (그러나『신성가족』〔*Die heilige Familie*, 1845〕은 결코 내 독서 목록에 들어가지 않았는데, 내가 알기로 그 책을 읽은

유일한 사람이 당시 그 책에 대해 신랄하게 비판했기 때문이었다.) 그러나 일단 당신이 걸음마를 배웠다고 생각한 다음에는 알뛰세르(Louis Althusser)가 등장할 테고 갑자기 청년 맑스는 잘못된 맑스가 되어버릴 터였다.

그러나 거의 예외 없이, 엘름가 시절의 맑스에 대한 학습은 물론이고 다른 세미나들도 "인간이자 투사"로서의 맑스와는 분리되어 있었다. 1848~50년의 격변기에 대한 뛰어난 정치적 분석을 담고 있는, 바리케이드의 열정으로 충만한 저작들은 대개 철학자들로부터 관심을 받지 못했다. 내가 독학으로 어렵게 공부하던 시절의 맑스는 당의 이데올로그들(가령 변증법적 유물론의 신봉자들)에 의해 양립이 불가능한 교의들로 뒤죽박죽되거나, 불가해한 미번역본 원고들 속으로 사라져버리거나, 그 둘 중 하나였다. 게다가 영문판 맑스 전집은 몇년 뒤에야 출판되었기 때문에 원전을 전반적으로 개관하기란 거의 불가능했다. 1973년 '뉴 레프트 리뷰'(New Left Review)와 '펭귄북스'(Penguin Books) 간 기념비적인 협업의 시작으로 마틴 니콜라우스(Martin Nicolaus)가 그 유명한 『정치경제학 비판 요강』(*Grundrisse der Kritik der politischen Ökonomie*)을 번역해내면서 비독일어권 독자들을 위한 운동장도 상당히 넓어졌다. 다만 그 덕분에 이제 네권으로 된 수천 페이지짜리 『자본』을 읽기에 앞서 900페이지짜리 연구를 추가로 읽어야 할 판이었다.

같은 해, 잘나가던 트럭 일을 그만둔 후 나는 나이 든 신입생으로 UCLA에 입학했다. 당시 그곳은 사학과의 로버트 브레너(Robert Brenner)가 이끌던 영향력 있는 『자본』 세미나로 유명했다. 브레너와 그의 동료들(리처드 스미스Richard Smith, 얀 브라이덴바흐Jan Breidenbach, 마리아 라모스Maria Ramos 등)은 '농촌의 계급투쟁'과 '봉건제에서 자본주의로의 이행'을 둘러싼 영국 맑스주의 논쟁사의 맥락에서『자본』을 독해하고 있었고, 추후에는 위기 이론과 20세기 경제사로 발전해갔다. 나로서는 매우 흥미진진한 경험이었고, 거기서 얻은 지적 자신감으로 정치경제학과 노동사, 그리고 도시 생태학을 절충한 독자적인 연구를 추구할 수 있었다. 그러나 할 드레이퍼(Hal Draper)의『칼 맑스의 혁명론』(*Karl Marx's Theory of Revolution*)과 미까엘 뢰비(Michael Löwy)의『청년 맑스의 혁명론』(*La théorie de la révolution chez le jeune Marx*)처럼 매우 중요한 몇몇 저작을 제외하면, 생산양식 논쟁이 가치 형태, 가치의 전환 문제 및『자본』에 나타난 헤겔식 논리의 역할을 둘러싼 극도로 미시적인 논쟁으로 변질되면서 나는 맑스 연구에 흥미를 잃어버리고 말았다. 이른바 "이론" 일반이 실생활의 투쟁이나 거시적 역사 문제 같은 것들과 동떨어지면서 세기말이 다가올 무렵에는 기괴한 몽매주의로 빠져드는 듯했다. 리 그레고비치가 누군가에게 "제임슨을 읽고, 데리다를 읽게나"라고 간곡히 말하는 모습은 결코 상상할 수도 없었다.『제국』(*Empire*)의 늪을 헤쳐가며 논쟁에 뛰어들라고 하는 모습은 말할 것도 없고 말이다.

맑스 전집을 만나다

조금의 과장도 없이 말하자면, 시간이 지나면서 나의 맑스주의 지식도 더이상 예전 같지 않았다. 그러나 모든 나이 든 학생에게는 운전면허를 새롭게 갱신할지 말지를 결정해야 할 시간이 오기 마련이다. 그러던 와중에 다니엘 벤사이드(Daniel Bensaïd)의『우리 시대의 맑스』(*Marx l'intempestif*)를 접하게 되었다. 눈부시게 독창적인 재해석으로 맑스주의를 탈무드식 사슬로부터 끊어낸 이 책은 맑스주의에 대한 나의 흥미를 북돋웠다. 벤사이드는 "비선형적 맑스"라는, 맑스를 해석하는 새로운 관점을 제안했다.[5] 나는 가르치는 일에서 물러난 데다 꽤 오랫동안 몸이 좋지 않았던 관계로 그제야 『맑스-엥겔스 전집』(*Marx-Engels Collected Works*)을 훑어볼 여유를 갖게 되었다. 이제 영문판도 출간됐고, 해적판의 경우 온라인상에서는 공짜로도 이용이 가능했다.[6] 『맑스-엥겔스 전집』을 아주 훌륭하게 이용한 최근 저자로 자본주의에 대한 맑스의 강력한 생태학적 비판을 상세하게 재구성한 『먼슬리 리뷰』(*Monthly Review*)의 편집자 존 벨러미 포스터(John Bellamy Foster)를 들 수 있다. 또 에리카 베너(Erica Benner)는 통상 왜곡된 채 전해져왔던 민족주의에 대한 맑스의 관점을 복원하는 매우 귀중한 작업을 수행했다. 이 부분에 대해서는 이 책 2장 「맑스의 잃어버린 이론」에서 다룰 것이다. 그러나 주요 광맥은 거의 손도 못 대고 있는 실정이다. 가령 맑스와 엥겔스(Friedrich Engels)가 수백 페이지에 걸쳐 신랄하게 다룬 19세기 유럽의 정치적 술책들, 특히 대영제국과 러시아 제국 사이의 지정학적 체스 게임에 대한 논평들은 확실히 새로운 해석을 보장해줄 만하다. 마찬가지로, 정치경제학에 관한 맑스의 이론적 글쓰기를 1857년이나 1866년 같은 당대의 경제 위기 시기에 대한 그의 구체적인 분석들과 비교해보는 것도 유익할 것이다. 이는 지금까지는 대개 각주로 밀려났던 주제들이다. 보다 일반적으로는, "당대의 맑스"(Marx on the conjuncture)야말로 맑스 전문가들의 새로운 슬로건이 되어야 하는 게 아닌가 싶다.

이제 맑스의 저작들을 개괄적으로 살펴보는 것이 가능해지면서 맑스와 엥겔스의 협업에서 발견되는 맹점이나 오류를 찾아내는 일도 더 용

이해졌다. 예를 들어 맑스는 도시에 대해서는 단 한 글자도 쓴 적이 없으며, 민족지학이나 지질학, 수학에는 엄청난 열의를 갖고 탐닉했지만 지리학에는 전혀 관심을 보이지 않았다(지리학은 나중에 엘리제 르끌뤼Élisée Reclus와 뾰뜨르 끄로뽀뜨낀Pyotr Kropotkin 같은 아나키스트들의 주 관심 분야가 된다). 그는 여행을 별로 다니지 않았고, 극도로 몸이 안 좋았던 생애 막바지에 이르러서야 햇살 좋은 곳을 찾아 서유럽 바깥으로 여행을 감행했다. 그가 알제에서 쓴 편지들은 아랍인들의 문화와 위엄을 칭송하는 내용을 담고 있었는데, 이는 그가 유럽중심주의를 능히 극복하고 다른 세계의 새로움을 충분히 즐길 줄 알았음을 보여주었다. (질병과 가족의 비극으로 고통받지만 않았더라면 얼마나 좋았을까!) 미국은 또 하나의 역설이었다. 어쨌거나 『뉴욕 트리뷴』(New York Tribune) 통신원이었던 맑스는 미국이 변화무쌍한 미래를 가진 곳이라 여겼고, 영국 노동운동 내에서 링컨(Abraham Lincoln)과 노예해방에 대한 지지를 얻어내고자 엥겔스와 더불어 정력적으로 활동했다. 그러나 또끄빌(Alexis de Tocqueville)의 책을 읽었음에도 그는 미국 정치 체계의 독특한 특징, 특히 초창기 미국 노동운동의 발전에 백인-남성 참정권의 조기 도입이 미친 영향을 전혀 주목하지 않았다.

맑스의 시야가 당대의 지평을 넘어섰다는 점, 그리고 (맑스가 애독했던) 『이코노미스트』(Economist)가 몇년 전 지적했듯 『자본』이 월마트와 구글의 시대인 오늘날에도 여전히 놀라울 정도로 현재적 의미를 지니고 있다는 점에는 의문의 여지가 없다. 그러나 다른 경우에는 맑스의 시야도 당대의 시대적 상황이 갖는 이례적 특성 탓에 제한적이었다. 확실히 당시는 1000년의 유럽 역사에서 가장 평화로운 시대였다. 식민지 개입을 제쳐놓고 봤을 때 자유주의적인 런던을 중심으로 한 자본주의는, 재생산의 조건으로서나 자본주의적 모순의 불가피한 결과로서나 대규모 국가 간 전쟁을 **구조적으로** 촉발하지 않는 듯했다. 물론 맑스는 1880년대 후반과 1890년대에 등장한 신제국주의가 세계시장의 지분을 둘러싼 주요 열강들 사이의 제로섬 분쟁으로 치닫기 전에 사망했다. 또한 맑스는 심지어 빠리 꼬뮌 가담자들에 대한 학살이 발생한 이후에도, '반동적 스딸린주의'(Thermidorean Stalinism)를 비롯한 다음 세기의 반(反)혁명이 평범한 아나키스트들과 사회주의자들 및 공산주의자들에게 가져올 끔찍한 댓가, 즉 적어도 700만~800만명이 사망하게 될 일을 예상할 수 없었다.[7] 가장 젊고 정치적으로 의식화된 사람들이 항상 최전선에 나섰기 때문에, 선봉에 선 이들에 대한 이런 반복적인 대량살상은 이루 헤아릴 수 없는 결과를 초래했다. 이 또한 역사가들이 거의 전적으로 놓쳐온 사실이다.

이와 비슷하게, 맑스 시대의 거의 모든 지표가 지속적으로 신앙심이 약해지고 산업사회가 세속화되어가는 경향을 보여주었다. 초창기 저술 이후 종교 문제는 당연히 맑스의 문제의식을 구성하는 하나의 주제가 되지 못했다. 그러나 세기말에 흐름이 역전되면서 정치적 가톨릭주의가 초기 기독민주당(CDU)에서 중앙당(Zentrum)으로, 또 파시즘으로 퍼져감에 따라 유럽의 많은 지역에서 사회주의/공산주의 세력의 주요 경쟁자로 부상했고, 1910~20년대와 1950~70년대 좌파의 선거 승리를 가로막는 중요한 장벽이 되었다. 거의 '제2의 가톨릭 개혁'이라 할 만한 가톨릭의 이런 놀라운 부활은 상당 부분 성모숭배의 확산과 노동계급 부녀자층에 대한 교회의 적극적인 공략 덕분이있다. 노동운동은 맑스와 엥겔스가 결코 문제 삼지 않았던 그 가부장적 성격 탓에, 새롭게 작동하는 힘을 알아차리지 못했다. 각자 걸출한 혁명가로 성장한 세

딸을 포함해 강인하고 급진적인 여성들로 가득한 가정에서 살았으면서도 맑스의 가장으로서의 권위는 결코 약해지지 않았다. 바버라 테일러(Barbara Taylor)를 비롯한 몇몇 학자가 지적한 것처럼, 맑스의 이름이 붙은 운동들은 초창기 많은 유토피아적 사회주의 분파들이 보여준 놀라울 정도의 페미니즘 성향으로부터 상당히 퇴보했다.[8] 실제로 시간상 플로라 트리스땅(Flora Tristan)과 클라라 체트킨(Clara Zetkin) 사이에 있던 어떤 여성도 노동운동이나 사회주의 운동의 주요 조직에서 지도부에 들어가지 못했다.

　관건은 사회주의자들이 맑스의 자본주의 비판으로부터 비할 데 없이 많은 것을 배웠다 할지라도, 비록 처음에는 소화하기 어렵겠지만 맑스 비판과 그의 빅토리아 시대풍 추론에 대한 비판에서도 무언가를 배워야 한다는 점이다. 여기서 "맑스 비판가들"(critics of Marx)이 아니라 "맑스 비판"(critique of Marx)이라고 말하는 이유는, 바꾸닌(Mikhail Bakunin)과 끄로뽀뜨낀 같은 저명한 혁명가들에게서조차 맑스 사상의 왜곡이 (그에 대한 중상모략만큼이나) 엄청난 수준으로 이뤄졌기 때문이다. 독일 노동운동계에서는 라살(Ferdinand Lassalle) 숭배에 뒤이어 맑스 숭배도 일어났는데, 인간 해방에 바친 맑스의 희생적이다시피 한 헌신을 찬미한 것까지는 정당했으나 그밖에는 여느 광신도 집단과 다를 바가 없었다. 맑스 숭배는 맑스의 생생한 사상과 비판적 방법론을 형해화했다. 물론 맑스 자신도 이러한 위험을 잘 알았고, 그래서 프랑스 노동자당(POF)의 쥘 게드(Jules Guesde)와 그의 "정통 맑스주의자" 분파를 두고 저 유명한 말을 한 바 있다. "확실한 건, 〔만약 그들이 맑스주의자라면〕 나는 맑스주의자가 아니라는 사실이다"(Ce qu'il y a de certain c'est que moi, je ne suis pas marxiste). 도대체 20세기에도 그가 이 말을 얼마나 더 해야 했을까?

이 책에 관하여

나는 2006년 펴낸 『슬럼, 지구를 뒤덮다』(*Planet of Slums*)라는 책의
에필로그에서 이렇게 물었다. 가장 빠르게 증가하는 전지구적 계급인
비공식(informal) 프롤레타리아트는 과연 맑스주의에서 가장 효험이
좋은 "역사적 주체"라는 부적의 소지자로서 어느 정도나 타당한가? 당
시에는 몰랐지만, 에릭 홉스봄(Eric Hobsbawm)도 1995년의 한 인터뷰
에서 정확히 같은 질문을 했다(그의 말은 이 책 1장 첫 부분에 인용되
어 있다). 지난 세대 동안 진행된 신자유주의적 세계화 때문에 "지구적
비참함"의 의미가 재충전되었다. 홉스봄이 말한 "비공식 경제의 회색
지대"는 그의 인터뷰 이후 거의 10억명을 아우를 정도로 팽창했고, 아
마 "비공식 프롤레타리아트"도 일용직이나 "영세 사업가" 및 생계형 범
죄자를 포괄하는 더 넓은 범주 안에 들어갈 것이다. 또한 거기에는 법이
나 노동조합, 직업 계약으로부터 보호받지 못한 채 일하는 사람들, 공장
이나 병원, 학교, 항구 등의 사회화된 복합체 밖에서 일하는 사람들, 혹
은 구조적 실업이라는 사막 한가운데서 그저 정처 없이 떠도는 사람들
도 포함된다. 세가지 중요한 질문이 있다. (1) 이러한 비공식적인 주변
부 경제 분야에서 계급의식의 형성은 가능한가? (2) 기술적으로 비숙련
상태이거나 실업 상태인 슬럼 거주자들의 운동은 사회 변화를 위한 성
공적 투쟁을 가능하게 해줄 권력 자원, 가령 대규모 사업장을 폐쇄할 수
있는 공식 노동자들의 능력에 상응하는 자원을 확보할 수 있는가? (3)

전통적인 노동계급과 "회색지대"의 다종다기한 인간 군상 사이에서는 어떤 종류의 단결된 행동이 가능한가? 그러나 비교사와 현재 진행 중인 비공식 경제 분야 투쟁의 사례 연구들을 바탕으로, 『슬럼, 지구를 뒤덮다』의 후속작을 고민하며 깨달은 바가 있다. 바로 "주체"(agency)라는 개념이 고전적 사회주의의 시대, 즉 맑스 당대부터 1921년 이후의 고립된 신생 쏘비에뜨 시대까지 어떻게 이해되어왔는지를 먼저 분명히 할 필요가 있다는 것이다.

프롤레타리아 주체성이야말로 혁명적 교의의 핵심 중 핵심이라는 사실에 모두가 동의함에도 다른 어떤 확장된 정의를 찾아 나서는 것은, 정도도 아닐뿐더러 쓸모없는 시도다. 이런 이유로 1장 「오래된 신, 새로운 수수께끼」에서는 간접적인 전략을 채택한다. 즉 맑스 전집과 19세기와 20세기 초 유럽 및 미국 노동사를 다룬 수십개의 연구물을 동시에 독해하는 것이다. 목표는 계급역량(class capacities)과 계급의식이 사회적 분쟁의 주된 영역들에서 어떻게 발생하는지에 관한 해석을 찾는 것이다. 이를테면 사회화된 공장과 그 안에서 벌어지는 존엄 및 임금을 위한 투쟁, 노동과정을 둘러싼 보이지 않는 싸움, 지주제와 높은 생활비에 맞선 노동계급 가족의 분투, 보통선거권을 획득하고 전쟁에 반대하려는 운동, 다른 나라의 노동자들 및 정치범들과의 연대 활동, 그리고 산업자본주의 체제의 한복판에서 사회주의적이고 아나키즘적인 대안문화를 건설하기 위한 운동 같은 영역들에서 말이다. 일련의 가설들로 제출된 그 결과는, 서양의 노동계급이 어떻게 계급의식과 권력을 획득했는가에 관한 일종의 역사사회학이다. 개별 사례 연구들로부터 반복적으로 도출되는 내용은, 더 높은 수준의 계급역량은 활동가들이 실제적으로나 이론적으로나 서로 다른 부문의 요구와 이해를 조정해냈을 때, 즉 접합적 국면에서(conjuncturally) 발생한다는 것이다. 다시 말해 창의적인 조직화 작업이 가장 중요해지고 급격하게 변화를 가져오는 시기는 정확히 서로 다른 투쟁들의 합류(임금 투쟁과 선거권 투쟁의 합류, 지역사회 투쟁과 산업 현장 투쟁의 합류, 공업 부문 투쟁과 농업 부문 투쟁의 합류 등)가 일어날 때, 아울러 이따금 계급 내 적대(숙련노동자와 반半숙련노동자의 적대)가 발생할 때였다. 요컨대 역사적 주체는 온 세상 프롤레타리아들의 불만과 열망을 특정한 국면과 위기 상황 속에서 통합하고 전략적으로 종합해낼 수 있는 능력으로부터 도출되었다. 그리고 덧붙이자면, 고용주들의 공세와 반혁명적 혁신에 성공적으로 대응하는 능력 또한 중요하다.

몇년 전 로빈 블랙번(Robin Blackburn)은 "맑스와 엥겔스의 진정한 독창성은 경제학이나 철학이 아니라 정치학 분야에 있었다"는 깜짝 놀랄 만한 주장을 폈다.[9] 2장 「맑스의 잃어버린 이론」에서는 맑스의 민족주의 정치학에 관한 에리카 베너의 연구를 받아들여, 프랑스의 실패한 혁명에 대한 맑스의 진혼곡 ──『루이 나뽈레옹의 브뤼메르 18일』(Der 18te Brumaire des Louis Napoleon)과 『1848~50년 프랑스의 계급투쟁』(Les Luttes des classes en France, 1848-50) ── 이야말로 그의 지적 성취에서 『자본』 다음으로 뛰어나다는 사실을 주장한다. 더욱이 이 맑스의 진혼곡은 철저하게 혁명적 행동주의라는 긴급성에 기반하고 있다. 말하자면 맑스는, 어떤 계급도 정치적 다수파를 형성하거나 국가적 위기를 돌파해낼 수 없는 상황에서, 국가 행정(executive state)의 자율적 역할은 물론, 훗날 안또니오 라브리올라(Antonio Labriola)가 경세적 이해관계의 "사회 내적 연동장치"라 부르게 될 것을 드러내기 위해 당대 사건들의 진실을 열어젖힌 것이다. 유물론적 정치학의 도래를 알린 맑스의 프랑스어 저술은 통상 맑스 주석가들이 잘 인지하지 못하는 중간지대를 탐사하고 있다. 거기서는 직접적으로 정치 영역을 조직하는 당사자들이 대개 조세와 신용, 그리고 화폐를 놓고 "이차적인 계급투쟁"을 벌인다. 그들은 또한 전지구적 경제의 힘이 종종 정치적 분쟁과 차별적인 계급역량에 영향을 미치게끔 하는 중계자이기도 하다. (달리 말해, 정치의 근원적 이해관계 구조가 적어도 장기적으로는 생산관계에 의해, 그리고 지도자들·조직가들·중계자들의 활동 솜씨에 의해 이중적으로 결정된다고 보는 헤게모니 이론은 여기서 출발한다.) 맑스는 미래에 있을 어떤 혁명에서든 노동운동은 반드시 모든 형태의 착취(가령 농민들에 대한 과도한 과세라든지 소규모 사업가들에 대한 자금 압박)를 능숙하게 다뤄야 하며, 외세의 개입(맑스는 이를 거의 프롤레타리아 헤게모니의 전제조건인 것처럼 보았다)에 대해서는 **민족**의 이름으로 저항을 주도해야 한다고 주장했다. 마지막으로, 맑스의 이런 글들은 급진적인 혁신을 시사했다. 그것은 회고적 "대차대조" 방법에 따른 전략적 비판으로, 레닌과 뜨로쯔끼(Leon Trotsky)가 이 분야에서 매우 능숙한 솜씨를 보여줄 터였다.

3장 「사막화」에서는 맑스의 비판자인 *끄로뽀뜨낀*에 초점을 맞춘다. 과학자로서의 *끄로뽀뜨낀*은 기후변화에 관한 대대적인 국제적 논쟁을 불러일으킨 장본인이기도 했다. 이 '아나키스트 대공'은 매우 아름다운 딸 쏘피야와 함께 들르곤 했던 런던의 중간계급 급진주의자들과 지식인들의 응접실에서 마주칠 때만큼은, 적어도 빅토리아 시대 후기의 아나키스트들 가운데 가장 사교적이고 매력적인 인물이었다. 그러나 항상 그를 감시하던 러시아 공안국(Okhrana)은 이 변절한 귀족이자 전직 탐험가를 세계에서 가장 위험한 혁명가 중 하나로 간주했다. 맑스와 엥겔스처럼 끄로뽀뜨낀의 지적 관심사도 굉장히 광범위했다. 그러나 맑스가 멀리서 과학자들을 경외했다면, 끄로뽀뜨낀은 자기 스스로가 바로 과학자였다. 끄로뽀뜨낀은 뛰어난 자연지리학자로서, 그의 만주와 아무르강 유역 탐사는 그 중요도나 대담함의 정도에서 당대에 미국 서부를 탐험한 존 웨슬리 파월(John Wesley Powell)이나 퍼디낸드 헤이든(Ferdinand Hayden)의 탐사에 버금갔다. 그는 말년에 『네이처』(*Nature*)에 자주 기고했고 저서 『상호부조』(*Mutual Aid*)는 현대 생물학의 "공생으로의 전환"(symbiotic turn)을 예견할 만큼 뛰어났지만, 빙하지질학과 빙하의 후퇴에 관한 그의 주요 과학 저작(첫권은 지하감옥에서 완성되었다)은 전혀 번역된 적이 없으며 최근에야 러시아어로 출판되었다.

시베리아와 스칸디나비아에서 진행한 현장조사를 통해 끄로뽀뜨낀은 기후변화에 관한 많은 가설들을 도출해냈고, 이는 수십년 뒤 1904년 『지리학 저널』(*Geographical Journal*)에 실린 한 논문을 통해 유명해졌다. 3장의 주요 주제이기도 한 이 논문이 갖는 중대한 의미는, 끄로뽀뜨낀이 자연적 기후변화를 인류 역사의 주요 원동력으로 인식한 최초의 과학자였다는 사실에 있다. 이 논문이 대단히 독창적인 것 같진 않아 보여도, 실은 그렇지 않다. 근래에 백악관을 지배하는 기후변화 부인론과는 대조적으로, 19세기에는 특히 삼림 파괴와 산업공해 같은 인간 활동이 기후변화를 가져와 농경은 물론 심지어 인간 생존마저도 위협할 수 있다는 생각이 식자층의 여론에 광범위하게 통용되었다. 끄로뽀뜨낀이 등장하기 전까지만 해도, 자연적 기후변화 과정에서 주기적으로 혹은 장기적으로 나타나는 중요한 추세를 보여주는 관측에 근거한 사례와 그것이 인류 역사에 중요한 영향을 미쳐왔음을 보여주는 증거가 부재했다. 끄로뽀뜨낀은『지리학 저널』에 기고한 논문을 통해 빙하기의 종결은 여전히 진행 중인 과정이고, 그 결과 점진적인 건조화 효과를 유라시아 대륙 전역에서 볼 수 있으며, 이것이 유럽에 대한 아시아 유목민들의 간헐적인 맹습 같은 일련의 재앙적 사건들을 야기했다고 주장했다.

불행히도 그의 연구는, '붉은 행성'에서 목격된 것으로 추정되는 정교한 "운하" 체계가 문명의 존재를 보여준다고 하는, 화성의 "사라져가는 문명" 가설을 둘러싼 논쟁과 재빨리 뒤섞여버렸다. 이 운하설의 가장 열정적인 주창자였던 퍼시벌 로웰(Percival Lowell)은 화성의 운명이 그저 지구의 미래를 미리 보여줄 뿐이라고 주장하는 책을 썼는데, 그 근거로 끄로뽀뜨낀과 몇몇 학자를 인용하여 유라시아의 점진적인 건조화를 제시했다. 그러나『지리학 저널』논쟁의 충격요법으로 생명을 부여받은, 끄로뽀뜨낀이 만들어낸 진정한 프랑켄슈타인의 괴물은 미국 지리학자이자 전직 선교사인 엘즈워스 헌팅턴(Ellsworth Huntington)이었다. 그는 끊임없는 자가발전을 통해, 자연의 주기적 과정으로서의 지속적 건조화를 그 유명한 "아시아의 맥박"(Pulse of Asia)으로 재해석했다. 문명의 흥망성쇠건, 혹은 단순히 인간의 기질이건 간에 그것이 기후에 따라 결정된다는 헌팅턴의 믿음은 곧바로 기괴한 인종주의 역사이론으로 변모하여 거의 두 세대 동안 역사기후학 연구라는 우물에 독을 탔다.

내가 4장「누가 방주를 지을 것인가?」를 집필할 때만 하더라도, "인류세"(Anthropocene)를 둘러싼 논쟁은 여전히 대부분 지구과학계에 국한되어 있었다. 인류세란 산업자본주의의 생화학적 충격으로 형성된, 전례를 찾아보기 힘든 새로운 지질학적 시대를 규정하기 위해 제안된 용어다. 그후 이 개념은 밈의 속도로 확산되어 이 분야의 논쟁들뿐만 아니라 다른 거의 모든 분야를 망라할 정도가 되었다. "인류세"라는 제목을 달고 근래에 출간되었거나 조만간 나올 책들의 목록만 일별해봐도, 『인류세 시대의 세계 정치』 『인류세 시대에 죽는 법 배우기』 『인류세 시대의 사랑』 『인류세 시대의 박쥐』 『인류세 시대의 덕성』 『인류세 시대의 시』 『인류세 시대의 희망과 슬픔』 『인류세 시대의 산호초』 등 여러가지다. 다시 말해 인류세는 지구 시스템 과정과 층서학적 구분의 척도라는 원래의 의미를 넘어, 이중적인 의미에서 포스트모더니즘의 후계자가 되었다. 이제 인류세는, 새로운 것이라면 전부 포괄하는 방대하지만 간혹 아무 의미도 없는 덮개이자, "탈자연"(post-natural) 시대의 존재론에 관한 거칠고 체계적이지 못한 사고들의 허가증이 된 것이다. 급진적인 비평가들은 인류세에 관한 잡다한 논의들 속에 뒤섞여 있는 잘못된 일반화를 지적하는 데 마땅히 초점을 맞춰왔다. 가령 "지질학적 주체로서의 인간"(자본주의가 아니라?), "인간 생존에 대한 위협"(부자들은 살아남을 것이 확실하기 때문에 존재론적 위협은 대다수의 가난한 사람들에게만 해당한다), "인간의 화석연료 발자국"(이건 또 무슨 말인가?) 같은 것들에 대해서 말이다.

4장은 나 자신과의 논쟁으로 이루어져 있다. 전반부에서 나는 비관론의 입장에 선다. 부유한 나라들(혹은 계급들)이 과거 자신들의 탄소 배출에서 비롯하는 재앙적 결과로부터 더 많은 고통을 받게 될 가난한 나라들에게 "생태적 빚"을 갚을 것이라고 믿게 해줄 역사적 전례나 합리적 행위자 논리는 존재하지 않는다. 마찬가지로, 인류세의 혼돈은 자본주의의 더욱 광범위한 문명사적 위기와 불가분하게 연결되어 있다. 예를 들어 지구의 노동력 가운데 많은 부분은 가난한 도시들이 늘 부족한 주택 보급이나 환경적 요구, 아울러 극단적 기후에 대비하는 데 들어가야 한다. 그러나 전지구적 자본주의는 더이상 일자리를 만들어내는 기계가 아니다. 오히려 실업자와 비공식적으로 고용된 이들이야말로 지구상에서 가장 빠르게 증가하고 있는 사회계급이다. 현실적으로 시장의 힘이 방대한 노동 예비군을 동원하여 인류세의 도전에 맞설 것이라고 보는 시나리오 따위는 없다. 대규모 가뭄이나 해수면 상승에 따라 인간의 이주가 불가피해졌음에도 이를 해결할 만한 정책들이 받아들여질 가능성 또한 거의 없다. 아마도 그런 일이 가능하려면 맑스와 엥겔스가 상상한 그 어떤 수준보다도 훨씬 더 광범위한 아래로부터의 혁명이 필요할 것이다.

4장 후반부에서 나는 높은 생활수준의 보편화와 지속 가능성의 요구가 서로 조화를 이룰 수 없다고 주장하는 환경주의자들의 잘못된 판단에 초점을 맞춘다. 자본주의적 도시화가 여러 측면에서 대기오염, 지하수 고갈, 주요 오염원 배출 같은 문제에 책임이 있다고 할 때, 나는 도시야말로 스스로의 문제를 해결할 수 있는 해결책임을 제안할 것이다. 사적인 부를 공적인 부로 전환하면 탄소발자국을 제로로 만들 수 있다. 규격화된 사적 소비가 아니라 민주적인 공적 공간을 지속 가능한 평등성의 원동력으로 삼는다면, 지구적 차원에서 "수용 능력"(carrying capacity)이 부족할 일은 없을 것이다. 1880년대부터 1930년대 초반까지 사회주의자들과 아나키스트들 사이에서 유행했던 경탄할 만한 유토피아적 도시 담론들을 재발견하여 우리의 상상력에 불을 붙일 필요가 있다. 우리 모두가 새로운 암흑시대에 대한 유일하게 가능한 대안이라 믿는 대안세계(alter monde)는, 우리가 오래된 꿈을 다시 새롭게 꿀 때라야 가능하다.

차
례

1장

오래된 신,
새로운 수수께끼:
혁명적 주체에 붙이는 주석

OLD GODS, NEW ENIGMAS: NOTES ON REVOLUTIONARY AGENCY

1995년 『극단의 시대』(*The Age of Extremes*)가 출간된 직후, 한 인터뷰에서 에릭 홉스봄은 사회주의 사상의 미래를 전망해달라는 질문을 받았다. 그는 이 문제가 사회주의 프로젝트를 지지해줄 "역사적 세력"이 여전히 존재하느냐 여부에 달려 있다고 답했다. "내 생각에는 그 역사적 세력이 반드시 사상에만 기대었던 것 같진 않습니다. 그보다는 특수한 물적 조건이 더 중요합니다. (…) 좌파의 가장 중요한 문제는 **주체의 형성**입니다." 현대적 생산과정에서 가변자본의 비중이 줄어들고, 그리하여 산업 프롤레타리아트의 사회적 영향력이 감소함에 따라,

> 우리는 사회가 다시 또다른 양상으로, 즉 대부분의 사람들이 임노동자가 아닐 일종의 전(前)자본주의적 사회로 되돌아가는 모습을 확인하게 될 것입니다. 대부분의 제3세계에서 볼 수 있듯 그 사회에서는 사람들이 비공식 경제의 회색지대에서 활동하거나, 임노동자로든 다른 식으로든 단순하게 분류되기 어려운 영역에 종사하겠지요. 자, 그러한 상황에서 질문은 분명합니다. 어떻게 이 사람들을

결집시켜 그들의 목표를 깨닫게 할 것인가? 의문의 여지 없이 여전히 존재하며 어느정도는 이제 더 긴급한 형태가 된 그 목표를 말입니다.[1]

물론 홉스봄은 세계 제조업의 무게중심이 동아시아 연안 일대로 이동한 것과 중국 산업노동계급이 지난 세대에 걸쳐 거의 기하급수적으로 성장한 사실(2011년 2억 3100만명)을 고려하지 않았다. 그러나 동아시아 쪽을 제외한다면 전통적인 노동계급의 경제적·정치적 권력의 축소는 가히 신기원을 이룩한 수준이고, 여기에는 이제 브라질과 남아프리카공화국처럼 경제적 타격을 입은 브릭스(BRICS) 국가들도 포함된다.[2] 미국뿐만 아니라 유럽에서도 임금 차익거래, 아웃소싱 및 자동화 등을 통한 산업 부문의 고용 감소가 서비스 직종의 불안정화, 화이트칼라 직종의 디지털산업화, 그리고 노동조합이 조직화된 공공부문의 고용 침체 및 감소와 나란히 진행되어왔다.[3] 생산성의 혁명적 증가는, 단체협약이 거시경제를 조율했던 반세기 전만 하더라도 더 높은 임금과 노동시간 감소를 통해 노동자들과 공유되었겠지만, 이제는 단순히 대다수 사람들의 경제적 안정을 더 많이 퇴보시키게 될 전조일 뿐이다. 미국의 노동통계국(Bureau of Labor Statistics)에 따르면, 2013년 미국 경제는 1998년에 비해 재화와 서비스를 42퍼센트 더 생산한 반면, 투하된 총 노동시간(1940억 시간)은 1998년과 2013년이 정확히 똑같았다.[4] 제조업만 놓고 보면, 실질 GDP에서 제조업 부문이 차지하는 비중은 1960년 이래 놀라울 정도로 안정적으로 유지되어온 반면, 제조입 고용 비중은 로널드 레이건(Ronald Reagan) 취임 이후 급감했다. 생산노동 인구의 절대치를 보면, 1980년 대략 2000만명에서 2010년 1200만명으로

감소하여 2000년대에만 거의 600만개의 일자리가 사라졌다.[5]

20년 전, 앙드레 고르(André Gorz)는 이렇게 경고한 바 있다. "대규모로 '일'을 없애고 있는 어떤 새로운 체계가 자리 잡았다. 그 체계는 없어지고 있는 '일'을 얻고자 하는 만인의 만인에 대한 투쟁을 강요함으로써, 최악의 형태의 지배와 예속 및 복종이 지배하는 사회를 되살리고 있다."[6] 일자리를 둘러싼 경쟁의 증가는 (혹은 적어도 그러한 경쟁에 대한 인식은) 신흥 엘리트들과 첨단산업으로 부자가 된 사람들에 대한 노동계급의 분노를 격화시켰다. 그러나 또 한편으로 이는 세계화에 대한 저항을 격렬한 반(反)이민 운동으로 변질시킴으로써, 전통적인 연대의 문화를 협소하게 하고 망가뜨려놓았다.[7] 전통적인 사회민주주의 계열의 중도좌파 정당들은 신자유주의적 세계화에 대한 대안을 제시한다든지 사양 산업지대에 보완이 될 만한 고소득 일자리 창출 전략을 대중화하는 데 전반적으로 실패했다. 신자유주의 광풍이 지나간다 하더라도(아직 그럴 기미가 거의 없긴 하지만), 생산과 일상적인 경영관리만 자동화되는 게 아니라 잠재적으로 OECD 국가들의 일자리 가운데 절반 혹은 그 이상이 자동화된다면 핵심부 국가들 내 직업 안정성의 마지막 흔적마저도 위협받게 될 것이다.[8]

물론 자동화는 현대에 들어 10년마다 기술적 실업에 관한 주된 논쟁을 불러일으키면서 이미 수 세대에 걸쳐 다가오고 있는 죽음의 별이다. 가령 1930년대 초 스튜어트 체이스(Stuart Chase)와 기술주의 운동 (Technocracy movement)이 자동화를 예언했다. 1950년대에는 노버트 위너(Norbert Wiener)와 벤 셀리그먼(Ben Seligman)이, 1960년대에는 '삼중혁명 특별위원회'(Ad Hoc Committee on the Triple Revolution) 와 거기서 갈라져 나온 저명한 '기술·자동화 및 경제 발전 국가위원회'(National Commission on Technology, Automation and Economic Progress)가 이를 예언했으며, 이후 반세기 동안 무수히 많은 연구와 저서, 논문이 쏟아졌다.[9] 좌파 쪽에서는 허버트 마르쿠제와 앙드레 고르가 자동화라는 불가피한 추세 때문에 "노동에 기반한" 맑스주의를 포기할 때가 되었다고, 프롤레타리아트에 작별을 고할 때가 되었다고 주장했다(고르가 1980년에 출간한 책의 제목이기도 하다). 물론 최근까지 노동절감형 기술이 가져온 고용 충격은 (주로 군사비 지출을 통해 자금 지원이 이뤄진) 새로운 상품 및 산업 부문의 발전과 행정 및 공공부문 일자리의 증가, 그리고 소비금융 및 주택담보대출의 급격한 팽창 등으로 완화되었다. 그러나 이제 모든 증거로 미루어볼 때, 늑대 로봇은 실제로 문 앞에, 특히 저소득 노동자들의 문 앞에 당도했다. 2016년 「경제자문위원회 연례보고서」는, 시급 20달러 미만 직종의 83퍼센트가 오롯이 가까운 미래에 자동화의 위협에 직면할 것이라고 경고했다.[10] 그 직접적 결과로 "프레카리아트"(precariat)는 눈부신 미래를 맞이하게 됐다.

이른바 디지털 기술의 "제3의 물결"이라 불리는 차세대 인공지능 시스템과 로봇에 의한 인간 노동력의 대체는, 산업화된 동아시아도 비껴가지 않을 것이다.[11] 실로 그 일자리 학살자들은 이미 도착했다. 전체 전자 제품의 50퍼센트를 생산하는 세계 최대 제조업체 폭스콘(Foxconn)은 현재 중국 선전을 비롯한 여러 지역에서 수백만대의 로봇을 이용해 조립라인 노동자들을 대체하고 있다(로봇은 노동조건이 절망적이라고 해서 자살하지 않는다).[12] 필립스전자(Philips Electronics)도 아시아의 값싼 노동자들을 대체할, "전세계의 어떤 소비자 기기라도 만들어낼 수 있는" 로봇 생산체계의 시작을 알렸다. 그 원형이 네덜란드 프리슬란트에 있는 완전자동화 공장인데, 장차 이곳은 그보다 열배나 더 많은 노동자를 고용하고 있는, 마카오 인근 주하이의 자매 공장을 대체하게 될 것이다.[13] 제너럴일렉트릭(GE)도 산업인터넷 혹은 "사물인터넷" 개발에 수십억 달러를 쏟아부어, 기계와 제조업 시스템을 네트워크로 연결된 센서들과 값싼 데이터 클라우드를 사용하는 자동화된 설계 과정들에 통합하고 있는 중이다. 제너럴일렉트릭은 궁극적으로 모든 제품의 "가상 쌍둥이"를 만들고자 하며, 이를 통해 엔지니어들이 제품이 만들어지기 전에 시험을 해본다든지 가상 모델에 실제 데이터를 공급해봄으로써 제품 성능을 향상시킬 수 있도록 할 것이다. 이런 가상의 제조업 공간에서 컴퓨터 지원 설계는 컴퓨터 지시 설계로 대체될.것이며, 이는 유럽과 북미는 물론 아시아에서도 엔지니어링과 조립라인 양쪽 모두에서 추가적으로 일자리 감소를 가져올 것이다.[14]

표 1.1 세계 일자리 위기 실태[15]

세계 총 노동인구 (2015)	30억명
"취약 노동자" (비공식/무임금)	15억명
하루 수입 5달러 미만 노동자	13억명
노동시장에 진입하지 않은 경제활동 가능 인구	20억명
경제활동에 종사하지 않는 젊은 층 (실업/학업)	5억명
아동 노동자	1억 6800만명

그러는 동안 남반부(global South) 대부분의 지역에서는 1980년 이후 구조적 흐름의 추세가 "경제 성장 단계"에 관한 교과서적 생각들을 뒤집어버렸다. 도시화는 산업화와 별개로 진행되었고, 임금 고용과 분리된 생계 활동도 증가했다.[16] 심지어 최근 높은 GDP 성장률을 기록한 인도나 나이지리아 같은 나라들에서도, 실업과 빈곤이 감소하기는커녕

크게 치솟았다. 이러한 이유로 "일자리 없는 성장"이 소득 불평등과 함께 2015년 세계경제포럼에서 최우선 의제로 선정되었다.[17] 한편 아프리카를 중심으로 농촌 빈곤의 급격한 도시화 — 아마도 "창고화"가 더 적절한 표현이겠지만 — 가 진행되고 있다. 그러나 농촌에서 도시로 이주한 사람들이 근대적 생산관계에 편입될 전망은 거의 없다. 그들이 도착한 곳은 지저분한 난민 캠프이거나 일자리 없는 변두리 슬럼 지역이다. 거기서 그들의 아이들이 꿈꿀 수 있는 것이라고는 성판매자나 자동차 폭파범이 고작이다.

가난한 지역에서는 물론이고 부유한 지역에서도 이러한 변화들이 가져온 총체적 결과란 프롤레타리아화 — 혹은 달리 표현하자면, 변화를 낳는 의식과 능력이 여전히 대부분 수수께끼로 남아 있는 사람들을 통해 구현되는 "자본에 대한 노동의 진정한 종속"이라고도 할 수 있다 — 의 전례 없는 위기로 요약된다. 닐슨(David Neilson)과 스텁스(Thomas Stubbs)는 『자본』 25장에 나오는 용어를 사용해 다음과 같이 주장했다. "장기간에 걸쳐 들쑥날쑥하게 펼쳐지는 자본주의 노동시장 동역학의 모순은, 전세계에 불균등한 형태와 규모로 뿌리 깊이 분포되어 있는 거대한 상대적 잉여인구를 발생시킨다. 이미 규모 면에서 현역 군의 수를 능가하며, 중기적으로 더 증가할 전망이다."[18] 어디를 봐도 맑스의 경고가 떠오른다. "생산노동의 목표는 노동자의 생존이 아니라 잉여가치의 생산이기 때문에, 잉여가치를 생산하지 않는 모든 노동은 자본주의적 생산에 불필요하고 무가치하다."[19]

영세 기업가나 생계형 범죄자처럼 임시직이거나 개별직인 노동자이건 혹은 단순히 영구 실업자이건 간에, 이들 "잉여" 인류의 운명은 21세기 맑스주의의 핵심 문제가 되었다. 올리비에 슈바르츠(Olivier

Schwartz)는 과연 공통의 정서와 공유된 운명이라는 오래된 범주가 "그 유명한 계급" 관념을 여전히 규정하고 있는지 묻는다.[20] 홉스봄이 경고 했듯이, 사회주의는 다수의 비공식 노동계급 집단이 집단적 힘의 원천 과 권력의 지렛대, 그리고 국제적 계급투쟁에 참여할 발판을 찾아내지 못하는 한, 미래를 기약하지 못할 것이다. 고전적 사회주의의 관점에서 보자면 프롤레타리아라는 주체의 소멸보다 더 큰 역사적 재앙이란 있 을 수 없었다. 1906년 카를 카우츠키는 다음과 같이 썼다. "다가오는 사 회혁명의 원동력으로서 프롤레타리아트 개념을 포기한다면, 나로서는 다 끝났다고, 내 인생은 더이상 아무 의미도 없을 것이라고 인정하는 일 만 남을 것이다."[21]

그러나 포스트맑스주의자들처럼 "옛 노동계급"의 장례식을 치르는 일이 이론적 부활을 위한 출발점이 되어야 한다고 결론짓는 것은 엄청 난 실수가 될 것이다. (닉 서니첵Nick Srnicek과 앨릭스 윌리엄스Alex Williams 등 많은 이들은 "오늘날 고전적 혁명 주체는 더이상 존재하지 않는다"고 단언한다.)[22] 노골적으로 말하자면, 그 계급의 주체성은 강등 된 것이지, 역사로부터 파면된 것이 아니다. 서유럽, 북미, 그리고 일본 에서는 기계공과 간호사, 트럭 기사 및 학교 교사가 노동의 역사적 유산 을 지키는 조직화된 사회적 기반으로서 여전히 남아 있다.[23] 아무리 약 해지고 의기소침해졌다 해도, 노동조합은 계속해서 "세상에서 각자의 자리와 타인을 존중하는 일관된 의식에 기반한" 삶의 방식을 강조하고 있다.[24] 그러나 전통적인 노동자들과 그들의 조합이 차지하는 지위는 더이상 성장하지 않고 있으며, 전세계 노동자의 주된 증가분은 점점 더 무임금 계층이나 실업자로 충원되고 있다.[25] 최근 끄리스띠안 마라찌 (Christian Marazzi)가 불평한 것처럼, "고용과 비고용의 세계에서 나타나고 있는 주체의 파편화라는 점증하는 현상을 분석하는 데""계급 구성"같은 범주는 더이상 이용하기 쉽지 않게 되었다.[26]

고도로 추상화해서 보자면 현재 세계화의 추세는 크게 세가지 이념형의 경제들, 즉 고도 산업 경제(동아시아 연안), 금융 및 서비스 경제(북대서양), 그리고 초고도 도시화 및 추출 경제(서아프리카)로 구분된다. "일자리 없는 성장"은 첫번째 이념형에서는 이제 막 시작되었고, 두번째 이념형에서는 만성적인 단계에 있으며, 세번째 이념형에서는 거의 절대적인 수준에 도달해 있다. 여기에 붕괴된 사회라는 네번째 이념형을 덧붙여야 할지도 모르겠다. 전란과 기후변화의 악순환 속에서 주요 경제활동이라고는 난민과 이주노동자를 수출하는 일에 불과한 사회 말이다. 어쨌든 우리는, 더이상 어떤 단일한 전형적인 사회나 계급에 의존해 역사 발전의 결정적 벡터를 모델화할 수 없게 됐다. "다중"(the multitude) 같은 추상적 개념을 섣불리 역사의 주체로서 공인하는 것은 단지 경험적 연구의 빈곤을 도드라져 보이게 할 뿐이다. 오늘날의 맑스주의가 '어떻게 이질적인 사회적 범주들을 자본주의에 맞선 단일한 저항 전선에서 서로 잘 결합하게 할 것인가'라는 수수께끼를 풀고자 한다면, 중국 선전과 미국 로스앤젤레스, 그리고 나이지리아 라고스로부터의 동시적 관점으로 미래를 조망할 수 있어야 한다.

보편 계급

가장 예비적인 과제조차 만만치 않다. 새로운 혁명론은, 먼저 고전적 사회주의 사상에서 "프롤레타리아 주체성"의 의미를 명확히 밝히는 것으로 시작하여 옛것에서 기준점을 찾고자 한다. 당연히도, 거기서 먼저 주체에 대한 자의식은 이론에 선행했다. "노동이 지구를 상속받을 것"이고 "세계는 하나의 인류가 될 것"이라는 믿음은 교의에 근거한 것이 아니라 빵과 존엄을 위한 투쟁으로부터 화산처럼 분출한 것이었다. 급진적인 변화를 낳는 집단적 힘에 대한 노동자들의 믿음은 그 근원이 18세기 말의 민주주의 혁명들로까지 거슬러 올라가는데, 이는 빅토리아 시대 부르주아들이 느낀 공포와 악몽으로 충분히 확인된 바 있다. (이것은 명백한 사실임에도, 적지 않은 맑스주의 비평가들이 한번쯤은 혁명적 주체란 형이상학적 발명품에 불과하다고, 즉 실은 단순히 실용적 계산에서 행동한 노동 대중에게 억지로 떠맡겨진 헤겔주의적 망령에 불과하다고 비판했다.)

맑스주의자들 사이의 일반적 견해를 요약한 엘런 우드(Ellen Wood)는 주체성을 "물질생활의 특정한 조건에 기초하여 집단행동을 수행할 수 있는 전략적 힘과 역량의 보유"로 간략히 특징지었다. 나는 여기에다 "역량"이란 의도적이면서도 결과를 염두에 둔 행동, 즉 스스로 만들어가는(self-making) 행동을 할 수 있는 발전 가능한 잠재력이지, 사회적 조건으로부터 자동적이고 필연적으로 비롯되는 어떤 성향이 아님을 덧붙이고자 한다. 프롤레타리아트의 경우에는 역량이 자격(endowment), 즉 생산수단을 단순히 소유했다는 것만으로 자본가들이 부여받는 고용하고 해고할 수 있는 권한 같은 것과 동일한 의미도 아니다. 또한 고전적 사회주의의 의미에서 주체성은 헤게모니, 즉 한 계급이 혁신적 기획을 통해 사회의 광범위한 부문들을 동원해낼 수 있는 정치적·문화적 역량을 의미했다. "어떤 특정 계급이 보편적 지배를 요구할 수 있는 것은 오직 사회의 보편적 권리라는 명분에 의해서만 가능하다"라고 청년 맑

스는 썼다.[27]

물론 맑스의 모델은 1789년의 혁명적 중간계급이었고, 그들의 역사적 소명은 아베 씨에예스(Abbé Sieyès)를 통해 익히 알려진 바 있다. "제3신분이란 무엇인가? 모든 것이다. 지금까지의 정치질서 속에서 그것은 무엇이었는가? 아무것도 아니었다."[28] 인권을 재산권과, 또 정치적 평등을 자유로운 경제적 경쟁과 동일시함으로써, 프랑스 혁명의 위대한 이데올로그들은 계급의 이해관계를 보편적 자유라는 깜짝 놀랄 만한 환상으로 둔갑시켰다. 그 결과 부르주아지를 진보와 인간 해방의 유일한 설계자로서 혁명적 계급과 명시적으로 동일시하는 입장이 그 유명한 왕정복고파 자유주의자 삼인방, 즉 오귀스탱 띠에리(Augustin Thierry), 프랑수아오귀스뜨 미네(François-August Mignet), 그리고 "부르주아지의 레닌"이라 불리는 프랑수아 기조(François Guizot)의 역사 서술에 고이 담겼다.[29] 그들은 1789년 혁명을 봉건제에 맞선 부르주아의 혁명이자 귀족과 상승하는 제3신분 사이의 수백년에 걸친 투쟁의 절정으로 해석했고, 이런 해석은 1830년의 온건한 자유주의 혁명을 이데올로기적으로 강력히 정당화했음은 물론, 오늘날까지도 당대의 혁명적 사건들을 이해하는 데 기본 틀을 형성하고 있다.[30] 홉스봄은 "맑스 자신이 스스럼없이 인정했듯이, 그가 역사에서 계급투쟁이라는 관념을 도출한 것은 바로 이들로부터였다"고 강조한다.[31] 실제로 그들은 이미 개념상 혁명적 주체론에 해당하는 모든 예비적인 척도를 다 갖고 있었다.

새로운 제3신분

맑스 자신의 여정은 간단히 기술될 수 있다. 독일 관념론 철학이 대체로 1789년에 대한 복잡한 반응이었듯이, 맑스가 독일 관념론 철학과 최종적으로 단절한 것은 프랑스 혁명 및 그것의 의미와 최종 목적을 둘러싼 지속적인 전투로의 복귀를 의미했다. 프랑스 혁명에 대한 정치적 지지는 프로이센 독재에 대한 청년 헤겔주의자들의 반대를 포함하여 1840년대 내내 유럽의 정치적 상상력의 주된 지평을 이루고 있었다. 언젠가 레오폴트 폰 랑케(Leopold von Ranke)가 불만을 토로한 것처럼, "프랑스 혁명은 종종 다 끝났다고 선언되곤 했지만 결코 끝난 적이 없었다. 그것은 늘 새롭고 적대적인 형태로 다시 등장한다".[32] 맑스의 경우, 그가 라인 지방의 자유주의를 대변했던 『라이니셰 차이퉁』(*Rheinische Zeitung*)의 열성적인 편집인으로 일한 마지막 시절에 이미 민주적 개혁주의로부터, 1793년의 자끄 루(Jacques Roux)와 '앙라제'(Les Enragés, '분노한 사람들'이라는 뜻으로 프랑스 혁명기 빠리의 과격파 민중운동 세력을 가리킨다―옮긴이)를 전범으로 한 사회적 공화주의로 옮겨 갔다. 스타티스 쿠벨라키스(Stathis Kouvelakis)는 다음과 같이 이야기한다. "맑스는 사회문제에 직면하자, 자신의 노선을 프랑스 혁명의 전통, 즉 로베스삐에르(Maximilien de Robespierre)파와 도시의 쌍뀔로뜨들, 그리고 농민운동의 가장 급진적인 분파가 옹호했던 기획에 놓았다. 그것은 바로 재산권보다 생존권을 우선시한 기획이었다."[33]

빠리로 이주한 후, 1843년 여름부터 1844년 봄까지 온천 휴양지 크로이츠나흐에서 예니(Jenny Marx)와 신혼을 보낸 맑스는 프랑스 혁명의 역사를 집중적으로 공부했다. 특히 그는 과거 쌩시몽주의자였던 부셰(P.-J.-B. Buchez)와 루(P. C. Roux)가 주해를 달아 편찬한 40권짜리 기념비적인 사료 모음집을 주로 이용했다.[34] (맑스의 독서 노트 가운데 일부는 『크로이츠나흐 수고』로 전해진다.) 맑스와 함께 연구하던 아르놀트 루게(Arnold Ruge)는 한 친구에게 보낸 서신에 다음과 같이 썼다. "맑스는 국민공회의 역사를 쓸 모양일세. 이미 엄청나게 읽어놓았어."[35] 비록 최종적으로는 집필을 포기했지만, 맑스의 혁명사 연구는 「헤겔 법철학 비판 서설」(Zur Kritik der Hegelschen Rechtsphilosophie, 1843~44)에서 『철학의 빈곤』(Misère de la philosophie, 1847)까지 이어진 그의 첫번째 중요한 이론화 작업 기간 동안 필수적인 부분이었다. "〔헤겔의 국가 개념을 비판하는 등〕 정치학의 포이어바흐로 출발한 청년 맑스는, 대신에 프랑스 혁명에 관한 결정적 이론의 개요를 제시하는 것으로 마무리했다."[36] 이는 자기 자신에 대한 비판이기도 했는데, 맑스는 라인란트에 살던 최근까지 자신이 옹호한 자꼬뱅의 "순전히 정치적인 혁명" 모델과 급진적 민주주의 모델에서 모순을 발견했던 것이다.

대륙 곳곳에서 1789년 혁명의 미완성 과업을 재개하려는 시도가 빗발쳤지만, 맑스는 절대주의의 분쇄도 보통선거권의 쟁취도 민중적 공화주의의 진정한 목표였던 소생산자들의 평등한 사회를 성취하진 못할 것임을 인식했다. 하물며 경쟁과 개인주의적 소유제에 기반한 자유주의적 질서의 본질인 노동의 소외와 "유적 존재"로서의 인간을 극복한다는 것에 대해서는 말할 것도 없었다. 더군다나 7월 왕정 아래서 자신들의 특수 이익을 최우선시한 프랑스 부르주아지는 "이제 인간의 궁극적 목적의 실현을 담보한다는 국가의 보편적 이상을 구현하려는 시늉조차도 포기했다".[37] 대신에 대생산자가 소생산자의 몫을 몰수함으로써 산업 및 상업 자본의 권력은 증대되었고, 이는 자유(liberté)가 오로지 공유재 체계 속에서 평등(égalité)을 통해서만 실현될 수 있다고 주장한, 본래 쌍뀔로뜨 공산주의자 출신인 그라쿠스 바뵈프(Gracchus Babeuf)와 씰뱅 마레샬(Sylvain Maréchal) 같은 이들의 선견지명만을 확인시켜주었다.

이를 입증해주는 불길한 증거들은 곳곳에 만연했다. 맑스와 청년 헤겔주의자들에 관한 연구로 호평을 받은 워런 브레크먼(Warren Breckman)은, 해당 연구에서 "그들이 1840년대 초 프랑스 사회주의를 수용한 것"은 "단순히 자신들이 이데올로기적 교착상태에 있음을 보여준 것"이 아니었으며, 그보다는 서유럽의 심각한 "빈곤 위기"(pauperism crisis)에 대한 반응이었다고 주장했다. "1842년 무렵, 많은 독일 지식인들은 빈곤층의 곤궁을 민감하게 인식하고 있었다."[38] 그러나 당대 프랑스 사회주의자들과 공산주의 분파들에 대한 상세한 설명으로 맑스 같은 젊은 독일 급진주의자들 사이에서 생생한 관심을 불러일으켰던 로렌츠 폰 슈타인(Lorenz von Stein)은, 실상 서로 다른 두 종류의 빈곤이 존재한다고 지적한 바 있다. 하나는 잘 알려진 것이었고, 다른 하나는 당혹스러울 정도로 새로운 것이었다.

산업화된 빈곤을 특징짓는 것에는 노동계급 일부의 가난만이 아니라, 또 산업적 변화로 야기된 다수 인구 집단의 궁핍화만이 아니라 산업 조건에 의해 가족 내에서 세대 간에 재생산되는 가난도 포함된다. 단순한 가난과 빈곤의 차이는 분명 엄청나다. 가난은 일자리 부족과 그에 따른 수입 부족으로 발생하지만, 빈곤은 노동과 임금 그 자체에 기인한다. 산업사회에서 가난은 자선을 통해 해결할 수 있지만, 빈곤을 퇴치하기 위해서는 전체 산업의 노동체계와 임금체계를 바꿔야 한다. (…) 사회주의 사상을 채택하는 쪽으로 (…) 실제 사람들을 이끄는 것은 이러한 빈곤의 문제다.[39]

다시 말해 시민사회를 변화시키는 사회혁명만이 빅토리아 시대의 이런 핵심적 역설, 즉 맑스가 "인위적 가난"이라고 부른 문제, 전례 없는 생산력의 성장 그 자체에 기인한 새로운 근본적 고통의 문제를 바로잡을 수 있었다. 그러나 증기기관 시대의 새로운 제3신분, 그 시대의 "보편 계급"은 누가 될 것이었나?

맑스와 예니가 좌안지구 바노가 38번지로 이사한 무렵만 해도 그 답에 대해서는 의문의 여지가 없었다. 다른 젊은 급진적 지식인들과 마찬가지로 맑스도 영국의 차티스트 운동, 같은 시기에 일어난 슐레지엔 방직공들의 봉기, 그리고 빠리의 장인들과 노동자들 사이에서 공산주의적이고 사회주의적인 사상들이 극적으로 확산되는 현상에 전율을 느꼈다. 새로운 사회권력이 깨어나는 중이었고, 맑스는 모제스 헤스(Moses Hess), 플로라 트리스땅, 폰 슈타인의 자취를 따라 무산자 프롤레타리아트, 즉 전통적 토지제도와 사유재산으로부터 배제된 채 아무것도 얻은 것이 없는 집단을 혁명적 부르주아지의 계승자로 지목했다. 물론 헤겔의 영향 아래 있었던 초창기 맑스에게 프롤레타리아트는 일종의 추상, 아니 그보다는 추상적 해결책이었고, 이는 프랑스 혁명사와 헤겔의 국가론에 대한 그의 동시다발적 비평들로부터 도출된 것이었다. 맑스의 빠리 시절 저작들은 그가 예전의 "철학적 양심"에 다시 직면했으며, 동시에 최근 독일 자유주의의 실패에 대해 대차대조표를 작성해보았음을 보여주었다. 쿠벨라키스가 지적하듯이, "맑스는 진짜 (특히 빠리의) 노동자들의 운동을 만나기 전에 이론적이고 상징적인 수준에서의 프롤레타리아트를 먼저 접한다. 왜냐하면 그는 문자 그대로 기존의 **정치적** 문제(어떻게 하면 임박한 위기를 독일의 혁명으로 전환할 수 있을 것인가)에 대해 답을 찾고 있었기 때문이다".

맑스가 빠리의 혁명적 장인들과, 특히 (그의 이웃이 지도자들 가운데 한 명이었던) '의인동맹'(Bund der Gerechten)이라는 지하단체의 독일 출신 재단사들 및 소목장들과 교류하기 시작하면서, 그의 "철학적 프롤레타리아트"는 재빨리 살과 피를 갖기 시작했다. 로이드 크레이머(Lloyd Kramer)에 따르면, "빠리라는 사회적 텍스트는 맑스가 프랑스로 오기 전에 읽었던 다른 문헌들에 대한 이해를 크게 심화했다".[40] 1844년 봄 무렵 맑스는 공개적으로 자신을 공산주의자로 규정했으며, 그해 여름에는 슐레지엔 방직공들의 6월 봉기에 대한 견해차 때문에 루게와 갈라섰다. 불행히도 폐간된 『독불 연보』(Deutsch–Französische Jahrbücher)의 공동 편집자였던 루게는 이 봉기가 절망적인 원초적 몸부림에 불과하며 따라서 전혀 중요치 않다고 보았다. 루게는 이렇게 주장했다. "그 독일 노동자들이 가난한 독일인들보다 더 현명할 것도 없다. 그들은 어디에서건 자신들의 가정과 집 이상을 보지 못한다." 이에 맑스는 프롤레타리아트의 "역동적 역량" ― 특히 공동의 이해관계를 정식화하고 그에 의거해 행동하는 정교한 능력 ― 과 부르주아지의 "정치적 무능"을 대비시킨 분노에 찬 비판(「논문 '프로이센 왕과 사회 개혁 ― 한 프로이센인이'에 대한 비판적 논평」)으로 응수했다.

방직공들의 노래를 떠올려보라. 투쟁을 향한 그 담대한 외침을. 거기에는 가정과 집, 공장이나 지역에 대한 어떠한 언급도 들어 있지 않다. 오직 사유재산 사회에 반대하는 놀라울 정도로 날카로우며 거침없고 강력한 프롤레타리아트의 외침만이 있을 뿐이다. 슐레지엔의 봉기는 정확히 프랑스와 영국 노동자들의 봉기가 끝나는 때에 시작되며, 이것이야말로 프롤레타리아트의 본질에 대한 자각을 보여준다. (…) 노동자들의 경쟁자인 기계들뿐만 아니라 재산 증서인

원장들도 파괴되었다. 그리고 다른 모든 운동이 주로 눈에 보이는 적인 산업체의 소유자하고만 맞서 싸웠다면, 이 운동은 동시에 보이지 않는 적인 은행가와도 맞서고 있다.[41]

빠리의 공산주의 그룹에서 집중적인 교육을 받은 맑스는, 곧이어 1845년 여름 새로운 동료 프리드리히 엥겔스와 함께 6주간(7월 12일부터 8월 21일까지) 맨체스터와 런던을 답사했다. 엥겔스의 저서 『영국 노동계급의 상황』(Die Lage der arbeitenden Klasse in England)은 공산주의로 향하는 맑스의 행보에 불쏘시개 역할을 했다. 닐 데이비드슨(Neil Davidson)의 지적에 따르면, "엥겔스는 영국 노동계급의 비참한 처지 ─ 이 문제는 토머스 칼라일(Thomas Carlyle) 같은 특별히 혁명적일 것도 없는 인물들이 이미 다뤄오던 사안이었다 ─ 를 넘어 그들이 가진 잠재력을 간파한 최초의 비평가였으며, 이 점에서는 맑스보다 앞서 있었다".[42] 물론 영국 랭커셔는 1차 산업혁명의 중심지이자 위대한 '인민헌장'(Peoples' Charter)의 진앙지였다. 도로시 톰슨(Dorothy Thompson)은 "차티스트 운동이야말로 무엇보다도 맑스와 엥겔스가 수행한 계급의식 분석의 기반"이었음을 상기시켜준다.[43] (맨체스터에 대한 맑스의 지식은 이후 점점 더 상세해졌다. 『맑스-엥겔스 연보』에 따르면, 맑스는 평생 동안 엥겔스를 스물다섯번 방문했으며, 총 1년 반을 산업의 수도인 맨체스터에서 보냈다.)[44]

늦어도 1847년경이면, 프롤레타리아트를 혁명 세력으로 보는 맑스의 관점은 급격히 무르익어 세가지 주요한 점에서 유토피아적 사회주의자들 내지는 (엥겔스의 표현에 따르면) "부르주아 사회주의자들"과 차이를 보였다. 첫째, 할 드레이퍼와 미까엘 뢰비의 맑스 초기 저작에 대한 상세한 연구에서 볼 수 있듯이, 맑스는 **도구적 주체**(instrumental agency)라는 전제를 거부했다. 즉 노동자들을 단순히 유권자로 보거나 몇몇 개혁가가 기획한 새로운 사회를 달성하는 데 필요한 순수한 수단으로만 간주하지 않았다는 것이다. 대신에 맑스는 훨씬 앞서 트리스땅이 그랬던 것처럼, 급진적 장인 그룹 내의 이른바 "유물론적 공산주의자들"이 옹호한, **스스로의 힘으로 스스로의** 해방을 추구하는 주체라는 해석을 받아들였다. 이러한 관점을 가장 설득력 있고 열렬하게 주창한 사람이 바로 교사이자 블랑끼(Louis Auguste Blanqui)의 옛 전우였으며, 1840년 프랑스 벨빌에서 열린 전설적인 공산주의자 대회의 상임조직위원이었던 떼오도르 데자미(Théodore Dézamy)다. 맑스에게 영향을 미친 한 논쟁에서 데자미는, 부자와 빈자 사이의 화해라는 이카루스적 환상을 거부하고, 프롤레타리아의 단결을 최우선 과제로 내세웠다. 아울러 그는 옛 동료인 에띠엔 까베(Étienne Cabet)가 공산주의자 대회에 참석하지 않은 것을 두고 격렬히 비난했는데, 왜냐하면 "프롤레타리아들은 **부르주아지나 명사들**을 내세우지 않고 스스로의 힘으로 자신들만의 공산주의 깃발을 세우는 중"이었기 때문이다.[45]

뢰비는 이 시기를 재구성하면서, 맑스가 자기해방이라는 관념을 수정하는 데 기여한 두가지 계기를 제시한다. "특이하게도 과소평가된" 1844년 8월호 『전진』(*Vorwärts*)에 게재된 「논문 '프로이센 왕과 사회 개혁 — 한 프로이센인이'에 대한 비판적 논평」에서 맑스는, 슐레지엔 방직공들의 봉기를 환영했고, 능동적 주체로서의 철학과 수동적 세력으로서의 프롤레타리아트라는 초창기 자신의 헤겔 좌파적 구분(「헤겔 법철학 비판 서설」)을 수정했다. "사회주의는 더이상 '철학자의 머리에서 탄생한' 순수한 이론이 아니라 실천(praxis)으로 제시되었고, 프롤레타리아트는 이제 명백히 해방의 **능동적** 요소가 된다." 1년 뒤 프랑스에서 추방된 직후 맑스는 『포이어바흐에 관한 테제』(*Thesen über Feuerbach*)를 집필했는데, 엥겔스에 따르면 이는 "맑스의 '맑스주의' 저술들 가운데 첫번째 저술"이었다. 특히 세번째 테제에서는, 혁명적 투쟁을 통한 프롤레타리아트의 자기교육을 스스로의 해방을 위한 "이론적 토대"로 간주함으로써, "거들먹거리는 구원자들"을 추방해버린다. "환경의 변화와 인간 활동의 변화의 일치 혹은 자기변화만이 **혁명적 실천**으로서 인식되고 합리적으로 이해될 수 있다." 뢰비의 주장에 따르면, 이러한 정식화는 "18세기 유물론(환경의 변화)과 청년 헤겔주의(의식의 변화) 사이의 대립을 초월하고 지양(Aufhebung)"하는 것이나 다름없었다.[46]

둘째, 가난한 장인이라든지 기계화되지 않은 매뉴팩처 공장에서 일하는 수공업 노동자처럼 미성숙하고 과도적인 형태일지라도, 프롤레타리아트야말로 이제 정치적 의지와 급진적 요구를 가지고 민주주의를 그 최종적 수준까지 추구하기 위해 투쟁하는 유일한 계급이었다. 맑스가 『라이니셰 차이퉁』 편집장으로서 겪어야 했던 쓰라린 경험(프로이센 당국의 검열이 시작되자마자 부르주아 계층의 후원이 완전히 끊겨버렸다)은, 독일의 자유주의적인 중간계급이 1789년의 삼부회처럼 단호하게 구체제(ancien régime)에 맞선 운동을 이끌 수 있을 것이라는 환상을 산산조각 내버렸다. 드레이퍼와 뢰비 등이 강조하듯이, 1844년에 쓰인 「헤겔 법철학 비판 서설」에 이미 "영구 혁명" 이론의 핵심이 담겨 있다. '프롤레타리아트라는 새로운 위협에 대한 두려움으로 탈급진화한 독일 부르주아지는 민주공화국을 위한 전투에서 물러난다. 쁘띠부르주아지 및 농민 세력을 이끌고서 부르주아지의 자리를 대신하는 프롤레타리아트는, 단순히 헌정 체제를 장악하는 것만으로 혁명의 과정을 중단하진 않을 것이다.' 1848년, 공산주의자동맹(Communist League)의 지도자이자 『노이에 라이니셰 차이퉁』(*Neue Rheinische Zeitung*)의 편집자 자격으로 라인란트 지방에 돌아간 맑스는, 독일의 민주주의 봉기를 유지하기 위한 일상적 투쟁 속에서 프롤레타리아의 지도력에 관한 생각들을 가다듬었다. 차후 망명 도중 형성된 독일과 프랑스의 사건들에 대한 그의 생각은 이러한 경험들을 반영한 것이었다.

셋째, 맑스는 프롤레타리아화를 거스를 수 있다거나, 프루동(Pierre-Joseph Proudhon)과 그의 많은 추종자들이 옹호하는 소생산자들의 협동 원리에 기반한 대안사회를 건설할 수 있다는 식의 당대의 전망에 대해 유독 부정적이었다.[47] 그 시대 수백만명의 장인들과 농민들에게는 재앙과도 같았던 산업혁명은 한편으로는 무산자인 산업노동계급을 창출했지만, 다른 한편으로는 장차 모든 인류의 해방을 위해 바로 그 노동계급이 장악해야 할 생산력을 발전시키기도 했다. 역사는 되감아지거나 중단될 수 없고, 앞으로 나아갈 수만 있을 뿐이다. 공유재에 대한 프롤레타리아트의 물질적 이해관계와 그들의 노동으로 창출되는 프로메테우스적 생산력의 종국적 결합이야말로, 해방 주체에 대한 맑스의 모든 언급에 내포되어 있는 공식이다. 이로써 프롤레타리아트에게는 자기 자신을 해방할 책무만이 아니라, "인간을 타락하고 종속적이며 버림받고 경멸적인 존재로 만드는 모든 상황을 전복시켜야 한다는 지상명령"이 부여되어 있다고 한 맑스의 유명한 언명은 명료해진다.[48]

잃어버린 고리들

마르틴 하이데거(Martin Heidegger)의 제자 카를 뢰비트(Karl Löwith)를 위시하여 그 많은 비평가들이 맑스가 프롤레타리아를 역사의 주체로 내세운 것을, 프롤레타리아가 새로운 세계를 건설할 수 있다는 믿음으로 그가 노동운동에 점점 더 많이 관여하게 된 것의 직접적 결과가 아니라 그의 역사이론에 잠재해 있는 유대-기독교적 목적론의 증거로 설명해온 사실은, 아무리 좋게 표현해도 늘 기괴했다. 확실히 1840년대 상당수의 빠리 사회주의 분파들 사이에서는, 특히 이카루스파(Icarians)의 경우 메시아주의적 슬로건과 프롤레타리아 그리스도에 대한 언급이 넘쳐났다. 그러나 이는 자유주의적 부르주아지의 유물론적 경향에 대한 프랑스 특유의 반응이었다. 실제로 당시 좌파는 두개의 진영으로 나뉘어 있었다. 데자미나 신바뵈프주의자(neo-Babouvist) 같은 공산주의자들은 유물론의 상속자임을 자부한 반면, 다수파는 유물론적 전통을 거부하며 유물론을 총재정부 및 자유주의 이데올로기와 동일시했다. "공공작업장"(social workshop) 운동의 선구자이자 1848년 혁명의 초기 국면에서 영향력 있는 인물이었던 루이 블랑(Louis Blanc)은 특히나 "종교적 모델"의 열렬한 옹호자였다. 블랑의 주장에 따르면, "18세기 프랑스 계몽사상가들의 세속적 유물론은 개인주의를 탄생시켜 프랑스 혁명기 및 그 이후 부르주아의 지배를 정당화했다. 그러나 다른 한편으로 프랑스 민주주의는 계몽사상의 유물론적(개인주의적) 전통에 반대하고 단결과 자유, 그리고 기독교 복음의 형제애를 찬양하는 루쏘(Jean-Jacques Rousseau)의 유산으로부터 비롯되었다".[49]

그러나 복음주의적 설교에 의한 것이었든, 일종의 "비평에 대한 비평"이라는 고된 작업의 결과였든, 프롤레타리아 주체성의 일반적 모습은 자유주의자들과 급진주의자들 모두가 광범위하게 인정하는 민주주의 혁명의 고전적 패러다임 속 신민의 대체(substitution of subjects)로부터 비롯했다. 유대-기독교 전통의 해방 관념은 기층 단계에서만 영향력이 있었는데, 특히 장인들과 가난한 농민들 사이에서 그러했다. 그러나 혁명적 사회주의자들은 유물론과 혁명적 주체성의 민중적 천년왕국설 사이에서 자유자재로 왔다 갔다 하는 데 익숙해졌다. 한번은 코민테른(Communist International) 의장 시절 그리고리 지노비에프(Grigory Zinoviev)가 다음과 같이 설명했다.

경제 전문 비평가들이 물었다. "그렇다면 당신 생각에 노동계급이란 무엇이죠? 메시아인가요?" 이에 우리는 답변을 했고 지금 또 답한다. 메시아와 메시아주의는 우리의 언어가 아니며 우리는 그런 말들을 좋아하지 않는다. 그러나 그 말들에 들어 있는 개념은 수용한다. 그렇다, 노동계급은 어떤 의미에서 메시아이며 그들의 역할은 메시아적이다. 왜냐하면 이들이야말로 온 세상을 구원할 계급이기 때문이다. (…) 우리는 메시아나 메시아주의 같은 모호한 말보다는 **프롤레타리아트 헤게모니**라는 과학적인 용어를 더 선호한다.[50]

혁명적 주체성의 세가지 결정적 요소들 — 조직화 역량, 구조적 힘, 정치적 헤게모니 — 에 관해 맑스는 1848년 혁명에 관한 저서(이 책 2장에서 논할 것이다)에서 체계적이지는 않을지언정 매우 치밀하게 다뤘다. 이후 그는 프랑스 혁명사에 작별을 고한 채 영국 자본주의에 대한 기념비적 분석에 매진했다. 다니엘 벤사이드가 강조한 것처럼, 『자본』이 생산(1권)과 유통(2권)의 수준에서 계급의식의 구조적 결정 요소들과 전제조건들을 분석하고 있긴 하지만, 맑스의 "성숙기"에 집필된 정전들 가운데 구체적인 사회구성체의 수준에서 주체의 문제를 직접적으로 다룬 저작은 단 한권도 없다.[51] 루카치 죄르지(Lukács György)의 다음과 같은 한탄은 유명하다.

　　맑스의 주요 작업은 그가 계급의 정의(『자본』 3권 52장)를 내리는 일에 착수하자마자 중단된다. 이러한 공백은 프롤레타리아트에 관한 이론과 실천 양쪽 모두에 심각한 결과를 낳았다. 이후의 운동은 이런 핵심적 문제와 관련해 맑스와 엥겔스가 남긴 간헐적 언사들에 대한 분석 내지는 해석에 의존하면서, 그들의 방법론으로부터 독립적으로 추정·적용을 해야 했다.[52]

　『역사와 계급의식』(Geschichte und Klassenbewußtsein, 1923)에서 루카치가 처음으로 이러한 "공백"을 바로잡으려는 시도를 한 이래, 『1844년 경제학-철학 수고』『독일 이데올로기』『정치경제학 비판 요강』『1861~63년 경제학 수고』, 『자본』 1권 7장 「노동과정과 가치증식과정」 원고의 핵심 부분들, 『자본』 3권의 원본 원고 등을 포함한 맑스의 미간행 저작 및 원고가 발견되었고, 이는 해석과 논쟁의 대상이 되어왔다. 그러나 여전히 계급, 역사적 주체, 국가, 생산양식 등 핵심적인 거시 개념들에 대한 연구를 위해서는 매우 상이한 세가지 종류의 원전을 세심하게 이용할 필요가 있다. 그것은 곧 주로 1843~47년 작성된 (에띠엔 발리바르Étienne Balibar가 "강령적 문헌들"이라고 적절히 이름 붙인) 명백한 철학적 언명들, 1848~50년 집필된 정치전략적 서술들, 그리고 초창기의 생각을 확장하고 수정한 경제 관련 원고 모음집들이다.[53] 그러나 아무리 엄격하게 해석되었다고 해도, 파편적 원전들로부터 그렇게 재구성된 것을 "진정한 맑스"로 이해해서는 안 된다. 그것은 그냥 그럴듯한, 혹은 더 나은 유용한 맑스일 뿐이다.

마르첼로 무스또(Marcello Musto)는 맑스가 자신의 생각을 갱신하고 체계화하지 못한 것은 단순히 심신을 쇠약하게 했던 질병이나 끝없는 『자본』 수정 작업 탓이 아니라, 도식화에 대해 "맑스 자신이 갖고 있던 내재적 거부감"의 불가피한 결과였다고 보았다. "지식에 대한 그의 꺼지지 않는 열정은 세월이 흘러도 변하지 않았으며 거듭거듭 그를 새로운 탐구의 영역으로 이끌었다. 그러다가 마침내 말년에 이르러서 그는 역사의 복잡성을 단일한 이론적 기획의 틀 안으로 제한하는 것이 어렵다는 사실을 깨달았다. 이것이 그가 자신의 충실한 동반자를 미완성으로 만든 이유였다."[54] 동일한 맥락에서 발리바르도 다음과 같이 이야기한다.

> 맑스는 여느 작가들보다 더 **위급한** 국면에서 **집필했다**. 그러한 조건이 헤겔이 이야기한 "개념의 내구력"(patience of the concept)이라든지, 논리적 결론에 대한 엄격한 저울질을 배제하지는 않았다. 그러나 안정적인 결론들과 양립하는 것은 확실히 어려웠다. 맑스는 **많은** 미완성 초고들과 계획들을 남겨놓고 영원히 새롭게 시작하는 철학자다. (⋯) 그의 생각의 내용은 자신의 위치 전환과 분리되지 않는다. 그래서 맑스를 연구하는 이들이 그의 체계를 추상적으로 재구성할 수 없는 것이다. 사람들은 중단과 분기를 반복하는 그 사고의 발전 과정을 끊임없이 재추적해야 한다.[55]

마이클 리보위츠(Michael Lebowitz)는 맑스가 남긴 공백 가운데 가장 뼈아픈 대목은, 계획은 있었으나 결코 집필되지 못한 임노동에 관한 저서라고 말한다(1857년의 원래 계획에 따르면 "정치경제학 비판"의 세번째 권으로 기획되었다). 그 기획은 "자본 전반"에 초점을 맞춘 것이 었기에, "『자본』의 논리 체계가 한쪽으로 치우친 이유의 근저에는 이 책 의 공백이라는 문제가 자리 잡고 있다". "자본주의 전반"에 관한 이론은 "투쟁을 통해 발전하는 주체인 노동자"에 관해서도 상응하는 연구를 필요로 함에도, 『자본』 1권에서는 이 부분이 아주 취약하게 다뤄진다. 다시 말해 집필되지 못한 그 책은 추정컨대, 자본에 대적하는 노동이 자 기완성의 필수적 측면으로서 가지고 있어야 할 프롤레타리아 주체성에 관한 이론적 개요를 담고 있었을 것이다. 맑스가 쓰고자 했던 책의 내용 일부가 『자본』 1권에 포함되었고, 리보위츠가 초인적인 노력으로 자본 과 노동 양자 모두를 다룬 이론의 조각들을 종합해내고자 했으나, 임노 동에 관한 기획은 오직 부분적으로만 재구성될 수 있을 뿐이다.[56]

이 점을 염두에 두고, 이 장을 통해서 맑스학(Marxology)의 정통론을 세우겠다거나 『자본』의 미완성 부분에서 주체성의 결정 요소들을 엄 밀히 도출해내겠다는 식의 목표를 제시하지는 않겠다. 이것은 불가능 한 과제다. 내가 하고자 하는 바는 루카치식 추정을 전면적으로, 심지 어 마구잡이식으로라도 이용하여 1·2차 인터내셔널 시기 사회주의적 노동계급의 이념형에 부합하는 역사사회학을 제안하는 것이다. 특히 나 는 19세기와 20세기 초 노동계급의 역사에 대한 현재 우리의 이해 —— 1960년 이후 수백수천편의 연구들이 집대성된 결과물 —— 를 통해, 계급 역량이 창출되고 사회주의적 기획이 스스로 조직되는 투쟁의 조건들과 형태들을 조명해보고자 한다. 사회주의 의식과 역사 발전의 원동력은 주로 경제적 계급투쟁에서 나온다는 (맑스가 하지도 않은) 단순한 주 장을 거부하고, 로자 룩셈부르크(Rosa Luxemburg)가 "대중파업"(mass strike)에 대한 탁월한 분석에서 계급의식과 혁명적 의지를 가장 강력하게 발생시키는 것으로 파악한 **과잉결정**(예를 들어 참정권 운동이 임금 투쟁에 대해 갖는 결정이나 그 반대의 경우)에 주목할 것이다.

게다가 이러한 재구성은 기본적으로는 급변하는 오늘날 계급 갈등의 조건들 속에서 주체성의 문제를 탐구하기 위한 비교 기반을 마련해주며, 더 나아가서는 혁명적 주체성에 반대하는 고전적 반론들을 고찰하는 데에도 유용하다. 아마도 그 반론들 중 가장 주목할 만한 것으로는 베르너 좀바르트(Werner Sombart)의 『미국에는 왜 사회주의가 없는가』(*Warum gibt es in den Vereinigten Staaten keinen Sozialismus?*, 1906)와 로베르트 미헬스(Robert Michels)의 『정당론: 근대 민주주의의 과두적 경향에 대한 연구』(*Zur Soziologie des Parteiwesens in der modernen Demokratie: Untersuchungen über die oligarchischen Tendenzen des Gruppenlebens*, 1911)를 들 수 있을 것이다.[57] 다시 말해 내가 하고자 하는 것은, 자본주의의 무덤을 파는 자로서의 전통적인 노동계급에 대한 최적화된 **최대강령**(maximum argument)을, 논제의 형태로 도출해내는 일이다. 가능하다면 한번 상상해보라. 신이 보편적 해방자라는 직무에 적합한지 알아보기 위해 프롤레타리아트에게 이력서를 요구한다면 무엇이 기재되어야 할지를 말이다.[58]

이렇게 열거된 노동계급의 **역량**들은 다양한 방식으로 수정되거나 확장될지도 모르지만, 맑스의 핵심 전제는 그대로 유지된다. 즉 투쟁으로 획득한 이러한 역량들의 총합은 자기해방과 혁명을 위한 일종의 현실적인 가능성이다. 역량을 부여하는 조건들은 **구조적일**(structural) 수도, **국면적일**(conjunctural) 수도 있음을 상기해야 한다. 구조적인 조건은 생산양식에서 프롤레타리아트가 차지하는 위치로부터 발생한다. 가령 달리 어찌할 방도가 없을 때 대중파업을 조직해서 도시나 산업 전체, 심지어 국가 전체의 생산을 멈춰버릴 가능성을 들 수 있다. 국면적인 조건은 역사적 단계나 사건들로 국한되고, 궁극적으로는 일시적인 현상이다. 가령 빅토리아 시대 후기의 엔지니어링 노동자들과 조선공들이 노동과 정에 대한 비공식적 통제를 집요하게 유지함으로써 결국 1차대전 때까지 살아남아 새로운 생산방식에 적응한 것을 예로 들 수 있다. 또한 국면적이라 함은 역사적 비동시성의 교차를 의미할 수도 있다. 가령 유럽에서는 산업화가 한창인 와중에도 절대주의가 지속되면서 참정권 투쟁과 산업 분규가 강하게 결합되는 현상이 나타났다. 이는 북미에서는 찾아볼 수 없는 사례였다.

더군다나 세심한 맑스 연구자라면 결국 발견하게 될 테지만, 자본주의의 "운동 법칙"은 수많은 주의사항들로 가득하다. 맑스의 역사 분석과 경제학 원고에 순수한 결정론이나 단순한 장기추세는 거의 없다. 실로 뉴턴(Isaac Newton)의 제2법칙을 자본 축적 과정에 적용하고 싶어질 만큼 그 축적 과정의 동역학은 추세와 역추세를 동시에 만들어내곤 한다. 예를 들어 "공장의 형태는 소유관계의 자본주의적 관념을 구현하고 가르쳐주지만, 그것은 또한 맑스가 지적하듯 필연적으로 생산의 사회적이고 집단적인 특성을 드러내기 마련이며 따라서 사유재산의 자본주의적 관념을 약화시킨다".[59] 마찬가지로 『자본』에서도 생산의 유기적 구성(자본의 집약도)의 고도화는 막연하게나마 가치의 측면에서 자본재의 가격 하락에 의해 상쇄된다. 이와 비슷한 맥락에서 자원이 다른 대안적인 용도로, 심지어 완전히 반대 방향으로 사용될 수도 있다. 예를 들어 기술적이고 과학적인 지식에 대한 갈망은 노동자들이 생산을 통제하기 위한 전제조건이지만, 동시에 언젠가는 경영자나 소유주가 되고자 하는 노동귀족의 야심에 복무하기도 한다. 스스로 조직화한 프롤레타리아 시민사회도 부르주아 제도권의 주변부에 일종의 하위문화로 머물면서 종속적이고 조합주의적인 의미의 계급 정체성을 강화할 수도 있고, 반대로 적대적인 반문화로서 패권적이고 해방적인 의미의 계급 정체성을 발전시킬 수도 있다.

이에 더해, 나는 노동자들을 동원하는 이해관계와 그들에게 요구되는 역사적 과제뿐만 아니라 그들의 자기조직화와 행동에 필요한 자원에도 초점을 맞추면서, 앨릭스 캘리니코스(Alex Callinicos)가 저서 『역사 만들기』에서 아주 잘 지적한, 최근 사회이론가들과 역사가들 사이에서 이뤄지고 있는 주체/구조 논쟁은 물론 사회적 존재론이나 의식을 둘러싼 보다 추상적인 논쟁들은 피하고자 한다.[60] 아울러 나는 위기 이론이라는 가시덤불도 에둘러 가고자 한다. 물론 주체성은 궁극적으로는 자본 축적의 동역학과 자본가들 간 경쟁에 의해 좌우된다. 실로 주기적인 경기 동향이 프롤레타리아의 전진에 기회를 열어주기도 하고 닫기도 한다는 사실을 지적한 것은 맑스의 탁월한 통찰이었다. 가령 캘리포니아 골드러시와 동태평양이 국제 교역 체제에 편입된 데서 시작된 1850년대의 호황으로 영국에서 노동분쟁이 잠잠해졌던가 하면, 1909~13년 발생한 인플레이션과 실질임금 하락으로 국제적 차원에서 계급투쟁에 불이 붙었다.[61] 『자본』은 혁명의 "객관적 조건들"에 새롭고 보다 강력한 의미를 부여했다. 생산과 교환은 위기에 놓일 수밖에 없는데, 이때 계급권력의 균형은 실업 수준에 의해 조정된다는 것이었다. 그러나 유럽 역사상 가장 평화로운 시대에 정치 경력을 쌓고 지적 활동을 벌였던 맑스는, 전쟁의 정치경제학, 즉 세계적 규모의 자본 축적에서 전쟁이 수행하는 역할에 대해 논하지 않았다. 이는 『자본』의 기본 설계에 누락되어 있는, 이해할 만하긴 하지만 커다란 공백이었다. 제국주의 국가들 사이의 전쟁을 구조적 변화를 촉진하는 온실로서, 그리고/또는 최악의 금융 및 무역 위기에 비견할 만한 혁명적 기회를 촉진하는 온실로서 구체화하는 작업은, 자본의 지속적인 가치화(valorization)의 필요성 문제로 자본의 본원적 축적을 다룬 로자 룩셈부르크와, 독일 전시 경제에 관한 에리히 루덴도르프(Erich Ludendorff)의 분석을 모델로 하여 국가자본주의 문제를 다룬 레닌에게 주어질 것이었다.[62]

마지막으로, 자본주의의 무덤을 파는 사람들의 실제 모습을 어떻게 묘사할 것인가 하는 문제가 있다. 이런 어조를 염두에 둘 때, "고전적" 프롤레타리아트는 바로 1838~1921년경 유럽과 북미에 살았던 노동자들이다.[63] 물론 노동의 세계는 구조적으로나 사회적으로나 이질적이며, 여러 과도적이고 모순적인 계급적 위치들을 포함한다. 중심부 국가들의 노동계급을 대략적으로 분류하면, 모든 무산자 임노동자를 포괄하는 **공식 프롤레타리아트**, 빈곤화된 장인들을 지칭하는 **구 프롤레타리아트**(paleo-proletariat), 하인, 죄수, 무임금 가족노동자 등을 포함하며 종종 법령에 의해 규정되기도 하는 **준노예 노동자**(semi-servile labor), 가난한 농민과 소작농이 다수인 **농촌 프롤레타리아트**, 그리고 공장 노동자, 광부, 운송 노동자로 구성되는 **핵심 산업 프롤레타리아트** 등이 있다. 객관적으로 봤을 때 이 마지막 부류는 맑스가 "노동의 진정한 포섭"이라고 부른 기계화된 생산을 통해 확산되었는데, 1880년대 혹은 심지어 그 이후까지도 노동운동의 진정한 중추로 자리 잡지 못했다. 어쨌거나 이 모든 계급(공식 노동계급)은 하나의 거대한 전력망으로 상상될 수도 있다. 핵심에 주발전기를 갖고 있어서 자본에는 저항을 발생시키고, 경제적으로 약한 다른 부문에는 영향력을 행사하는 것으로서 말이다.

프롤레타리아트 "전위부대"라는 표현은 혁명 관련 문헌에 일상적으로 등장했지만, 두가지 서로 다른 뜻으로 쓰일 수 있다. (1) 가장 강력한 경제적 힘을 갖고서 긴 기간 동안 투쟁성을 지속할 수 있는 핵심 노동계급 집단, (2) 경제적 힘은 미약하지만 사회주의 및 아나키즘 사상이 광범위하게 보급된 특수한 직종 집단. 1차대전 때까지는 인쇄공, 제빵공, 재단공, 석공, 담배 제조공 및 해운공 등이 가장 빈번하게 노골적인 혁명 이데올로기들을 직능 집단의 하위문화로 통합시키곤 했다.[64] 더군다나 빨레(Pale)와 씨칠리아 같은 지역에서는 마을 장인들이 20세기까지도 도시의 급진주의와 농촌의 불만을 잇는 결정적 연결 벨트 역할을 했다. 1890년대부터는 부두 노동자, 벌목꾼, 추수꾼, 건설 노동자 등 임시직 및 계절 노동자들이 쌩디깔리슴과 아나키즘의 주요 지지층이 되었다.[65] 1916년이 지나서야 혁명적 금속 노동자들이 계급투쟁의 키를 쥐기 시작했고, 1930년대의 대파업 시기에 와서야 "포드주의적" 공장의 조립라인에서 일하는 프롤레타리아트가 중심 역할을 떠맡았다.

계급 전쟁의 시대

이 장은 주제별로 짜여 있지만, 계급의 형성과 투쟁에서 드러나는 구체적인 역사적 패턴을 분명히 상정한다. 다니엘 벤사이드에 따르면, "계급은 분리된 실체로서가 아니라 오직 계급투쟁의 변증법 속에서만 존재한다".[66] 따라서 내가 생각하는 연대기는 1838년 '인민 헌장'에서 시작해 1921년 이른바 '3월 행동'에서 끝난다. 이 짧은 세기 동안, 프롤레타리아화에 대한 장인층의 저항이 그 손주뻘인 산업 프롤레타리아트의 운동에 이데올로기적 기반을 놓았다. 한편 소생산자들로 구성된 사회적 공화국(social republic)에 대한 초창기의 꿈은 노동자평의회들의 연대로 이루어지는 산업화된 공화국에 관한 전망으로 변형되었다. 두 가지 미래 모두 단기적으로 구현된 바 있다. 첫번째 것은 급진적 장인층이 주도한 1848년과 1871년 빠리의 꼬뮌들에서, 두번째 것은 1917~19년 여러 "쏘비에뜨" 도시국가들에서 잠시 실재했다. (1871년 빠리 꼬뮌이 여러모로 1848년의 최종 국면이었던 것처럼, 1936~37년 바르셀로나의 아나키즘적 쌩디깔리슴(anarcho-syndicalisme) 혁명은 1917년 뻬뜨로그라드의 재연으로 볼 수 있다.) 1921년 작센 지역에서 공산주의자들의 봉기가 미비한 채로 일어났으나 실패로 돌아가고, 대부분의 나라들에서 노동운동이 전반적인 탄압을 받았다. 이와 더불어 소련은 치명적으로 고립되어 온전히 한 세대 동안 포위당했으며, 1917년 10월 스몰니 성당에서 꿈꾸었던 것과는 다른 권위주의적인 사회구성체로 변질되었다. 같은 시기 유럽 내 노동운동은 구래의 사회주의 정당들과 신진 공산주의 정당들로 양극화되어 단결된 행동에 영구적 장벽으로 작용했다. 그 결과, 코민테른의 맑스주의 노선은 맑스와 엥겔스의 이론적 전망에는 원래 포함되어 있지 않던 역사적 주체들 — 반식민주의 운동들, "대체" 프롤레타리아트(개념상 엄밀한 의미에서는 프롤레타리아가 아니지만 실질적으로 그 역할을 수행하는 주체들을 의미한다—옮긴이), 농민들, 실업자들, 무슬림들, 심지어 미국 농부들 — 로 방향을 돌렸다.

계급투쟁의 시기 구분: 1838~1921

(1) 1838~48년: 프롤레타리아화와 산업적 빈곤에 반대하는 대중 봉기들 속에서 사회주의적이고 공산주의적인 교의들이 급격히 확산된 시기. 대륙에서는 기계화가 임박한 가운데 수공예 제품의 대량생산 속에

서 생존을 위해 투쟁하는 독학 장인층이 혁명의 전형적인 주역이었다. 그러나 이 시기는 또한 차티스트 운동의 시기이기도 했다. 이는 영국 북부 공장지대 노동자 상당수를 아우르며 전국적 규모로 벌어진 최초의 근대적 노동 대중의 운동이었다. 이 시기가 끝나는 1848년 6월은 빠리에서 공공작업장 폐쇄에 대한 항의로 일어난 "사회주의자들"의 봉기가 실패로 끝난 시점이자, 『공산당 선언』(*Manifest der Kommunistischen Partei*)이 출간된 지 4개월도 안 된 때이기도 했다. 유럽 혁명가들의 대량이주로 미국 서부에서 유토피아적 사회주의는 제2의 생명을 얻었다.

  (2) 1849~64년: 철도 및 증기선 건조, 도시 재생, 면직물 수출이 주도한 빅토리아 시대 중기의 대호황기이자, 계급의식과 사회혁명의 전반적인 퇴조기. 영국에서는 (건설업을 제외한) 대부분의 전통적 수공업 직종이 지속적으로 쇠퇴하는 가운데, 차티스트 운동 시기의 광범위한 연대를 대신하여 금속 노동자들이 새로운 엘리트 집단으로서 공고히 자리 잡았다. 미국에서는 신생 노동운동이, 아일랜드와 남부 독일 출신 가톨릭 이민자들에 대한 반발로 등장한 '노 나씽'(Know Nothing) 운동 탓에 분열되었다. 프랑스에서는 크레디모빌리에(Crédit Mobilier)의 설립자이자 과거 쌩시몽(Henri de Saint-Simon)의 추종자였던 뻬레르(Pereire) 형제가 방대한 금융 거품을 야기함으로써, 제2제국의 헛된 망상들 가운데 하나였던 번영하는 장인층이라는 '인디언 서머' 같은 행복감을 자아냈다. 어디에서도 혁명의 조짐이 보이지 않는 가운데 맑스는 대영도서관으로 물러갔고, 블랑끼는 지하감옥 같은 곳에 칩거했으며, 망명한 공산주의자들은 적대적이고 점점 더 정체를 알 수 없는 파당으로 분열되어갔다. '19세기의 체 게바라'라 할 만한 가리발디(Giuseppe

Garibaldi)조차 잠시 칼을 내려놓고 뻬루에서 중국 광둥으로 구아노를 실어 나르는 화물선을 운항해 빚을 갚아야만 했다.

(3) 1865~77년: 제1인터내셔널의 흥망기. 미국 남북전쟁과 1863년 폴란드 봉기는 영국과 프랑스 노동계급의 강력한 연대를 불러일으켰고, 결국엔 양국의 노동조합 지도자들이 모여 1864년 9월 국제노동자협회(International Working Men's Association)를 결성하기에 이르렀다. 그리고 2년이 지나지 않아 신세계와 구세계 양쪽 모두 홉스봄이 "국제적으로 확산된 최초의 노동자 투쟁"이라고 규정한 파업 물결에 휩쓸리게 됐다. 이 흐름은 빠리 꼬뮌의 패배에 이은 반동의 시기 동안에도 지속되다가 1873년 대불황의 도래와 함께 가라앉았다. 노동운동의 구성도 급격히 변화하고 있었다. 로저 맥그로(Roger Magraw)가 강조한 바에 따르면 "빠리 꼬뮌의 패배로 장인층 전위부대가 대량 살상당했고", 프랑스에서, 그리고 영국과 미국에서는 한층 더, 석탄 광부들과 철도 노동자들이 전면에 부상했다.[67] 1877년 여름 B&O철도(Baltimore and Ohio Railroad)가 임금을 대폭 삭감하자 미국 북부 전역에 걸쳐 45일간 노동자 봉기가 발생했다. 봉기는 재빨리 철도 노동자들 및 그들에게 연대한 다른 노동자들과 경찰·민병대·연방군 사이의 유혈이 낭자한 시가전으로 비화하여 총 100명의 사망자를 낳았다. 세인트루이스에서는 대부분 맑스와 라살을 추종하는 독일계 미국인들로 구성된 사회주의 계열의 노동자당(Workingmen's Party)이 미국 역사상 최초로 지방자치체 단위의 총파업을 조직하는 데 기여했다. 계급 전쟁이 대서양을 가로질렀다.

(4) 1878~89년: 유럽과 북미 노동운동에서 이 시기는 질풍노도의

10년이었다. 노동조합과 노동자 정당 모두 경기회복기에는 조직이 성장하다가도 뒤이은 경기침체기에는 조직적 탄압을 겪었고, 이러한 패턴이 반복되었다. 직물과 신발에만 한정되었던 공장 생산체계가 이제 기계 제작과 자본재 생산으로 확장되었으며, 새롭게 도입된 배서머 공법(Bessemer process)으로 유럽과 독일의 철강업계가 영국을 따라잡고는 곧바로 추월했다. 프랑스와 미국에서 근대적인 대규모 생산방식은 르크뢰조나 풀먼 같은 기업도시들에서 곧잘 볼 수 있었던 "새로운 산업 봉건제"를 수반했다.[68] 시카고에서 탄생한 노동절과 하루 8시간 노동 운동은 아나키즘적 공산주의(anarcho-communism) 계열 이민자들이 주도했는데, 그들 가운데 일곱명은 곧 교수형에 처해질 터였다(헤이마켓 순교 사건). 혁명을 지향하지 않았고 특별히 가톨릭 노동계급에 호소력이 있었던 노동기사단(Knights of Labor)은 회원이 거의 100만명에 달할 정도로 성장했다가 급격히 쇠퇴했다. 대신 그 자리는 신생 미국노동총연맹(AFL)이 이어받아 하루 8시간 노동 운동을 계속해나갔다. 산업화가 급격히 진행된 독일제국에서는 (1875년 고타에서 새로 창당한) 독일사회민주당(SPD)의 극적인 성장세로, 한때 라살과 모종의 관계를 맺기도 했던 비스마르크(Otto von Bismarck)가 사회민주당 및 대부분의 노동조합 활동을 금지시켰다. 지하조직 활동이 주를 이룬 이 "영웅적인 시절"에는 "탄압으로 당을 파괴하지도 못했을 뿐만 아니라 오히려 당원들의 급진화만 가져왔다. 또한 이 시기에는 일련의 이론적 규명 과정이 진행되었는데, 그 절정은 1891년 에르푸르트 당대회에서 자타공인 맑스주의자 카를 카우츠키가 작성한 강령이 채택된 것이었다". 영국에서는 비숙련·저임금·임시직 노동자들로 조직된 '신노동조합주의'(New Unionism)가 1889년 부두 노동자 파업을 통해 그 충격적인 시작을 알렸다. 이스트엔드 전역에서 일어난 봉기의 충격파가 부르주아들이 사는 웨스트엔드까지 관통했다.

(5) 1890~1906년: 이 시기는 사회주의의 긴 봄날이었다. 유럽에서는 도시화와 산업화 속도가 절정에 이르러 공장 노동계급의 사회적 무게와 잠재적인 투표권이 극적으로 증가했다. 독일에서는 1890년 비스마르크의 '반(反)사회주의자법' 효력이 만료되면서 사회민주당과 그 동맹 세력인 자유노동조합(Freie Gewerkschaften)이 폭발적으로 성장할 수 있는 길이 열렸다. 1889년 빠리 만국박람회에 모여든 전 유럽의 사회주의자 그룹들은 프랑스 혁명 100주년을 기념하고 제2인터내셔널을 창설했다. 또한 그들은 노동절을 하루 8시간 노동을 위한 보편적 투쟁일로 채택했다(벨기에·오스트리아·스웨덴에서는 이날을 보통선거권 쟁취를 위한 날로 채택했다). 이 시기에는 프랑스의 노동총연맹(CGT, 1895)이라든지 스웨덴의 스웨덴노동조합연맹(LO, 1898) 같은 연맹체들이 창설되면서 노동조합의 범위가 명실상부하게 전국 단위로 확장되는 한편, 숙련 부문을 중심으로 단체교섭이 점진적으로 확산되었다. 그러나 중공업 부문에서는 여전히 (영국의 일부 경우를 제외하고는) 사용자 측이 노동조합과 단체교섭에 격렬히 저항했다. 진정한 산업별 노동조합은 여전히 매우 드물었고, 미국노동총연맹의 노동조합들은 거의 예외 없이 공장과 광산으로 밀려드는 새로운 이민자들의 조직화를 거부했다. 그러는 사이 세계경제는 침체(1893년의 공황)와 격렬한 팽창(벨 에뽀끄Belle Epoque 시기의 호황)을 반복했지만, 노동조합은 처음으로 고실업의 시기를 무사히 헤쳐나갔다.

러시아 제국에서 일어난 1905년 혁명은 총파업, 수병 반란, 도시 폭동, 민족 봉기 및 농민 항쟁 등으로 점철되었고, 유럽의 모든 시계를 재설정했다. 폭발 자체는 어느정도 예견되었지만, 도시 노동자들과 좌익 정당들이 주도적인 역할을 수행했다는 사실은 유럽의 다른 군주들에게는 물론이고 노동운동 내의 수정주의 분파들에게도 충격적인 소식이었다. 즉각적으로 독일과 오스트리아-헝가리 제국에서 평등선거제를 요구하는 가공할 만한 시위가 일어났고, 러시아에서 그랬던 것처럼 "대중 파업"이 사회주의로의 이행 논쟁의 중심 주제로 부상했다. 특히나 공장을 접수하는 노동자들의 인상적인 모습과 직접민주주의를 통한 인민의 통치(쏘비에뜨)는 프랑스와 스칸디나비아의 혁명적 쌩디깔리스뜨들, 스페인과 이딸리아의 아나키스트들, 그리고 독일사회민주당 내 좌파 같은 유럽 노동운동의 좌익 세력들의 열정을 불러일으켰다.

(6) 1907~14년: 러시아에서 일어난 혁명과 참정권을 요구하는 대파업의 여파로 계급 간 갈등이 전반적으로 강경해졌다. 고용주들 사이의 담합은 더 공고해졌고, 직장폐쇄가 속출했으며, 빈번하게 군을 이용해 파업을 진압했고, 자유주의적 중간계급 정당들과 사회민주주의 세력 사이의 선거 동맹도 와해됐다. 노동자들은 전 유럽에 걸친 연속적 총파업으로 반격에 나섰으나 모두 패배했다. 1907년이 전환점이었다. 러시아 수상 스똘리삔(Pyotr Stolypin)은 2차 두마(Duma, 의회)를 해산하고 급진적인 노동자들과 농민들을 상대로 공포정치를 개시했다. 독일에서는 수상 폰 뷜로(Bernhard von Bülow)가 제국주의에 대한 국민투표 격으로 실시한 이른바 "호텐토트 선거"를 통해 사회민주당에 반대하는 모든 중간계급 정당을 규합해냈고, 이로써 사회민주당은 제국의회에서 의석의 절반을 상실했다. 이는 사회주의자들의 전진은 결코 중

단되지 않는다는 믿음에 대한 뼈아픈 반증이었다. 빠리에서는 5만의 군을 동원하여 하루 8시간 노동을 위한 노동절 파업을 분쇄했고, 가을에 정부 수반이 된 끌레망소(Georges Clemenceau)는 노동총연맹의 목에 채워진 족쇄를 유지할 것임을 분명히 했다. 1909년 노동절에는 테살로니키 지역을 중심으로 10만명쯤 되는 오스만 제국 산업노동자 가운데 4분의 3이 경찰에 저항하며 작업장을 이탈했다.[69] 8월에는 스웨덴 노동자 30만명이 고용주들의 잇따른 직장폐쇄 조치에 맞서 이후 한달간 지속될 총파업을 개시했으나 성공을 거두지는 못했다. 그러는 동안 북아프리카 식민지 전쟁에 대한 노동계급의 저항은 1909년 바르셀로나의 '비극의 일주일'(Semana Trágica)과 1914년 로마냐의 '붉은 일주일'(Settimana Rossa)에 일어난 폭동과 학살로 이어졌다. 또한 차티스트 운동 이후 처음으로 영국의 육군(그리고 해군)이 대규모로 투입되어 웨일스(토니팬디 폭동), 머지사이드('피의 일요일'), 더블린('더블린 직장폐쇄')에서 발생한 파업들을 진압했다.

노동운동의 개량적 지도부는 좌파와 기층 모두로부터 도전받았다. 의회주의 노선과 점점 더 관료화되는 노동조합에 대한 환멸이 확산되면서, 혁명적 쌩디깔리슴에 대한 노동자들의 강력한 지지 물결이 이어졌다. 1905년 창설된 미국의 세계산업노동자연맹, 1906년 '아미앵 헌장'(Charte d'Amiens)을 채택한 프랑스의 노동총연맹, 1910년 창설된 스페인의 전국노동자연합(CNT), 1912년 창설된 이딸리아의 이딸리아노동조합연합(USI)은 이러한 흐름을 반영한 것이었다. 그들의 공통 목표는 자본에 공격적으로 맞서 싸우고 궁극적으로는 공장의 자치 기관으로 기능하게 될, 모든 직종을 아우르는 산업 혹은 일반 노동조합의 건설이었다. 또한 쌩디깔리스뜨들은 파업 운동을 확장하여 이주노동자나 여성 의류 노동자 혹은 선원같이 이전에는 조직되지 않았던 집단들마저 포괄하게 되면, 궁극적인 총파업은 그야말로 천하무적이 될 것이라고 믿었다. 영국과 독일처럼 쌩디깔리슴이 미약한 흐름에 불과한 나라들에서도 1910~13년 비공인 파업이나 일반 노동자들의 폭동이 빈번하게 발생했는데, 이는 노동조합 지도부가 특히 광부나 부두 노동자, 철도 노동자 등 전투적인 부문들에 대해 얼마나 통제력을 상실했는지 여실히 증명해주었다. 사라예보 사건 이전에는 모든 징조가 다음번 경기하강 국면 동안 노동과 자본 사이에 더 크고 격렬한 충돌이 벌어지리라는 점을 알리고 있었다. 그 충돌이 최종전(lutte finale)까지는 아닐지라도 말이다.

(7) 1916~21년(3차 유럽 혁명): "전쟁 도취감"(war euphoria)에 관한 많은 설명들에 흔히 나타나는 내용과 달리, 1914년 유럽의 프롤레타리아트가 기꺼운 마음으로 살육에 나선 것은 아니었다. 또한 케빈 캘러핸(Kevin Callahan)에 따르면, "사회주의자들은 그들의 기층 구성원들을 집어삼킨 민족주의 물결에 압도당하지 않았다. (…) 7월의 막바지 동안 프랑스와 독일에서만 100만명에 가까운 반전 활동가들이 거리로 쏟아져 나왔고, 노동자들의 대다수는 환희가 아니라 체념으로 전쟁이라는 운명을 받아들였다".[70] 그러나 전쟁이 시작된 이후, 제2인터내셔널에 참여한 정당들 가운데 의미 있는 반전운동을 조직한 유일한 정당들은 중립국(1915년까지의 이딸리아, 그리고 1917년까지의 미국)에 속하거나 (러시아, 오스트리아, 그리고 독일에서처럼) 거대 정당들 내 반전 소수파들의 지하조직에 불과했다. 1917년 어마어마한 규모로 계급투쟁이 재등장하는 데에 두가지 사건이 기반을 마련했다. 그 첫번째는 1916년

베르됭 전투(사상자 70만명), 솜 전투(사상자 110만명), 서부 우크라이나의 브루실로프 공세(사상자 230만명) 당시 발생한 대학살이며, 두번째는 산업의 주요 중심지들과 각국 수도에서 작업 조건 및 생활 여건이 악화된 일이다. 가장 숙련도가 높고 대체 불가능한 노동자들을 제외하고는 징병 연령의 노동자들이 전쟁에 징집되면서, 주로 젊은 여성이나 십대, 외국인 이민자로 구성된 수백만의 신규 노동자들이 고되고 위험한 노동조건을 지닌 군수산업에 징발되었다. (생산 규모는 상상할 수도 없을 정도였는데, 1914년에서 1918년 사이에 서부전선에서만 대략 15억 발의 고성능 포탄이 발사되었다.) 이 새로운 노동자들은 높은 생활비와 자녀들을 비쩍 마르게 하는 식량 부족 문제 등에 매우 민감했다. 프랑스 병사 4만명의 반란, 독일과 러시아의 광범위한 식량 폭동, 그리고 베를린 등지에서 발생한 금속 노동자들의 대규모 작업중단 같은 사태들에 이어, 1917년 2월 대량학살의 사슬이 가장 약한 고리인 뻬뜨로그라드에서 부서졌다. 이후 '협상국'과 '동맹국'은 서로에게 패하지 않기 위해서만이 아니라 전선이 혁명에 휩쓸리는 것을 막기 위해서도 분투해야 했다.

러시아 노동자들이 전쟁을 지속하려는 입장의 임시정부로부터 권력을 빼앗은 지 1년이 지난 시점인 1918년 11월, 독일 해군에서 대규모 반란이 발생했다. 러시아의 선례에 고무된 수병들이 주도한 이 반란으로 서부전선의 전투가 별안간 중단되었다. 베를린의 혁명적 금속 노동자들의 힘을 등에 업은 일종의 사회주의 공화국이 독일에서 선포되었고, 그동안 다른 사회주의 정당들도 핀란드와 헝가리, 그리고 짧게나마 오스트리아에서 권력을 장악했다. 볼가강에서 다뉴브강에 이르기까지 도시는 물론이고 농촌에서도 반란이 들끓었다. 1918년 제3인터내셔널이 새로운 유럽 혁명을 조직하겠다는 불가능한 희망을 목표로 탄생했다. 그러나 독일의 강력한 산업 부르주아지와 연합한 반동적인 구 지주 엘리트들은 베르사유에 모인 승전국들로부터 정치적 승인과 군사적 지지를 얻어 재빨리 반격을 가했다. 내전이 러시아를, 그다음에는 중부 유럽과 동유럽을 집어삼켰다. 한편 1918~20년 프랑스, 이딸리아, 스페인, 영국, 캐나다, 그리고 미국에서는 산업 분규가 역사상 최고조에 이르렀다. 그러나 125만명의 적군(赤軍) 병사들이 사회주의를 지키기 위해 희생한 러시아를 제외하고는 어디에서건 협상국 군대와 자유군단(Freikorps) 및 기타 준군사 조직들의 지원을 받은 전유럽적 반혁명이 성공을 거두었다.[71] 찰스 마이어(Charles Maier)에 따르면, "1920년 말과 1921년 초 무렵이면, 모든 지역에서 좌파는 후퇴하고 있었다. (…) 그야말로 전세계적 떼르미도르(Thermidor)였다".[72]

논제들

I. 근본적 사슬

「헤겔 법철학 비판 서설」의 표현에 따르면, 근대 프롤레타리아트는 "근본적 사슬"에 묶여 있다. 그들의 해방은 사유재산 및 계급의 궁극적 소멸을 요구한다.

그러나 맑스의 1843~45년 저술에 등장하는 "철학적 프롤레타리아트"의 사슬과 훗날 『자본』 1권에 등장하는 산업노동계급을 속박하는 사슬을 구분하는 것이 핵심이다.[73] 철학적 프롤레타리아트의 사슬은 절대적 빈곤과 착취 및 배제에 의해 만들어진 것으로, 그 결과 "시민사회를 초월하는 시민사회의 한 계급, 다른 모든 신분을 해체시키는 하나의 신분, 보편적 고통을 통해 보편적 특성을 갖게 된 하나의 영역"이 창출되었다. 청년 맑스에 따르면 그것의 존재는 인간성에 대한 "부정"일 뿐만 아니라, 그 자체에 대한 부정이 "급진적 혁명"을 요하는, "지금까지 존재해온 세계질서"의 전복을 요하는 하나의 조건이기도 했다.[74] 맑스는 이「헤겔 법철학 비판 서설」에서 우리가 이미 살펴본 로렌츠 폰 슈타인의 1842년 저서『현대 프랑스의 사회주의와 공산주의』(*Der Sozialismus und Kommunismus des heutigen Frankreich*)를 상기시켰다. 이 책에서 폰 슈타인은 "일할 능력이 없다는 데서 기인한" 산업화 이전의 빈민과, 생산수단을 소유하지 못함으로써 빈곤에 빠진 당대의 프롤레타리아트를 대비하여 파악했다. 폰 슈타인은 (요아힘 싱겔만Joachim Singelmann과 페터 싱겔만Peter Singelmann이 되풀이해서 이야기하듯이) "프롤레타리아트는 이제 자본에 내재하는 구조적 모순에 갇힘으로써 인간 속박의 원천을 그 근원까지 이해하는 역사상 최초의 계급이 된다. 그리하여 자유를 향한 프롤레타리아트의 투쟁은 당대 지배계급들에 대항해서만이 아니라 속박의 구조적 조건 자체에 대항하는 방향으로도 이뤄진다"라고 주장했다.[75] 맑스와 폰 슈타인 둘 다 당대 프랑스의 경험에 비추어, 계급의식은 프롤레타리아의 조건으로부터 거의 자동적이고 연역적으로 발생할 것이라고 믿었다. 맑스는『신성가족』(1845)에 다음과 같이 썼다.

사회주의자들이 프롤레타리아트에게 현세의 역사적 역할을 부여하는 것은, 〔좌파 헤겔주의자 같은〕'비판을 위한 비판가들'이 믿는 것처럼 그들이 프롤레타리아를 신으로 간주하기 때문이 전혀 아니다. 왜냐하면 모든 인간의 추상은, 심지어 그 외관의 추상조차도, 완전히 모습을 갖춘 프롤레타리아트에게서 실질적으로 완성되기 때문이다. 왜냐하면 프롤레타리아트의 생활 조건은, 그것의 가장 비인간적인 모습에서 오늘날 사회의 모든 생활 조건을 압축적으로 보여주기 때문이다. 왜냐하면 인간은 프롤레타리아트가 됨으로써 자아를 상실하기 때문이다. 그러나 동시에 인간은 그 상실을 이론적으로 자각할 뿐만 아니라, 긴급하고도 더이상 외면하거나 숨길 수 없는 절대적으로 긴요한 필요 ──필연성의 실질적 표현── 를 통해 그러한 비인간성에 직접적으로 맞서 전복을 수행하기에 이른다. 따라서 프롤레타리아트가 스스로를 해방시킬 수 있으며 또 반드시 그래야 한다는 당위가 도출된다. 그러나 프롤레타리아트는 자기 자신의 생활 조건들을 철폐하지 않는 이상 스스로를 해방시킬 수 없다.[76]

그러나 사회주의와 공산주의 사상에 사회적 중요성을 부여했던 폰 슈타인과 청년 맑스가 염두에 둔 당대의 프롤레타리아라는 대상은 진정한 의미에서 근대 산업노동자는 아니었고, 독일인들이 **수공예 노동자**(Handwerksproletarien)라 부른 **반쯤 프롤레타리아화된** 장인층을 말하는 것이었다. 빠리의 다락방에서 십수명의 동료들과 북적대며 작업하는 폐결핵에 걸린 재단사, 카트라이트(Edmund Cartwright)가 고안한 무시무시한 역직기와 경쟁하는 랭커셔와 에르츠게비르게 산맥의 불운한 베틀 직조공, 그리고 프로이센이 보장한 엘리트 지위와 보호를 박탈당한 루르의 농민-광부 등이 거기에 해당한다. 역설적으로, 카를 카우츠키가 1892년 에르푸르트 강령에 대한 논평에서 강조한 것처럼 "생산수단의 사적 소유는 서민들의 물질적 고통뿐만 아니라 의존성도 증가시킨다. (…) 압도적인 자본에 맞서 분투하는 영세 사업가나 소농보다 비참하고 가련한 존재는 없다".[77] 따라서 리옹의 잠사공이나 뉴잉글랜드의 제화공같이 유명한 직공들은 다른 무엇보다도 "프롤레타리아트의 심연에 빨려 들어가는 것"[78]을 더 두려워했다. 사회주의는 무엇보다도 프롤레타리아화, 즉 장인이 생산수단으로부터 분리되는 상황에 저항하는 것이었다. 그것의 본래 이상은 사회를 하나의 협동 작업장으로 만드는 것이었다.

다른 한편으로 『자본』에서는, 프롤레타리아트의 본질을 규정할 때 그것의 구조적 위치와 잠재력이 존재론적 조건만큼이나 중요해진다. 맑스는 공장 노동자들의 빈곤이 농촌의 빈곤보다 덜 극단적이기는 하지만 본질적으로 더 근본적이라는 점을 입증했다. 왜냐하면 노동자의 빈곤은 전례 없는 부의 생산자라는 바로 그 역할에서 생겨났기 때문이다. "오직 자본에 기반한 생산양식에서만 빈곤이 노동 그 자체의 결과로서, 즉 노동의 생산력 발전의 결과로서 발생한다."[79] 한물간 장인층이나 가난한 농민들, 심지어 노예들과도 달리 산업노동자들은 제퍼슨주의자나 프루동주의자의 노스탤지어에 나타나는 소생산자들의 유토피아적 복원이나 자연경제, 평등주의적 경쟁 같은 과거를 지향하지 않는다. 마크 멀홀랜드(Marc Mulholland)는 맑스의 논지를 다음과 같이 요약한다. "인간은 자기 자신과 주변 환경을 통제하고자 하는 본능을 지닌다. 이 본능이 종래 계급들에겐 본질적으로 각자가 생계와 부의 창출 수단을 완벽하게 사적으로 통제하려는 충동을 의미했다면, 프롤레타리아트에게서는 생산수단을 집단적으로 통제하고 소유하려는 욕망으로 전환되었다."[80] 프롤레타리아는 소생산자가 자본에 패배하는 것은 되돌릴 수 없으며, 경제민주화는 대규모 산업 자체의 폐지보다는 임금제의 폐지에 기초해야만 한다는 점을 받아들인다. 반란을 일으킨 노예들이나 농노들은 대저택에 불을 지르고 자기들끼리 토지를 나눠 가질 수 있지만, 이와 달리 산업노동자들은 단순히 기계를 분할해서 집에 가져갈 수가 없다. 모든 하층민과 착취당하는 생산자 가운데 프롤레타리아만이 유일하게 생산수단을 사적으로 소유하거나 경제적 불평등을 재생산하는 일과 어떠한 이해관계도 없다.

맑스는 넓은 의미에서의 임노동과 기계화된 생산체계에 고용된 고도로 사회화된 공장 노동을 구분했는데, 이러한 구분은 핵심적이지만 종종 간과되곤 했다. 19세기의 노동운동은 공장 프롤레타리아트의 멋진 신세계인 만큼이나, 고통받는 수공업자 세계가 벌인 저항이기도 했다.

농업 및 상업 자본이 소생산자들의 재산을 몰수함으로써 발생하는 공식적인 생산관계(임노동과 자본)가 상품생산 노동에 종사하는 광범위한 무산자 노동계급을 만들어냈다. 그러나 데이비드 몽고메리(David Montgomery)가 상기하듯이, "역사적으로 임금체계는 산업사회와 동시대에 등장하지 않았다".[81] 실상 일반적으로 노동의 상품화는 산업화보다 먼저 일어났고, 맑스는 임노동이 "18세기 말 도제법이 폐지되면서 (…) 영국에서 형식상 완전히 완성된 것"으로 간주했다.[82] 그때까지는 상인이 운용하는 선대제(농촌 "원산업주의"proto-industrialism)가 막대한 비중을 차지했고, 한편 도시의 매뉴팩처 부문, 특히 기성복이나 저가 가구 같은 부문에서는 미숙련 직공들의 일이 점차 단순한 세부 마무리 작업에 한정되었다.[83] 그들의 임무는 기계로 전환될 필요가 없었는데, 직공들 자체가 매뉴팩처 체계의 움직이는 부품에 불과했기 때문이다. 샌퍼드 엘윗(Sanford Elwitt)은 1834년 리옹에서 비단공들이 봉기한 사건에 관해 쓰며 다음과 같이 강조한다. "장인들은 자기 작업장을 포기하고 공장으로 이전하지 않고서도, 작업의 구조를 전혀 변화시키지 않고서도 프롤레타리아가 될 수 있었고 또 그렇게 되어갔다. 중대한 변화를 만드는 것은 사회적 생산의 체계이며, 정도의 차이는 있을지언정 그들은 거기로 부지불식간에 빨려 들어갈 뿐이다."[84]

그러나 강제적으로 자본주의적 생산양식에 예속된 장인들은 단순한 하나의 계급이 아니었다. 로널드 아민제이드(Ronald Aminzade)에 따르면, "19세기 프랑스의 많은 공화파 사회주의 계열 장인층의 계급적 이해관계는 모순적 상황에 놓여 있었다. 소규모 장인이긴 하지만 이들이 생산에서 차지하는 위치는 고용주이며, 고용주로서 이들은 자신들이 고용한 노동자들의 요구와 대립하기 마련이었다. 그러나 자신들의 도제 및 직인과 나란히 수공업에 종사하는 입장에 있던 이들은, 소규모 작업장을 종말로 몰고 가는 자본주의적 상인들과 공장주들의 혁신에 저항해야 한다는 점에서 단일한 이해관계를 공유했다."[85]

더욱이 자끄 랑시에르(Jacques Rancière)가 프랑스 사례를 논하며 강조하듯, 상인자본주의든 산업자본주의든 자본주의의 철퇴가 모든 "장인"의 머리에 공평하게 떨어진 것도 아니었다. 랑시에르는 "장인"이라는 범주도 노동사가들이 너무 포괄적으로 규정하고 사용해왔다고 주장한다. 유토피아적 사회주의를 받아들이고 1848년 6월 비운의 바리케이드로 진격한 이들은 강력한 조직력을 자랑하는 빠리의 사치품 수공예 직공들이 아니라 그들의 "가난한 친척들"이었다. "모자 제조공이 아니라 재단공이었고 (…) 제혁공이 아니라 제화공이었으며 (…) 목수가 아니라 벌목공이었다. (…) 지식인 세계와 연결되어 있던 식자공들도 버림받기는 마찬가지였다. 노동자들의 전투적 정체성은 그들의 집단적인 직업적 정체성과 반대 방향으로 가는 것처럼 보이곤 했다. (…) 전투적인 노동자층은 유기적인 직업 집단 세계에서 가장 가난한 부류에 속했다."[86] (그렇다면 초기 사회주의, 특히 이카루스파 공산주의는 재단공들과 구두 수선공들이 춘 '유령의 춤'으로 보아야 하지 않겠는가?)

『철학의 빈곤』(1847)에서 맑스는 영국과 차티스트 운동 사례를 들어 산업자본 아래 프롤레타리아의 삶이 동질화되고 있음을 그려내며, 이와 더불어 투쟁을 통해 노동운동이 점점 더 통일되고 계급적으로 각성해가는 과정을 묘사했다. 그러나 『자본』에서는 계급 형성의 모습이 훨씬 더 복잡하게 묘사된다. 즉 경제가 성장함에 따라 이질적인 노동계급도 같이 증가한 것이다. 핵심부에는 공장 노동자와 광부를 위시한 근대적 노동자들이 있고, 그 주변을 건설 및 운송 노동자, 농장 및 고한(苦汗) 노동자, 서비스직 및 사무직 고용자, 그리고 엄청난 수의 가내 하인이 둘러싸고 있다.

알려진 바와 달리, 맑스는 산업노동자가 필연적으로 사회의 다수가 될 것이라고 믿지 않았다. 대신에 그는 "다른 모든 생산 영역에서 노동력을 더 집중적으로 광범위하게 착취함으로써 가능해진, 대규모 산업부문의 이례적인 생산성 증가는 점점 더 많은 부문의 노동계급이 비생산적으로 고용될 수 있게 해준다"고 보았다.[87] 그는 "프롤레타리아화의 이중적 의미"를 명확히 이해했다. 아담 쉐보르스키(Adam Przeworski)가, 다른 면에서라면 참 훌륭한 어느 논문을 통해, 맑스가 그 점을 이해하지 못했다고 잘못 주장하긴 했지만 말이다. "전(前)자본주의적 혹은 초기 자본주의적 생산 조직에서 일자리의 파괴는 생산수단의 소유 여부와는 별개로 자연을 변형시킬 수 있는 능력으로부터의 분리를 의미한다. 그러나 발전하는 자본주의의 구조 내에서 새로운 일자리의 창출이 반드시 새로운 생산적인 육체노동 일자리의 창출을 의미하는 것은 아니다."[88]

산업혁명의 직접적 결과로서 가장 두드러진 예는, 1861년 영국에서 직물 공장과 금속산업에 종사하는 노동자보다 하인의 수가 더 많았다는 점이다.[89] 맑스는 그 하인들을 "근대적 가내 노예"라 불렀는데 여기에는 합당한 이유가 있었다. '주종법'(Law of Master and Servant)에 따르면, 계약관계의 주인에게 불복종하는 것은 금고형에 처해지는 범죄행위였다.[90] (영국과 초창기 미합중국에서는 그러한 법령을 광부, 장인 및 노동조합 조합원에게 폭넓게 적용하려는 시도가 있었는데, 이는 노동자들로부터 격렬한 반발을 불러일으켰고 몇몇 전설적인 법정 투쟁으로 이어지기도 했다.)[91] 이와 비슷하게 비스마르크 시대 독일의 "'하인법'(Gesindeordnung)도 고용주에 대한 무조건적인 복종을 요구했고, 조직 결성을 금지했으며 또한 농장 하인은 물론이고 [거의 100만명에 가까운] 가내 하인을 법적 보호와 사회보장 프로그램으로부터 배제했다".[92] (귀족들처럼 부르주아지도 자신들의 지위를 하인 보유로 평가했으며, 억압적 굴종을 강요할 수 있는 내밀한 권력을 상속받고 보호했다. 그런가 하면 노동운동에서도 거의 예외 없이 고분고분하게 복종해야 하는 하인들을 업신여겼다.)

한편 대량 수공업 생산직과 선대제 경제도 공장 체계와 나란히 19세기 내내, 그리고 이후에도 계속 번창했다. 래피얼 새뮤얼(Raphael Samuel)이 지적한 대로, 1851년 만국박람회는 증기기관의 시대를 찬양했을지 모르나, 수정궁을 에워싼 16에어커(판유리 30만장) 크기의 유리는 수작업으로 제작되었다. 실로 공장제 생산과 수입 농산물이 장인들과 농장 노동자들을 대체하면서 발생한 "노동의 과잉은 (…) 자본가들로

하여금 노동절감형 투자보다는 자본절감형 투자를 하도록 유도했다".
이는 기계화의 속도를 늦추고 저임금 임시직 노동을 광범위하게 확장
시키는 부정적 되먹임 회로가 작동했음을 보여준다.[93] 자본주의 체제에
서 노동과정의 발전은 심지어 가장 선진적인 사회에서도 불균등하고
혼성적인(combined) 발전의 논리를 따랐다.

　『자본』에서 맑스가 강조한 것처럼, 몇가지 핵심적인 기계적 발명은
공장 체계 내 노동의 사회화로 나아가기보다는 오히려 거기서 멀어져
갔다. 일부 농민공들(peasant-artisans)은 직조공의 오두막에서 방직공
장으로 곧장 옮겨 갔을지도 모르지만, 다른 이들은 공장 생산을 대체하
면서 동시에 그것을 보완하기도 하는, 즉 슬럼(slum)이라는 새로운 생
산 단위에 대체로 편재하며 자신들의 베틀을 재봉틀로 교체하기만 했
을 뿐이다. 맑스에 이어 개러스 스테드먼 존스(Gareth Stedman Jones)
도 『버림받은 런던』에서 1850년대 의류·신발·가구 산업계에 급속도로
확산된 재봉틀과 띠톱의 사례를 언급했다. 재봉과 톱질 과정의 병목만
제거하면, 기존 노동 분업을 근본적으로 바꾸지 않고서도 대량으로 기
성복과 가구를 생산하는 일이 가능했다. 존스는 이런 발명품들이 "하도
급과 극단적인 '생산의 수직 분산'에 기반하는, 추정컨대 산업화 이전
의 제조업 패턴을 강화했다"고 강조했다.[94]

　하인들이나 농업 노동자들이 고용주들에 맞서 자신들의 주장을 관철
시키는 데 거의 성공하지 못했던 것과 달리, 고한 노동자들은 금속 노
동자들이나 부두 노동자들, 광부들처럼 경제적 구심과 영향력을 갖추
진 못했지만 도시라는 집중된 환경과 이웃 간 연대라는 이점을 활용했
다. 그들은 결국 전세계 노동운동에서 가장 유명한 투쟁가들 가운데 일
부를 배출했다. 아일랜드인들과 이딸리아인들을 시작으로 많은 이민

자 집단들이 1840년대와 1850년대 독일 해외 동포 장인층(빠리에만 6만 명이 거주했다!)의 자취를 따랐지만, "고한 사회주의"는 대체로 런던의 이스트엔드와 뉴욕의 이스트사이드에 정착한 유대인 이민자들과 안트베르펜·테살로니키·시카고·몬트리올에 정착한 비슷한 이민자들이 만들어낸 것이었다. 엘리너 맑스(Eleanor Marx)가 열렬히 지지한 1889년 런던 재단사들의 대파업부터 1909~15년 맨해튼 의류 노동조합들의 총궐기에 이르기까지, 이디시어는 계급투쟁에서 가장 많이 쓰이는 방언이 됐다.[95]

산업혁명과 그에 따른 생산자들의 기계에 대한 종속은 "집단적 노동자"라는 새로운 역사적 주체를 창조했다. 아울러 상대적 잉여 추출이라는 새로운 착취 형태와 대량생산이라는 계급투쟁의 새로운 지형도 등장했다.

임노동자를 생산수단으로부터 분리하는 것은 증기기관 공장 내에서 새롭고 혁명적인 의미를 띠고 있었다. 수공업 기반으로 직물이나 도자기 같은 수출 상품을 생산하는 매뉴팩처 체계는, 규모의 경제와 보다 세밀한 분업을 통해 제한된 수준에서나마 생산성(과 상대적 잉여가치)을 끌어올렸지만, "결코 그 자체의 기반 위에서 완전한 기술적 통합을 달성하진 못한다".[96] 반면에 "기계를 이용하는 근대식 작업장은 (…) 〔구분되는〕 하나의 사회적 생산관계"인데, "생산양식 그 자체는 물론, 노동생산성 측면에서나 자본가와 노동자의 관계에서나 항구적으로 끊임없이 반복되는 혁명"을 그 특징으로 했다.[97] (나중에 맑스는 이러한 정의에 미묘하지만 핵심적인 수정을 가했다. 직접적으로 사회화된 〔통상적인〕 노동의 생산력은 "협업과 작업장 내에서의 분업 및 기계의 이용을 통해서, 그리고 일반적으로는 생산과정이 자연과학의 의식적 응용으로 변모하는

혁신을 통해서 발전한다"고 말이다.)[98]

　프롤레타리아화한 장인들이나 통상적인 노동자들처럼, 산업노동자들도 자신들의 노동력을 개별적으로 판다. 그러나 전임자들과는 달리 그들은 오직 **집단적 노동자**로서만 가치를 생산한다. (독일어의 Gesamtarbeiter는 "총체적" 혹은 "세계적" 노동자로도 번역될 수 있다.) 발리바르가 『'자본'을 읽자』(*Lire Le Capital*)에서 강조했듯이, "생산수단의 통합과 연관되어 있는 이들 집단적 노동자는, 다양한 노동수단과 결합된 장인-수공업 노동이라는 특징을 가진 이들과는 이제 완전히 다른 개인이 되었다".[99] 이것은 결정적 차이다. 맑스에 따르면, 기업가는 "개별 노동역량에 대해 댓가를 지불하는 것이지, 노동의 사회권력이나 그 결합에 대해 지불하는 것이 아니다". 보다 고도의 노동인, 공장 집단에서 발생하는 생산역량을 기업가는 공짜로 전유한다.[100] 게다가 노동력이 점점 더 기계가 주도하고 기계에 통합된 노동과정에 종속되면서, 자본의 힘은 "이제 생산과정 밖에서만이 아니라 생산과정 내에서도 가해지게 된다".[101] "노동자가 노동 도구의 일률적 작동에 기술적으로 종속됨으로써 (…) 병영과 같은 규율이 만들어진다." 이것이야말로 "자본에 대한 노동의 실질적 종속〔혹은 포섭〕"이다.[102]

　맑스의 예측에 따르면, 궁극적으로 "전체 작업장의 살아 있는 연결은 여기서 더이상 작동하지 않는다. 그 대신 '주 전동기'에 의해 작동되고 전체 작업장을 포괄하는 기계 장치가 통합성을 부여한다. 노동자들이 존재하는 한 노동자들의 실제 작업장은 기계에 종속된다. 그러므로 노동자들의 **통합**은 그들 자신과는 명백히 독립적이고 무관한 형태를 띠게 된다".[103]

개개인의 노동이 다소간 고립되어가는 것과는 반대로, 이러한 사회화된 노동의 생산력은 발전했고, 그와 더불어 사회 발전의 일반적 산물인 응용과학을 직접적인 생산과정에 적용함으로써, 노동의 생산력이 아닌 자본의 생산력이 발전한 것처럼 보이게 됐다. 노동이 자본 아래 단순히 형식적으로 포섭되는 경우에도, 자본-관계 일반에 존재하는 신비화가 과거에 그랬던 혹은 그랬을 수 있던 것보다 이제 훨씬 더 심화되었다.[104]

　　그러나 만약 프롤레타리아가 산업 단위와 같이 대규모로 조직화한다면, 바로 이 동일한 단일 생산력이 자본에 대항하는 힘이 될 수 있다. 실로 노동운동이 모든 종류의 임노동을 포괄하는 보편적 형식을 갖추기 위해서는, 무엇보다도 먼저 가장 선진화된 산업 부문인 직물·철강·석탄·조선·철도 등에서 힘을 축적해야 한다. 『공산당 선언』에 따르면, 그 부문들만이 "역사적 주도권"을 갖는다. 따라서 (광부와 운송 노동자를 포함하는) 산업노동자들은, 대략 1880년부터 1980년까지 한세기 동안, 노동운동과 정치적 좌파의 강력한 핵심을 구성했다. 장인층이나 수공업자들이 아닌 공장 노동자들이 노동운동을 주도하기 시작하는 변곡점은 명백히 경제 발전 수준에 달려 있었다. 프리드리히 렝거(Friedrich Lenger)에 따르면, 영국에서는 차티스트 운동, 미국에서는 남북전쟁, 프랑스에서는 빠리 꼬뮌, 그리고 독일에서는 '반사회주의자법'이 시행된 시기가 그 변곡점에 해당한다.[105] 그러나 맑스가 "쁘띠부르주아적 관점"의 소유자라고 정말 지치지도 않고 조롱했던 프루동조차도, 1865년 자신의 마지막 저서인 『노동계급의 정치적 역량에 관하여』(*De la Capacité politique des classes ouvrières*, 1865)에서 산업노동자들, "특히

대기업 노동자들"의 주도적인 역할에 관하여 매우 유사한 인식에 도달했다.[106]

앙드레 고르의 말대로, 빈곤이 사회주의를 위한 투쟁의 "자연적 기반"이라면, 산업노동계급의 "비자연적 빈곤"은 오히려 집단적 노동의 생산력 증가에 발맞추어 함께 증가한다.[107] 노동자들의 임금은 특히 호황기에 상당 수준 상승할 것이며 이는 새로운 "필요"의 성장을 촉진하기 마련이다. 그러나 이러한 흐름은 경기하강기 동안 역전되기 쉽다. 대개 혁명을 추동하는 것은 점진적인 빈곤화—이른바 "절대적 궁핍화 법칙"—가 아니라, 대규모 실업과 힘들게 쟁취하여 영구적으로 획득한 것인 줄 알았던 무언가를 갑작스레 빼앗기는 경험이었다.

맑스가 빈곤이 저항을 야기한다고 이야기할 때에는, 그 빈곤이 상대적 박탈이나 높은 지니계수가 아니라 진짜 비참함을 의미한다는 점을 이해하는 것이 중요하다. 이 점에 관해서는 허버트 마르쿠제를 인용하는 게 좋을 것 같다.

> 나중에 재정의되긴 하지만, 맑스가 말하는 착취와 빈곤화 개념 사이에는 내적 연관이 있다는 점을 반드시 강조해야 한다. 여기서 빈곤화는 문화적 측면을 가리키는데, 자동차와 텔레비전 등을 소유한 교외의 가정에도 적용될 정도로 상대적 의미를 갖는다. "빈곤화"라는 말은 참을 수 없는 존재 조건을 전복시켜야 한다는 **절대적 필요**를 함축하며, 그러한 절대적 필요는 모든 혁명의 초기에 기본적 사회제도들에 대한 반발로 표출된다.[108]

틀림없이 맑스는 "하루 10시간 노동 같은 노동계급의 정치경제적"

승리뿐만 아니라 "역사적이고 도덕적인 요소"도 임금을 구성하는 요인임을 인정했다. 마찬가지로, 마이클 리보위츠가 옳게 주장하듯이 "필수적 필요"의 수준은 "계급투쟁의 산물"이지, 고정된 생리학적 최소치가 아니다. 그리고 결과적으로는 "필수적인 것의 기준"이 질적으로 높아지면서 경제적 계급투쟁을 추동한다.[109] 그러나 맑스는 그렇게 해서 얻어낸 성과와 새로운 필요가 경제 위기에 의해 주기적으로 침식될 것이며, 그러한 경향은 시간이 지날수록 더욱 일반화되고 파괴적일 것이라고 믿었다.

『자본』 1권의 한 세부 항목("경제 위기가 고임금 노동계급에게 미치는 영향")은 1866년 금융공황기 거대한 밀월(Millwall) 제철소가 파산한 후에 런던의 고임금 철강 조선공들이 겪은 곤경을 보여줌으로써 이를 뒷받침하고 있다.[110] 이들 "노동귀족"은 곧 굶주림에 직면했고, 맑스는 코브던(Richard Cobden)과 브라이트(John Bright)가 발행하던 신문 『모닝 스타』(*Morning Star*)에 실린 노동귀족들의 추락한 생활 조건에 대한 묘사를 길게 인용한다.

포플러, 밀월, 그린위치, 데트퍼드, 라임하우스, 캐닝타운 등 이스트엔드 지구에서는 적어도 1만 5000명의 노동자들과 그 가족들이 극도의 궁핍 상태에 놓여 있고, 3000명의 숙련 기계공들이 (반 년 이상 지속된 곤경 끝에) 구빈원 작업장에서 석재를 파쇄하고 있다. (…) 나는 구빈원 사무실 문까지 도달하기가 무척 어려웠다. 배고픈 군중이 거길 둘러싸고 있었기 때문이다. 그들은 배급 시간 전부터 구호표를 기다리는 중이었다.[111]

맑스가 어떠한 노동자 집단도 예외일 수 없다고 믿은 이러한 **간헐적 궁핍화**는, 사실 1870년부터 1938년까지 경기 동향의 행태를 상당히 정확하게 예측한 것이었다. 경제사가 제프리 프리든(Jeffry Frieden)에 따르면, "고전적 자유주의 시기에 경기 조정의 부담은 노동에 부과되었다. 사업 여건이 악화되면 임금이 깎여나갔고, 금본위제 아래 국가가 수출 및 수입 시장에서 경쟁력을 회복하기 위해서는 임금을 인하해야 했다".[112] 소비재 가격의 하락이 임금 인하를 어느정도 상쇄하기는 하지만, 산업노동자들의 일반적 경험은 고용과 수입의 불안이었다. 맑스는 1865년 국제노동자협회 총회에 제출한 그 유명한 보고서(이후 『가치, 가격 및 이윤』이라는 책으로 재출간되었다)에서 이 점을 강조했다. "시장가격이 하강하는 위기와 침체 국면에는, 노동자가 고용을 완전히 박탈당하지 않는다 하더라도 임금은 **확실히** 하락한다."[113] 그러한 사례가 1899년과 1913년 사이 프랑스와 영국에서 발생했다. 홉스봄의 지적에 따르면, 당시 자본가들은 상당 부분 농산물 가격 상승에서 기인한 생산비 인상을 실질임금을 떨어뜨리는 방식으로 노동계급에게 전가했다.[114] 맑스가 거의 전적으로 방어적인 역할로 규정한 노동조합은 경기하강이 심하지 않은 경우에는 임금 수준을 보호할 수 있었지만, 전면적인 침체로 실업이 만연하고 잠재적인 대체 노동자들과 파업파괴자들(strike-breakers)이 크게 증가하는 동안에는 속수무책이었다. 그리고 나서 대개는 고속 성장기와 진보에 대한 맹목적 믿음이 갑작스런 경기둔화로, 또 전쟁과 파국에 대한 예견으로 일단락될 수밖에 없었다. 그 결과 벨 에뽀끄[115] 시기와 "서구의 쇠퇴"(Decline of the West) 시기 사이 당대 역사에 대한 유럽인들의 전망은, 에두아르트 베른슈타인(Eduard Bernstein)의 점진적 사회주의 노선에서부터 뜨로쯔끼의 장갑열차에 이르기까지 큰 폭으로 요동쳤다.

코민테른에 발표할 선언문에서 뜨로쯔끼는, 1919년이라는 끔찍한 해 (annus horribilis)의 관점에서 궁핍화를 둘러싼 논쟁의 결과를 평가했다.

> 전쟁의 결과로 드러난 자본주의 체계의 모순은 인류를 극심한 배고픔, 추위로 인한 탈진, 전염병 및 도덕적 야만에 직면케 했다. 이는 빈곤화 이론과 자본주의에서 사회주의로의 점진적 이행을 둘러싸고 사회주의 운동 진영 내에서 벌어진 모든 학문적 논쟁을 최종적으로 정리해버렸다. 통계학자들과 모순이 약화되고 있다는 이론에 집착하는 현학자들은 다양한 집단과 범주의 노동계급의 삶이 나아지고 있음을 입증하는 사실들을 수십년 동안 전세계 구석구석에서 찾아내왔다. 그것이 사실이건 아니건 간에 말이다. 광범위한 빈곤화 이론은 부르주아 교수 사회의 환관들과 기회주의적인 사회주의 관료들의 경멸적 조롱 속에 매장되어버렸다. 바로 지금, 더이상 사회적 문제이기만 한 것이 아닌, 생리적이고 생물학적인 문제이기도 한 이 빈곤화 문제가 우리 눈앞에 그 충격적인 실체를 드러내고 있다.[116]

II. 공장과 노동조합

공장 체계는 노동자들을 상호 의존적인 집단들로 조직하는데, 이는 투쟁과 의식적인 조직화를 통해서 연대의 공동체로 진화할 수 있다. 더군다나 공장들, 그리고 조선소나 철로정비소 같은 여타 대규모 산업체들은 정치 체계의 축소판이다.

『루이 나뽈레옹의 브뤼메르 18일』에서 맑스가 반동적인 프랑스 농민 계층을 "자루 속 감자"에 비유한 것은 유명하다. 맑스에 따르면, "그들의 생산양식은 그들을 복잡한 상호작용을 통해 결속시키는 대신, 제각기 고립시킨다".[117] 홉스봄이 첨언하길, 그 결과 농민들의 의식은 전적으로 지역적 맥락에만 국한되거나, 종종 천년왕국 운동의 언어에서 볼 수 있듯이 도시에 대한 추상적 대립을 통해 구성되는 경향이 있다. "그들의 조직화된 행동의 단위는 마을의 공동 우물이거나 우주 전체다. 그 사이에 중간은 없다."[118] 반면 산업 프롤레타리아트(맑스는 이 범주에 공장 노동자, 건설 인부, 광부, 자본주의적 농업 노동자, 그리고 운송 노동자 등을 포함한다)는 사회의 분업 체계 안에 통합된 집단들로서만 존재한다. 프랑스의 사회주의자 꽁스땅땡 뻬끠르(Constantin Pecqueur)는 증기기관 시대의 혁명적 성격에 관한 1839년 저서에서 이미 공장 체계를 찬양한 바 있다. 그는 마치 맑스를 예시하는 듯한 깜짝 놀랄 만한 말로, 노동자의 "점진적 사회화"와 "프롤레타리아의 공적 삶" 창출을 언급했다.[119]

그러나 앞서 지적했듯이, 공장식 생산관계가 직접적으로 연대를 보장하는 것은 아니다. 마찬가지로 데이비드 몽고메리가 상기하듯 계급의식은 "언제나 하나의 기획이다". 새로운 산업과 공장의 노동자들은 초기에는 원자화된 상태로 존재한다. 자본가들은 정실 인사, 성과급, 젠더와 민족에 따른 분업 등을 이용해 경쟁적 상황을 지속시키고자 노력한다. 통상 19세기 제철소와 조선소에서는 "하도급" 십장들, 말하자면 자체 인력을 고용해 일을 입찰받을 수 있게끔 허가된 숙련노동자들에게 관리자의 영역까지 포함하는 자율성이 부여되었는데, 이는 극단적인 경우 비숙련노동자들에 대한 공동 착취로 이어졌다. 사회학자 캐서린 아치볼드(Katherine Archibald)가 『전시 조선소: 사회적 분열에 관한 연구』(1947)에서 제기한 기념비적인 주장에 따르면, 홉스식 공장은 산업 생태의 기본 조건으로까지 간주될 수도 있다.[120] 따라서 가장 기초적인 연대의 형태라 해도 목적의식적으로 구성돼야 한다. 공동의 임무나 기술로 규정되는 비공식적 작업 집단이 그 출발점이다. 이들 집단이야말로 공장 내 사회, 혹은 대안사회가 만들어지는 중핵이기 때문이다.

랠프 달링턴(Ralph Darlington)이 강조하듯이, "한 무리의 개인들을 집단적 행위 주체로 전환시키는 것은 노사관계에서 그 역할이 상당히 저평가되어온, 통상 소수지만 그 수가 임계치를 넘긴 작업장 활동가들의 업적이다".[121] 외부 노동조합이나 정치조직의 구성원이든 아니든 이 활동가들은 작업 집단 내 연대를 노동조합 결성의 구성 요소로 활용했고, 분업 기준에 자주 반영되곤 했던 민족 간, 젠더 간, 지역 간 차이라는 장벽을 극복하기 위해 부단히 투쟁했다.[122] 프롤레타리아 소설이나 에이젠시쩨인(Sergei Eisenstein) 영화 속에 나오는, 단 한번의 불같은 연설로 동료 노동자들을 각성시켜 반란에 동참하게 만드는 넓은 가슴을 가진 영웅들과 달리, 고전적인 기층 조직가들은 공장 생활에서 불가피하게 나타나는 알력과 질투 따위를 끈질기게 솎아내는 끈기 있는 정원사 같은 존재에 더 가까웠다. 거대 공장은 종종 외부 사회의 민족적·지리적 경쟁심을 그대로 보여주는 까다로운 집단이었다.

예를 들어 저 유명한 모스끄바 철강공장의 경우 각 생산 부서의 일원이 특정 마을이나 지역에서 모집되었는데, 이는 "직능의 차이를 초월한 (⋯) 업장이기주의(tsekhovshchuna)를 촉진했다. (⋯) 왜냐하면 농민 출신은 특정 업장과 특정 마을 사이의 강력한 유대관계를 간직하고 있었기 때문이다". 이러한 소(小)애국주의와 업장 간 경쟁을 극복하는 것이 러시아사회민주노동당(RSDRP) 활동가들에게는 일종의 영웅적 과제에 해당했다. 케빈 머피(Kevin Murphy)에 따르면, 심지어 혁명 이후에도 "업장에 대한 충성심이 팽배했고", 구 볼셰비끼들은 어느 부서가 (따라서 어느 마을이) 가장 혁명적인지를 놓고 옥신각신하곤 했다.[123] 유사한 예로, 피터 프리들랜더(Peter Friedlander)는 1930년대 디트로이트에서 있었던 미국자동차노동조합(UAW) 지부 창설에 관한 획기적인 연구를 통해 각기 고유한 "사회적 개성"과 불만을 지닌, 10여개의 민족 단위로 분할되어 있는 공장 부서들을 통합시키기 위해 얼마나 복잡한 외교적 노력이 필요했는지를 상세히 설명한 바 있다. 결정적인 전환점은 방관자적 태도를 유지해오던 프레스 부서의 젊은 노동자 집단(이들은 두려움의 대상이었던 폴란드 갱단의 조직원들이었다)이 노동조합에 가입하기로 했을 때였다.[124] 다시 말해 전투적인 작업장의 사회는, 고용주의 전제적 행태 및 착취에 대한 공동의 저항과 개별적 집단들의 편파적 이해관계가 종합된 산물이었다. 조직화는 결코 저절로 이뤄지지 않았으며, 언제나 작업장의 특정 이해관계 집단이 자신들의 목적을 위해 지역 노동조합과 조직화 사업을 이용하려 들 위험성이 존재했다.

조직화 사업과 파업은 일차적인 경제적 요구를 초월할 수밖에 없는 '정치도덕적' 계기를 필요로 한다. 맑스는 이 점을 강조했고, 엥겔스는 "전쟁의 학교로서는 노동조합이 그리 뛰어날 것이 없다"고 덧붙였다.[125]

자본주의의 고전적 전성기에는 포괄적 조직화를 향한 첫걸음이 대개 방어적 성격을 띠었다. 가령 갑작스럽게 임금이나 생산 단가가 줄어드는 경우, 인기 많은 동료 직원이 해고당하는 경우, 위험한 기계가 도입되는 경우 같은 어떤 지독한 불만 사항을 시정하기 위한 것이었다. 그러나 맑스가 『철학의 빈곤』에서 강조했듯이, 빠른 시간 내에 노동조합은 (혹은 경우에 따라서는 작업장의 비밀조직은) 그 자체로 교회나 마을

처럼, 순수하게 실용적인 기능으로 환원되지 않는 하나의 목적이 되었다. 맑스에 따르면 "이는 영국의 경제학자들을 매우 놀라게 할 만한 사실이었다. 그들 눈에는 오롯이 임금 인상을 목적으로 만들어진 결사체를 위해, 노동자들이 자신들의 임금 일부를 희생한 것으로 보였기 때문이다".[126]

이러한 집단적인 도덕감정이 게임이론식의 경제적 계산을 초월하는 모습은 파업 과정에서 주기적으로 또 생생하게 목격되었다. "공적인 파업 의식(儀式)은 노동자들 사이에 일종의 집단의식, 즉 공동의 목적을 위해 투쟁하는 하나의 집단에 소속되어 있다는 감정을 만들어낸다. 말하자면 노동자들 서로 전우가 되는 것이다. 파업 행위는 부채감과 상호 의무를 공고히 형성한다. 노동자들이 노동계급이 되는 것은 파업을 통해서다."[127] 장기간 파업에서는 투쟁의 범위가 종종 공동체 전체를 포함할 정도로 확장되기도 했다. 바로 여기서부터 무수히 많은 노동 서사들에 등장하는 전형적인 대립 구도, 이를테면 투쟁에서 보다 능동적이고 동등한 역할을 요구하는 여성들이 남성들과 이루는 대립 같은 이야기가 나왔다. 마찬가지로 파업의 생사는 보통 그것이 다른 가게들이나 관련 사업들로 수평적으로 팽창하느냐의 여부에 달려 있다. 이런 의미에서 모든 개별 파업은 총파업의 씨앗이 될 수도 있다. 1888년 보(Bow) 지역 성냥공장에서 일어난 1500명의 젊고 어린 여성들의 작업중단은 이스트런던 전체 미조직 노동계급의 투쟁으로 점화되었고, 이는 1889년 10만 부두 노동자의 성공적인 파업과 "신노동조합주의"의 도래로 이어졌다. 그러한 폭발적인 대중 투쟁은 비록 패하더라도 하나의 전설로 남고, 공동체의 성격을 재규정하며, 한세기 뒤 산업 투쟁의 본보기가 될 수 있었다. 그것은 노동계급의 문화적 기억에서 이정표를 이뤘다.

반면 어설프게 조직된 파업은 비난과 분열, 절망으로 점철된 긴 자취를 남길 수 있다. 이는 곧 투쟁의 확장에 부정적인 영향을 준다. 어떤 경우든 기층 노동자들은 노동조합을 위해 커다란 댓가를 치렀다. 대량학살, 투옥, 유형 및 망명을 겪는 것은 물론이고, 과거 파업 참가자들은 수만명씩 블랙리스트에 이름이 오르곤 했다. 가장 뼈아픈 사례가 1894년 풀먼(Pullman)사 파업에 동조해 작업을 중단한 미국 최초 거대 산업별 노동조합인 미국철도노동조합(ARU) 활동가들의 운명이었다. 닉 샐버토어(Nick Salvatore)는 미국철도노동조합의 지도자 유진 뎁스(Eugene Debs)의 평전에서 다음과 같이 설명한다.

> 철도회사는 매우 광범위하고 가혹한 블랙리스트를 작성했다. 어떤 노동자가 자신이 전에 파업을 일으켰던 회사 고용주에게 추천장을 요구할 경우, 그는 자신의 업무 능력에 관해 통상 어떤 식의 평가를 받곤 했다. 장래의 고용주는 지원자가 면접실을 나가자마자 편지 한장을 받게 되는데, 목이 잘린 학이 그려진 워터마크가 새겨져 있으면 그 지원자는 파업 기간에 적극적으로 활동했다는 것이고 따라서 고용되지 않을 것이었다. 그 목이 잘린 학은 서부 전역에서 이루 말할 수 없는 고통을 야기했다.[128]

가족제도가 격변하고 가정이 재구성되는 시대에, 성평등은 공장을 비롯한 다른 근대적 작업장 내에서 종종 달성하기 가장 어려운 연대의 문제를 제기했다. 백인우월주의와 더불어 가부장제는 노동운동의 진정한 아킬레스건이었다.

직물산업 분야에서 이뤄진 여성과 아동 노동에 대한 과도한 착취는 당연하게도 빅토리아 시대의 충격적인 추문이었다. 그러나 남성 노동계급의 반응은 여성의 노동조건을 개선해달라는 것이 아니었고, 여성을 공장에서 추방해야 한다는 요구가 훨씬 더 빈번했다. 실제로 남성의 임금을 "생계부양자"—어머니가 주부 역할을 하는 중간계급 핵가족을 모방한 가정에 필요한 물질적 기반—라는 지위에 맞춰줘야 한다는 것은 고임금 직능을 중심으로 한 초기 노동조합 운동의 가장 근본적인 요구 사항이었다. 이 "근대의 헤라클레스들"은 독신 여성 노동자를 누이나 동료가 아닌 파업파괴자이자 가족의 적으로 보았다. 미셸 뻬로(Michelle Perrot)에 따르면, "노동운동은 그 정체성을 생산에 대한 찬양과 일의 남성다움—용감한 광부, 신체적으로 강인한 건설 노동자, 기술적으로 탁월한 기계공, 이들이야말로 2차 산업혁명을 일으켰고 세계를 변화시킬 영웅들이다—에 기반했기에 페미니즘을 '부르주아적인' 것으로 폄하했다".[129] 실제로는 가부장제가 결코 가족의 모든 필요를 감당할 수 없었다. 하인은 말할 것도 없고 장인들도 진정한 의미의 "가족임금"은 거의 받아보지 못했으며, "점잖은 노동계급 아내들"도 집에서 세탁과 바느질을 하거나 파트타임 가정부로 일해야 했다. 그러나 자본주의적 생산체계에서 여성들의 노동은 식품 가공, 공장식 대량세탁, 성냥, 직물, 리본, 모자류 및 의복 제조 부문 등 점점 더 세분화되어가는 부서와 산업에서조차 필수적이었다. 빅토리아 시대 초기의 공장 쟁의에서 두드러진 역할을 담당했던 젊은 여성 노동자들이 다시 한번 1차대전 직전 미국과 영국, 러시아에서 대규모 산업 쟁의의 중심에 섰다. (유대계와 이딸리아계 젊은 여성들이 서로 팔을 걸고 참여했던 그 유명한 뉴욕의 셔츠웨이스트 공장 여성 노동자 파업이 대표적인 예다.) 이 시기와 전쟁 후반부, 그리고 다음 혁명기에 또 한번, 적정한 임금과 감당할 수 있는 수준의 임대료, 안전한 작업장을 위한 여성들의 투쟁은, 투표권

뿐만 아니라 공직·전문직·행정직에 접근할 수 있는 권리까지 아우르는 완전한 시민권에 대한 요구와 종종 결합되어 유난히도 치열했던 눈부신 투쟁의 나날을 만들어냈다. 그러나 사회주의 운동이 지향해야 할 성평등 해방운동의, 말하자면 원형 같은 것은 아직 등장하지 못했다.

맑스는 『자본』에서, "공장을 '완화된 감옥'이라고 말한 푸리에(Charles Fourier)는 틀렸는가?"라는 수사적 물음을 던진다.[130] 작업장 내 횡포(가령 징벌적 징계 규정, 관리자의 권한 남용, 부당 해고, 성희롱 등)에 대한 저항은 근대 계급투쟁에서 언제나 등대 역할을 했다. 노동자들은 작업 현장에서 '권리들'을 확보하기 위해 투쟁함으로써, 단지 "관리자의 특권"에 대해서만이 아니라 암묵적으로 임노동의 원리 자체에도 도전했던 것이다.

초창기 랭커셔 지역 공장 체계에서 가장 충격적인 장면은 아동과 청소년 노동자들에게 일상적으로 체형이 가해진 것이었다. 이들은 면직물 노동자의 약 40퍼센트와 아마·비단·모직물·소모사 부문 노동자의 50퍼센트 이상을 점하고 있었다.[131] 성인 노동자의 경우 강등이나 해고, 벌금 등으로 처벌이 이뤄졌지만, 구타나 성폭행도 드물지는 않았다. 일부 십장들이나 감독관들은 강간을 자신들의 직업에 부여된 봉건적 특권으로 간주하는 것처럼 보이기도 했다. 캐슬린 캐닝(Kathleen Canning)은 독일 여성 노동자들에 관한 연구에서 다음과 같이 지적한다.

그들은 자신들만의 도덕률을 시행하고 옹호하기 위해 빈번하게 집단행동에 가담했다. 1905년 보홀트의 한 공장에서 남녀 노동자들이 여성 노동자들을 강간한 감독관의 해임을 요구하며 파업에 들어갔다. 1902년 뒤셀도르프의 행정지구에서 분노한 남녀 노동자들이 여성 부하직원을 성폭행한 방직 장인의 집 앞에 운집했을 때, 강간 문제는 격렬한 충돌로 비화되기도 했다. 아수라장 속에서 노동자 한명이 사망했고, 네명이 투옥되었다.[132]

심지어 생산 현장 출신의 십장들도 기꺼이 자의적으로 권한을 행사했고, 소유주들은 그들에게 대개 실적에 따라 보상을 지급했다. 배링턴 무어(Barrington Moore) 등이 연구한 루르의 철강공장에서는 "십장이 노동자를 어떤 이유를 대서라도 해고할 수 있었다. 많은 십장들이 노동자들에 대한 증오나 시기, 개인적 반감을 이유로 명백히 자기들의 권한을 남용했다". 가장 큰 지탄의 대상이었던 경악할 만한 관행 가운데 하나는, 특히 크루프(Krupp)사의 현장에서 광범위하게 행해졌는데 바로 "오랫동안 근무한 노동자들을 연금을 받을 수 있는 연한 바로 직전에 해고하는 것"이었다.[133]

특히 생산공정의 속도를 높이기 위해, 탈숙련화를 야기하는 기계를 도입하기 위해, 혹은 생산 할당량을 높이기 위해 사용자 측이 일방적으로 권한을 행사할 경우 노동자들은 가능한 모든 수단을 동원하여 강력하게 저항했다. 노동자들은 교묘한 "태업"(고의적인 생산 억제)부터 기계 파괴, 자발적 파업, 그리고 심지어 1886년 3월 벨기에 샤를루아에서 젊은 광부들과 유리세공인들이 주도해 벌인 사건(28명 사망)과 같은 "공장 반란"(industrial jacqueries)까지도 감행했다.[134] 게릴라전마저도 가능한 선택지 중 하나였을 정도다. 펜실베이니아 와이오밍밸리에서는, 아일랜드 이민자 출신 무연탄 광부들이 고국에서 지주에 저항하는 비밀 결사체에서 활동했던 경험을 이용해 '몰리 매과이어스'(Molly Maguires)를 결성하고, 독재적인 감독관들과 광산 책임자들을 응징했다. 루르에서 일어난 1905년 광부들의 대파업은 전반적으로 비폭력적이었지만, 당시 많은 수를 차지했던 폴란드 출신 이민 노동자들의 불만은 펜실베이니아의 경우에서처럼 "인신공격과 독단적 전횡이 난무하는 전반적인 풍토"를 향한 것이었다. 게다가 베링턴 무어가 강조하듯 파업은 문자 그대로 분노한 광부들이 노동조합에 강제한 것이었다. 여기에는 그때까지 조직화되지 않았던 광부들도 참여했다.[135] 언제나처럼 "존엄"은 보편적 요구였다. 이와 비슷하게 러시아에서도 대파업의 물결 동안 "노동자들의 분노는 자신들을 정중하게 대해주지 않은 십장들과 감독관들을 특별히 겨냥했다. 각 공장을 다니면서 노동자들은 '인간의 존엄을 모욕한' 감독관들에게 행동을 바꾸거나 아니면 공장을 떠나라고 요구했다". 경영진이 이를 거부하면, "노동자들은 지목된 당사자를 외바퀴 손수레에 실어 공장 문밖까지 태우고 가서 길거리에 내동댕이치는 식으로 모욕을 주곤 했다". 에이브러햄 아셔(Abraham Ascher)는 1905년 혁명사를 서술하며 3월 뻬쩨르부르크 지역 공장에서만 이런 "수레질"을 스무건이나 인용한다.[136]

　가부장적 온정주의는 생산 현장에서 일어나는 학대를 완화해주기도 했고, 심지어 "직장 가족"이라는 외관을 만들어내기도 했지만, 대개는 노동자들의 가정생활과 사생활에 대한 심대한 침해라는 댓가를 동반했다. 예를 들어 뉴잉글랜드의 산업화 초창기에 수립된 그 유명한 월섬-로웰 시스템(Waltham-Lowell system)은 '가난한 농장 소녀들의 예비 신부학교'를 자처했지만, 실은 가차 없는 착취와 청교도적인 도덕적 통제를 결합한 모델이었다. 미국은 그야말로 산업노동자들의 통제를 목표로 한 가장 급진적인 실험들이 실시된 시험대였다. 특히 일리노이의 풀먼, 펜실베이니아의 허시같이 사기업이 운영하는 많은 도시들은 "반

봉건적"이라는 수식어가 대체로 잘 어울릴 정도였다. (이런 형태의 가장 극단적인 경우이긴 하지만, 아우슈비츠야말로 문자 그대로 파르벤 Farben사가 운영한 기업도시였음을 기억해야 한다.) 가장 "선구자적"이고 근대적인 고용주였던 헨리 포드(Henry Ford)마저도, 잔혹한 사내 경찰 조직인 포드사업지원단(Ford Service Department)을 만들었다. 악명 높은 폭력배 해리 베넷(Harry Bennett)이 지휘한 이 부서는 노동자들을 겁박하고 구타해서 조립라인의 속도를 끌어올리는 일을 주로 했고, 1930년대에는 파업 노동자들을 살해하는 일까지 도맡았다.

1차대전 전야에 소수의 산업체들이 생산관리를 과학적으로 시행하기 위한 광범위한 움직임의 일환으로 "기능별 관리체계"를 실험적으로 도입하기 시작했다. 핵심은 상세하게 규정된 지시 사항과 표준적 절차를 확립함으로써 생산 현장의 관리감독을 개인의 손에 맡기지 않는 것이었다. "한 사람이 다른 사람에게 지시를 전달해서는 안 되고, 두 사람 다 상황에 맞는 지시 사항을 숙지하고 있어야 한다." 그러나 이러한 생산관리의 테일러주의화와 그에 따른 표준작업절차의 물신화로 십장들과 감독관들의 권한은 더욱 강화되었을 뿐이다.[137] 그리고 그들의 수도 늘어났다. "1900년 기준으로 노동자와 십장 수의 비율은 〔미국에서〕 16대 1이었다. 1910년에는 이것이 14대 1로 떨어졌고, 1920년에는 10대 1로 크게 감소했다."[138] 1930년대 대량생산 산업 분야에서 일어날 미국 노동자들의 대대적인 봉기는, 첫째로 그리고 무엇보다도, 고충처리절차와 노동조합 대표자(shop-steward) 제도를 시행해 감독관들의 자의적인 권한 남용을 제한해달라는 요구로부터 비롯될 것이었다. 산업민주주의라는 불온한 생각의 씨앗이 뿌려진 것이다.

무질서하고 내부적으로 분열된 공장에서 노동자들의 연대를 구축하고 성공적으로 생산 현장의 권력을 장악해나가는 과정이 언제나 영웅적인 노동조합 건설의 서사를 따른 것만은 아니었다. 특수한 인구 상황이나 노동시장 조건 때문에 노동자들의 대체 가능성이 낮은 지역에서는, 공장 내 갈등이 더 비공식적으로, 심지어 거의 눈에 띄지 않게 조직되기도 했다.

　알랭 꼬떼로(Alain Cottereau)의 주장에 따르면 제3공화국 시기 프랑스는, 노동자들은 전투적인 데 반해 노동조합은 상대적으로 약한, 그리고 다소 상시적으로 "노동운동과 노동조직이 분리되어 있던" 전형적인 사례였다. 그가 "조용한 계급투쟁"이라 부른, 생산 속도를 늦추거나 아니면 진짜 싸보따주를 통해 생산량을 제한하는 방식이 만연했고 또 성공적이기도 했다. 당시 프랑스에서는 이런 일이 흔치 않았는데, 부분적으로 이는 1880년 이후 농산물 수입의 충격을 받은 여느 곳과 달리 프랑스의 경우 인구가 대거 도시로 이주하여 농촌이 공동화되는 현상이 나타나지 않은 관계로, 프랑스 고용주들에게는 노동자들을 대체할 파업파괴자들의 원천이 더 적었던 사실에서 기인했다. " '노동시장'이라는 순전히 경제적인 관점에서 봤을 때 프랑스는 1852년부터 항시적으로 농촌 지역과 산업 지역 모두 임노동자가 상대적으로 부족한 상태였다." 이러한 "노동시장의 상황 때문에 프랑스 노동자들은 법적으로 인정되는 공식 조직에 의지하지 않고서도 스스로를 효과적으로 방어할 수 있었다". 독일이나 미국에 비해 직업의 대물림 경향은 더 두드러졌고, 1848년 혁명과 빠리 꼬뮌이라는 공통의 기억과 신화를 간직하고 있던 그들 작업장의 저항문화는 더 견고했다. 계속해서 꼬떼로에 따르면, "고용주들끼리 주고받은 서신에는, 생산의 효율성 경쟁(합리화, 탈숙련화, 가속화)에 반대하는 노동자들의 강경한 원칙에 대한 불만, 그리고 권위주의적인 방식으로도 막을 수 없는, 싸보따주를 통한 익명적 방해 활동에 대한 불만이 표출되었다". 자본가들이 강력한 단속을 시도할 경우엔 파업이 군대의 개입이 필요해질 만큼 폭발적으로 번지기도 했다. 1890년대 노동거래소(bourse du travail) 운동이 등장하기 전까지는 파업이 대개 비밀 모임들에 의해 조직되었기 때문에, 외부에서는 "즉흥적인" 혹은 "비합리적인" 폭발로 잘못 이해되었다.[139]

"항상 정치적 관측자들의 예상을 벗어나 갑자기 폭발적인 행동에 돌입하는 방식을 통해 프랑스 노동운동은 그것의 가장 '구체적인' 경제적·정치적 성공을 쟁취해냈다." 다시 말해 프랑스 노동계급의 전통은 쌩디깔리슴의 교의보다 선행했고 또한 그것을 예시했다.

> 심지어 "직접행동 쌩디깔리슴"이 제도화되기도 전에, 생산 현장에는 "실용적 직접행동"이라 불렸을 법한 노동자 문화가 작용하고 있었다. 그 골자는 다음과 같다. 동료 노동자들이 제기한 구체적인 요구 사항들을 달성하기 위해 개별 행동을 지양할 것. 공적 영역(국가, 선출된 대표자들, 여론)과 의회 민주주의가 상정하는 경제적 혹은 "사적" 영역의 구분을 거부할 것. 운동의 모든 단계에서 기존 사회적 관계의 비합법성을 강조하고 다른 사회계급들이 인정하는 대안적 합법성을 제시할 것.[140]

후발국들의 프롤레타리아화는, 도시에 전혀 적응되지 않은 상태의 순전한 시골을 공장지대로 변모시키는 폭발적인 과정일 때도 있었다. 러시아는 그런 "비선형적" 프롤레타리아화의 고전적 사례였고, 종종 러시아의 젊은 농민공들은 생산 현장에서의 인상적인 전투성과 가장 후진적인 시골적 편견을 함께 지니고 있었다.

뜨로쯔끼는 「러시아 발전의 특수성」에서 다음과 같이 설명했다.

러시아 노동계급이 형성된 원천은 직능 길드가 아니라 농업이었고, 도시가 아니라 시골이었다. 더군다나 러시아의 프롤레타리아트는 영국에서처럼 그들 스스로가 과거의 부담을 짊어진 채 여러 대에 걸쳐 점진적으로 생겨나진 않았으며, 주변 환경, 연줄 및 관계가 급격히 변화하고 과거와 철저히 단절한 상태에서 도약을 이루었다. (…) 그들은 그 짧은 기원의 역사를 영원히 반복하고 있었다. 특히 뻬뜨로그라드 같은 금속공업 지대에서는 세습 프롤레타리아들의 층위가 확립되었던 반면, 우랄 지역에서는 반은 프롤레타리아고 반은 농민인 유형이 지배적이었다. 모든 공업지구에서는 주변 농촌으로부터 매년 유입되는 새로운 노동자들 덕분에 프롤레타리아트와 그들의 근본적인 사회적 원천 사이의 유대가 지속적으로 갱신되었다.[141]

뜨로쯔끼는 이러한 산업적 전통의 부재와 "짜르 체제의 집중적인 억압" 때문에 "러시아 노동자들이 혁명 사상의 과감한 결론에 호의적이었다"고 본다. 그러나 농민공들의 그런 "뒤섞인 의식"에는 어두운 측면도 존재했다. 차터스 윈(Charters Wynn)은 '러시아의 루르 지방' 돈바스에 관한 중요한 연구에서 이 점을 탐사했다. 20세기 첫 10년간 가장 빠르게 성장한 유럽 노동계급은 드네프르강과 도네츠강 사이의 나무가 없는 스텝지대에서 석탄을 채굴하고 철을 생산하는 노동자들이었다. 돈바스 지역은 "불균등하고 혼성적인 발전"이라는 뜨로쯔끼 법칙의 놀라운 사례였다. 그 지역은 미국·프랑스·벨기에 자본으로 개발됐고, 그곳의 철강공장은 유럽에서 가장 현대적이었다. 실제로 일부 최첨단 파이프 설비는 미국에서 직접 실어 온 것이었다. 그러나 그 지역의 선진 기술과 거대한 설비는 불결한 노동자 거주지나 급조된 슬럼과는 대조적이었다. 우크라이나인들이 대부분 공장과 광산의 위험한 노동을 기피했기 때문에, 고용주들은 여러 지역에서 온 젊은 러시아 농민들과 '지정 거주지'(cherta osedlosti) 출신의 유대인들에 의존했다. 이들은 최신 기술을 전수받기 위해 소규모의 숙련된 고임금 금속공들도 모집했는데, "몇주나 몇달 만에 기술을 습득한 노동자들과 수년간 도제 과정을 거친 노동자들 사이에는 엄청난 간극이 존재했다". 윈이 "악당"이라 부른 일반 노동자들은 내부적으로 분열된 패거리를 이루고 있었다. "공업 노동자들 내부의 이런 지역적 차이들 (…) 그리고 더 중요하게는 노동자들과 장인들 사이의 민족적 차이들은 격렬한 계급 내 갈등의 한 원천임이 입증되었다." 돈바스 노동자들은 외국인 고용주들에 맞선 투쟁에서 대단히 전투적이었으며, 뜨로쯔끼의 주장대로, 개혁주의에 오염되지 않고 러시아사회민주노동당과 좌파사회주의혁명당(PLSR)의 선동을 잘 수용했다. 그러나 1907~10년처럼 패배의 시기에는 지역 간 경쟁과 반유대주의가 빠르게 전면에 부상했다. "많은 경우, 급진적인 당 인쩰리겐찌야의 지원과 지지로 과격한 파업 투쟁에 참여한 노동자들은 잔혹하고 파괴적인 유대인 대학살에도 가담했다. 노동자들의 민족 간 충돌을 억제하고자 했던 급진적 활동가들의 시도는 번번이 무위로 돌아갔다." 이 경우에 프롤레타리아트 대열에서 가장 전투적인 집단과 가장 후진적인 집단은 동일한 집단이었다.[142]

III. 대중파업과 노동자 통제

산업자본주의가 국내외 시장에서 발전하면서, 전략적 분야의 노동자들은 폭력에 의존하지 않고서도 경제활동에 지장을 줄 수 있는 전례 없는 힘을 획득했고, 심지어 생산수단을 볼모로 잡을 수 있는 정도가 되었다. 그러나 자본과 노동 어느 쪽도 이 힘의 한계를 알지 못했고, 특히 노동은 노동자들의 힘이 최대로 분출되었을 때 자본이 의지할 수 있는 폭력의 한계가 어디까지인지 알지 못했다. 빅토리아 시대 후기와 에드워드 시대에 총파업은 프롤레타리아트의 "원자폭탄"이었다.

1842년 50만의 영국 광부들과 직물 노동자들이 선구적으로 개척한 대중파업(일명 '플러그 폭동')은 맑스의 시대에는 드물었으나 세기말로 다가갈수록 점점 증가하여, 1893년에는 참정권 획득을 위한 벨기에 총파업이 일어났고, 1894년에는 엥겔스가 죽기 불과 몇달 전에 미국에서 풀먼사 파업이 벌어졌다. 노동운동의 지도부와 급진적 이론가들은 계급 전쟁의 무기로서 총파업이 갖는 가치를 놓고 날카롭게 대립했다. 총파업은 궁극의 혁명적 행위로서 개혁을 추진하고 참정권을 방어하는 데 유용한 도구인가, 아니면 전체 노동운동에 대한 군사적 탄압으로 귀결되고 말 도발에 불과한가? 뒤이어 계속된 논쟁은 주체성과 계급권력에 관한 근본적인 문제들, 특히 투쟁의 의회적 노선과 비의회적 노선 사이의 관계를 직접적으로 다뤘다.

1895년 사망 직전 엥겔스는 맑스의『1848~50년 프랑스의 계급투쟁』독일어판에 새로운 서문을 작성하면서, 독일사회민주당이 선거에서 거둔 극적인 성과와 프랑스·벨기에·오스트리아의 사회주의 정당들이 옹호한 대로 총파업 투쟁을 벌인 "벨기에식 어리석음"을 대치시켰다. 그는 그러한 파업이 자살행위나 다름없는 폭동으로 비화할 위험이 있다고 주장했다. "분명한 것은, 당국은 우리가 총칼이 난무하는 곳으로 가기를 바라마지 않는다는 점이다." 현대식 군이 사용하는 치명적 화력 앞에 "1848년식 투쟁은 오늘날 모든 면에서 무용하다". 어떤 바리케이드도 현대식 고성능 포탄을 버텨낼 수 없으며, 노동자 민병대가 정규군이 보유한 후장식 연발소총에 비견할 만한 무기 획득을 바라는 것도 난망하다.[143] 그리하여 독일처럼 일정한 형태의 보통선거권이 쟁취된 나라에서는 "완전히 새로운 방식의 프롤레타리아 투쟁이 작동하기 시작했다". 즉 평화적인 정치운동이 대중파업 투쟁을 위한 선동보다 훨씬 더 강력한 조직화의 도구임을 보여준 것이다.

> 노동자들은 선거를 통해 특정 의회나 지방의회, 그리고 노동법정(trades courts) 등에 참여했다. 그들은 모든 직위에서 부르주아지와 경쟁했고, 상당수의 프롤레타리아트가 일정한 발언권을 갖게 됐다. 그에 따라 부르주아지와 정부는 노동자 정당의 불법적인 행위보다 합법적인 투쟁을, 반란의 결과보다 선거의 결과를 훨씬 더 두려워하게 되었다.[144]

총파업이든 아니든, 대중파업은 통제 불능의 충돌로 비화하여 부르주아지가 군대를 동원해 노동조합을 분쇄하고 선거의 결과를 무위로 돌려버릴 위험이 있다. 스스로 희생물이 될 위험은 독일에서 가장 컸는데, 독일에는 세계에서 가장 크고 선진적이고 성공적인 사회주의 운동이 존재했기 때문이다.

"독일에서 사회주의 전투 세력의 점진적인 증가를 일시적으로라도 막고 심지어 얼마간이라도 과거로 되돌려놓을 수 있는 수단은 단 한가지밖에 없다. 바로 1871년 빠리의 유혈 충돌에서와 같은, 군대와의 대규모 충돌이다."[145] 이런 이유로, 엥겔스와 독일사회민주당 의장이던 아우구스트 베벨(August Bebel)은 다른 나라의 주요 사회주의 정당들이 열렬히 주장한 노동절 총파업에 반대했고, 대신 5월 첫째 주 일요일을 기념일로 삼아 고용주나 국가와의 어떤 충돌도 피하고자 했다. 이로써 노동절을 혁명적 투쟁일로 만들고자 1889년 빠리에 모인 대표자들 다수의 원래 희망은 이뤄지지 못했다. 제2인터내셔널 총회 후반부에 시도된 '노동절 조업 중단 결의안'도 독일사회민주당과 자유노동조합에 의해 회피되었다.

곧 독일사회민주당의 "수정주의" 지도자가 될 에두아르트 베른슈타인은 당의 노동절 노선에 줄곧 동의해왔지만, 방어적 역할의 총파업에 대해서는 더 호의적인 입장이었다. 그는 규율 잡히고 잘 조직된 노동조합의 힘이 사회주의로의 평화적인 이행을 보장해줄 최선의 길이라고 보았다. 엥겔스의 총파업 반대 입장에 관한 논평을 『노이에 차이트』(Neue Zeit)에 기고해달라는 카우츠키의 요청을 받은 베른슈타인은, 총파업이나 혹은 그것을 단행하겠다는 위협이 의회 내 사회주의 다수파의 가결로 개혁을 완수하게끔 압박하는 역할을 할 수 있다고 주장했다. 그것은 반혁명과 민주주의 중단에 대비한 꼭 필요한 억지력이었다.[146]

이러한 입장은 훗날 독일사회민주당의 주요 지도자이자 오스트리아 맑스주의 경제학자인 루돌프 힐퍼딩(Rudolf Hilferding)을 통해 반복되었다. 그는 "보통선거권은 반드시 총파업 의지로 뒷받침되어야 한다"고 분명히 밝혔다. 그러나 힐퍼딩은 총파업은 방어 무기로만 사용해야지, 그 이상 가서는 안 된다는 점을 강조했다. 그것이 전쟁을 억제하는 데, 노동조합 투쟁을 진전시키거나 혹은 혁명을 일으키는 데 사용될 수는 없었다.[147]

한편 온건파나 우파 진영의 다른 사회주의 지도자들은 총파업을 주로 대중의 분노와 낭만적인 호전성을 배출시켜주는 유용한 안전밸브로 바라보았다. 그런 맥락에서, 에밀 반데르벨데(Emile Vandervelde)가 이끌던 벨기에의 개혁주의적 사회주의 지도부는 1902년과 1913년에 두차례나 현명한 대처로 조기에 총파업을 수습함으로써, 혁명 직전의 위기 상황을 진정시켜 선거에 대비했다. 재닛 폴라스키(Janet Polasky)의 논평에 따르면,

> 벨기에인들은 맑스의 계급투쟁 이론과 혁명 이론을 새로운 사회민주주의적 실천에 관한 자신들의 정의(定義)로 확장했다. (⋯) 제2인터내셔널의 다른 인사들에게, 〔1893년을 포함하여〕 세차례의 벨기에 총파업은 통제된 시위의 가능성을 보여주었다. 총파업이라고 해서 유혈이 낭자해야 하는 것은 아니었다. 얼마든지 평화롭고 질서 정연할 수 있었다. 또한 총파업이 반드시 혁명으로 이어져야 하는 것도 아니었다.[148]

과거 총파업을 "자살과 다름없는" 것으로 비난했던 스웨덴노동조합연맹의 지도자 헤르만 린드크비스트(Herman Lindqvist)도 최종적으로는 1909년의 총파업을 승인했다. 이는 총파업이 "필시 쌩디깔리스뜨들이나 다른 좌익 급진파들의 입지를 약화시킬 것"이라고 보았기 때문이다.[149]

반대로 아나키즘적 쌩디깔리스뜨들은 대중파업들을 궁극적인 총파업을 위한 예행연습, 곧 "혁명의 준비운동"으로 바라보았다. 그들은 총파업을 통해 사회주의 정치가들이나 노동조합 지도부의 통제력을 넘

표 1.2 1890년 이후의 총파업

1890년	프랑스: 노동절 (푸르미 대학살 이후)
	벨기에 (왈롱 지역 광부들이 주도)
1893년	벨기에 (참정권 쟁취를 위한 자발적인 파업들이 전국적 총파업으로 확산)
1902년	바르셀로나
	벨기에 (참정권 투쟁)
	부에노스아이레스
	스웨덴 (참정권 투쟁)
1903년	네덜란드 (부두 노동자들과 철도 노동자들이 주도한 두차례 연속 파업)
	리우데자네이루 (연대 파업)
1904년	부에노스아이레스
	이딸리아 (병사들이 파업파괴자로 이용됨)
	쌍뜨뻬쩨르부르크
1905년	핀란드
	러시아 (여러차례)
1906년	함부르크 (선거제도 개혁)
	이딸리아
	뽀르뚜알레그리 (브라질)
1907년	이딸리아
1908년	프랑스 (드라베이 파업 노동자들에 대한 기병대의 공격 이후)
	빠르마 (농업 노동자들의 봉기)
1909년	바르셀로나 ('비극의 일주일')
	부에노스아이레스
	테살로니키
	스웨덴 (임금 삭감 반대)
1911년	리버풀
	몬떼비데오
1912년	브리즈번 (노동조합 권리 투쟁)
1913년	벨기에 (선거제도 개혁)
	더블린 (동맹 직장폐쇄)
	뉴질랜드
1914년	뻬뜨로그라드
1917년	오스트레일리아 (철도 노동자 연대 파업)

1917년	바르셀로나 (반란 사태)
	러시아
	쌍빠울루
1918년	오스트리아
	독일 (여러 도시들)
1919년	부에노스아이레스 ('비극의 일주일' 동안 5만명 투옥)
	바르셀로나
	벨파스트
	글래스고
	시애틀
	위니펙
1920년	프랑스 (철도 대파업)
1921년	아르헨띠나

어서는 전투적 자발성과 혁명적 진취성을 촉발할 수 있다고 생각했다. 엥겔스의 악몽이야말로 그들의 꿈이었다. '프랑스 및 식민지 노동조합 총연맹'(Fédération des Bourses du travail de France et des colonies)의 서기 페르낭 뻴루띠에(Fernand Pelloutier), 영향력 있는 저널 『사회주의 운동』(Le Mouvement Socialiste)의 편집자 위베르 라가르델(Hubert Lagardelle), 그리고 뻴루띠에 사후 그 뒤를 이어 노동총연맹 신문 편집자가 된 다혈질의 에밀 뿌제(Émile Pouget) 같은 쌩디깔리슴 이론가들은, 혁명적 총파업이 생산에 대한 노동자 통제(workers' control)를 확고히 하면서 노동조합을 사회 운영의 중심으로 세울 수 있을 것이라고 구상했다. 한편 온갖 과격파 운동의 동조자였던 유명 인사 조르주 쏘렐(Georges Sorel)은, 총파업을 새 세상으로 이어지는 종말론적 입구이자 "사회주의가 온전히 구현되는" 필연적 "신화"로 이론화했다.[150]

그러나 로자 룩셈부르크는 20세기 초의 대파업 물결에 대한 수정주의적 해석(특히 벨기에식 해석)과 쌩디깔리슴적 해석을 모두 거부했다. 당대 중부 유럽에서 사회주의자들이 주도한 대규모 참정권 운동과 1차 러시아 혁명을 분석한 그는 다음과 같이 썼다. 대중파업은 "하나의 고립된 행위가 아니라 계급투쟁 전체의 한 과정"이었고, 그 안에서 "벌어지는 끊임없는 정치적·경제적 투쟁의 상호작용"은 기층 대중의 비범한 독창성을 끌어내는 예상치 못한 시나리오를 폭발적으로 만들어냈다. 로자 룩셈부르크는 기층 대중 수준에서 일어나는 프롤레타리아의 급진화 과정 ── 훗날 뜨로쯔끼는 이를 "혁명적 사고의 분자 단계"라 불렀다 ── 에 주의를 기울인 최초의 사회주의 지식인들 가운데 하나였다. 특히 그는 독일 슐레지엔의 직물 노동자들과 루르의 광부들(이들은 훗날 1918~19년 자신들만의 유명한 "적군赤軍"을 조직하게 된다)같이 지금까지 조직화되지 않았던 계층이 갑작스럽게 활성화하는 현상에 주목했다. 종종 제기되는 의혹과 달리 로자 룩셈부르크는 자발성 숭배자와는 거리가 멀었다. 노동계급의 자발적 행위(말하자면, 권한을 부여받은 것은 아니지만 그렇다고 해서 지도를 받지 않은 것도 아닌 투쟁)에 대한 그의 핵심적인 통찰은, 고분고분한 노동조합 조합원들과 사회주의 유권자들을 사열하는 "연병장"의 참모부라는 이미지를 자처하던 독일 사회민주당 지도부에 대한 통렬한 비판의 일환이었다. 그는 "러시아 혁명의 조직화되지 않은 에너지"와 "독일 정당과 노동조합들의 잘 조직된 신중함"을 대비시키면서, "당내 급진주의자들도 포함하여 예외 없이 독일사회민주당을 규정해온 전제들에 대한 좌익 진영 최초의 주요 공세"를 개시했다.[151] (아이러니하게도, 1905년 봉기의 교훈을 통해 노동자들은 "본능적으로 또 자발적으로 사회민주주의적"이라고 역설한 사람은 로자 룩셈부르크가 아니라 레닌이었다.)[152]

이러한 대중파업 투쟁들에서 드러난 것처럼, 노동운동의 심층구조는 눈에 보이는 공식적인 제도나 부속기관의 차원을 넘어, 공장·광산·상선 안에서 일어나는 투쟁들을 비공식적으로, 혹은 종종 비당파적으로 조직화한 결과였다. 이런 내적 연결망 덕분에 생산 현장의 노동자들은 비공식적 행동에 나설 수 있었으며, 패배와 억압의 시기에도 투쟁의 문화를 보존할 수 있었다.

보수적인 노동조합 지도부와 온건파 사회주의자들은 공장 점거나 총파업 같은 급진적인 전략에 대해 어떤 때는 매우 강경하리만치 반대했는데, 이로써 익명의 생산 현장으로부터 새로운 지도부가 형성되기도 했다. 어떤 경우에는 그 지도부들의 연결망이 유사 혹은 대안 노동조합으로 발전하기도 했다. 이러한 곳은 합법적으로 공제된 조합비와 전임 지도부가 있는 제도권 노동조합처럼 경제적 자원을 보유하고 있지는 못했지만, 공장 안팎에서 노동계급의 모든 불만 사항을 폭넓게 다룰 수 있는 훨씬 더 광범위한 행동의 자유를 갖고 있었다. 이는 미국에서 1909년부터 1913년까지 이민 노동자들이 내국인 노동조합의 지원을 받아 철강·고무·방직·의복 부문에서 대반란을 일으킬 당시, 세계산업노동자연맹이 작동하던 방식이었다.

피츠버그 외곽 매키스록스에 있는 유에스스틸(U. S. Steel)의 자회사 프레스드스틸카컴퍼니(Pressed Steel Car Company)에서 전국적인 저항이 시작되었다. 그 공장에는 16개의 각기 다른 민족 집단 출신 노동자 5000명이 짜르의 관리들도 끔찍해할 만한 노동조건 속에서 일하고 있었다. 피츠버그의 전직 검시관에 따르면, "프레스드스틸카컴퍼니의 작업 현장에서는 평균 하루에 한명꼴로 사람이 죽어나갔는데, 이는 생산 속도 가속화와 기계 보호에 실패한 데서 비롯한 결과였다". 1909년 7월 노동자들이 작업을 중단했을 때, 회사 대표는 "그들은 우리에게 죽은

자들이나 다름없다. 피츠버그에는 공백을 메워줄 놀고먹는 사람들이 충분하다"라고 선언했다. 회사는 즉각 무장한 파업파괴자들과 주(州) 기마경찰, 그리고 민병대를 동원하여 파업에 참여한 소수의 미국인 숙련직 조합원들을 공포에 빠뜨렸다. 그러나 세계산업노동자연맹의 역사를 서술한 필립 포너(Philip Foner)에 따르면, "한 무리의 외국인 파업 참가자들이 (…) 유럽에서 혁명적 노동자 투쟁에 참여했던 경험을 갖고 있었다. 파업 초기부터 그들은 강력하고 전투적인 전략이 있어야만 승리를 쟁취할 수 있음을 깨달았다". 그들은 노련한 유럽계 노동자들의 경험을 집대성한 일종의 '무명 위원회'(Unknown Committee)를 결성하여, 광범위한 체포와 '피의 일요일' 같은 유혈 진압 그리고 파업자 가족의 퇴거가 일어나는 와중에도, 파업을 유지했다. 회사는 파업 노동자들을 무식한 "헝키"(Hunkie, 미국에서 중부 유럽 출신 노동자를 지칭하는 속어—옮긴이) 농민들이라며 비하했지만, 실제로는 옛 헝가리 사회주의자들, 이딸리아 아나키스트들, 스위스 사회민주당원들, 블랙리스트에 오른 독일 금속 노동자들, 러시아 혁명가들로 구성된 정교한 지도부를 상대로 회사가 싸우고 있었던 것이다. 결국 무명의 파업 지도부는 세계산업노동자연맹과 제휴했고, 이는 전국적인 연대 투쟁으로 이어져 9월에는 회사의 굴복을 이끌어냈다.[153]

지하 노동조합 운동의 또다른 사례로 베를린의 거대 군수공장들(지멘스Siemens, 아에게AEG, 보르지히Borsig 등) 내에서 일어난 반전 저항운동을 들 수 있다. 이 운동은 1916년 6월, 5만 5000명의 노동자들이 카를 리프크네히트(Karl Liebknecht)의 투옥에 반대하여 파업을 벌이면서 공개적으로 모습을 드러냈다. "결코 50명을 넘지 않았던" 지도부는 숙련 선반공들이자 극좌파의 지지자들이었고, 삐에르 브루에(Pierre

Brouć)에 따르면, "노동조합도 정당도 아닌 독특한 형태의 조직이 만들어졌는데, 그것은 노동조합과 당(독일사회민주당) 내에 모두 존재하는 비밀단체"였다. 1918년 그들은 독일 자본 내 무기산업 전체를 효과적으로 통제했다.

> 그들은 자신들에게서 직접적으로 영향을 받는 수백명의 도움을 얻어, 스스로 능동적인 주도권을 행사하는 수만명, 나중에는 수십만명의 노동자를 동원해낼 수 있었다. (…) 1914년까지는 알려지지 않았지만, 전쟁이 끝날 무렵 그들은 베를린 노동자들의 지도자로 받아들여졌고, 상대적으로 젊은 편임에도 혁명적 사회주의 운동의 핵심 일원으로 인정받았다.

실제로 브루에는 그들을 "사회민주당 내에서 가장 우수한 인자들"이라고 보았다.[154]

반세기 후, 이딸리아의 신생 극좌파 이론가들은 "대중"과 "자발성"이라는 손쉬운 추상 이면에 급진적인 기층 노동자들로 이뤄진 유사한 종류의 저변이 존재함을 발견했다. 쎄르조 볼로냐(Sergio Bologna)는 1960년대 초 북부 이딸리아의 삼각 공업지대에서 발생한 소요 사태 때 활약한 지하조직원들을 회상했다.

> 피아뜨(Fiat), 삐렐리(Pirelli), 이노첸띠(Innocenti)를 비롯한 거대 공장들에서 발발한 (…) 최초의 자율적이고 독립적이며 자체적으로 조직화된 비노동조합 노동자들의 파업은 (…) 대중이 주도하지 않았다. 그것은 노동자 집단 특유의 정치문화를 물려받은 노동

자 간부들과 투사들이 주도한 고도로 정교한 정치적 역사의 결과였다. (…) 그들은 전투적이고, 아마도 매우 당파적이며, 지역과 대단히 밀착된 그러나 이미 정치적으로 성숙한 조직 체계를 만들어 내는 데 성공했다. (…) 이것은 능동적 주체로서의 정치 엘리트와 수동적 주체로서의 대중운동, 즉 지식으로 무장된 집단인 정치 엘리트와 오직 희망과 바람, 긴장으로만 점철된 대중운동이라는 관점을 완전히 혁파한다. (…) 사실 우리가 "자발성"이라 부를 수 있는 것은, 레지스땅스 세대부터 시작된 이미 정치적으로 매우 성숙한 미시적 투쟁 체계의 산물이다.

이들 구세대 노동자들은 이번에는 그들 스스로가 "진짜 효모"가 되어, 대부분 1969년 이딸리아의 "뜨거운 가을" 동안 남부 이딸리아에서 이주해 온, 더 젊은 노동자들의 봉기를 촉발시켰다.[155]

노동자들은 공장을 운영하고 생산력을 발전시킬 수 있다. 1차대전까지만 해도 생산 현장의 응용과학 대부분은 금속 노동자들을 비롯한 숙련노동자들의 전유물이다시피 했다.

빅토리아 시대 공장에서 일어난 체계적인 탈숙련화와 "모든 지적 발전의 억압"을 감안하면, 실제로 프롤레타리아트가 생산을 관리할 만한 능력을 갖고 있었다고 볼 수 있을까? 엥겔스는 『공산주의의 원리』(Grundsätze des Kommunismus)에서 이에 직설적으로 답했다.

오늘날 통상적인 생산관리는 사람들에게서 영향을 받을 수 없다. 모든 사람에게 각기 생산의 한 부문이 할당되어 있어서 거기에 얽

매이고 이용되다 보면, 각각의 사람은 다른 모든 능력을 희생하는 댓가로 자신이 가진 능력들 가운데 오직 한가지 능력만 개발하게 된다. 즉 총체적 생산과정의 오직 한 부문, 혹은 한 부문 중에서도 어느 한 부문만 알게 되는 것이다.[156]

훗날 맑스는 「즉각적 생산과정의 결과」(Resultate des unmittelbaren Produktionsprozesses, 1863/64)에서 다음과 같이 주장했다. 생산과정에서 과학을 지속적으로 응용하는 것은 산업자본 고유의 성취라 할 수 있는데, 이는 "개별 노동자의 지식과 이해력 및 숙련도에서 생산과정의 지적 잠재성을 분리해내는 데 전적으로 달려 있다. (⋯) 소수의 숙련노동자들이 존재하는 것은 인정하지만, 그렇다고 해서 그들이 다수의 '비숙련'노동자들의 역할을 그 일부라도 대신하는 것은 아니다".[157]

맑스는 1864년 9월 국제노동자협회 창립 연설에서 '10시간 노동법'의 통과로 "재산의 정치경제학에 대한 노동의 정치경제학의" 승리를 경축하면서도, "소수의 뛰어난 '숙련공'의 도움 없이 세워진 협동적 공장들"에 훨씬 더 많은 의미를 부여했다. "이 위대한 사회적 실험의 가치는 아무리 평가해도 지나치지 않다. 그들은 말이 아닌 행동을 통해, 대량생산이 장인층의 존재 없이 근대 과학의 힘으로 수행될 수 있음을 보여주었다."[158] 맑스의 말이 모순적으로 들리는 것도 놀라운 일은 아니다. 그의 경제학 저술에서 기술 발전 모델은 선견지명을 보여주지만 매우 공상적이기도 하다. 『자본』 1권(15장 4절)에 나오는 초기 "자동화 공장"은 1860년대 영국의 면직물공장과 아마도 다른 몇몇 산업에만 보이는 추세에서 추론된 것이다. 맑스는 자동화의 속도를 과대평가하고("기계에 의한 기계의 생산") 단순한 기계 관리로 숙련노동을 재편성할 수 있다고 말하면서, 동시에 "고숙련노동자 집단"의 경제적 지속성과 사회적 무게를 과소평가했다. 기계 설비공, 목형공, 보일러공, 설비공, 선반공 및 기타 정밀금속공 등은 새로운 엘리트들이었고, 이들에 의해 기계 생산체계가 구축되고 유지되었다.[159] (19세기 중반의 신규 직종 및 "재교육된" 직종에는, 철도 및 기선 엔지니어와 다양한 등급의 기계공이 추가돼야 한다.)

20세기에 산업별 노동조합이 등장하기 전까지, 지구상의 어떤 노동조합도 1897년 조합원 수가 9만명이 넘었던 영국의 연합엔지니어협회(ASE)만큼 강력하면서도 광범위하게 모방된 곳은 없었다.[160] 실제로 영국인들은 "엔지니어"라는 용어에 철골구조 및 기계를 고안하고 제작하는 직능을 일부러 포함했고, 그렇게 함으로써 숙련공들이 개념적으로든 실제적으로든 자신들의 기술을 분리하는 것에 얼마나 완강히 저항했는지 증명해냈다. 앞서 보았듯이, 일부 산업과 광산에서는 노동과정의 일부를 숙련공들 — 빅토리아 시대 중기의 노동귀족 — 에게 하도급으로 맡기는 경우가 빈번했고, 숙련공들은 스스로 비숙련 보조노동자들을 고용했다.[161] 금속공들은 생산 현장 내에서 자신들의 기능적 자율권을 (그리고 불투명한 운영을) 보호하기 위해, 노동운동 내에서 대체로 보수적이고 때론 반동적인 역할까지 맡았다. 그들은 미숙련 기계공들을 희생하여 자신들만의 집단적 이익을 추구했다. 제임스 힌턴(James Hinton)에 따르면, 이들 "빅토리아 시대 중기의 노동귀족은 스스로를 '노동계급 전체의 진정한 대변인인 양 내세우곤' 했다. 그러나 그것은 제스처였을 뿐이다. 그 노동귀족들이 자기네 직능조합의 배타적 성격을 고수하는 한, 결코 진정으로 노동계급 전체를 포괄할 수는 없을 것이며, 따라서 결코 노동계급 헤게모니 정치를 발전시킬 수도 없을 터였다".[162]

그러나 그들은 잠재적으로 직능별 특수주의(craft property)와 비타적 조합주의의 지평을 초월할 수 있는 노동자 통제의 전망을 고집스럽게 보전하고 옹호했다. 20세기 초, 화학자나 기술자를 비롯해 대학에서 훈련받은 산업 엔지니어들이 산업 생산의 위계에서 핵심적인 역할을 맡게 되고, 과학적 생산관리로 직능별 지식을 실질적으로 포섭하고 분석적으로 해체하기 전까지는, 공장 내 노동과정에 대한 완벽한 자본주의적 통제("실질적 전유")는 불가능했다.[163] 데이비드 몽고메리에 따르면, 금속 부문의 엘리트 노동자들은 "경영자의 뇌를 노동자의 모자 아래" 가둬놓았다.[164] 기껏해야 개별 자본가들은 기계공, 전기공, 금형공 같은 직능 노동자들을 십장이나 공장 관리인으로 승진시켜서 그들을 통한 이이제이를 노려볼 수 있었다.[165]

1917~21년 유럽 혁명기 동안, 대규모 전시 군수공장과 조선소를 근거지로 한 금속 노동자들이 전쟁과 빈곤에 맞서는 기층 노동자들의 투쟁을 이끌었다. 생산에 대한 직능 노동자들의 통제가 급격히 약해지면서, 유럽 전역의 특별 노동조합 대표자 운동을 통해 조직된 주요 "노동귀족" 집단이 공장에 대한 노동자 통제라는 급진적 강령을 수용했다.

이미 언급한 것처럼, 계급투쟁에서 숙련 금속 노동자들의 주관적 입장은 매우 모호했다. 홉스봄에 따르면, 그들은 "노동자들의 집단적 자기방어 운동에서 가장 능동적인 역할을 한 핵심 집단이었다". 그러나 (적어도 영어권 나라들 내에서) 이들은 "중간계급이 주도한 사회 통제 및 산업 규율 운동의 주된 지지 세력"이기도 했다.[166] 1905년 혁명 이전의 러시아 공장에서 이 미래의 볼셰비키들은 "남작"이라 불렸는데, 고임금에다 말쑥한 옷차림, 그리고 "작업장"(hot shops)과 작업단(labor gangs) 내 농민 출신들에 대한 거만한 태도 때문이었다.[167] 서유럽과 북미의 금속 노동자들은 대량생산에 종사하는 노동자들, 특히 신규 이민자 집단의 투쟁에 대해서는 지지를 거부하기도 했다. 그러나 1890년대부터 "노동귀족"으로서 그들의 지위는 빠르게 무너지기 시작했다. 1892년 미국 홈스테드(Homestead) 철강소의 노동자 파업 분쇄와 뒤이은 1898년 막강했던 연합엔지니어협회의 패배가 그 계기였다.[168] 두 파업 모두 노동과정에 대한 관리 권한과 통제 문제를 놓고 벌어졌고, 특히 반숙련공들이 운용하는 새로운 기계(그라인더, 천공기, 펀치프레스 등)의 도입이 쟁점이었다. 파업의 패배로 더 젊고 영향력 있는 소수의 직공들이 산업별 노동조합이라는, 또 산업에 대한 노동자 통제라는 급진적 쌩디깔리스뜨의 관점을 받아들이게 됐다.[169] 거대한 규모를 자랑하던 독일금속노동자연맹(DMV)도 10년 뒤 비슷한 위기를 경험했다. 온건한 "과학적" 방침이 직장폐쇄와 파업 실패의 와중에 흐트러지기 시작하면서 1909년 기층 노동자들의 반란으로 이어졌다. 이는 훗날 전시 노동조합 대표자 운동을 예견케 했다.[170] 레오폴드 헤임슨(Leopold Haimson)에 따르면, 1913년 러시아에서는 "도시 출신"에다 "참을성 없고, 낭만적이고, 특이하게도 맥시멀리즘에 열의를 보이는 (⋯) 새로운 세대의 젊은 노동자들"이 "친부살해적 분위기 속에서" 멘셰비끼의 창립 구성원들을 거부하고 볼셰비끼를 금속노동조합의 지도부로 선출했다. 이 일은 1차대전 전야인 이듬해 7월 뻬뜨로그라드에서 발생할 폭력적 총파업의 길을 닦았다.[171]

세계대전은, 『자본』에 기술된 바와 거의 비슷하게, 금속산업과 해당 부문 노동인구의 엄청난 팽창을 낳았다. 예를 들어 또리노의 피아뜨는 2년 만에 고용자 수가 1200퍼센트 증가했고, 뻬뜨로그라드에서는 금속 노동자 수가 도시 전체 노동인구의 60퍼센트 이상을 차지했다. 이는 매우 놀라운 수치다.[172] 독일에서는 베를린 외곽을 둘러싼 대규모 공장지대를 가동시키기 위해 9만명의 숙련 금속 노동자들을 전역시켜야 했다. 그 결과 독일금속노동자연맹의 규모는 1918년 거의 80만명으로 치솟았고, 1년 뒤에는 160만명이 됐다.[173] 빠리의 상황도 거의 같았는데, 다만 1918년 15만명가량의 숙련노동자들이 형식적으로는 군복을 입은 채로 작업을 했다는 점만 달랐다. 이는 선동이나 파업을 일으킬 경우 전쟁터로 보내버리겠다는 위협의 표시였다.[174] 모든 교전국이 대체로 우파 혹은 중도파 노동조합 지도부와 공모하여, 주당 75시간 노동에 인정사정 없는 작업 속도로 산재 사고가 치솟는 가운데 물리적인 한계 수준까지 노동 착취를 밀어붙였다.

한편 생산 현장의 상황은 전시 노동에 소집된 엄청난 수의 여성들과 젊은이들로 혼란에 빠졌다. 이들은 주로 "희석된"(diluted) 작업에, 다시 말해 공식적인 훈련이 거의 없이 그리고 "부분임금"만 받고 할 수 있는 보다 단순한 업무로 분할된 작업에 투입되었다. 1917년 무렵이면, 영국인들이 "비숙련공"(dilutees) 혹은 "보급공"(munitionettes)이라 부른 여성 노동자 100만명 이상이 주요 전시 공장에서 일했고, 베를린에서는 이들의 수가 화학, 금속 제작, 공작기계 부문 노동력의 절반 이상을 차지했다.[175]

매우 고되고 위험한 생산 현장 일 말고도, 여성 노동자들은 점점 더 상황이 나빠지는 집안 문제에 대해서도 근심을 도맡았다. 특히 식량과 연료 부족이 심각했다. 남성 노동자들과 달리 여성 노동자들은 공장 내에서 벌인 투쟁 행위에 대한 처벌로 징집될 수가 없었다. 루르 광산지대 이민자들의 유사한 사례를 연구한 베링턴 무어에 따르면, 이처럼 "전통의 금기에서 자유로운 '무책임한' 사회 분자들"이 직공들을 부추겼다. "광부들이나 선반공들은 이런 식으로 자신들의 집단적 과거를 일정 부분은 보존하고 또 일정 부분은 파괴하면서 새로운 집단적 정체성을 만들어냈다."[176] 크리스 풀러(Chris Fuller)는 이러한 "경제와 정치의 융합, 조직화된 집단과 새롭게 산업화된 집단의 결합"을 유럽 노동계급의 "재형성"으로 적절히 묘사한다. 이는 노동자 대부분의 즉각적 이해관계와 노동운동 내 쌩디깔리스뜨 혹은 혁명적 분파의 결합을 점점 더 강고히 해나갔다.[177] 프랑스의 알퐁스 메르헴(Alphonse Merrheim), 독일의 리하르트 뮐러(Richard Müller), 러시아의 알렉산드르 실랴쁘니꼬프(Alexander Shlyapnikov), 스코틀랜드의 윌리 갤러거(Willie Gallagher) 같은 급진적 금속 노동자들은 이러한 광범위한 전쟁 혐오를, 대중파업은 물론 종내는 공장과 조선소 점거 같은 적극적 반대 투쟁으로 전환시키는 데 일조했다.

공장평의회 운동은 과거 두가지 서로 다른 노동자 투쟁의 흐름을 통합해냈다. 하나는 반숙련노동자들의 공장 내 대의권 투쟁이었고, 다른 하나는 금속공들의 노동과정 내 특권 보호 투쟁이었다. 50년 전 맑스가 칭찬했던 소규모 오언주의 그룹의 공장 자주관리 실험이, 이제 산업 경제 전체에 대한 노동자 통제라는 포괄적인 개념으로 발전했다.

대부분의 경우 전시 쌩디깔리슴은 공산주의로 최종 귀결되었으며, 새로운 인터내셔널의 설립을 지지했다. 홉스봄에 따르면, "1차대전 당시 엔지니어링 부문 노동조합 대표자들과 혁명적 급진주의는 마치 치즈와 피클처럼 서로 자연스러웠고, 이후에는 널리 알려진 것처럼 금속 노동자들 — 일반적으로 고도로 숙련된 노동자들 — 이 공산당 내 프롤레타리아 분파를 지배하게 되었다".[178] 1918년 유럽의 10여개 나라들에서는, 여성 비숙련공과 반숙련노동자 일반을 통합하기 위해 새로운 형태의 계급 조직이 등장했다. 그것이 바로, '선출된 노동자평의회'(Betriebsrat)다. 전형적으로 해군과 육군의 반란이라는 형태로 발생한 정치 혁명은 신속하게 지역의 노동조합 및 노동자 조직과 연대하여 "노동자 및 병사 평의회"(Arbeiter-und Soldatenräte; soviets)라는, 어느정도는 빠리 꼬뮌을 모델로 한, 유사한 체계를 만들어냈다. 각 조직(노동조합, 정당, 비산업 부문 조직)마다 규모와 강조점이 다르긴 하지만, 평의회 운동의 핵심은 직접민주주의, 생산에 대한 노동자 통제, 그리고 자치정부에 대한 인민의 통제였다.[179]

노동자평의회는 뻬뜨로그라드 대규모 공장지대의 선임자 회의(sovety starost), 영국·프랑스·독일 엔지니어링 부문의 노동조합 대표자 회의, 그리고 이딸리아 북부 공장지대의 "내부위원회"같은 기존의 작업장 대표자 체계가 급진화하면서 형성되었다. 노동조합 대표자들은 공식적으로는 작업장 내에서 노동조합 정책을 대변할 책임이 있었지만, 그보다는 기층 노동자들의 독립적인 호민관 역할을 자처하곤 했다. 그리하여 이들은 전시에 노동조합이 전국 단위에서 맺은 협상안에 맞서 기층 노동자들의 불만을 대변하는 위치에 섰다. 특히 엔지니어링 부문의 노동조합 대표자들은, 동료 노동자들이 작업 통제권을 상실해 가족 생계 조건이 급격히 악화되는 생존 위기를 똑같이 겪고 있다는 현실을 매일같이 직면해야 했다. 그들은 프랑스의 혁명적 쌩디깔리스뜨들과 미국의 산업별 노동조합들(특히 세계산업노동자연맹)이 오랫동안 주장해온 자주관리 사상을 수용했다. 전국 단위의 노동조합과 노동자 및 사회주의 계열의 정당들이 대체로 신성동맹(unions sacrées)에 가담하고, 자유 발언 운동의 세가 급격히 줄어든 상황에서, 생산 현장은 전시 국가자본주의에 반대하는 주된 중심지로 부상했다.

물론 이러한 아래로부터의 혁명에 어떤 단일한 본보기가 있었던 것은 아니지만, 거대 금속공장·군수공장·조선소에 40만명의 노동자가 밀집해 있던 1917년 봄부터 여름까지의 뻬뜨로그라드는 노동자 통제의 가장 선진적인 실험장이라는 명성을 누리기에 충분했다. 그해 4월, 6만 명 이상의 기계공과 노동자를 고용하고 있던 뿌찔로프(Putilov) 공장에서 새로 선출된 공장평의회가 공장을 구성하는 41개 작업장과 부서에 각각 기초위원회의 소집을 지시했을 때, 그 궁극적 목표는 분명했다.

> 기초위원회를 건설한다는 실질적 목표가 새로운 사업이라는 사실을 고려하면, 민초의 삶을 돌보는 이들 위원회로서는 가능한 한 독립적이고 주도적인 모습을 보여줄 필요가 있다. 공장 내 노동조직의 성공은 전적으로 이에 달려 있다. 자주관리에 익숙해짐으로써 노동자들은 공장의 사적 소유가 폐지될 때를 준비하고 있으며, 노동자들의 손으로 건설한 건물과 함께 생산수단은 노동계급 전체의 수중으로 이전될 것이다.[180]

역사가 스티브 스미스(Steve Smith)는 뿌찔로프 사례를 검토하면서, 노동자들의 위원회가 **항상 작동 중인** 직접민주주의의 도구로 인식되었다는 점을 강조한다.

> 공장위원회의 헌장은 주권이 위원회 자체가 아닌 노동자들의 총회에 있음을 강조하기 위해 상당히 애를 썼다. 이는 권력이 이제 자

신들의 수중에 있다고 믿는 수많은 노동자들의 생각과도 부합했다. 일반 대중에게 '2월 혁명'이 중요했던 것은, 정확히 그 혁명으로 말미암아 자유를 향한 길이 열리고 권력이 인민에게 이전된 것으로 비친 사실 때문이었다. 이것은 단지 "민주공화국"만이 아니라 "입헌적 자주관리제"(constitutional factory)의 수립을 의미하는 것이기도 했다.[181]

뻬뜨로그라드·모스끄바·베를린·또리노의 사례가 유명하긴 하지만, 그밖에도 혁명적 금속 노동자들은 브레멘·켐니츠·부다페스트·비너노이슈타트·빈·바르샤바·루블린의 공장평의회 운동에, 또 총파업과 노동자 봉기 과정에서 재빠르게 등장한 신생 공산주의 정당들에 지도력을 부여했다. 권력 공백이 발생하지 않았거나 자본가들의 생산 통제가 중단되지 않은 나라들에서는, 전투적인 기계공들, 광부들, 철강 노동자들이 제대군인이 밀려드는 노동시장에서 전시에 획득한 성과물을 지키는 데 주력하며, 대중파업 투쟁으로 노선을 전환했다. 1919년 1월 시애틀, 부에노스아이레스('비극의 일주일' 동안 700명 사망), 글래스고에서 동시다발 총파업이 발생했고, 뒤이어 5월 위니펙에서는 대규모 작업 중단이 뒤따랐으며, 6월에는 빠리 금속 노동자 17만명이 "거의 반란 사태에 가까운" 무모한 파업에 나섰고, 9월에는 쌩디깔리스뜨이자 향후 공산당 지도자가 될 윌리엄 포스터(William Z. Foster)가 주도한 '미국 철강 노동자 대파업'이 일어났다.

 "노동자 통제"는 어떻게 이해해야 하는가? "오스트리아 맑스주의 이론가들 가운데 유일하게 노동자평의회를 사회주의로의 이행을 위한 중요한 과도기로 규정한" 빈의 막스 아들러(Max Adler)는, 평의회가 일종의 하위 의회 기능을 수행하면서 보다 강력한 권한과 역사를 갖는 국회에 종속되는 형태의 사회민주주의적 헌정 체제를 제안했다.[182] 베를린 노동조합 대표자 회의 지도자들인 리하르트 뮐러와 에른스트 도이미히(Ernst Däumig)는 '선출된 노동자평의회'를 투쟁 조직이자 사회주의 경제의 중핵으로 보았다. "평의회 조직의 아래로부터의 투쟁으로 자본가들이 노동자들을 지배하는 데 이용한 지식을 획득할 수 있고, 이를 이용해 자율적인 자기조직화를 달성하여 미래의 계획에 맞춰 경제 전반을 점진적으로 관리해나갈 것이다."[183] 별안간 "이딸리아의 뻬뜨로그라드"가 된 또리노에서는, 그람시(Antonio Gramsci)가 주간지 『신질서』(L'Ordine Nuovo)에서 더욱 쌩디깔리슴적이고 유토피아주의적인 공장평의회를 옹호했다. 그에 따르면, 공장평의회는 "대규모 엔지니어링 작업 모델에 따라 조직된" 새로운 세계 정부의 중핵으로, "모든 사람이 정해진 국경으로 구획된 국가라는 조직에 의해서가 아니라 생산에 참여하는 방식에 의해 특유의 개성을 획득하는, 일종의 인터내셔널"이 될 터였다.[184] 공장평의회(consigli di fabbrica)는 미래 사회주의 국가의 기관이 아니라, 그 자체로 새로운 국가였다.[185]

IV. 산업도시

노동조합의 전투성은 광산촌이나 직물 도시에서 가장 고도로 발전하곤 했지만, 궁극적으로 사회주의는 가부장적 온정주의와 신앙의 무덤인 도시의 산물이다. 도시에서는 일종의 광범위한 프롤레타리아의 공적 영역이 번성할 수 있었다.

청년 엥겔스는 『영국 노동계급의 상황』 3장 「대도시」에서, 산업화의 산물인 만큼이나 도시화의 산물이기도 한 프롤레타리아트를 다음과 같이 묘사한다.[186]

인구 집중이 유산계급의 활성화와 발전을 자극한다면, 노동자들의 발전은 한층 더 급속하게 일어난다. (…) 대도시들은 노동운동의 출생지다. 그곳에서 노동자들은 처음으로 자신의 처지에 대해 생각했고, 이에 맞서 싸우기 시작했다. 그곳에서 프롤레타리아트와 부르주아지 사이의 대립이 처음으로 명백히 드러났다. (…) 〔더군다나〕 대도시가 없었다면, 또 인민의 지성을 촉진시키는 대도시의 영향력이 없었다면, 노동계급은 지금보다 훨씬 덜 진보했을 것이다. (…) 〔도시는〕 노동자와 고용주 사이에 남아 있던 가부장적 관계의 마지막 흔적까지 파괴해버렸다.[187]

자신과 같은 부르주아 출신들이 보여주는 지독히 독실한 신앙심에 종종 불평을 토로하던 엥겔스는, 런던의 노동자들이 조직화된 종교와 영적 도그마에 대해 일상적으로 보여주는 거의 보편적인 무관심에 깜짝 놀랐다. "모든 부르주아지 저술가가 이 점에 대해서는 의견이 일치했다. 노동자들은 신앙을 갖지도, 교회에 참석하지도 않았다."[188] 한편 1792년 '이성의 여신'이 노트르담 대성당에 잠시나마 안치된 바 있는 빠리에서는(프랑스 혁명기의 무신론적 경향이 아이러니하게 표출된 사건을 가리킨다―옮긴이), 전투적인 반(反)교권주의가 사회주의적 장인층뿐만 아니라 공화파 쁘띠부르주아지 내에서도 깊이 뿌리내렸다. 그러나 가장 극적이고도 놀라운 사례는 '유럽의 시카고'라 할 수 있는 베를린이었다. 그곳에서는 1912년 선거에서 사회주의자들이 총득표의 75퍼센트를 얻었고, 가장 빈곤한 지구(地區)들은 완전히 탈기독교화한 상태였다. 노동계급이 장악한 베를린은, 마치 아프리카처럼 선교가 필요한 하나의 개척지였다.[189]

홉스봄이 강조한 바에 따르면, 대도시들은 "불균형할 정도로 프롤레타리아가 많았으며, 다른 사정이 같다고 한다면, 불균형할 정도로 사회주의적이었다. 1914년 이전 독일에서 인구가 10만명 이상인 도시들의 경우 인구의 60퍼센트가 프롤레타리아였는데, 이는 전국 도시의 평균치인 41퍼센트를 상회하는 수치였고 스웨덴 스톡홀름의 상황도 이와 비슷했다".[190] 베를린, 뉴욕/브루클린, 시카고는 세계에서 가장 산업화된 도시들이었다. 런던의 대규모 프롤레타리아트는 대개 소규모 작업장에 분산되어 있거나 부두 혹은 건설 노동자로 일하고 있었다. 샌프란시스코는 20세기로 들어선 직후, 시 노동조합이 결성된 최초의 도시가 되었으며(이러한 지위는 1차대전이 끝날 때까지 유지됐다), 한편 밀워키에서는 1910년 대도시 최초로 사회주의자 시장이 선출되었다. (그러나 지방자치 사회주의의 짧은 황금기는 1919년 이후 빈, 베를린, 그리고 암스테르담에서 사회주의자들이 시 정부를 장악한 뒤에야 도래한다.) 더욱이 다세대주택들과 밀집된 저층 주택들이 대규모 공장지대와 부두 시설에 인접해 있던 '붉은 지구'는 거대도시 광역망 내에서 노동계급 권력의 강한 원동력이 돼주었는데, 특히 패킹타운(시카고), 홈스테드(피츠버그), 거번(글래스고), 말라꼬프(빠리), 쎄스또(밀라노), 라발(바르셀로나), 비보르크(뻬뜨로그라드)가 유명하다. 그러나 홉스봄은 지체 없이 베를린의 노이쾰른을 가장 전형적인 사례로 지목한다. "1912~13년경 노이쾰른의 인구는 약 25만명에 이르렀고, 성인 남성 유권자 6만 5000명 가운데 83퍼센트가 독일사회민주당에 투표했다. 사회민주당원은 유권자 네명 가운데 한명꼴인 1만 5000명이었으며, 이들은 다세대주택 네 단지씩을 각기 담당하는 1000명에 달하는 시 관리들의 지원을 받았다."[191] 전시에 좌익 사회주의 분파의 핵심 근거지였던 노이퀼른은, 이후 '스파르타쿠스 동맹'(Spartakusbund)과 1월 봉기를 대중적으로 지지한 핵심 지역이 되었다. 바이마르 공화국 후기의 노이퀼른은 인접한 베딩 지구와 더불어 단일 지역으로는 유럽에서 공산주의자들의 활동력이 가장 집중되어 있고, 득표력이 가장 강한 곳이었다.

직장과 주거지의 근접성은 산업 분규가 지역사회로 확산될 수 있도록, 또 그 역현상도 일어날 수 있도록 뒷받침함으로써 계급의식 형성에 강력한 지지대 역할을 했다. 초창기 산업화된 교외지구에서 나타난 이러한 결합은 공고해졌고 심지어 강화되기까지 했으며, 빠리는 이에 관한 가장 생생한 사례를 제공했다.

1900년 이후 2차 산업혁명이 심화되면서 대규모 공장 부지에 대한 수요가 증가했다. 지가가 싼 대도시 주변이 선호되었고, 주로 (전기로 작동한다는 의미에서) 현대적인 자동차공장, 화학공장, 철강공장이 들어섰다. 대략의 경험칙에 근거해서 볼 때, 임시직 노동자들과 사치재 노동자들은 도심에 남았고, 산업노동자들은 공장을 따라 이 새로운 교외지구로 이주했다. 가장 대표적인 사례가 1차대전이 발발할 무렵 이미 등장하기 시작한 "빠리의 붉은 지구"였다. 미셸 뻬로의 설명에 따르면,

이 경우 주거지의 위치는 노동자들이 소비사회에 동화되는 것에 기여하지 않았다. 왜냐하면 이들 교외지구는 미국에서와 달리, 전적으로 주거와 가정 공간으로만 한정되지 않았기 때문이다. 그곳에서는 일과 주거가 불가분하게 연결되어 있었다. 공장이 지역사회를 식민화했다고, 아니 전적으로 만들어냈다고 말할 수 있다. 프랑스 노동계급이 거주하는 교외지구는 빈 공간이 아니라, 외려 고도로 응집된 사회성이 형성되는 장소였다.[192]

여기저기 산재해 있던 광산촌이나 소규모 산업도시들과 달리, 빠리 교외의 붉은 지구는 마침내 고속 시가전차나 전철을 통해 도시 중심부와 연결되었고, 따라서 중심부에서 발생하는 데모나 시위에 언제든지 결합할 수 있는 기동 예비군 역할을 했다. 잠재적인 득표력의 관점에서 보면, 빠리 시내에서 상실한 부분을 교외의 붉은 행정지구들을 확실히 장악함으로써 만회한 셈이었다. 게다가 전쟁으로 말미암아 노동자 및 생산이 교외지구 내부로 이동하는 데 더욱 가속도가 붙었는데, 이는 전시 베를린과 런던에서도 나타난 중요한 흐름이었다. 띠에리 봉종(Thierry Bonzon)에 따르면, 이 전시 시설들은

> 빠리의 산업 패턴을 근원적으로 그리고 영구히 변화시켰다. (…) 상당수의 노동자들이 결집하게 됐다. 불로뉴비양꾸르의 르노(Renault) 공장에 2만 2000명, 뿌또의 군수공장에 6000명, 벵셴의 탄약공장에 5200명, 쎙드니의 들로네벨빌(Delaunay-Belleville) 공장에 1만 1000명의 노동자가 각각 고용되었다. (…) 따라서 경제활동의 무게 중심이 빠리의 구 산업지구(11구의 포부르생땅뚜안과 20구의 벨빌)에서 시를 둘러싼 신 산업지대로 이전되었다.[193]

산업 중심지의 전환은 1919년 6월 금속 노동자들의 총파업을 통해 극적으로 표출되었다.

> 파업을 통해 프롤레타리아의 불만뿐만 아니라 교외지구(la banlieue)의 위협도 분출되었다. (…) 이는 파업 당시 일관되게 봉기를 선동하고 러시아 혁명을 따라야 할 모범으로 제시했던 가장 급진

저인 분파들이 교외지구에 기반하고 있었다는 점에서 명명백백했다. 특히 쌩드니는 파업 기간 동안 혁명적 좌파의 핵심으로 부상했다. 빠리의 가장 크고 가장 산업화된 교외지구인 쌩드니에서는, 노동조합 협의체와 다양한 파업위원회들, 그리고 자치 당국이 협력해서 파업을 지원했을 뿐만 아니라 가장 비타협적인 흐름을 주도하며 이를 노동운동 전체의 것으로 만들기 위해 분투했다. (…) "쌩드니의 쏘비에뜨"는 빠리 꼬뮌의 진정한 적자였다.[194]

1890년 이후 유럽과 미국에서는 수백곳의 공장촌과 교외 산업지구를 중심으로 사회주의자들의 시 정부 진출이 본격화되었다. 이들은 새롭게 부상한 전력회사 및 견인차 트러스트에 맞선 중요한 투쟁을 이끌었고, 일부 지역(가령 로스앤젤레스)에서는 민간 독점기업을 공기업으로 대체하기도 했다. 또다른 사례로, 지방정부의 사회주의자 시장들은 경찰의 파업파괴 행위를 제한하는 등, 노동자들의 파업권과 저항권을 보호하는 데 결정적인 역할을 했다. 그러나 "지방자치주의"—중요한 개혁이 지방정부 단위의 진보적 시정에 의해 이루어질 수 있다고 하는 페이비언 사회주의의 신조—는 빈번히 "하수도 사회주의"(sewer socialism)로 전락하여, 곧잘 동맹을 맺곤 했던 중간계급 개혁 운동과 거의 차이를 보이지 못했다.

1880년대 노동운동은 혁명적 꼬뮌들 외에 다른 지역에서도 시 정부에 진출하기 시작하여, 꼬망트리(지리적으로 프랑스의 중심부)와 이몰라(이딸리아 볼로냐 부근)에서 최초의 사회주의자 시장이 직무를 시작했다. 한편 헨리 조지(Henry George)는 통합노동당(United Labor Party) 후보로 뉴욕 시장직에 거의 당선이 될 뻔했고, 영국 사회민주연맹(SDF)의 고리타분한 지도자 헨리 하인드먼(Henry Hyndman)은 페이비언협회(Fabian Society)와 훗날 런던 노동당 정부에 영감을 주게 될『런던 꼬뮌』(*A Commune for London*)을 발표했다. 세기 전환기 무렵에는 제2인터내셔널에서 사회주의 시 정부를 위한 모범 강령을 논의해야 할 정도로 사회주의자들이 지방자치체에 많이 진출했다. 핵심적인 전략적 문제들은 다음과 같았다. 첫째, 적어도 공공부문과 사회기반시설에 대한 공유제는 지역 단위 수준에서 어느 정도까지 달성될 수 있는가? 둘째, 도시의 개혁적 중간계급(대체로 전문직 종사자들)을 동맹으로, 혹은 미국이나 영국에서처럼 정당 구성원으로 끌어들이기 위해 최대강령을 어느 선까지 희생할 수 있는가? 혁명적 좌파들은 당연히 지방자치주의가 사회주의로의 이행을 끊임없이 회피하는 수단이 될 수 있다는 점을 두려워했기 때문에, 이 문제는 다분히 폭발력을 지닌 논쟁을 불러일으켰다. 그러나 지방정부가 사회주의 정책을 시험해보는 실험실이 되어야 한다는 점에 대해서는 모든 진영이 (심지어 어떤 경우에는 아나키스트들조차도) 동의했다. 오랫동안 공공투자가 이뤄지지 않았기 때문에 시 정부의 서비스는 필요를 전혀 충족시키지 못했고, 사회기반시설 대부분은 근대화되지 않은 상태였다. 사회주의자들은 이를 일종의 위기로 규정하면서, 공원, 가로등, 깨끗한 물, 실내 화장실, 공중목욕탕, 권력의 지방분권화, 시 노동자들의 노동조합 가입, 그리고 무엇보다도 공공주택 보급 등의 포괄적인 정책적 전망을 통해 그 대안을 제시했다. 그러나 재원은 어디서 마련할 것인가? 셸턴 스트롬퀴스트(Shelton Stromquist)에 따르면,

많은 지방자치체들이 세기 전환기 무렵 프랑스, 벨기에 및 이딸리아에서 사회주의 정당이나 노동자 정당의 수중에 넘어갔다. 이들

은 규모가 매우 작고, 사회적으로나 유권자 구성상 동질적이었으며 (…) 필요한 공공서비스를 조달하기 위한 재원을 갖추지 못했다. 게다가 가장 노련한 행정가들조차도 곧 깨달은바, 이른바 "실험실"로서의 역할이라는 것도, 지방 당국이 법적으로 완전한 자치권을 행사할 수 있어서 새로운 재원 마련을 위한 지방세법의 개정, 지난 지방정부의 부담 청산, 지대 체계의 조정, 새로운 공공서비스의 창출 및 민간 업자들로부터의 인수 등과 같은 역할을 할 수 있어야 가능했다.[195]

대규모 주택 건설 같은 진정한 의미의 도시 "구조 개혁"을 위한 정치적·재정적 조건은, 1차대전 이후에야 '붉은 빈'으로 알려진 예외적인 실험을 통해 등장하게 될 터였다.

1930년대 미국에서 산업조직위원회(CIO)가 대대적인 성공을 거두기 이전에는(이는 전후 유럽 노동조합 운동의 본보기였다), 도시 자체가 정치적·문화적 차원에서는 물론 경제적 차원에서도, 직능을 초월한 노동계급의 조직을 위한 주된 형식과 틀을 제공했다. 광부들과 철도 노동자들의 경우를 제외한 대규모 계급 전투는 도시의 노동 연맹체를 통해, 혹은 지방자치체의 지원을 받아 노동조합이 관리하는 노동거래소와 노동회의소를 통해 수행되었다. 이들 조직은 1890년대부터 프랑스, 이딸리아, 그리고 정도의 차이는 있지만 스페인에서도 전투적인 노동운동의 중핵을 이뤄왔다.

한때 노동사 연구의 주류를 차지했던 "위스콘신" 학파 내지는 "코먼스" 학파는 주로 영어권 나라들에서 전국 단위 노동조합들의 변화를 추적했는데, 특히 배타적 직능조합들이 포괄적 산업별 노동조합으로 바

뀌는 과정과 단체교섭권의 법적 제도화에 초점을 맞췄다. 그러나 이런 식의 접근은 도시의 노동 연맹체들의 역할을 대단히 과소평가한 것이 었다. 특히 미국의 도시 전역을 아우르는 중앙노동위원회(central labor councils)와 스코틀랜드의 노동조합협의회(trades councils) 같은 조직들은, 직능조합이 지배적이던 시절에도 급진적인 지도부를 배출하고 조직화되지 않은 노동자들의 이해관계를 대변하는 일에 전국 단위 노동조합보다 더 적합했다. 실제로 종종 그들은 산업별 노동조합과 기능적으로 동일하게 활동했다. 독일사회민주당과 자유노동조합이 형식적으로 각자의 분리된 활동 영역을 확보하고 있었던 독일의 경우와 달리, 미국·스코틀랜드·오스트레일리아에서는 도시의 노동 연맹체들이 경제와 정치의 경계선을 창의적으로 넘나들며 활동했다. 뉴욕에서는 독자적인 노동자 정당인 통합노동당이 결성되어 1886년 헨리 조지를 뉴욕 시장 선거에 출마시키기도 했으며(시어도어 루스벨트를 누르고 2위를 차지했다), 샌프란시스코에서 결성된 노동조합노동당(Union Labor Party)은 20세기 첫 10년간 지역 정치를 좌지우지했다.[196]

　미국에서 급진적 노동운동의 선두 주자는 1903년 24만 5000명의 회원을 확보한 시카고노동연맹(CFL)이었다. 전국 단위 조직이었던 미국노동총연맹과 달리 이들은 "동조 파업을 적극적으로 독려했고, 여성 및 비숙련 노동자들의 조직화를 장려했다".[197] 풀먼사 파업을 계기로 결성된 시카고노동연맹은, 초기에는 갱단이 지배하던 조직이었으나, 1906년 사회주의자인 존 피츠패트릭(John Fitzpatrick)을 의장으로 선출한 이후, 통조림 가공공장 노동자들과 철강 노동자들 및 교사들의 노동조합 결성 운동을 지원하는 등, 대도시 노동 연맹체 지도부들 가운데 가장 일관되게 전투적이고 진보적인 조직으로 거듭났다. 한편 피츠패트릭은 미국노동당(ALP)을 지지하는 가장 두드러진 인사였다. 비슷한 식으로, 글래스고노동조합협의회(Glasgow Trades Council)는 영국인들이라면 대체로 무시했을 법한 부두 노동자, 짐마차꾼 및 가스 노동자 등의 조직화를 주도적으로 추진했다. 윌리엄 케네픽(William Kenefick)에 따르면, "'레드 클라이드'(Red Clyde, 1910~30년대 스코틀랜드의 글래스고에서 전개된 급진주의 운동으로, 그 이름은 클라이드강에서 유래했다—옮긴이)는 '노동조합협의회'를 중심으로 한 매우 독립적이고 지역 밀착적인 노동조합 연합이라는 구조"에서 등장했다. "이러한 구조는 숙련노동자들과 비숙련노동자들 사이의 교류를 크게 촉진했다." 케네픽은 이 점이 보다 중앙집권적인 영국의 전국 단위 노동조합에 비해 스코틀랜드 노동조합이 지닌 강점이라고 주장했다.[198]

이미 살펴보았듯이, 프랑스에서는 산업 분규가 강력한 노동조합의 틀 밖에서 자주 "공인되지 않은" 채 발생했는데, 즉 노동계급의 연대가 도시의 노동거래소를 통해 조직화되었던 것이다. 이렇듯 "지방자치체의 지원금을 받아 노동조합이 운영하는 지역 기반의 노동거래소"는 프랑스 고유의 발명품이었다. 1886년 프루동주의자들 및 초기 사회주의자들의 영향을 받은 빠리의 노동조합협의회 내 좌익 다수파가, 실업자들 사이의 경쟁을 줄이고 이들이 파업파괴자로 동원되는 것을 막기 위해, 일종의 지방자치체 직업소개소 개념으로 최초의 노동거래소의 문을 열었다. 이 실험은 전국으로 확산됐고, 노동거래소는 세금으로 운용되는 직업소개 기능을 계속해나가는 가운데, 회의장, 노동조합 사무소, 도서관 등을 갖춘 진정한 의미의 "인민의 집"으로 발전했다. 스티븐 루이스(Steven Lewis)에 따르면, "1900년대에 들어 노동거래소는 노동총연맹을 멀찌감치 따돌린 채 노동운동에서 가장 역동적이고 빠르게 성장하는 부문으로 자리 잡았다. (…) 관측자 중에는, 노동거래소 같은 영토적 전략에 근거한 노동정치의 전망이 미성숙한 산업별 연맹이나 연합 전략보다 우세하다는 데 동의하는 이들이 압도적으로 많았다".[199] 그러나 "노동거래소-쌩디깔리슴"의 아킬레스건은 그것이 지방정부에 의존한다는 점이었다. 노동거래소가 군국주의에 반대하는 선전선동의 주요 무대로 부상하자, 고용주들과 애국주의적 급진 공화파들은 지역 치안 당국과의 공조 아래 자신들의 선거운동을 노동거래소에 대한 지방자치체 지원금 삭감에 집중했다. 이와 동시에, 광부들과 철도 노동자들이 주도하는 전국적 규모의 파업이 증가하면서 산업별 노동조합이 보다 유리한 입장에 서게 됐으며, 1906년 이후 혁명적 쌩디깔리스뜨들이 지도부를 장악한 노동총연맹도 다시금 원기를 회복했다.

뽀(Po)강 유역의 농업 노동자들로 구성된 사회주의 계열 노동조합인 농업노동자연맹(Federterra)을 제외하면, 전쟁 전 이딸리아의 노동조합은 기반이 취약했다. "노동자들을 대규모로 동원하는 데 더 중요한 역할을 한 조직은 인민들 사이에 광범위하게 뿌리내리고 있던 노동회의소(camere del lavoro)였다. 노동회의소는 경제 분쟁의 해결을 위한 단체교섭에 이용되기보다는 시위나 파업 도중 총에 맞은 노동자들을 지지하기 위해 조직되곤 했으며, 이딸리아 총파업 전통의 중추를 이루고 있었다."[200] 게다가 노동회의소는,

> 지역의 모든 노동조합은 물론, 꼬뮌이나 지구의 노동자 조직들의 구심점 역할을 했고, 시간이 지나면서 노동조합, 지역 동맹, 협동조합 및 저축은행 등을 아우르게 되었다. 핵심은 '인민의 집'(casa del popolo)이었다. (…) 인민의 집은 직업소개소이자 노동자들의 노

동거래소, 클럽, 교육 센터 및 본부로 활용되었고, 1921~22년에 파시스트들의 가장 주된 표적이 됐다.

아마도 가장 독특한 점이라고 한다면, "노동조합 회원들이 항상 노동자 가운데 소수였다는 사실인데, 노동조합은 회비도 불규칙적이었고 조직도 엉성한 경우가 다반사였다". 귄 윌리엄스(Gwyn Williams)에 따르면, "노동회의소는 지역에 밀착된 아나키즘 성향의 노동자 봉기 전통을 새로운 노동운동과 연결시켰다. 그것은 특정 직업이나 직종이 아니라 포퓰리즘적이며 공동체주의적인 계급적 정서를 고취하는 경향이 있었고 광범위한 부류의 노동자들을 아울렀다. 반면 노동조합은 더 숙련된, 부유하고 세련된 노동자들에게 집중하는 경향이 있었다.[201]

주거나 식량, 연료같이 특히나 긴요한 문제들을 놓고 벌어지는 도시의 계급투쟁은, 사회주의 역사의 망각된 영웅인 노동계급 여성들이 흔히 주도했다.

제2인터내셔널 정당들은 여성의 참정권과 경제적 평등 문제에 대해 원죄를 지니고 있었는데, 미온적인 지지에 머무르거나 심지어 반대하기도 했던 것이다.[202] 1891년 독일사회민주당은 에르푸르트 당대회에서 "성차별 없는" 평등한 정치적 권리를 승인했고, 1906년 핀란드사회민주당(SDP) 여성 당원들은 여성의 보통선거권 쟁취를 위한 투쟁을 성공적으로 이끌었다. 그러나 강력한 위세를 자랑하던 벨기에와 오스트리아의 사회민주당은 단칼에 여성의 선거권 결의안을 묵살했고, 한편 프랑스 사회주의자들은 이론상으로는 평등의 원칙에 찬동했지만 실제로는 거기에 아무런 노력을 기울이지 않았으며, 그 결과 프랑스에서는 2차대전이 끝날 때까지도 여성이 투표권을 얻지 못했다.[203] 노동시장에서 여성을 배제하는 '남성 가족임금제' 쟁취를 위해 투쟁했던 사회주의자들과 노동조합 지도자들은, 이번에는 가사에만 묶여 있는 여성이 선거에 참여할 경우 사제와 보수정당의 볼모가 될 뿐이라고 주장했다. 이러한 믿음은 프랑스와 오스트리아의 남성 사회주의자들 사이에 특히 강했다.

그러나 그들의 아내와 누이와 딸은 이미 방직공장에서 고된 노동에 종사하고 있거나 가내 하인(빅토리아 시대 영국에서 단일 직종으로 가장 규모가 큰 임노동자 집단)으로 노예처럼 일하고 있었고, 남성 노동자들과 똑같이 노동조합을 위해 거리 시위에 참여하고 있었다. 데이비드 몽고메리가 다시 한번 상기하듯, "이웃들로 북적거리는 공간에서 빚쟁이들과 자선단체 직원들, 불길한 기운을 풍기는 사제들을 허구한 날 대면해야 하는 암울한 환경에서 아이들을 돌보던 기혼 여성들은, 공장에서 일하는 남편이나 아들딸만큼이나 규칙적으로 자신들의 계급이 무엇인지 환기해야 했다".[204] 어머니들은 집세 지불 거부 운동을 조직했고 연료 부족과 빵 가격에 맞서 시위를 주도했는데, 이는 옛 민중의 저항을 연상시켰다. 노동계급 여성들이 매일 서로 만나는 노천 시장, 낙농장, 세탁소 같은 장소는, 중요한 정보 교환이 일어나고 군중이 집결하는 현장이었다. 테마 캐플런(Temma Kaplan)이 20세기 초 바르셀로나의 사례를 들어 설명한 바에 따르면, 새로 조성된 교외 공장지구에 사는 여성들은 여전히 일주일에 한번씩 옛 중심가의 시장을 왕래했으며, 그 과정에서 대도시 전역에 새로운 소식과 투쟁 상황이 빠르게 전파되었다.[205] 해럴드 베닌슨(Harold Benenson)은 여기에 다음과 같이 덧붙인다. "공동체를 기반으로 집결했고, 가족의 복리를 책임지는 여성의 공적 역할을 널리 인정했다는 점에서 **군중**은 하층민 여성들이 저항을 표출하는 중요한 매개였다. 이러한 민중 투쟁의 전반적인 전통은 자본주의적 산업화 초기 국면을 한참 지나서까지 지속되었다."[206] 예를 들어 1911~12년 독일·프랑스·오스트리아에서 이른바 '고기 전쟁'(Meat War)이 일어났을 때, 노동계급 여성들로 이뤄진 군중은 고기와 유제품 가격을 상승시킨 보호무역 정책에 반발하여 정육점 좌판과 식료품 상점을 공격했다.[207]

결국 1917년 2월 러시아 혁명은, "빵을 사기 위해 끝도 없이 긴 줄을 서야 했던 수천명의 분노한 주부들과 여성 노동자들이 '물가 인상 반대' '기아 반대' 등을 외치며 뻬뜨로그라드의 거리로 쏟아져 나온" '세계 여성의 날'에 시작되었다.[208] 몇주 뒤 베를린에서는 지하에서 활동하던 혁명적 노동조합 대표자들이 동원한 30만명의 지역 여성들과 전시 노동자들이 정부에 맞서 봉기함으로써, 그 유명한 '빵 파업'(Bread Strike)이 일어났다.[209] 다음 해 1월, 유럽 전역의 가난한 빈민가 거주자들을 초토화시킨 혹한기 동안, 바르셀로나에서는 석탄 공급이 달리고 식량 가격이 치솟는 가운데 진정한 "여성의 전쟁"이 발발했다. 스페인의 중립 노선 덕택에 바르셀로나는 직물과 금속 산업에서 교전국들을 상대로 한 전시 생산을 통해 이득을 챙겼는데, 이것이 동시에 통제 불능의 물가 상승으로 이어져 극심한 생계 위기(crisis de subsistencias)를 촉발했다. 1915년 식량과 연료를 요구하는 최초의 폭동이 발생했고, 1918년 초 시우따뜨베야의 주지사 관저에서 수비대가 여성 시위대 열아홉명에게 총격을 가한 시점에는 거의 반란 사태의 규모로 확산되었다. 캐플런에 따르면, "여성 활동가들의 네트워크가 전체 여성의 이름으로 추진된 사회투쟁의 지도부를 구성했다. 도시 전역에서 식료품 상점에 대한 여성 시위대의 공격이 증가했고, 아울러 무력을 동원해 이들을 진압하려는 경찰의 주기적인 시도도 증가했다. 시위대는 1917년 러시아에서 발달한 쏘비에뜨와 다르지 않은 위원회 조직을 도입하여 식료품 상점에 대한 공격을 조율했다". 이 운동이 노동계급 지구를 중심으로 확고히 뿌리내릴 무렵, "내전을 두려워하던" 마드리드는 주지사를 소환하고 계엄을 선포했다. 봄이 올 때까지 지역 여성들과 새로 부임한 군부 출신 주지사 사이에 게릴라전이 계속 이어졌다. 이는 혁명적 국면에 가까운 상황이 거의 전적으로 빈민층 여성들의 자체적인 활동을 통해 빚어진 놀라운 사례였다.[210]

제프 일리(Geoff Eley)는 유럽 사회주의에 관한 저술에서 이러한 투쟁들을 반영하여, 사회주의 의식의 형성과 관련해 공장만큼이나 빈민가 지역사회의 역할에 중요한 비중을 부여했다. "빈민가 주민들이 발언하고 반격을 가하는 복잡한 방식은 결코 부차적이지 않았다. 작업장이 집단적 주체가 만들어지는 저항의 한 전선이라면, 가정 — 혹은 더 정확히는 노동계급 여성들이 생존을 위해 만들어낸 지역사회의 연대 — 은 또다른 전선이었다. (…) **양쪽** 전선에서 벌어지는 사회적 강탈에 맞서 조직화를 이루어내는 것이야말로 좌파가 직면한 도전이었다."[211] 지역사회와 작업장은 주기적으로 과도한 식료품 가격과 주택 가격에 저항하는 작업거부 운동(labor boycott, 아일랜드 토지 분쟁에서 차용한 전술로 1880년대 뉴욕시에서 시작되었다) 및 파업을 통해 단합된 힘을 과시했다. 비슷한 맥락에서 노동조합 표식 운동(union label, 또다른 미국발 운동으로 1870년대 샌프란시스코에서 시작되었다)은 소비자들의 지지를 유도해 노동자들의 협상력을 강화하는 전술이었고, 노동자들에 대한 연대 윤리의 초석이 되었다.[212]

랭커셔의 로치데일 협동조합(Rochdale Pioneers)의 성공에서 영감을 받은 노동자들은 대도시의 높은 생활비에 대응하고자 자신들만의 협동조합 상점을 조직했다. 그들은 스스로 사회주의적 미래의 첫발을 내딛는 중이라고 믿었다.

소비자 협동조합은 흔히 협동조합 빵집들과 연계되어 있어 어디서나 인기가 있었지만, 특히 벨기에, 그중에서도 유럽에서 가장 프롤레타리아적인 도시 가운데 하나인 헨트에서는 더더욱 그랬다. 헨트의 소비자 협동조합은 협동조합 운동의 토대가 되었으며, 로치데일 운동 정신을 기반으로 한 헨트의 유명 협동조합 부어헤트(Vooruit)는 국가 안의 국가로까지 성장했다.

병자들은 무료로 빵과 의료 서비스 및 약을 제공받았다. 60세에 은퇴한 노동자들은 구매력에 따라 계산된 소액의 연금을 지급받았다. 각 가정은 식구들의 생일 때마다 커다란 생일 기념 빵 하나와 일주일간 무료 빵을 제공받았다. 이런 방식으로 헨트의 협동조합은 정부가 아무런 사회보장도 제공하지 않을 때 노동자들에게 질병과 빈곤에 대비한 일정한 보호망을 제공해주었다. 한동안 협동조합 운영을 맡기도 했고, 의회에 진출한 최초의 사회주의자 의원이기도 했던 에드워드 안시(Edward Anseele)는 한걸음 더 나아갔다. 그는 "붉은 공장들"을 통해 부어헤트 협동조합이 좀더 생산에 집중하는 것을 목표로 했다. 협동조합 직물공장은 그런 방향에서 내딛은 첫걸음이었다. 부어헤트는 다른 어느 곳보다도 노동자들에게 더 나은 조건을 제공한다고 자부했다. 양조장, 설탕공장, 면직물 및 아마포 방적공장 등 다른 산업 분야로의 확장도 곧 이어졌다. 거기에 더해 1913년 안시는 "벨기에 노동은행"(Belgische Bank van den Arbeid)을 설립했다. 은행이 운용하는 자본 대부분은 협동조합에서 공급되었다. 어느 자유주의자가 감탄한 것처럼, 이것은 가히 '사회주의의 소우주'(un petit univers socialiste)였다.[213]

맑스는 주택문제에 대해 거의 아무런 언급도 하지 않았고, 엥겔스의 경우 주택문제에 대한 해결책들이 비현실적이라고 일축해버렸지만, 감당 가능한 주택 물량이 전반적으로 부족한 가운데 터무니없이 치솟은 임대료는 도시 노동계급에게 어디서나 가장 큰 불만이었다. 더군다나 1915년 무렵 집세 지불 거부 운동이 군수공장 노동자들의 투쟁에서 가장 익숙한 무기로 부상했고, 무르익어가던 전쟁 반대 봉기에서 중요한 역할을 담당했다.

뉴욕의 "아령같이" 생긴 끔찍한 다세대주택, 바르셀로나의 "벌집같이" 어두침침한 빈민가에 가득 들어찬 프롤레타리아 가족들이라든지, 혹은 그에 못지않게 비참한 베를린의 "임대 막사"에 사는 사람들이라면 틀림없이 세기 전환기 빠리 빈민들이 즐겨 불렀던 노래의 후렴구를 소리 높여 따라 불렀을 것이다. "행복해지고 싶다면 / 신의 이름으로 / 집주인의 목을 매달아라!"[214] 나뽈레옹 3세(Napoléon Ⅲ)가 오스만(Georges-Eugène Haussmann) 남작을 통해 빠리 정비(démolisseurs)를 시작한 19세기 중반부터 서유럽과 중부 유럽 대도시 대부분이, 사회기반시설 확충을 위한 거대 공공프로젝트 및 그와 동시에 진행된 투기적 부동산 투자의 붐을 타고 완전히 새롭게 변모했다. 이런 개발은 프롤레타리아 지역사회 전체에서 거주민을 내쫓고 그곳을 대개는 중간계급 주택이나 사무실 및 고급 상점 단지로 재개발하여, 지주·은행가·건물주 등에게 엄청난 이익을 안겨주었다. 엥겔스는 이런 동향이 "도시를 그야말로 호사스러움의 공간 그 자체로 변모시키는" 조짐이라고 경고했다.

그러나 빠리는 빅토리아 시대의 재개발과 젠트리피케이션(gentrifi-cation)의 가장 대표적인 사례일 뿐이었다. 엥겔스는『주택문제』(*Zur Wohnungsfrage*, 1872)에 다음과 같이 기록했다. "오스만의 정신은 런던·맨체스터·리버풀 등 해외로 널리 전파되었고, 베를린과 빈에서도 자연스럽게 받아들여지고 있는 것 같다. 그 결과, 노동자들은 도시 중심부에서 쫓겨나 외곽으로 이주해야만 했다. 노동자들이 살 만한 대체로 소형인 주택들은 점점 더 드물어지고 비싸졌으며, 아예 구할 수 없는 경우도 생겨났다."[215] 엥겔스는 저소득층을 위한 주택 공급 부족이 산업혁명 자체에 내재되어 있는 불가피한 현상이라고 규정했는데, 이는 한정된 다세대주택을 소유한 공급자들에게 엄청난 시장지배력을 가져다줄 수밖에 없었다. 터무니없이 비싼 임대료 때문에 노동계급 가정은 하숙생을 들이거나 거주 공간을 나눠 쓸 수밖에 없었다. 최악의 경우 사람들은 노예선 선창에 실린 화물과 다를 바 없는 밀도로 빼곡하게 들어차기도 했다. 바르셀로나의 라발 지구(지역 주민들은 "barrio chino", 즉 '중국인 거리'라 불렀다)에는 까딸루냐 노동계급의 4분의 1에 해당하는 수가 2.5평방킬로미터 안에 밀집해 있었고, 좁아터진 거리는 날림으로 조립된 다세대주택들 때문에 항상 그늘져 있었다. 그 결과는 당연히 유럽에서 가장 높은 결핵 발병률이었다. 이 병은 어디에서나 빈민가 주민, 그중에서도 특히 청소년에게 치명적이었다. 라발 지구가 "혁명가 양성소"라 불린 것은 당연했다.[216]

엥겔스를 비롯한 제2인터내셔널 창립 구성원 대다수는 자본주의 체제 아래서 주택문제는 개혁을 통해 해결하기 어려운 문제라고 인식했다. 엥겔스는 다소 기이하게 절제된 표현으로, 이 문제가 "오늘날 자본주의적 생산양식에서 비롯하는 **보다 작고 부차적인**, 무수히 많은 폐해들 가운데 하나"라고 썼다.[217] 하지만 그럼에도 불구하고 "불가피한 슬럼"은 뉴욕과 빈의 사회주의자들, 빠리와 글래스고의 쌩디깔리스뜨들, 그리고 바르셀로나와 부에노스아이레스의 아나키스트들에게는 열렬한 타파의 대상이었다. "가령 1880년대 빠리에서는 세입자들이 파업에 들어갔다. 사회주의자들의 지도에 따라 세입자들은 집세 납부를 거부했고, '꼬뮌 만세'를 외치면서 강제 퇴거에 저항했다."[218] 한 세대 지나 "대단히 혁명적인" 임차인조합(Union Syndicale des Locataires)이 결성되었다. "지주를 상대로 한 투쟁이 전체 계급투쟁의 결정적인 부분이라고 본" 이 조합의 구성원들은, 벨빌(19구와 20구)을 비롯한 다른 프롤레타리아 지구에서 강력한 세력으로 떠올랐다.[219]

뉴욕에서는 1900년 윌리엄스버그 다리(Williamsburg Bridge) 건설로 주민 1만 7000명이 쫓겨나면서 아파트 부족과 임대료 상승이 야기되었는데, 이에 로어이스트사이드의 세입자 운동이 더욱 활기를 띠었다. 로어이스트사이드에서 이디시어로 발행되던 사회주의 성향의 신문 『데일리 포워드』(*Daily Forward*)의 주도 아래 유대인노동조합협회(United Hebrew Trades), 노동자그룹(Workmen's Circle), 그리고 사회당(SP)은 세입자 운동을 조직하여 1904년 예비 파업을 벌였다. 이 운동은 이후 보다 엄격한 사회당 지도부를 통해 재조직되어, 짧지만 극심했던 전국적인 경기침체 와중에 벌어진 "1907년의 임대료 대전"을 대비했다. ("사회당의 근거지"인) 로어이스트사이드, 할렘 및 브라운스빌의 유대인 세입자들은 창문에 붉은 깃발을 내걸고, 퇴거에 맞서 경찰과 전투를 벌이고, 퇴거 집행자들(schleppers)을 집단적으로 공격했다. 로버트 포겔슨(Robert Fogelson)에 따르면, 결국 "파업은 1908년 흐지부지되었"지만, 뉴욕의 사회당원들도 귀중한 교훈을 얻었다. "파업에 참여하는 지역사회가 한두군데에 불과해서는 안 되며 여러 지역사회의 참여를 이끌어내야 한다. 또한 유대인만이 아니라 이딸리아인, 아일랜드인, 독일인, 그리고 폴란드인도, 심지어 토박이 뉴욕 시민도 포괄해야 한다."[220]

뉴욕에서 벌어진 마지막 투쟁과 같은 시점에 훨씬 더 큰 '집세 지불 거부 운동'이 부에노스아이레스의 다세대주택(conventillo) 지구에서 발발했다. 그리고 1907년 10월, 시 인구의 10퍼센트(주민 약 12만명)에 해당하는 사람들이 집세 지불을 거부했다. 대체로 이민자들로 이뤄진 아르헨띠나 노동계급은 세기 전환기 무렵 세계에서 가장 빠르게 성장하는 집단이었고, 1895년 이후 10년 만에 인구가 두배로 증가한 부에노스아이레스는 집세 폭리가 횡행하던 북적거리는 신흥도시였다. 전국적으로 두곳의 노동 연맹체가 존재했고, 그중 더 활발하게 활동했던 아나키즘 성향의 아르헨띠나지역노동자연맹(FORA)은 1906년 6차 총회에서 세입자들의 집세 지불 거부 운동의 조직화를 지원하기로 결정했다. 1년 뒤 일어난 집세 지불 거부 운동은 당면 목적을 달성하는 데 대체로 실패했지만, 제임스 베어(James Baer)가 강조하듯이, 전략적인 측면에서 보자면 곧이어 발생하게 될 총파업에서 프롤레타리아 여성들과 비조합원 노동자들을 동원하는 데 중요한 역할을 했다.[221]

당시 10여곳의 도시에서 벌어진 더 작은 규모의 투쟁들은 물론이고 뉴욕과 부에노스아이레스의 대규모 집세 지불 거부 운동들조차 갑작스런 임대료 급등으로 촉발되었고, 따라서 임시변통으로 만들어진 투쟁 조직들은 당면한 투쟁을 넘어서까지 살아남지는 못했다. 한편 1차대전에서 기인한 식량과 연료 부족 사태는 교전국은 물론 비교전국들에게도 영향을 미쳤으며, 지속적으로 모든 생계비 문제를 일촉즉발로 몰아넣는, 보다 심층적이고 유기적인 생계 위기를 발생시켰다. 가령 1915년 글래스고의 집주인들이 집세를 급격히 인상했을 당시, 그들은 곧 여태까지 상상도 하지 못했던 규모의 저항에 직면하게 되었다. 제임스 힌턴에 따르면, "그 운동은 특히 거번 지역에서 강력했는데, 그곳에서는 바를로 부인(Mrs Barlow)이라는 무명의 가정주부가 이끄는 여성들의 주택위원회가 상시적인 선전 모임(공장 입구 모임 등), 집세 지불 거부 운동 및 물리적인 퇴거 저항 활동 등을 조직했다". 10월에는 전면적인 집세 지불 거부 운동이 선포되었다. 집주인들의 대리인 측이 여성 파업 지도부를 법원에 고소하자, 조선소에서 쏟아져 나온 노동자들과 1만 5000명의 분노한 시위대가 법원을 둘러쌌다. 시위대의 누군가가 판사에게 다가가 말을 걸었다. "거리에 나와 있는 사람들 목소리가 들리지 않소? 저들은 클라이드강 상류 지역 노동자들이오. 이 사람들은 당신이 제대로 판결할 때까지 일을 재개하지 않을 것이오. 만약 그렇게 된다면, 내일은 하류 지역 노동자들도 작업을 멈추고 저들에게 동참할 것이오." 힌턴이 역사에 기록한 것처럼, "엄밀한 법 집행은 거센 비난 앞에 굴복했고, 그 판사는 자신이 들은 대로 판결했다". 집세 지불 거부 운동이 버컨헤드와 런던으로 확산되자, 애스퀴스(H. H. Asquith) 정부는 결국 항복했고 1914년 수준에서 집세를 동결했다.[222]

　2년 뒤 생계비 상승의 새로운 주기가 시작되었고, 임대주들에 반대하는 투쟁도 1917~19년 노동자 대봉기의 일환을 이뤘다. 사회당이 지도부를 맡고 있던 뉴욕시가 다시 한번 뻬뜨로그라드·베를린·바르셀로나·빠리와 더불어 투쟁의 선봉에 섰다. 사태를 한계점까지 악화시킨 것은 1917~18년 겨울에 발생한 극심한 연료 부족 사태였는데, 이는 당시 윌슨(Woodrow Wilson) 행정부가 유럽의 동맹국들에게 보낼 무기와 보급품을 항구로 신속히 실어 나르는 한편, 미국 원정군을 위한 대규모 비축물자를 준비하는 와중에 동부 해안 지방의 철도 체계가 거의 와해 상태에 이른 데서 비롯한 결과였다. 즉 단순히 이들 우선순위에 밀려서, 대도시들에 충분한 양의 석탄을 공급할 철도 차량이 부족했던 탓인 것이다. 한 세대 만에 맞이하는 가장 혹독한 겨울이 시작되자 집주인들은 집세 인하는 거부하면서도 난방을 중단했고, 어떤 경우에는 뻔뻔스럽게 집세를 올리기까지 했다. "한 사회복지사의 증언에 따르면, 다세대주택에서의 생활 참상은 '이루 말할 수 없을 정도'였다. '가스관은 얼어붙었고, 집 안은 어두침침했다. 화장실에는 물이 공급되지 않았고, 위생 상태는 처참한 수준이었다. 혹독한 추위로 아이들의 얼굴은 파리하게 초췌한 상태였고, 무수한 아이들이 폐렴으로 목숨을 잃었다.'"[223]

1917년부터 1920년까지 뉴욕세입자총동맹(Greater New York Tenants League)이 이끈, 집세를 둘러싼 거대한 전쟁이 할렘과 로어이스트사이드로부터 이스트리버를 건너 윌리엄스버그와 사우스브롱크스까지 이어졌다. 러시아에서 혁명이 발발했다는 소식이 사회당을 지지하던 수만명의 뉴욕 시민을 열광시키면서, 집주인들이 "볼셰비끼 집세 지불 거부 운동"이라고 부른 이 투쟁은 단순한 개혁이 아닌 혁명의 외양을 띠기도 했다. 가령 "이스트사이드세입자동맹(East Side Tenants League)의 한 대중집회에서는 몇몇 사회당원이 다세대주택을 집주인들에게서 빼앗아 세입자들에게 넘겨줘야 한다고 말하기도 했다". 악명 높은 '파머의 급습'(Palmer raids)과 뒤이은 이민자 출신 급진파들의 대규모 추방 등 사회당에 대한 지속적인 탄압이 있었지만, 완강하게 지속된 운동이 결국엔 승리를 거두었다. 1920년 올버니의 주 의회는 집세 인상을 통제하는 법을 통과시켰고, 이는 노동계급이 거둔 중대하고도 오래 지속될 승리였다.[224]

V. 프롤레타리아의 문화

이미 풍요로운 장인 전통을 물려받은 도시를 기반으로 하여 일종의 프롤레타리아의 공적 영역이 발전했다. 사회주의 (혹은 아나키즘적 공산주의) 사상은 잘 조직된 반문화 속에 체현되었고, 작업장과 지역사회의 연대의식이 여가 활동, 교육, 문화 등 삶의 모든 측면에 투사되었다.

노동시간을 축소하여 대중에게 여가시간을 가져다준 것이 노동운동의 역사적 성취 가운데 하나였다면, 노동자들이 협동조합 상점과 노동자 스포츠클럽 등을 통해 소비생활과 여가생활을 집단적으로 향유하면서 연대감과 계급 정체성을 고양할 수 있게 된 것 또한 그에 못지않게 중요한 성취였다. 어떤 나라에서는 노동운동이 그 자체로 하나의 완결된 사회문화적 세계를 창출하기도 했다.[225] 가장 유명한 사례로 빌헬름 2세(Wilhelm II) 통치기 사회민주당과 자유노동조합의 후원 아래 사이클링과 하이킹, 노래 동호회, 스포츠 팀, 성인 강좌, 연극 협회, 독서 모임, 청년 클럽, 박물학 모임 등이 전국적인 규모로 만들어진 독일의 경우를 들 수 있다.[226] 비스마르크의 '반사회주의자법'이 시행되던 시절 (1878~90), 이들 노동자 단체는 노동자들의 모임과 활동가들의 훈련을 법적으로 보호하는 데 결정적으로 중요한 역할을 했다. "노동자들의 하위문화는 숙련공들의 사교생활과 자유주의적 부르주아의 협회 문화로부터 차용한 요소들로 이루어졌다. 노동자들은 이 두 요소를 인계받아 부분적으로 재해석하여 다시 기능적으로 결합해냈고, 독립적으로 발전된 새로운 요소들에 용접시켰다." 마지막에 가서 독일사회민주당으로 통합될 독일 급진주의의 양대 흐름 가운데 하나였던 독일노동자협회(ADAV)의 창설자 라살은 당초, "당원이 집행부로부터 받은 명령을 당의 병사들처럼 수행하는 결단력 있고 강력한 당 조직"을 구상했지만,

이 흐름은 그보다는 토니 오페르만(Toni Offermann)이 동지애로 충만한 "축제 문화"라고 묘사한 사회주의적 제전 같은 모습으로 진화해갔다. "독일노동자협회는 다양하고 다채로운 협회 활동을 발전시켰는데, 이는 다양한 지역 조직들이 경험한 독자적인 학습 과정으로부터 비롯된 것이었다."[227]

일부 역사가들은 독일 "프롤레타리아의 독자적인 세계"가 너무 폐쇄적이거나 "부정적으로 통합되어 있어서" 빌헬름 2세 시대 통치 체계에 심각한 위협이 되진 못했다고 평가했지만, 1985년 『대안문화』라는 주목할 만한 저서에서 버넌 리트케(Vernon Lidtke)는 이를 유창하게 반박했다. "노동자들의 대안문화를 급진적이라고 말할 수 있는 이유는, 그것이 단 한번의 결정적 타격으로 독일제국을 전복시키려 했기 때문이 아니라, 거의 모든 지점에서 기존 구조와 관행, 가치를 거부하는 자신들만의 생산과 사회적 관계, 정치제도의 원리를 구현했기 때문이다."[228] 리트케에 따르면, 독일 노동자 대안문화의 진짜 약점은 독일사회민주당이 "노동자들 (…) 스스로가 자기 삶에서 직접적으로 영감을 받아 만들어낸 독자적인 노동운동 문화의 가능성"을 탐사하기보다는, 교양(Bildung) — 문화적이고 지적인 자기수양 — 과 부르주아 고급문화의 대중화를 강조한 사실에 있었다.[229]

그러나 노동자들의 도시 일상을 대안적으로 조직하는 문제는, 부르주아적 가치 및 제도와 경쟁한다든지 중요한 문화적·사회적 서비스를 자율적으로 조달하는 것으로만 한정되지 않았다. 새로운 사회주의적 인류의 육성이야말로 진정한 염원이었다.

세기말 사회주의 운동이 상상한 '새로운 여성'과 '새로운 남성'의 모습은 잘 규율된 대중 투쟁의 소산으로, 산업시대에 맞는 꼼꼼함을 갖추고 부단히 자기계발을 하는 그런 인간상이었다. '교양'을 중시한 사회주의 정당은 독일사회민주당만이 아니었다. 세기말의 빈은 통상 창조적 데까당스로 유명하지만, 우표 수집부터 합창단까지 다양한 활동들을 조직한 강력한 사회주의 운동도 존재했는데, 프롤레타리아의 여가 활동과 사회 위생(social hygiene)에 대한 이들의 태도는 결코 전위적이지 않았다.

사회주의 운동의 전반적 분위기는 사회주의적 금욕주의라는 말이 어울릴 정도로 고상함을 추구하는 것이었다. 모든 행위는 계급투쟁에 미칠 영향을 고려해 세심하게 검토되었다. 쾌락을 위한 쾌락은 배척당했다. 당에 가입하거나 특히 적극적으로 당 활동에 참여한다는 것은 일상생활(Haltung)에서도 사회주의적 태도를 수용함을 함축했다. 즉 장차 도래할 사회주의 사회에서 불가피하게 형성될 가치야말로, 그 사회의 실현을 위해 투쟁하는 사회주의자들이 바로 지금 갖춰야 할 덕목이라는 것이었다.

더군다나 오스트리아 사회민주주의자들은 교육총국(Bildungszen-trale)을 수립해서 "문화(Kultur) 일반과 특히 사회주의적 교의를 노동계급에 전파했다".[230]

잘 규율되어 있고 합리적인 태도를 육성하려는 시도는 전적으로 북유럽 사회주의자들만의 전유물이 아니었다. 인쇄공 출신의 빠블로 이글레시아스(Pablo Iglesias)가 이끌던 스페인의 사회주의 정당도 주로 까스띠야 출신 당원들 사이에 만연했던 무분별한 관행에 맞서 전쟁을 치렀다. 즉 음주, 성매매, 플라멩꼬 춤, 소싸움 같은 행위를 금지하기 위해 싸웠던 것이다. 적대 세력들은 스페인 사회주의 정당을 세상으로부터 격리된 금욕주의적인 수도사들의 것(cosa de los frailes)이라며 희화화했다. 제럴드 브레넌(Gerald Brenan)은 『스페인의 미궁』에 다음과 같이 썼다.

> 그러나 아마도 수도사 같다는 것이 정확한 표현은 아니었을 것이다. 엄격한 규율과 금욕주의적 열정, 그리고 자신들의 우월한 운명에 대한 흔들림 없는 믿음으로 사회주의적 교의의 순수성을 유지하기 위해 모인, 이 폐쇄적이고 협소한 신자들의 집단은 차라리 칼뱅파 신도에 가까웠다. 추종자들에게 요구되었던 자존감과 개인의 도덕심, 그리고 양심에 대한 복종이라는 기준에서 보면 거의 제네바 사람들을 연상시키는 무언가가 있었다.

그러나 이런 강철 같은 비타협성 덕분에 유일하게 사회주의자들만이 스페인 정계의 특징인 "회유의 정치"(policy of attraction)에, 즉 만연한 부패, 뇌물 및 부정 선출(cooptation)에 저항할 수 있었다.[231]

금욕주의와 가부장제의 성격은 덜한 대신 유토피아적 성향이 강한, 매우 다른 유형의 프롤레타리아 대안문화가 유럽에서도 가장 비참한 슬럼이 있는 까딸루냐에서 번성했다. 자신들을 1890년대 지하에서 활동한 아나키스트들과 차별화한 한 무리의 아나키즘적 쌩디깔리스뜨들이, 까딸루냐 농촌과 발렌시아 및 안달루시아 지방을 떠나 20세기 첫 10년간 바르셀로나의 항구와 직물공장으로 몰려든 이민자들 사이에 탄탄하게 기반을 잡았다. 부르주아의 도덕관과 거의 아무런 공통점도 공유하지 않았던 지역의 아나키즘 계열 언론이 위생이나 성관계, 아동 돌봄 및 반교권적 교육 등의 문제를 "합리적으로" 처리할 수 있게 도와주는 실용적 조언을 제공했다. 프롤레타리아의 도시 생활을 관장한 주요 제도로는, 글을 가르쳐주고 책을 대여해주며 지역 주민들의 연극이나 음악회 등을 조직하던 도서관, 노동계급 청소년들로 하여금 갑갑한 지구(barris)를 벗어날 수 있게 해주던 하이킹 및 자연 탐사 클럽, '노동자연대'(Solidaridad Obrera, 1910년 이후에는 '전국노동자연합')에 소속되어 노동자연대 지역 사무소 및 대중 동원과 파업 활동 과정에서 지휘부 역할을 하던 노동조합들이 있었다. 유럽의 다른 어느 지역에서도 바르셀로나에서만큼 노동조합과 지역사회가 완전히 혼연일체가 되어 투쟁에 나서지 않았다. 이곳에서 (1918년 무렵 바르셀로나와 인근 공장지대로부터 회원 25만명을 보유하고 있던) 전국노동자연합은, 하루는 파업을 조직하고 바로 그다음 날엔 "상점에서 식료품을 징발하는 노동계급 여성들을 위한 무장 경호"를 제공하기도 했다.[232] 경찰과 까딸루냐 민병대는 대체로 신뢰할 수 없었기에, 프롤레타리아 지역사회가 끊임없는 탄압에 맞서 스스로를 지키기 위해 의지할 수 있는 집단은 아나키스트들의 무장 조직이나 전국노동자연합 조합원들(cenetistas) 정도였다. 더군다나 전국노동자연합이 영국이나 독일의 노동조합과 크게 다른 점은 상근 조직이라든지 직업적인 조직가, 활동가 없이 활동했다는 점이었다. 제럴드 브레넌이 자신의 고전적 연구에서 주장한 바에 따르면, "아나키스트 지도자들은 전혀 급료를 받지 않았다. 1936년 전국노동자연합 회원이 100만명을 넘어섰을 때, 급료를 받는 상근직은 단 한명에 불과했다."[233]

프롤레타리아의 공적 영역이 존재하기 위해서는 당연히 회합과 수업, 선전 활동 및 오락을 위한 공간들이 필요했다. 노동운동이 합법화된 나라들에서도 지역 사회 수준에서 그런 공간들을 확보하려면 종종 오랜 싸움을 치러야 했다.

키어 하디(Keir Hardie)나 제임스 코널리(James Connolly), 그리고 초기 스웨덴사회민주노동당(SAP) 지도부 대다수 등, 사회주의 노동자들 가운데 저명인사들이 금주운동을 지지했지만, 사교적인 음주문화는 노동계급의 유쾌한 여가생활에서 중요한 위치를 차지했다. 비공식적인 사교의 장이자 고용사무소 및 정보 교환의 장소로 기능한 선술집은, 마치 커피하우스가 애디슨(Joseph Addison)과 스틸(Richard Steele) 시대의 중상주의에 기여한 만큼이나 노동운동에서 중요한 역할을 담당했다.[234] 패멀라 스웨트(Pamela Swett)에 따르면, 동네 선술집이 "정치적 동원의 장소로서 갖는 주된 이점은 그곳이 준(準) 사적 공간이라는 점에 있었다. 모든 사람에게 개방된 곳이지만, 단골들은 서로 잘 알았고 외부 사람들은 쉽게 눈에 띄었다". 탄압의 시기나 사측의 감시 때문에 생산 현장에서 정치적 대화를 나누는 것이 안전하지 않을 경우에, 이러한 "친밀성"은 한층 더 중요했다.[235]

정치적 가톨릭주의의 중심지였던 전쟁 전 뒤셀도르프의 독일사회민주당을 연구한 메리 놀런(Mary Nolan)은, 당이 도시 노동계급의 지역 사회에서 독자적인 존재로 살아남기 위해 벌인 활동에서 지역 선술집(Kneipe)이 얼마나 중요했는지를 강조한다. 1903년부터 1906년까지, 고용주들과 교회의 압력을 받은 대부분의 선술집 주인들이 사회민주당원들에게 회합 장소 대여를 거부했는데, 이 주인들은 당이 노동자들의 불매운동을 조직하고 나서야 입장을 바꿨다. 그리고 거의 그와 동시에 당 활동 참여가 증가했다.[236] 피터 네틀(Peter Nettle)이 덧붙인 바에 따르면, 독일제국 시기 내내 "지역 조직 회원들이 회비를 내고 대화를 나누기 위해 선술집에 모이는 '유료 저녁모임'(Zahlabend)은 기층 차원에서 이루어진 독일사회민주당의 가장 중요한 사교제도가 되었을 뿐만 아니라, 당 집행부와 반대파가 당원들과의 접촉을 통해 정치적 견해를 형성하고 정치적 수단을 채택하는 핵심적인 제도로 부상했다".[237] 지역 술집(lokal)은 미국 내에서 독일어를 사용하는 급진주의자들의 활동 중추이기도 했다. 『맥주와 혁명』이라는 유쾌한 책을 쓴 톰 고옌스(Tom Goyens)는, 뉴욕의 '작은 독일'(Kleindeutschland) 로어이스트사이드와 나중에는 요크빌 지역사회에 독일계 아나키스트들이 운영하는 쌀롱과 비어홀이 다수 존재했음을 확인한다.[238]

가두연설이나 신문 판매를 통해 사회주의 이념의 선전이 이루어진 노상(street corners)도 핵심적인 공적 공간이었다. 아이러니하게도, 급진적 노동자들이 옥외에서 자유롭게 연설할 수 있는 권리를 얻기 위해 가장 오랫동안 투쟁한 나라는 러시아나 헝가리가 아니라 미국이었다. 방대한 수의 이주민 벌목꾼들과 농업 노동자들이 매년 지역의 "빈민촌"(skid rows, 벌목꾼들이 다니는 길을 뜻하는 "Skid Road"가 변형된 말)에서 겨울을 나던 서부 해안 지역에서는, 세계산업노동자연맹이 노상에서 연설하고 직업소개소 앞에서 『인더스트리얼 워커』를 판매할 수 있는 단순한 권리 하나를 얻기 위해, 수천명의 체포자와 수백명의 부상자를 낳은 10년에 걸친 투쟁을 벌여야 했다. 멜빈 더봅스키(Melvyn Dubofsky)의 설명에 따르면, 세계산업노동자연맹의 대대적인 "자유언론 투쟁"은 그들의 조직화 전략의 핵심이었다. "조직 운동가들은 경험적으로 벌목꾼, 건설 노동자 및 수확 노동자를 그들이 일하는 작업 현장에서 접촉하기 어렵다는 것을 알고 있었다. 사용자 측의 감시로 '선동적인 노동자들'이 제약받았고, 또 노동자들은 지리적으로 방대한 영역에 걸쳐 흩어져 있었다. (…) 오직 도시에서만, '선동가들'이 사용자 측의 방해 없이 노동자들을 조직할 수 있는 얼마간의 자유를 확보했다." [239] 시애틀·스포캔·밴쿠버·오클랜드·로스앤젤레스·미줄라·캔자스시티·프레즈노·샌디에이고 등의 도시에서 (대개 사회주의자들의 지원을 받은) 워블리(Wobbly, 세계산업노동자연맹의 조합원을 이르는 말—옮긴이)들은 군중의 폭력과 잔혹한 교도소장, 그리고 최후에는 (1916년 에버렛에서의) "대량학살"까지도 감내해야 했다. 그러나 그들은 서부 전역에서 몰려든 급진적인 투사들의 지원으로 투쟁을 활력 있게 유지해나갔다. 결국에는 우드로 윌슨이 주모자들을 투옥하고 벌목장과 광산촌에 군대를 파견해 워블리들을 분쇄했지만, 그들의 자유언론 투쟁은 1930년대 펜실베이니아와 오하이오의 공장지대에서 산업별 노동조합들이 지역의 전제적인 철강공장들에 맞서 싸울 때 다시 부활했다.

대다수 도시들에서 프롤레타리아의 공적 삶을 궁극적으로 상징하는 것은 (그런 이유로 나중에 파시스트들의 공격의 주된 대상이 되는) '인민의 집'(maison du peuple; casa del popolo; Volkshaus)이라 불리던 **노동조합 회관**이었다.

1840년대 초, 플로라 트리스땅은 "노동계급 아이들이 지적이고 전문적인 교육을 받을 수 있고, 직장에서 부상당한 노동계급 남성들과 여성들은 물론 노약자들이 돌봄을 받을 수 있는"'노동자 궁전'을 건설하자고 제안했다. 비슷한 시기 영국에서는 (그리고 이를 모방해 미국에서도) 기술학교(Mechanics' Institutes)가 큰 인기를 끌었다. 그러나 대다수 나라들에서 노동계급의 회합, 교육, 문화 및 복지 증진을 목적으로 별도의 건물을 마련한다는 것은, 노동조합과 사회주의자들의 협동조합이 다수의 회원들을 안정적으로 확보하게 되는 1890년대 이전까지는 재정적으로 실현이 불가능했다. 1890년대에 들어서야 비로소 이들이 모은 회비에 중간계급 동조자들의 기부금이나 대여금이 더해져 프롤레타리아들의 시청(hôtel-de-ville)을 건설하는 일이 가능해졌다. 1900년 경이면, 노동조합이 합법화된 나라들에서는 거의 모든 산업도시에 노동자들의 회합, 조합 사무실, 당보 등을 위한 중심 건물이 들어섰다. 거의 모든 곳에 도서관이 설치되었으며, 영화관이나 체육관 및 오락을 위한 공간이 있는 곳도 많았다. 일부는 기존의 협동조합이나 노동거래소를 확장한 것이기도 했다. 공립학교가 보편적으로 설립되어 있고 새로운 문화산업이 자리를 잡은 미국과 달리, 노동자들이 선술집에서 술을 마시거나 아니면 노동조합이라든지 당, 협동조합의 후원 아래 여가시간을 보냈던 유럽과 라틴아메리카에서는 이러한 인민의 집들이 각별히 중요한 위치를 차지했다.

마거릿 콘(Margaret Kohn)이 강조하듯이, 인민의 집 건설은 "도시의 상징적 풍경에도 중요한 변화를 가져왔다. 그것은 교회와 국가, 사적 자본의 권위와 지배에 대한 일종의 도발적 도전이었다". 콘은 씨에나 근처에 있는 인구 1000명의 도시 아바디아디몬떼뿔치아노의 인민의 집 사례를 예로 들었다. 사회주의자들은 두개의 대형 농업회사가 지배하던 그 도시에 근거지를 마련하기 위해 수년간 투쟁했다.

(선거제 개혁으로 거의 모든 성인 남성에게 선거권이 주어진 이후) 최초의 사회주의자 시의원이 당선된 1914년에 돌파구가 마련되었다. 그러나 이 성공은 오히려 지역 엘리트들의 압박을 촉발했는데, 그들은 사회주의 조직에 공간을 임대해주길 거부했다. 지역

의 사회주의자들은 이에 모금 운동을 통해 대응했고 현물로 2만 5000리라를 모금했다. 모든 활동은 일요일과 평일 퇴근 후 자발적인 노동자들의 참여로 이루어졌다. 1917년 완공된 인민의 집에는 도서관, 소비자 협동조합, 청년들과 여성들의 회합 공간, 그리고 이딸리아사회당(PSI) 사무실 등이 들어섰다. 1918년 『이딸리아 사회주의자 연보』(*Almanacco socialista italiano*)는 이 인민의 집 건설 사건을 논평하며 (…) 이를 중요한 정치적 승리라고 여겼다. "이곳 프롤레타리아트의 자랑이자 우리의 적들에게는 악몽인, 인민의 집 꼭대기에 휘날리는 붉은 깃발은 우리의 모범이요, 노동과 선전 그리고 조직화에 더욱 박차를 가하도록 고무한다."[240]

좌파 진영이 대규모로 조직화된 유권자를 확보하고 있던 도시들에서는, 인민의 집이 진정한 의미에서 프롤레타리아의 성당이었다. 이미 언급했듯이, 헨트의 노동자 협동조합 대연회장은 시 건축의 위업이었으며, 초현대적 양식의 빠리 노동거래소는 선도적으로 전기 조명과 중앙난방을 시도했다. 벨기에노동당(POB)과 제2인터내셔널 본부(Bureau Socialiste International)가 자리 잡고 있던 브뤼셀의 인민의 집도 국제적 아르누보 양식의 상징이었다. 1965년 이 건물이 악의적으로 철거된 사건을 건축사가들은 여전히 애통해하고 있다. 빈의 우라니아(Urania, 오스트리아 빈의 공교육 기관이자 천문전망대―옮긴이)와 라이프치히의 인민의 집 또한 명성이 자자했다.[241] 1920년대 소련의 구성주의자들도 노동자 클럽(모스끄바의 주예프Zuev 노동자 클럽과 루사꼬프Rusakov 노동자 클럽은 모더니즘 양식의 걸작이다)을 새로운 문화와 유토피아적 열망의 중심지로 만들었다.

젠더나 직능 차이에 따른 노동계급의 세대 간 계층화는 내부 분란의 요인이자 창조적 에너지의 원천이기도 했다. 1905년 이후, 이른바 "청년 수비대"(Young Guard) 운동은 2세대 정치 지도자들 및 노동조합 지도부의 개혁주의적이고 점진주의적인 노선에 반대하는 3세대 사회주의 노동자들의 반란을 주도했다. 쌩디깔리슴과 비타협주의 노선에 경도된 채 철저히 반군국주의를 지향했던 이들 청년 집단은 연장자들로부터 "몽상적 사회주의"[242]를 꿈꾼다는 식으로 비난받았다. 실제로는, 이후 이 청년운동으로부터 유러코뮤니즘의 차세대 지도부가 탄생했다.

1차대전 이전에는 노동계급 아이들이 노동시장에 진입하는 연령이 통상 14세나 15세였다. 따라서 24세면 이미 10년간의 상용직 경험을 통해 자신들의 삶에 얼마나 제한된 기회밖에 남지 않았는지를 뼈저리게 잘 이해하고 있을 나이다.[243] 더군다나 젊은 노동자들은 가혹한 수습제도의 희생양이었고, 끔찍한 노동환경 속에서 더 긴 시간 동안 더 적은 임금으로 젊은이들의 에너지를 마지막 한방울까지 쥐어짜내고자 하는 고용주들의 노력에 맞설 만한 어떠한 기반도 가지고 있지 못했다. 게다가 영국을 제외하고는 전 유럽에서 거의 보편적으로 십대 남성들이 총알받이 신세로 군에 징집될 운명이었다. 1887년 엥겔스가 오싹할 정도로 정확하게 예측한, 아마겟돈을 향한 피할 수 없는 징집의 날이 그들을 기다리고 있었다.

프로이센-독일 전쟁이 발발한다면 그것은 반드시 세계전쟁일 수밖에 없다. 그 폭력의 정도가 지금까지는 상상도 해보지 못한 수준일, 진정한 의미의 세계전쟁 말이다. 상호 교전으로 800만명에서 1000만명의 병사들이 대량 학살될 것이며, 그렇게 전쟁은 역사상 그 어떤 메뚜기 떼보다도 더 유럽 전체를 황폐화할 때까지 집어삼

켜버릴 것이다. '30년 전쟁'의 파괴가 3~4년에 압축되어 대륙 전체로 확산될 것이다. 기근과 역병, 그리고 총체적인 도덕적 붕괴가 양측 군인들과 인민 대중 사이에 창궐할 것이다.[244]

작업장과 사회 이슈도 지속적으로 중요한 지위를 차지했지만, 징집 반대 문제야말로 자율적인 사회주의 청년운동을 추동한 주된 사안이었다. 특히 파업을 분쇄하고 공공시위를 진압하기 위해 통상 군을 동원하던 나라들에서는 더욱 그러했다.

벨기에가 가장 고전적인 사례였다. 제1인터내셔널 총회용으로 쓴 한 소책자에서 맑스는 다음과 같이 설명했다. "문명 세계 가운데 단 한 나라만이 매번 파업이 발생할 때마다 그것을 구실 삼아 기꺼이 노동계급을 공식적으로 학살하고 있다. 그 단 하나의 복된 국가가 바로 벨기에다. 모범적인 입헌국가이며 지주와 자본가, 사제의 아늑하고 잘 보호된 작은 낙원 벨기에 말이다."[245] 맑스는 쎄랭의 코커릴(Cockerill)사에서 파업을 벌인 연철공들을 무자비하게 공격한 기병대를 염두에 두고 이 글을 썼지만, (미국이나 영국의 정규군보다 규모가 더 컸던) 징집된 벨기에군도 광부들을 진압하고 직물 노동자들을 체포하며 참정권 시위대를 박살 내는 데 계속 투입될 터였다. 자유주의적 부르주아지가 통치하는 나라에서 이런 가차 없는 탄압이 벌어지는 것을 목도하게 된 사회주의자들은, 징집에 맞서 싸우고 급진적인 병사들의 조합을 조직하기 위해 1894년 "청년 수비대"를 결성했다. 그들은 여러종의 반군국주의 간행물을 발간하기도 했는데, 특히 안트베르펜의 격렬한 소식지『데 블루트베트』(De Bloedwet, '피의 통치')가 유명했다. 1905년 이후 청년 수비대는 괄목할 만하게 성장했고, 이딸리아, 독일, 스위스, 스웨덴, 오스트리아

제국 등에서 비슷한 운동이 일어나도록 하는 데 영감을 제공했다.[246]

이러한 청년 수비대 가운데 하나인 '독일청년노동자동맹'은 여성과 청년의 정치 활동을 금하는 가혹한 법 때문에 프로이센과 작센 지방에서는 지하활동을 해야 했다. 그러나 좀더 관용적인 남부 독일에서는 이 동맹이 벨기에 청년 단체들과 활발한 관계를 유지하며 공개적으로 군국주의에 반대하는 활동을 벌여 노동조합 지도부와 독일사회민주당 우파의 심기를 건드렸다. 그 "회색 수염들"은, 반항적인 도제들이 만들었으나 곧 맑스주의 경향의 대학생들도 가담한 독일청년노동자동맹이 자신들만의 무분별한 의제를 세워서 개혁가들의 전략을 틀어지게 만들고 전체 운동에 대한 탄압을 야기하지는 않을까 우려했다. 다만 아이러니하게도, 칼 쇼스크(Carl Schorske)가 지적했듯 독일청년노동자동맹은 단지 독일사회민주당의 과거 열정을 회복하고자 했을 뿐이었다. "기성 운동이 (…) 이미 정치투쟁과 경제투쟁으로 날카롭게 대립하고 있는 상황에서, 청년운동은 맑스주의 이론을 용융제 삼아 약간은 돈끼호떼식 방법으로 아래로부터 통합의 감각을 창출하려는 것이었다."[247] 더군다나 청년들은 사회주의의 **현재성**에, 또 살아생전 사회주의를 실현하는 일에 열정적으로 관심을 갖고 있었다. 그들 눈에 비친 연장자들은 이 문제를 긴급한 관심사로 두지 않는 듯했다. 피터 네틀이 다소 신랄하게 지적한 것처럼, "1882년부터 1914년까지 모든 해를 통틀어 독일사회민주당 이론지 『노이에 차이트』에서 혁명 이후의 사회를 다룬 논문은 단 한 편에 불과했으며, 그조차도 과거 천년왕국 사회들을 논하는 과정에서 역사적 맥락의 하나로만 취급할 뿐이었다. 혁명의 기법은 말할 것도 없고, 혁명 자체에 대해서도 거의 언급하지 않았다."[248]

독일사회민주당 내에서는, 클라라 체트킨과 카를 리프크네히트로 대표되는 급진저이고 견고한 반군국주의 진영만이 이러한 새로운 혁명 정신의 부활을 환영했을 뿐이며 당 지도부는 독립적인 청년 조직들에 대해 전방위적으로 공세를 취했다. 게다가 이 공세는 프로이센의 '조합 법'이 제국의 나머지 지역으로 확대되는 것과 맥을 같이했다. 독일의 아프리카 식민 지배를 옹호하고 훗날 리프크네히트와 로자 룩셈부르크를 살해하도록 지휘한 프리드리히 에베르트(Friedrich Ebert)는, 당 지도부로부터 당의 청년들을 단속하라는 지시를 받았다. "청년 '운동'이 청년 '함양'으로 변질되었다." 그러나 쇼스크가 강조하듯, "부모의 '보호' 아래에서도 청년들의 급진주의는 계속 이어졌고, 1911년 이후 국가의 박해가 심해지면서 점점 확산되다가, 전시에 불꽃처럼 타올랐다".[249]

한편 스웨덴과 이딸리아에서는 청년 봉기가 이미 발화점을 넘어섰다. 1908년 스웨덴 청년사회주의자연맹(SUF) 지도부는 사회민주노동당의 개혁주의 노선에 반대하여 모당으로부터 축출되었고, 1909년 총파업 실패 이후에는 쌩디깔리슴의 원칙에 따라 의회주의 노선에 반대하는 청년사회당(SUP)을 조직했다. 이딸리아에서는 사회주의자 의원들 다수가 조반니 졸리띠(Giovanni Giolitti)의 1911년 리비아 침공 계획(이딸리아인들의 마음속에 요동치던 잔혹성에서 비롯한 사악한 식민지 전쟁)에 찬성표를 던졌고, 이로써 이딸리아사회당은 "마침내 부르주아 민주주의 속으로 소멸해버린 것 같았다". 그러나 귄 윌리엄스가 강조하는 것처럼, "농민과 노동계급의 경우 중하층 중간계급들 사이에 널리 퍼져 있던 애국주의와 민족주의에 완전히 통합된 상태는 아니었다". 전쟁에 반대하여 계속된 봉기는 총파업으로 비화했고, 이는 "새로운 세대의 프롤레타리아와 일군의 전투적인 학생 활동가들이 좌파 정치로" 진입하는 계기가 되었다. 이 세대 반란을 지도한 맹렬한 호민관은 "로마냐의 떠오르는 청년 사회주의자 샛별" 베니또 무솔리니(Benito Mussolini)였으며, 남부에서는 아마데오 보르디가(Amadeo Bordiga)라는 탁월하고 비타협적인 인물이 두각을 나타냈다. 그 결과 1914년 무렵 사회주의 청년운동 조직 사회주의청년연맹(FGS)이 비약적으로 성장하여, 공산주의와 파시즘 양측 모두에 차세대 지도자들을 배출해준 양성소 역할을 했다.[250]

마지막으로, 이미 언급한 바 있는 러시아의 신세대 산업노동자들을 살펴보자. 이들은 이미 전쟁이 발발하기 한참 전부터 볼셰비끼와 보조를 같이하기 시작했다. 사실 많은 공장에서 멘셰비끼와 볼셰비끼의 분열은 세대 간 갈등으로 전개되었다. 다른 나라들과 마찬가지로, 전쟁으로 수십만명의 여성들과 청년들이 징발되어 군수공장이나 조선소의 부족한 노동력을 메웠다. 뻬뜨로그라드에서는 금속산업 단 한 부문에서만 약 4만명의 21세 이하 청년들이 고용되었는데, 볼셰비끼 운동의 중심지인 비보르크 산업지구에서 그 밀집도가 가장 높았다.[251] 남녀 청년들 모두 2월 봉기에서 두드러진 활약을 했고, 봄에는 뻬뜨로그라드 공장위원회들과의 느슨한 연계 속에서 자율적으로 조직된 청년 노동자들의 운동이 중요한 사회 세력으로 떠올랐다. "노동절 행사에 참여한 청년 노동자 10만명이라는 인상적인 규모는 이 운동의 자기조직화 역량이 얼마나 대단했는지 여실히 드러내주었다."[252] 회원 5만명을 헤아리는 광범위한 청년 전선 '노동과 빛'(Trud i Svet)이 결성되어 동일임금 보장, 선거 연령 18세로 하향, 공장 및 지구 위원회에서 대표권 보장, 그리고 하루 6시간 노동과 공교육 보장 같은 각종 요구를 수렴하는 플랫폼 역할을 했다. 사회주의청년노동자동맹(CCPM)으로 결속하게 되는 가장 전투적인 분파는 신속히 볼셰비끼들과 연합을 결성했다. 당시 볼셰비끼는 아나키스트들을 제외한다면, 자율적인 청년 노동자들의 운동을 지지한 유일한 정당이었다. 기성 노동자들의 불평불만 속에서도 레닌의 아내이자 비보르크 지구위원회 대표였던 나제즈다 끄룹스까야(Nadezhda Krupskaya)는 청년 노동자들의 운동을 가장 열정적으로 옹호해주었다. 8월, 꼬르닐로프(Lavr Kornilov)의 쿠데타로 민주주의 혁명이 위기에 놓였을 때, "거의 모든 비보르크 지구 청년 조직들이 〔붉은〕 수비대에 가입하여" 전투에 참여했다. 이는 향후 2차 혁명과 이후 계속되는 긴 내전 기간 동안 청년 사회주의자들이 짊어질 "과도하게 무거운" 투쟁과 희생의 선례가 되었다.

한편 볼셰비끼가 청년 노동자 엘리트 집단의 지지를 얻어냈다는 것은, 달리 말하면 이 집단이 곧 당을 장악했음을 의미했다. 앤 고서치(Anne Gorsuch)에 따르면, "볼셰비끼 당은 그 자체로 청년 정당이었다. (…) 1917년 6차 당대회에 참석한 당원들의 평균 연령은 겨우 29세였고, 뻬뜨로그라드에서는 당에 가입한 이들의 20퍼센트 정도가 21세 이하였다". 이듬해 11월 사회주의청년노동자동맹은 꼼소몰(Komsomol, 전연방 레닌주의 청년 공산주의자 동맹)로 재조직되었는데, 내전 기간 동안 그 회원 수는 40만명으로 급증했고 이는 "회원 자격 조건에 해당하는 14세에서 21세 사이의 전국 청년들 가운데 2퍼센트 수준이었다".[253] 전도유망한 지도부를 포함한 꼼소몰 회원 수만명이 새로운 적군(赤軍)의 유니폼을 입고 전선에서 사망했다. 가장 용맹하고 누구보다 이상주의적인 청년들이 대거 희생당하는 이러한 일은 1940~45년에 훨씬 더 큰 규모로 반복될 터였다.

"스포츠는 프롤레타리아 청년들을 물리적이고 정신적인 노예상태로부터 해방시켜주는 쇠사슬 절단기와 같다."[254] 주장컨대, 세기 전환기 무렵에는 노동계급 스포츠에 대한 논쟁보다 더 중요한 계급 간 문화적 논쟁은 없었다. 바로 여기서 군국주의, 대중문화, 그리고 노동계급 청년들의 충성심 등을 둘러싼 핵심적인 쟁론이 벌어졌다.

노동자 스포츠 문화의 원형은 '체조협회'(Turnverein) 운동에 있었다. 1816년『독일 체조 기술』(*Die Deutsche Turnkunst*)이라는 유명한 소책자를 쓴 프리드리히 루트비히 얀(Friedrich Ludwig Jahn)이 대변하던, 자기계발을 추구하는 자유주의적 민족주의의 이상에 따라 체조협회들이 조직되기 시작했다. 1848년 혁명적 민주주의 운동과 불가분의 관계를 맺고 있던 프로이센의 체조협회 회원들은, 불법화되고 박해받고 종종 투옥되기도 했지만, 19세기 내내 독일 노동자들과 장인들에게 급진적인 프리메이슨의 본보기로서의 역할을 계속해나갔다. 마이클 크루거(Michael Kruger)에 따르면, "프리드리히 헤커(Friedrich Hecker)나 구스타프 슈트루베(Gustav Struve) 같은 유명한 '48년 세대' 정치 지도자들 가운데 일부는 체조협회를 혁명의 세포로 간주했다. (…) 혁명이 패배한 이후, 헤커, 슈트루베, 카를 슈르츠(Carl Schurz) 등을 비롯한 많은 독일 체조협회 회원들이 미국에 망명했고, 미국 남북전쟁 동안 링컨의 편에서 싸웠으며, 1850년 북미사회주의체조협회(Socialistic Turnerbund of North America)를 결성했다". 그러나 독일에서는 체조협회의 민주주의적 민족주의가 빌헬름 2세 시대 제국주의에 의해 점점 부식당하고 있었다. 1893년 '반사회주의자법'이 만료되자 독일사회민주당은 강력한 규모를 자랑하는 독일노동자체조협회(ATB)를 창설했다. 1914년 회원 수가 거의 20만에 달하는 2411개의 클럽이 결성되었고, 그 가운데는 여성 회원 1만 3000명도 포함되어 있었다.[255]

한편 1860년대 영국에서는 "풋볼 코드"(football codes, 초기 버전의 축구―옮긴이)로 통칭된 공차기, 달리기, 공 넘겨주기 등을 포함하는 일련의 야외 스포츠들이 등장했다. 로버트 휠러(Robert Wheeler)에 따르면, 이러한 스포츠는 "주당 노동시간이 감소하고 특히 1860년대와 1870년대 토요일이 '반(半)공휴일'로 지정되면서" 노동계급 여가 활동으로 폭넓게 자리 잡았다. "이후 이러한 흐름이 매우 빠르게 전면적으로 자리 잡으면서, 1883년부터 주로 노동계급을 중심으로 일종의 'OB'전('old boys' competiton)이 시작되었고, 이는 오늘날에 영국 최초의 스포츠 행사로 전해지는 'FA 결승전'(Football Association Cup Final)의 기원이 되었다." 아울러 "영국의 많은 공립학교들은 대중의 취향에 오염되지 않기 위해 결국 축구를 포기하고 더욱 '신사다운' 취미, 특히 크리켓을 선택했다".[256] 1890년대 유럽 대륙에서는 적어도 숙련 노동계급들 사이에 "주말"이 확산된 덕분에, 부르주아의 여가 활동이었던 사이클링이 프롤레타리아가 열광하는 스포츠로 변모했다. 사이클링은 남녀 청년 노동자 모두에게 처음으로 교외의 신선한 바람을 쐬러 나갈 수 있는 정기적인 기회를 제공해주었다.[257] 미국의 경우 1920년대 무렵 주로 영국 이민자들이 주도하여 결성된 수백개의 공장 축구팀이 있긴 했지만, 가장 보편적인 스포츠는 야구였고 사회주의 계열 신문사 '뉴욕 콜'(New York Call)이 후원하는 인기 리그도 운영되고 있었다. 1913년 말 영국·독일·오스트리아·프랑스·벨기에·스위스의 노동자 스포츠 조직들이 헨트에서 회담을 갖고, 군국주의에 반대하는 국제사회주의자스포츠연맹(Federation Sportive Socialiste Internationale)을 결성했다.[258] (전후에 이 운동은 경쟁하는 국제조직들로 분열되긴 했지만, 각각 올림피아드 Olympiad와 스파르타키아드Spartakiad라는 훨씬 더 큰 규모의 조직으로 재등장했다.) 제임스 라이어든(James Riordan)에 따르면, "1930년경 노동자 스포츠는 400만명이 훨씬 넘는 사람들을 결속시켰고, 단연 노동 계급 문화 운동 가운데 최대 규모를 자랑했다".[259]

스포츠 조직은 계급투쟁의 전장이기도 했다. 기업가들은 적극적으로 회사 스포츠 팀을 후원하고자 했는데, 이는 대중파업이 빈발하던 시기에 충성스러운 노동자층을 육성하기 위한 보다 광범위한 노력의 일환이었다. 한편 정부는 영국의 공립학교들이 보여준 독창적 사례를 따라서, 스포츠를 징집된 군대의 기초 훈련 프로그램으로 채택했다. 반면 사회주의 스포츠 운동은 축구·하이킹·사이클링·체조를 사회주의 "문화 부흥"의 필수 요소이자, 청년들을 "구래의 민족주의적이고 자본주의적인 문화"로부터 떨어뜨려놓기 위한 핵심 전략으로 간주했다.[260] 그러자 반대 측에서는 노동자 스포츠와 여타 사회주의적 문화 활동을 체제를 전복시키려는 위협으로, 특히 청년들의 민족주의화에 위협적인 것으로 판단했다. 이 점이 가장 날카롭게 부각된 곳은 독일이었다. 독일에서는 사회민주당과 제휴한 스포츠 단체들이 국제주의적이고 반군국주의적인 성향을 요란스레 과시하며 수십만명의 회원들을 조직했다. 이에 대한 대응으로 정부는 노동자 자녀들의 여가 활동을 확고히 통제하기로 결정했다. 1912년 말 바이마르 내각은 독일청년연맹(Jungdeutschland-Bund) 창설을 위한 예산을 집행했는데, 이는 청년들의 기동 훈련과 준(準)군사 활동을 조직하기 위한 단체였다. 사라예보 사건이 일어나기 직전, "황제는 13세부터 17세 사이 전국의 모든 남자 청소년이 의무적으로 가입하는 (퇴역 장교가 지휘하는) 조직 창설 방안을 승인했다".[261] 물론 황제의 계획은 한 세대 뒤에 발두어 폰 시라흐(Baldur von Schirach)가 지휘하는 '히틀러유겐트'(Hitlerjugend)를 통해 구현되었다. 이

단체는 아동과 십대 청소년을 위한 모든 스포츠 기관과 활동에 대해 완벽한 독점권을 행사했다.[262]

독서는 "노동자들의 마음에 봉기의 불을 댕겼다".[263] 19세기에 노동계급의 문해력을 향상시키기 위한 투쟁은 대체로 성공적이었고, 아울러 인쇄 매체 분야의 기술이 혁명적으로 발전하면서 세계가 뉴스나 문학, 과학 혹은 단순히 느낌의 형식으로 프롤레타리아트의 일상에 진입하기 시작했다.[264] 19세기 마지막 4반세기 동안 노동 및 사회주의 계열 언론이 급성장하면서 프롤레타리아트의 정치적 세계관은 점점 더 정교해졌다.

도로시 톰슨의 설명에 따르면, 차티스트 운동은 "전국적 규모의 노동계급 신문이 성장한 결과로 조직되었고, 또 전국적 운동으로 발전했다. 실제로 차티스트 운동은 1837년 11월 『노던 스타』(*Northern Star*) 신문 창간일로부터 시작된 것으로 보는 것이 더 타당할 것이다. 헌장이 공포되는 6개월 뒤가 아니고 말이다".[265] 차티스트 운동은 10년 내에 100개 이상의 신문과 평론지를 창간해냈다.[266] 미국 남북전쟁이 발발할 무렵이면, 영미권을 중심으로 노동계급 상당수가 중간계급 못지않게 뉴스와 시사를 열정적으로 소비했다. 맑스는 『1861~63년 경제학 수고』에서, 사실상 신문은 이제 "영국 도시 노동자들 생필품의 일부가 되었다"고 말했다.[267] 엄격한 언론 규제에도 불구하고, 1879년 창간된 독일의 사회주의 계열 풍자지 『바레 야코프』(*Wahre Jakob*)는 20세기 초 150만 독자를 보유함으로써 가장 인기 있는 부르주아 신문들과 동등한 반열에 올랐다. 맑스 본인도 물론 (뜨로쯔끼처럼) 언론인이었지만(그가 가져본 유일한 직업이었다), 19세기 말 사회주의 대중정당의 출현은 노동자 신문의 급격한 성장과 그 신문들이 유포한 현대사에 대한 대항서사 없이는 상상하기 어려운 일이었다.[268] 『포어베르츠』(*Vorwärts*), 『뤼마니떼』(*L'Humanité*), 『헤트 폴크』(*Het Volk*), 『일 라보라또레』(*Il Lavoratore*), 『넵서버』(*Népszava*), 『엘 쏘시알리스따』(*El Socialista*), 『아르바이터차이퉁』(*Arbeiter-Zeitung*), 『부어헤트』(*Vooruit*), 『아반띠!』(*Avanti!*), 『더 뉴욕 콜』(*The New York Call*), 『라 방구아르디아』(*La Vanguardia*)⋯⋯ 이들은 국제 사회주의를 대표하는 유력한 신문들이었다.[269]

게다가 노동자 신문들은 항상 검열과 억압에 맞서 싸워야 하는 입장이었기 때문에, 남부와 중동부 유럽 같은 권위주의 사회에서는 사회주의자들과 아나키스트들의 운동에 시민적 자유를 옹호하는 호민관 역할을 부여했다. 엥겔스가 지적했듯이, 1848년 이후 독일을 비롯하여 오스트리아와 러시아에서도 예전의 자유주의자들이 비겁하게도 검열받지 않는 언론자유와 구속받지 않는 평화적 의회의 정력적 옹호자로서의 역할을 포기함으로써, 비스마르크가 주도하는 '반사회주의자법'과 '불경죄(lèse-majesté) 처벌법'의 예봉에 정면으로 맞서는 임무는 노동운동 쪽으로 넘어갔다. 따라서 사회주의자들은 프롤레타리아의 공적 영역을 창출하기 위해 싸우는 동시에 고아가 된 부르주아 민주주의의 원칙들도 수호해야만 했다. 1884년 엥겔스는 다음과 같이 썼다. "독일 프롤레타리아트는 처음부터 급진적 민주주의 정당으로서 정치 무대에 등장했다. 따라서 우리가 독일에서 주요 신문을 창간했을 때, 급진적 민주주의라는 기치는 자동적으로 우리 수중에 들어오게 되었다."[270]

러시아처럼 검열이 혹독한 나라들에서는 지하신문이 훨씬 더 중요한 역할을 했다. 지하신문은 사람들 사이에 손에서 손으로 전해지기도 했고, 십장이나 스파이가 주변에 없을 때는 큰 소리로 낭독되기도 했다. 1917년 2월 혁명으로 정부의 검열이 철폐되자 그야말로 자유로운 표현과 급진적인 의견이 휘몰아쳤다. 존 리드(John Reed)는 저서 『세계를 뒤흔든 열흘』에서 계급 간 그리고 분파 간에 벌어진 광적인 인쇄 전쟁에 경탄을 금치 못했다.

　　국경 부근 거의 모든 도시의 정치적 분파들은 자신들만의 신문을 갖고 있었으며, 개중에는 여러 신문을 보유한 곳도 있었다. 수십만부의 팸플릿이 수천개의 조직에 분배되어 군대·마을·공장·거리로 쏟아져 나왔다. 그토록 오랫동안 좌절되어왔던 교육에 대한 열망이 혁명과 함께 열광적으로 표출되었다. 스몰니 본부(Smol'niy Institut, 원래 스몰니 학원으로 출발했지만 혁명 당시에는 볼셰비끼 본부로 사용되었다─옮긴이)에서만 첫 6개월 동안 매일 수 톤의 인쇄물을 가득 실은 화물차들이 거리를 메운 채 출발했다. 러시아는 뜨거운 모래가 물을 흡수하듯 읽을거리들을 빨아들였다. 결코 만족할 줄 몰랐다.[271]

부르주아지가 아니라 프롤레타리아트야말로 궁극적인 "근대 문화의 전달자"다.[272] 특히 과학에 대한 열정은 그들이 미래의 헤게모니 계급임을 여실히 보여주었다.

"유산계급에 대한 증오를 선동"했다는 혐의로 재판에 회부된 페르디난트 라살은 베를린 형사재판소의 판사들 앞에서 다음과 같은 유명한 연설을 한 바 있다. "우리 시대의 위대한 운명은 바로 이것이다. 암흑시대에는 깨달을 수도, 따라서 달성할 수도 없었던 그것은 바로 인민들 사이에 과학적 지식을 전파하는 일이다."[273] 과거 사회구성체에서는 직접 생산에 종사하는 사람들은 정규교육에 접근할 기회도 필요도 없었다.

정규교육은 대개 교회나 지식인 집단의 전유물이었다. 그러나 미국 혁명과 프랑스 혁명은 읽고 쓰기와 배움에 대한 끝없는 대중의 욕망을 풀어놓았다. 산업노동자들은 풍부한 독학 전통을 물려받았는데, 하나는 사회주의의 선구자들이었던 빠리와 리옹의 지적인 장인들로부터 비롯한 것이었고, 다른 하나는 고전파 정치경제학을 차티스트 운동의 의제에 접목시킨 영국의 장인들로부터 비롯한 것이었다. 맑스가 누누이 인정한 바 있듯이, 리카도(David Ricardo)식의 "노동가치론"을 착취를 비판하는 강력한 무기로 발전시킨 것은 흔히 맑스 자신에게 그 공이 돌려지고 있지만, 실제로 이는 미국 태생의 인쇄공 존 브레이(John Bray), 스코틀랜드 공장 노동자 존 그레이(John Gray), 그리고 선원 시절 군사재판에 회부된 적이 있는 불량 언론인 토머스 호지스킨(Thomas Hodgskin) 같은 평민 출신 지식인들의 업적이었다.

또한 기술사가들에 따르면, 토머스 에디슨(Thomas Edison)이 1876년 뉴저지에 세계 최초로 산업화된 규모의 실험실을 설립하기 전까지는, 초창기 기계화 시대의 핵심 발명품 대부분이 전문 수리공들이나 소규모 전문 기능공들, 그리고 독학으로 잘 단련된 평범한 노동자들에게서 나왔다. 가령 산업혁명 초기의 가장 중요한 발명들 가운데 하나인 뮬(mule) 방적기는 특허 등록에 필요한 수수료도 지불하지 못할 정도로 가난했던 방적공 새뮤얼 크럼프턴(Samuel Crompton)의 솜씨였다. 마찬가지로, 최초의 전기모터는 버몬트의 대장장이 토머스 대븐포트(Thomas Davenport)가 만들었고, 최초의 고압증기엔진은 수레바퀴를 만들던 올리버 에번스(Oliver Evans)가 제작했다. 19세기 영국 과학자들 가운데 가장 중요한 몇몇은 마이클 패러데이(Michael Faraday, 제본공 도제 출신), 앨프리드 러셀 월리스(Alfred Russell Wallace, 측량사 조수

출신), 그리고 빙하기 이론을 제안한 제임스 그롤(James Croll, 대학 잡
역부 출신) 같은 독학 하층민 출신이었다. 무두장이 출신으로 대학 교육
을 받은 적이 없는 요제프 디츠겐(Joseph Dietzgen)은 저명한 사회주의
철학자가 되었다. (맑스는 결코 사용한 적이 없는) "변증법적 유물론"
이라는 용어는 디츠겐이 칸트의 이원론을 일원론적 관점에서 비판하기
위해 고안한 개념이었다.

빅토리아 시대 노동자들은 열람실로, 기술학교로, 값싼 도서관으로,
문예 클럽으로, 그리고 공립강당으로 몰려다녔다. 영국에서는 조지 버
크벡(George Birkbeck) 박사가 1800~1804년 글래스고의 장인들을 대
상으로 행한 유명 강연에서 영감을 받아 만들어진 기술학교들이, 새로
운 기계와 원동기의 과학적 원리를 알고자 하는 대중의 열망을 충족시
켰다. 1821년 글래스고에서 첫번째 기술학교가 설립되었고, 맑스가 소
호로 이사할 무렵에는 영국제도에만 700곳 이상의 기술학교가 존재했
다.[274] 더욱이 1860년대 무렵이면 과학적으로 문리가 트인 노동계급 집
단이 형성되면서, 『종의 기원』(*The Origin of Species*) 출간 이후의 문화
전쟁기에 벌어진 최첨단 과학 논쟁으로 엄청난 청중을 모았다. 토머스
헉슬리(Thomas Huxley)는 자신이 개최한 '노동자들을 위한 강연'(Lec-
tures to Working Men)에 참석한 런던의 기계공들과 기능공들에 관해
이렇게 말했다. "지금까지 내 강연에 참여한 청중 가운데 단연 최고라
할 정도로 집중력이 높고 지적이었다. (…) 나는 그들을 폄훼하는 무례
를 범하지 않도록 신중하게 임해야 했다."[275]

1848년의 베테랑 활동가이자 독일사회민주당 창립자 가운데 한명인
빌헬름 리프크네히트(Wilhelm Liebknecht)는, 칼 맑스와 여섯차례나
강연에 함께 참석해 밤새 다윈(Charles Darwin)에 관한 열띤 토론을 나

넜던 일을 즐거이 회상했다. 사실 맑스 가족 전부가 그 대논쟁에 푹 빠져 있었다. 맑스의 아내 예니는 스위스의 친구에게 보낸 편지에서 '인민을 위한 일요일 밤'(Sunday Nights for the People) 강연이 얼마나 선풍적 인기를 끌었는지 자랑을 늘어놓았다.

> 종교인들에게는 안된 일이지만, 지금 고루하고 낡은 영국에 거대한 운동이 일어나고 있어. (다윈의 제자) 헉슬리를 위시해 틴들(John Tyndall), 찰스 라이엘(Charles Lyell) 경, 보우링(John Bowring), 카펜터(William Benjamin Carpenter) 같은 과학계를 선도하는 인물들이, (영광의 왈츠로 기억되는) 세인트 마틴 홀(St Martin's Hall)에서 그것도 주일 저녁 어린 양들이 주님의 목초지에서 풀을 뜯고 있을 바로 그 시간에, 대단히 계몽적이고 진정으로 자유로운 사상을 담고 있는 대담한 강연을 인민을 상대로 펼치고 있지. 홀은 열의 넘치는 사람들로 가득 차 터질 것 같았는데, 내가 딸애들과 함께 갔던 첫날 저녁 강연에는 2000명이나 강연장에 들어가지 못할 정도였어.[276]

VI. 계급투쟁과 헤게모니

E. P. 톰슨(E. P. Thompson)은 어느 유명한 논문에서 다음과 같이 말한 바 있다. "계급은 별개의 실체로 존재하지 않는다. (⋯) 계급투쟁이야말로 더 보편적일 뿐만 아니라 그에 선재하는 개념이다."[277] 계급투쟁은 객관적 조건에 의해 형성되고, 그 결과 객관적 조건은 재구축된다. 이 과정은 종종 확장된 군비경쟁과 유사하다. 사실 우리는 레지 드브레(Régis Debray)가 묘사한 게릴라군과 반게릴라군 사이의 전쟁의 변증법에 그저 과거시제만 추가하면 된다. "혁명은 반혁명을 혁명

화한다"(그 역도 마찬가지다).

힐퍼딩이 저서『금융자본』(*Das Finanzkapital*, 1910)에서 인용한 고전적 사례에 따르면, 20세기 초 새롭게 등장한 산업별 노동조합에 대한 대응으로 전세계적으로 사용자 조직의 증가세 또한 절정에 이르렀다. 독일의 경우, 자유노동조합이 "'Einzelabschlachtung'으로 알려진 투쟁 전술을 발전시켰다(문자 그대로 '하나씩 때려눕힌다'는 뜻이다). 즉 조직된 노동자들이 하나의 산업 전체가 아니라 특정한 공장들을 하나씩 하나씩 상대했던 것이다. 한 공장의 노동자들이 파업에 들어가면, 같은 산업의 다른 공장에서 일하는 동료 노동자들은 조업을 계속하면서 파업 노동자들을 금전적으로 지원한다는 전술이었다". 처음에는 이런 식의 투쟁이 대단히 성공적이었다. 그러자 "이내 조직화된 노동에 맞설 수 있는 것은 그 규모나 재정 면에서 노동조합에 버금가는 사용자 조직뿐이라는 사실이 명백해졌다". 그 결과 두개의 전국 단위 사용자 조직이 만들어졌다. 하나는 중공업과 직물업 부문에서, 다른 하나는 경공업 부문에서 조직되었는데, 이들은 중앙 노동조합 연맹들처럼 연구 지원 및 업무 조정 기능을 갖췄고, 파업이나 직장폐쇄 기간 동안 상호부조와 재정 지원을 제공했다. 칼 쇼스크가 언급했듯이, "〔1914년경〕 노동조합의 성장은 그에 상응하는 결과를 불러왔다. 노동조합 못지않은, 혹은 그보다 강력한 무기를 지닌 막강한 적이 등장한 것이다".[278]

1905년 혁명 기간 동안에도, 은행들과 중공업 부문의 외국인 투자자들은 노동자들의 요구에 일치단결하여 맞서기 위해 '쌍뜨뻬쩨르부르크 생산자 및 광산 소유자 협회'를 결성했다. 그들은 블랙리스트를 만들고 징벌적 직장폐쇄를 단행했다.[279] 같은 시기 로스앤젤레스의 악명 높은 '상인 및 생산자 협회'는 오픈숍 제도를 시행했고, 노동조합과 협력하기 위해 노력하는 기업들은 『로스앤젤레스 타임스』(*Los Angeles Times*) 1면에서 맹비난을 받아야 했다. 이러한 환경에 놓이게 되면 노동조합들은 지하로 숨기도 했고, 사용자들의 조직화가 미약한 보다 작은 산업들에 집중하기도 했다.

이 같은 자본의 압도적 힘에 맞서기 위해 적어도 지방이나 지역 차원에서 기대할 수 있는 최선의 희망은, 교역 활동에서 가장 취약한 연결점을 대상으로 파업을 집중하는 것이었는데, 무엇보다도 항구가 그 대상이었다. 홉스봄에 따르면,

> 부두에서는 일단 파업이 발생하면 운송 부문의 총파업으로 전환되곤 했고, 이는 언제든 다시 전체 총파업으로 발전할 수 있었다. 20세기 첫 몇년간 급증한 경제 전 분야의 총파업 — 이는 사회주의 운동 진영 내에서 격렬한 이데올로기 논쟁으로 이어졌다 — 은 주로 뜨리에스떼, 제노바, 마르세유, 바르셀로나, 암스테르담 같은 항구도시들에서 발생했다. 이렇게 거대한 전투를 겪고 나서도, 아직 상설화된 대중적인 노동조합 조직으로 이어지진 못했는데, 이는 비숙련노동자들 사이에 존재하는 여전한 이질성 때문이었다.[280]

이로써 로스앤젤레스의 경우, 그리고 사실상 시애틀에서 발빠라이소, 요꼬하마에 이르는 태평양 연안의 모든 도시의 경우에도 마찬가지로 오픈숍 정책에 대항하는 궁극적 전장은 항구였다. 샌피드로의 항만 노동자들 사이에서는 세계산업노동자연맹 회원증이 곧 붉은 무공훈장처럼 받아들여졌다.

그러나 계급투쟁의 중앙집권화 경향이 늘 고용주들의 개별적 이해관

계를 압도한 것은 아니었다. 일부 자본가들은 노동조합과의 제한적 동맹을 포함한 실용적 협상의 여지를 탐색했고, 이로써 향후 담합주의 노선에 토대를 놓았다. 이러한 경향은 채탄이나 남성복 제작 같은 노동집약적 부문에서 특히 두드러졌는데, 여기서 가장 근대적인 고용주들은 기존에 구축된 협상력으로 경쟁을 통제하고 저임금 경쟁자들을 업계에서 몰아낼 수 있는 한에서 노동조합을 용인했다.[281] 성공과 실패 여부를 떠나 전투적인 대규모 노동계급의 존재는 새로운 노동절감형 기술의 도입을 가속화하고 소유와 경영의 집중을 촉진함으로써, 자본주의를 "합리화"하는 데 기여했다. 『자본』 1권 10장이 정확히 이 문제를 다루고 있다. 맑스에 따르면, 하루 10시간 노동제 입법을 관철시킨 영국 노동자들의 승리는 고용주들이 최신 기계 설비에 투자함으로써 빠르게 상쇄되었다. (마찬가지로 1917년 프랑스의 쎈 지역에서는, 금속 노동자들이 총파업을 벌이는 동안 고용주들은 직장폐쇄를 이용해 공장 설비를 교체했다. 숙련노동자를 덜 고용해도 되는 새로운 기계를 도입했던 것이다.)[282] 기업들 사이의 경쟁이 개별 기업들로 하여금 가장 먼저 보다 첨단의 기계를 도입하여 기술 지대(地代)와 초과이윤을 추구하도록 내모는 것처럼, 계급투쟁도 새로운 기술 발전을 추동함으로써 생산성을 높이고, 전략적 위치를 점한 노동자들의 힘을 약화시킨다.

당대의 맑스주의도 노동계급의 도전에 맞선 자본주의의 창의적 적응 문제를 이론적으로 규명하기 위해 몇가지 주목할 만한 시도를 했다. 아마 가장 영향력 있는 시도는 마리오 뜨론띠(Mario Tronti)의 저서 『노동자와 자본』(*Operai e Capitale*, 1966)일 것이다. 이 책은 하루 10시간 노동제 입법 사례 분석을 하나의 출발점으로 삼아 "계급 구성"에 관하여, 그리고 생산력 발전에서 계급투쟁이 행하는 역할에 관하여 야심만

만하고 독창적인 이론을 전개하고 있다. 뜨론띠에 따르면, "노동력의 압박이야말로 자본이 자본주의 발전의 본질적 구성 요소인 자본 내부에 개입함으로써, 자기 자신의 내적 구성을 변화시키는 원동력이다".[283] 홉스봄은 『극단의 시대』에서 이러한 생각을 악마적 역설로 바꿔놓았다. "10월 혁명이 낳은 가장 지속적인 결과는, 이로써 그 적들이 스스로를 개혁하는 데 추동을 받아 평시에는 물론이고 전시에도 살아남게 되었다는 것이다."[284] 적어도 이는 고전적 사회주의의 시대에 상상한 그 무엇과도 확연히 다른 결과다.

　노동운동은 경제, 정치, 도시 생활, 사회적 재생산, 결사 등 사회생활의 모든 분야에서 저항을 조직할 때 비로소 자본의 힘에 맞설 수 있고 또 그렇게 맞서야만 한다. 이러한 투쟁들이 단순히 더해지는 차원을 넘어 융합되고 종합되어야 프롤레타리아트에게서 헤게모니 의식이 형성된다.

　예를 들어 맑스와 엥겔스는 대중의 사회주의 의식은 경제와 정치의 변증법적 종합일 뿐만 아니라, 임금 인상과 노동시간 단축은 물론 인권을 위한 서사적 투쟁의 종합이기도 하며, 혹독한 지역적 투쟁과 위대한 국제적 대의의 종합이기도 하다는 사실을 분명히 인식하고 있었다. 1847년 공산주의자동맹이 결성된 후, 맑스와 엥겔스는 임노동자만이 유일하게 참정권을 비롯한 정치적 권리의 확장이라는 민주주의의 강령을 지속적으로 대표하고 법제화할 수 있는 진지한 사회 세력이며, 따라서 노동자, 빈농, 소수 민족 및 중간계급의 급진적 계층 등을 망라하는 광범위한 연합 전선을 묶어낼 수 있는 구심점을 제공해줄 수 있다고 주장해왔다. 자유주의적인 쁘띠부르주아지는 정치적 권리의 문제를 경제적 불만의 문제로부터 쉽게 분리시키는 경향이 있는 반면, 노동자들의 삶은 경험상 억압과 착취 사이의 어떠한 단정적 분리도 인정할 수 없음을 보여주었다. 정치적 민주주의의 경제적 민주주의로의, 그리고 경제적 계급투쟁의 국가권력 문제로의 "확장" — 맑스가 1848년 혁명과 차티스트 운동이라는 맥락에서 "영구 혁명"으로 규정한 과정 — 은 1848년부터 1948년까지 모든 유럽 사회가 대위기를 겪을 때마다 반복적으로 등장하는 주제였다.

1849년부터 1851년까지 이어진 반혁명은, 구체제에 뿌리내린 계급들의 "끈질긴" 힘 — 대표적으로 토지 귀족들을 들 수 있는데, 그들의 권력 기반은 대규모 영지와 군 장교 상층부에 대한 지배력이었다 — 뿐만 아니라, 맑스 본인이 쾰른에서 직접 경험한 것처럼, "자유주의적 부르주아지"의 배반과 상업 및 전문직에 종사하는 중간계급들이 사회 개혁의 조짐이 보이자마자 드러낸 공포심 또한 적나라하게 입증해주었다. 많은 논쟁이 있었지만, 특히 유럽 대륙과 관련해 맑스가 민주주의를 산업자본주의의 자연스럽고 자동적인 정치적 등가물로 간주했는지는 분명치 않다. 그가 자주 지적한 것처럼, 벨기에는 사실상 전형적인 부르주아 입헌국가였으나 그 나라의 은행가들과 직물산업의 거물들, 그리고 광산 소유주들은 유럽 대륙에서 노동계급의 참정권에 가장 격렬하게 반대한 세력이었다. 유럽에서 실제로 성공한 대중적인 사회주의 혁명은 1917년 러시아 혁명과 1945년 유고슬라비아 혁명, 단 두차례에 불과할지라도, 예란 테르보른(Göran Therborn)의 판단에 따르면 광범위한 노동운동만이 "유일하게 지속적인 민주주의 세력"으로 잔존했다. 실로 테르보른은 "제2인터내셔널의 (…) 주된 역사적 업적"은 "부르주아 민주주의의 발전에 기여한 것"이었다고 주장한다.[285]

그러나 경제투쟁과 정치투쟁은 대개 불황기나 전시에 간헐적으로

만 동기화되기 때문에, 과거 양자 사이에는 서로 다른 길을 가려는 경향이 강하게 작용했다. 경제주의/쌩디깔리슴(경제의 조직화를 통해서만 진보가 가능하다는 입장)과 의회 크레티니즘(parliamentary cretinism, 작업장의 권력 없이도 개혁이 가능하다는 입장)이라는 상호 적대적이지만 대칭적인 대립이 존재한다는 망상 때문에, 주기적으로 붉은 정원의 잡초를 제거해야 할 필요성이 늘 존재했다. 이런 이유로, 로자 룩셈부르크에게 1905년 혁명의 핵심 교훈은 경제투쟁과 정치투쟁을 하나의 단일한 혁명 과정 내에 존재하는 **복수의 국면들**로 이해해야 한다는 것이었다.

> 한마디로 말해, 경제투쟁은 하나의 정치적 중심으로부터 다른 정치적 중심으로 전환시켜주는 전달자다. 정치투쟁은 경제투쟁의 토양을 주기적으로 비옥하게 만들어준다. 여기서 원인과 결과는 지속적으로 위치를 달리한다. 따라서 대중파업 기간 동안 경제적 요인과 정치적 요인은, 물론 이론적 계획의 의도대로 지금이야 광범위하게 제거된 상태에다 완전히 분리되어 있으며 심지어 상호 배타적이기까지 하지만, 러시아 프롤레타리아 계급투쟁을 구성하는 상호 교차하는 두가지 요소일 뿐이다. 그리고 양자의 결합이 곧 대중파업이다. 세련된 이론에 따르면, "순수하게 정치적인 대중파업"이라는 목표에 도달하기 위해서는 대중파업에 대한 현명한 논리적 해부가 이뤄져야 하겠지만, 다른 해부도 마찬가지겠으나 이 해부로는 현상의 살아 있는 본질을 통찰할 수 없을뿐더러, 오히려 그것을 완전히 죽여버리고 말 것이다.[286]

사회의 지도력을 쟁취하기 위한 전투에서, 노동운동은 과학적 사회주의의 언어로만이 아니라 과거 민중 투쟁의 방언으로도 이야기해야 한다. 언어는 어떤 존재론적 의미에서도 ("언어로의 전환" 신봉자들이 믿는 것처럼) 계급투쟁을 "구성하지" 않는다. 그것은 역사적이고 도덕적인 합법성을 주장하는 경쟁적 요구들이 맞붙는 하나의 중대한 전장이다.

19세기 프랑스와 미국의 급진적 노동운동은 자국의 (재구성된) 혁명적 전통들로부터 깊은 영감과 도덕적 열정을 이끌어냈다. 1776년 혁명과 1789년 혁명을 자매 혁명으로 규정하는 페인주의적 해석은 토머스 제퍼슨(Thomas Jefferson)을 비롯한 미국 급진파들에게도 당연히 수용되었지만, 연방주의자들은 "고유한" 미국식 체제와 빠리의 자꼬뱅파가 벌인 폭력의 향연 사이에 어떠한 연관성도 인정하지 않았다. 노동자집단의 다수가 이민자배척주의로 선회하는 1840년대 무렵까지도, 비록 희미하게 기억되기는 하지만, 1790년대 장인들이 주도한 급진주의가 여전히 민주적 공화주의라는 신체를 순환하는 활력 있는 유동체로 남아 있었다. 물론 미국에서는 남북전쟁이 그러했듯 프랑스에서는 대혁명이 오늘날까지도 계속해서 사회를 분열시켜왔다. 부르봉(Bourbon) 왕조의 복구와 그에 따른 공화주의적 발언의 억압은 도시의 중간계급과 장인층 및 프롤레타리아트 사이에서, 그리고 나뽈레옹(Napoléon Bonaparte) 신화를 거친 농민들 사이에서, 1789년 문화에 대한 기억을 더욱 깊게 뿌리내리게만 할 뿐이었다. 물론 이런 광범위한 집합체 안에서 각각의 사회집단은 각기 다른 혁명의 분파에 스스로를 동일시했다. 자유주의자들은 뱅자맹 꽁스땅(Benjamin Constant)과 꽁도르세 후작(Marquis de Condorcet)을 찬양한 반면, 혁명적 민주파는 당당하게 로베스삐에르와 마라(Jean-Paul Marat)를 기념했다. 그라쿠스 바뵈프는 당연히 블랑끼주의자들과 공산주의자들의 영웅이 되었다. "1871년의 대패배"때까지, 어떤 단일한 집단이나 당파도 공화주의 담론 공간을 완전히 지배하진 못했다.

그러나 쥘 페리(Jules Ferry)의 제3공화국은 혁명적 전통을 민족주의 이데올로기로서 제도화하기 시작했고, 이는 새로 설립된 공립학교 교사들을 통해 전파되었다. 제3공화국의 수사가 종종 자꼬뱅의 어조를 띠기도 했지만, 홉스봄이 지적하듯 "공화국의 이미지와 상징 및 전통을 통제한 사람들은 극좌파인 체하는 중도파였다. 이 급진파 사회주의자들은 널리 알려진 대로, '무처럼 겉은 빨갛고 속은 희며, 항상 유리한 편에 선다'".[287] 그 결과 프랑스 사회주의는 자체의 혁명적 슬로건과 이념이 부르주아 공화파에 의해 그 의미가 전유되고 변형되기 쉬운 기호론적 교착상태(semiotic briar patch, 해결하기 까다로운 난제에 직면한 상황―옮긴이)에 놓이곤 했다. 또한 왕당파의 위협이 빈발하고 가톨릭 측의 불온한 움직임이 심상치 않던 시기에, 반교권주의라는 이데올로기를 공유함으로써 공화국의 보다 부유한 아들들과 가난한 아들들 사이에 명확한 계급적 선을 긋는 것이 더 어렵게 되었다. 1900년대에 이르러서야 마침내 명확한 차별화가 이루어졌다. 급진당(PR)의 지도자 조르주 끌레망소가 1848년 6월의 전통을 부활시켜 공화국의 이름으로 노동자들에게 총격을 가하고 파업 노동자들을 징집하기 시작했던 것이다.

산업화가 절정에 이르렀지만 아직 대부분의 집단행동이 불법이던 1970년대와 1980년대 한국의 민중운동은, 사회주의와 홉스봄이 말한 "만들어진 전통" 사이의 매우 이채로운 상호작용의 모습을 보여주었다. 구해근(具海根)은 아시아에서 가장 전투적인 한국 노동계급의 형성에 관한 주목할 만한 저서에서, 생산 현장의 투쟁 주체와 국가에 저항하는 민중운동 사이에 이뤄진 끊임없는 대화에 주목한다. 노동계급의 역사

적 전통이 전혀 없는 데다, 막강한 안보 기관을 갖춘 억압적이고 친자본
가적인 정권과 맞서야 했던 한국의 노동자들, 특히 경공업 분야에 종사
하던 젊은 여성 노동자들은, 1970년대 중반 독자적으로 발생한 민중, 혹
은 "대중" 운동과의 연대를 통해 예상치 못한 지원을 끌어냈다.

> 반체제 지식인들과 학생들이 주도한 이 광범위한 민중운동은 권
> 위주의적인 체제에 맞서 노동자, 농민, 도시 빈민 그리고 진보적 지
> 식인을 아우르는 광범위한 계급 동맹을 결성하고자 했다. (…) 그
> 들은 한국의 역사를 재해석하고 민중의 관점에서 한국의 토착 문
> 화를 재점유함으로써 새로운 정치 언어와 문화 활동을 창출했다.
> (…) 즉, 문화와 정치는 남한 노동계급의 형성에서 결정적 역할을
> 수행했다. 그러나 이는 통상 동아시아의 발전에서 문예가 기여한
> 것 — 온순하고 순종적인 노동자상을 훈육 — 으로 간주되는 그러
> 한 방식이 아니라, 노동자들의 저항의식과 계급의식 성장의 원천
> 을 형성하는 새로운 방식이었다.[288]

수백만 노동자의 파업 물결('노동자 대투쟁')이 절정에 이른 1987~90년,
민주화가 도래했다.

물론 계급투쟁에서 정치투쟁과 경제투쟁은 서로 다른 "기어비"(gear ratios)
를 가지고 있었으며, 다양한 부문·지역·민족에 따라 속도도 달라졌다. 이 모두를
하나의 단일한 운동으로 만든 것은 하루 8시간 노동이라는 보편적 요구였다. 노
동절이야말로 진정한 의미에서 제2인터내셔널의 토대였다.
    하루 8시간 노동제는 1840년대 초 뉴질랜드와 오스트레일리아의 아

동노동 운동을 통해 처음으로 쟁취되었다. 미국의 일부 주와 연방 노동자들(병기창과 해군의 공장 노동자들)은 남북전쟁이 끝나갈 무렵 노동자 수가 급증하던 와중에 이 제도를 얻어냈고, 비록 단명할 운명이긴 했지만 전국노동조합(NLU)도 그 당시 결성되었다. 하루 8시간 노동제는 곧 사실상 무효화되었으나 미국 노동운동의 목표로 자리 잡았으며, 곧바로 제1인터내셔널 제네바 총회에서 보편적 기준으로 채택되었다. "노동시간에 대한 법적 제한은 일종의 전제조건이다. 이 문제가 해결되지 않고서는 노동계급의 처지를 개선하고 해방을 도모하려는 다른 모든 시도 역시 무용지물일 수밖에 없다."[289] 1884년 담배제조공국제연합(CMIU)의 새뮤얼 곰퍼스(Samuel Gompers)가 주도한 새로운 미국 노동조합 연맹은, 1886년 5월 1일 일제히 조업을 중단할 것을 제안하며 하루 8시간 노동제에 다시 불을 붙였다. 시카고에서 진행된 최초의 노동절 행사에 이어 발생한 사건들 — 매코믹하비스터(McCormick Harvester)사 노동자 총격 사건, 헤이마켓 광장 폭탄 투척 사건과 뒤이은 앨버트 파슨스(Albert Parsons) 및 그 동료들에 대한 재판, 그리고 그들의 목숨을 구명하기 위한 국제적 노력과 실패 — 은 대서양 너머의 노동자들까지 자극했다. 곰퍼스가 다시 한번 1890년 노동절을 기해 전국적 시위에 나설 것을 미국 노동조합들에 촉구했을 때(사실상 강력한 노동조합을 결성하고 있던 목수들만 파업에 참가하기로 정해져 있었다), 프랑스 혁명 100주년을 기념하여 빠리에서 개최되고 있던 제2인터내셔널 창립총회는 이 제안을 승인했다.

초창기 미국 노동운동은 노동자들이 잘 교육된 문화 시민으로 성장할 수 있는 전제조건으로서 노동시간 단축을 주장했다. 그러나 이 문제는 이제 광범위한 실업 문제에 대한 대안으로도 부상했다. 시드니 파인

(Sidney Fine)에 따르면,

> 1888~91년 하루 8시간 노동제 도입을 위해 제기된 수많은 주장들
> 가운데 노동자들 사이에서 가장 큰 호응을 받고 가장 빈번하게 제
> 기되었던 주장은, 기술 발전에 따른 실업 문제를 해결하려면 노동
> 시간 단축이 필수적이라는 것이었다. 통상 알려진 추산에 따르면
> 기존 노동인구 가운데 대략 5분의 1이 실업 상태였는데, 실업자들
> 은 그 자체로도 문제였지만 노동력의 과잉공급을 야기하여 이미
> 고용되어 있는 노동자들의 노동조건을 악화시켰을 뿐만 아니라,
> 파업 전술의 성공에도 큰 위협을 초래했다.[290]

마침내 미국목공조합(American Carpenters) 노동자 5만명이 놀라울 정도로 손쉽게 하루 8시간 노동제를 쟁취했다. 진짜 극적인 사건은 유럽에서 일어났다. 종말론적인 유언비어가 난무하는 가운데, 수만명의 군이 주요 도시들에 배치되었고, 빠리에서는 부자들이 지방 별장으로 피신했다. 크리스티나, 뽀르뚜, 런던, 밀라노의 노동자들이 처음으로 일치단결하여 자신들의 위력을 과시했다. 그러나 1890년의 노동절은 그냥 넘어가지 못했다. 빠리의 꽁꼬르드 광장(Place de la Concorde)에서는 기마경찰의 공격으로 수백명이 부상을 당했고, 빈의 프라터(Prater) 공원에서도 경찰의 구타가 있었으며, 페슈트의 철강공장 외곽에서는 총검을 이용한 보병부대의 공격이 자행되었다.[291] 이후 노동절(가령 1906년의 노동절)은 훨씬 더 유혈이 낭자해질 터였다.

곰퍼스의 계획을 승인한 빠리 총회의 원래 결정은 사실 나중에 추가로 상정되어 마지막 순간에 이루어진 결정이었다. 그러나 1890년 노동

절 행사 참가자 수의 규모로 볼 때, 하루 8시간 노동제가 얼마나 인기가 있었는지, 혹은 이를 위해 노동자들이 얼마나 기꺼이 거리로 나가고 싶어 했는지에 대해서는 의문의 여지가 없었다. 다만, 그들은 과연 총파업을 통해 노동절을 잠재적으로 혁명의 촉매제로 전환하려는 의도를 가지고 있었을까? 사회주의 좌파와 아나키즘적 쌩디깔리슴 진영, 특히 프랑스인들의 경우 총파업을 통한 전면적인 계급투쟁을 주장한 반면, 개혁주의 진영은 파업을 위협 수단으로만 제한하고 노동절을 노동자들의 단결을 기념하는 축제일로 만들고 싶어 했다. 그러나 양측 모두에게 하루 8시간 노동제와 여가생활에 대한 사회적 권리 확보는 그 자체로 핵심적 목표였다. 한 나라나 한 부문이 처음으로 노동시간 단축을 쟁취하는 데 성공했을지라도, 사회주의자들은 대체로 모든 주요 산업국가에서 공통의 표준적인 노동시간제가 시행되어야만 그러한 성과가 영구적으로 보장될 수 있다고 판단했다. 임금이나 물가, 참정권에 관한 여타의 개혁적 요구 사항들과는 달리, 노동시간 단축 운동은 국가 간 조정과 연대를 필요로 했다. 이 운동에는 국제주의가 체현되어 있었고, 많은 사람들은 매년 대규모로 연대를 과시하기만 해도, 사회주의자들의 총회에서 채택되는 결의안 따위보다 훨씬 더 강력하게 궁정과 의회의 전쟁광들을 억제할 수 있을 것이라고 희망했다.

결국 유럽 노동계급의 여가는 10월 혁명과 그 혁명이 추동한 무수한 계급투쟁의 결과로서 쟁취되었다. 영국과 프랑스의 노동시간 단축에 관한 중요한 역사서를 저술한 게리 크로스(Gary Cross)에 따르면,

하루 8시간 노동제의 선포는 1917년 볼셰비끼 혁명에서 시작되었고, 그다음 1918년 핀란드와 노르웨이로 퍼졌으며, 11월 혁명에 뒤

이어 독일로 확산되었다. 그러고 나서 12월 중순경에는 폴란드, 체코슬로바키아 및 오스트리아 같은 신생국들로 전파되었다. 중동부 유럽의 혁명적 정권들로부터 다시 스위스로 사태가 확산되었는데, 그곳에서는 1918년 12월 무려 40만명이 하루 8시간 노동제 쟁취를 위해 파업에 돌입했다. 이듬해 2월, 운동은 이딸리아에 상륙했고, 금속 부문을 필두로 직물, 화학, 심지어 농업에 이르기까지 파업이 줄을 이었다. 이러한 투쟁의 결과, 6월경에는 스페인, 뽀르뚜갈, 스위스에서 하루 8시간 노동제가 법제화되었고, 1919년 11월까지는 네덜란드와 스웨덴에서도 법이 통과되었다.

프랑스에서는 노동총연맹이 1918년 12월 총회에서 하루 8시간 노동제를 가장 중요한 의제로 밀어붙였다. 10년 전에는 노동총연맹의 하루 8시간 노동제 공세를 분쇄했던 끌레망소가, 이제 사회적 평화를 위한 댓가로 그것의 입법화를 제안하고 나선 것이다.[292] 영국에서는 광부와 철도 노동자 및 부두 노동자로 이뤄진 "삼자동맹"이 경제의 대혼란을 경고하며, 각 산업 부문에서의 노동시간 감축(탄광 노동의 경우 하루 7시간)을 쟁취해냈다. (1926년 광부들의 승리를 백지화하려는 시도가 있었고, 이로 인해 그해 대규모 총파업이 발생했다.)

노동운동이 진정으로 보편적인 이해관계를 구현하기 위해서는 농촌 빈민까지 포함한 모든 피억압 집단의 단결된 "역사적 블록"을 결성해야만 했다. 나라마다 사정이 다르긴 하지만 실로 "농업 문제"야말로, 영국을 제외한 다른 모든 나라에서는 사회주의가 정치적·사회적 다수를 차지하기 위해 반드시 건너야 할 루비콘강이었다. 1917~21년 유럽 혁명의 운명은 궁극적으로 농촌에서 판가름 났다.

페리 앤더슨(Perry Anderson)은 「안또니오 그람시의 자가당착」이라는 유명한 논문에서, 그람시가 맑스주의 담론의 핵심 개념의 하나로 "헤게모니"라는 용어를 고안해냈다는 신화를 불식시켰다. 사실 "헤게모니(gegemoniya)라는 용어는 1890년대 말부터 1917년까지 러시아 사회민주주의 운동의 가장 핵심적인 정치 슬로건 가운데 하나였다".[293] "정통" 러시아 사회민주주의자이자 훗날 멘셰비끼의 지도자가 되는 빠벨 악셀로드(Pavel Axelrod)가 처음 체계적으로 이 개념에 대해 설명했다. 레오폴드 헤임슨에 따르면, 악셀로드는 "러시아 노동자들이 사회 전체의 이해관계를 자각해야만 자신들과 다른 사회집단들 사이의 이해관계의 차이를 인식하고 진정한 계급의식을 발전시키게 될 것이라고 가장 명확하게 주장했다". 계속해서 헤임슨의 결론에 따르면, (이는 레닌도 오랫동안 받아들였던 내용인데) "악셀로드는 또한, 러시아 프롤레타리아트가 정치적 자유를 갈구하는 모든 민족의 투쟁에서 지도적 역할, 즉 여전히 러시아가 역사적으로 걸어야 하는 길인 '부르주아' 혁명에서 헤게몬(gegemon) 역할을 수행해야 한다고 주장했다".[294] 오래전 농민층이 소멸된 영국만을 예외로 둔다면, 프롤레타리아 헤게모니는 무엇보다도 농업의 세계화와 과잉생산의 시대에 벌어지는 농촌 계급투쟁에 관한 입장에 달려 있었다. 게다가 농촌은 반혁명의 영원한 안식처였고, 따라서 어떤 혁명 이론에서나 주요한 전략적 변수에 해당했다. 아노 메이어(Arno Mayer)가 『구체제의 지속』에서 지적한 것처럼, 동프로이센, 얼스터, 남부 이딸리아, 카르파티아 평원 및 러시아의 대지주들은 "구체제의 핵심적인 경제적·사회적 옹호자로서" 혁명의 시대를 살아남아 20세기 초 반동과 군국주의의 기반이 되었다.[295] 노동운동의 견인과 지원으로 농촌 스스로 세력을 규합하여 이 거대한 반동 세력들을 날려

버릴 수는 없었을까?

　1880년대 미국과 서시베리아의 미개간 초원지대가 밀 경작지로 전환되면서 엄청난 양의 값싼 곡물이 밀려들어 오기 시작했고, 10년 뒤에는 냉동선 시대가 도래하면서 아르헨띠나·오스트레일리아·뉴질랜드산 소고기와 양고기가 대거 수입되기 시작했다. 그 결과 발생한 농산물 가격의 하락은 유럽 농업에 강한 일격을 가했다. 수백만의 농촌 노동자, 소농 및 농촌 수공업자가 베를린, 우치('폴란드의 맨체스터'), 새로 통합된 부다-페스트, 바르셀로나, 또리노 같은 신흥 산업도시로 이주하거나, 여력이 있는 경우 미국으로 이민을 떠났다. 한편 유럽의 대농이나 중농에게는 세가지 선택이 가능했다. 곡물 경작에서 부가가치가 높은 축산 낙농업으로 전환하는 것(덴마크, 영국, 북독일 일부), 수출용 밀 경작지의 규모를 확장하여 가격 하락을 만회하는 것(다뉴브강 유역 나라들의 대농장들), 농업 관세를 부과하여 도시 소비자들의 희생을 통해 농민들을 보호하는 것(1890년대 프랑스와 독일)이 그 방법들이다. 프랑스와 스페인의 지중해 연안 지역은 특이하게도 "전반적인 농업 위기"에 대응하여 올리브와 포도의 단일경작 체계로 전환했는데, 포도나무 뿌리진디를 비롯한 여러 병충해가 덮치면서 크게 타격을 입었다.

　"농민"이라는 범주로 뭉뚱그려진 이질적인 사회계층들은 각자의 이해관계 및 동맹관계에 따라 다양한 선택에 직면했다. 로널드 아민제이드는 그들이 봉착한 딜레마의 핵심을 그 계급적 위치 및 다양한 정치적 표현에 대한 섬세한 분석을 통해 설명한다.

　　계급적 위치에 따른 이해관계는 복잡하고 모순적이며, 대개 잠재적인 적과 동맹으로 넘쳐나는 정치의 무대에서 판가름 난다. 이것이 의미하는 바는, 그런 이해관계가 정치적 강령이나 연합에서 어떻게 규정될지, 혹은 (인종·민족·젠더 구분에 근거한 비계급적 이해관계가 아닌) 계급에 기반한 이해관계가 정치적으로 얼마나 두드러지게 부각될지는 좀처럼 미리 정해지지 않는다는 사실이다.[296]

다시 말해 농촌 빈민과 독립적 소농은 주요 계급 정당들이 취하는 입장에 따라 어느정도까지는 "누구나 차지할 수 있는 집단"이었다. 물론 대지주는 자신들의 이해관계를 지키기 위해 전투적으로 조직화에 나섰으며, 거대 산업가들과의 동맹도 점점 더 강화해갔다. 그러나 농촌의 나머지 집단들이 정치적으로 어디를 지지할지 여부는 세기말 유럽 정치에서 가장 풀기 어려운 문제였다.

제2인터내셔널 내부에서 치열하게 논쟁이 되었듯이, "농촌 문제"는 사실상 두가지였다. 농촌 봉기에 대해, 그리고 보호, 화폐의 평가절하, 대영지 분배를 요구하는 농민들의 간절한 요구에 대해 노동운동은 어떤 입장을 취해야 하는가? 그들은 농촌의 어떤 계층과 연대해야 하는가? 농촌 계급 구조의 국가적·지역적 차이를 반영하는 여러 경쟁적 입장들이 주요 사회주의 정당들과 아나키즘적 쌩디깔리슴 운동들에 의해 채택되었다. 독일사회민주당 다수파와 오스트리아-헝가리 제국 내의 그 자매 정당들은 엥겔스의 입장을 공유했다. 즉 "소생산자들의 붕괴는 돌이킬 수 없을 정도로 진행되었고", 사회주의자들이 그들의 소멸을 앞당기기 위해 무언가를 해서도 안 되지만, 그렇다고 해서 그것을 막을 수도 없다는 것이었다.

우리 당의 의무는 농민들에게 거듭 확실히 일러두는 것이다. 자본주의가 지배하는 한 그들의 경제적 위치에는 절대적으로 희망이 없으며, 그들이 지금처럼 소규모 농장을 유지할 가능성은 절대적으로 존재하지 않으며, 기차가 손수레를 따라잡는 것처럼 자본주의적 대량생산 체계가 그들의 무기력하고 구시대적인 소생산 체계를 추월하는 것은 절대적으로 확실하다고. 우리가 이렇게 하는 것은, 그것이 경제 발전의 불가피한 추세에 합치되는 행위이기 때문이다.[297]

자본주의적 농업의 장기적 지속 가능성에 대해 심각한 의문을 제기했고, 사회주의로의 이행기에서 전통적인 농촌 공동체(mir)가 맡을 잠재적 역할에 대해 러시아 인민주의자들(Narodniki)과 허심탄회하게 의견을 교환했던 맑스 본인이나, 자본 집중의 "법칙"이 산업에 적용되는 것과 동일하게 농업에도 적용되며 나아가 모든 나라에서 똑같이 작동한다는 생각에 반대했던 베른슈타인을 비롯한 몇몇 수정주의자와는 달리, 독일사회민주당 다수파는 엥겔스의 관점을 당의 공식 도그마로 채택했다. 그리하여 빌헬름 리프크네히트는 제2인터내셔널 브뤼셀 총회(1891) 연설에서, "미국의 옥수수가 독일의 소농들을 파산시켜 프롤레타리아트로 전락시킬 것이라고 예측했다. 그가 보기에 사회주의의 성공을 보장해주는 최상의 약속은 미국의 경쟁력이었다".[298] 다시 말해, 어떤 정치적 해결책도 필요치 않으며, 그저 세계시장이 농민들을 파산시키고 프롤레타리아로 만들 때까지 인내하기만 하면 된다는 얘기였다. 독일사회민주당의 최우선 과제는 무슨 수를 써서라도 당의 계급적 성격을 퇴색시킬 수 있는 포퓰리즘적 선동을 피해 가는 것이었다.[299] "농촌 주민들과 그 자식들이 우리에게 등을 돌리는 것을 반드시 막아야

한다"라고 바이에른 사회민주당원들이 현명하게 경고했지만, 독일사회
민주당은 1902년 베른하르트 폰 뷜로의 관세법이 통과된 이후 농민층
과 융커(Junker)가 연합한 강력한 우익 농촌 블록이 공고해지는 것을
막기 위해 아무런 일도 하지 않았다.[300]

'농민들은 어쩔 수 없이 반동적'이라는 믿음과 짝을 이루곤 했던 이
"저주받은 농민"이라는 도그마 탓에, 중부 유럽의 사회민주주의는 농
촌의 기초적인 사회투쟁 과정에서 또 잠재적인 정치적 연대에서 고립
되었다. 두가지 생생한 사례가 바로 헝가리와 불가리아의 경우다. 헝가
리에서는 인민들의 천년왕국 운동이 막연한 사회주의 이데올로기와 결
합하면서 발생한 1890년대의 정치적 불안정으로 대평원 지대가 극도의
혼란에 빠져 있었고, 이에 결국 군이 현장에 파견되어야만 했다. 그런
데도 헝가리사회민주당(MSZDP)은 1894년 통합 총회에서 대토지 소
유의 분할을 요구하는 강령을 심의조차 거부했다. 압도적인 농업국가
인 불가리아에서도 마찬가지로, 플레하노프(Georgy Plekhanov)의 추
종자 지미따르 블라고예프(Dimitar Blagoev)가 이끄는 불가리아사회
민주노동당(Tesni sotsialisti)은 알렉산다르 스땀볼리스끼(Aleksandar
Stamboliyski)의 전투적인 토착(sui generis) 농민당과의 어떠한 동맹도
맑스주의에 대한 배반으로 간주했다. 1918~19년 중부 유럽에서 혁명이
전쟁으로 비화하자, 이러한 반농민적 편향은 치명적인 것으로 드러났
다. 불가리아에서는 블라고예프의 당이 라도미르에서 일어난 농민-병
사 봉기를 지원하지 않기로 한 이후, 진보적인 공화국을 수립할 수 있는
일말의 희망도 사라져버렸고, 헝가리에서는 쿤 벨러(Kun Béla)의 쏘비
에뜨 정부가 대규모 영지들을 몰수하여 농민들에게 재분배하는 정책을
거부함으로써 스스로 파멸의 길로 걸어 들어갔다.[301] 더군다나 사회주

의 정부가 실각한 이후, 헝가리의 미성숙한 농촌 사회주의는 서보 데죄
(Szabó Dezső)의 포퓰리즘적인(nepies) 농촌 운동으로 변신했다. 이들
은 "토지개혁과 합당한 교육 기회의 제공을 추구했지만, (…) 이러한 개
혁 강령들을 자본주의나 맑스주의적 사회주의 같은 반헝가리적 요소들
에 대한 민족주의적 적개심으로 표출했다. 포퓰리스트들이 보기에 유
대인들이야말로 그러한 반헝가리적 '외부자들'의 핵심이었다".[302]

반면 지중해 나라들에서는 사회주의와 아나키즘이 농촌에 깊숙이 침
투했다.[303] 프로방스, 그중에서도 특히 "붉은 바르" 지방에서는, 포도
를 재배하는 소농들이 집단적으로 급진파를 버리고, 미국 남북전쟁 당
시 북부군 장군 출신이자 빠리 꼬뮌의 전시 지휘관이었던 귀스따브 끌
뤼제레(Gustave Cluseret)를 필두로 한 사회주의자들에게 투표하기 시
작했다. 인접한 랑그도끄에서는 장 조레스(Jean Jaurès)가 포도 농장
과 과수원으로 유명한 따른(Tarn) 지역의 의회 의원이었다. 물론 남프
랑스의 소규모 포도농들이 열성적인 사회주의자가 된 사실은 보나빠
르뜨주의적 농촌의 후진성을 지적한 맑스의 유명한 언급과는 일견 모
순처럼 보인다. 그러나 토니 주트(Tony Judt)는 『프로방스의 사회주의:
1871~1914』라는 저서에서, 남부 농민들이 장인들이나 급진적인 학교
교사들과 같은 문화를 공유했으며, 또한 이들과 함께 지역의 노동거래
소를 결성하는 등 "도회적 촌락"의 삶을 살았다고 지적한다.[304]

이와 유사한 패턴의 "집합적 촌락"(사실상 큰 도시와 다를 바 없는
경우가 많다)은 안달루시아나 뿔리아 같은 대농장제 사회의 특징이었
는데, 이 두 지역은 아나키즘적 쌩디깔리슴의 양대 보루였다. 안달루시
아, 그중에서도 특히 까디스 지방의 아나키즘은, 대농장의 날품팔이 노
동자들, 산간 촌락의 농민들 및 큰 도시의 장인층이 결합된 전투적이고

집요한 반란의 문화로 유명했다. 물론 테마 캐플런이 강조한 바 있듯이, 순수한 프롤레타리아 분파(아나키즘적 공산주의 성향)와 소생산자 분파(집산주의 성향) 사이에 무시할 수 없는 내부적 갈등이 없진 않았지만 말이다.[305] 이딸리아에서는 뿔리아가 농촌 쌩디깔리슴의 중핵이었다. 이 지역의 계급 구조는 폭력적으로 단순화되어 "급진적이고 불균등한 양극단, 즉 한줌의 자본가 계급과 토지를 박탈당한 다수의 프롤레타리아 대중으로 재편되었다. (…) 〔이〕 육체노동자들(braccianti)은 노동력을 팔아서만 먹고 살아가는 완전한 농촌 프롤레타리아였다. 그들은 경작할 단 한줌의 땅뙈기도, 집도, 가축도 소유하지 않았고, 가족 단위의 구성원으로서가 아니라 개별적으로 고용되어 농장에서 일했다".[306] 결국 농장주들은 헌병대와 파시스트 행동대에 의지해 이 날품팔이 노동자들을 고분고분하게 만들었다.

한편 비옥한 뽀강 유역에서는, 지주들과 차지농들이 전세계적인 농업 침체에 대응하기 위해 임노동자를 고용하여 쌀과 사료작물 생산에 주력했는데, 사회주의자들은 이곳에서 유럽에서 가장 규모가 크고 강력한 농장 노동자 조합을 조직했다. 실제로 이딸리아는 (1893년, 1896~97년, 1901~1902년, 그리고 1919년) 대규모 농업 파업이 빈번히 계급투쟁의 중심 무대를 차지한 유일한 나라였다.[307] 20세기 첫 10년간 이 지역에서 일어난 농업의 자본주의적 재편으로 말미암아, 토지 보유와 계급 구조에서 재앙에 가까운 극적인 변화가 생겨났다. 빠르마 지방에서는 자영농의 3분의 1이 토지를 상실했으며, 소작제는 4분의 1이 줄었고, 연 단위로 계약해서 주거를 제공받는 농업 노동자의 수는 절반으로 줄었다. 대부분은 날품팔이 노동자로 전락했는데, 이들 빈곤층의 수는 단 10년 만에 2만 2000명에서 4만 1000명으로 증가했다. 토머스 사이크스(Thomas Sykes)에 따르면, 이들 노동자는 "농민 세계의 전통 질서와 단절되어, 동질적이고 전투적인 뽀강 유역 농업 노동자 집단의 전위부대가 되었다. 그들은 잃을 게 거의 없는 자포자기에 빠진 사람들로, 농촌에서 벌어지는 대부분의 정치적 선동과 파업 현장에서 항상 선두에 섰다".[308] 온건파 사회주의자들 대신에 혁명적 쌩디깔리슴을 선택한 이들은, 1908년 지역 전체를 아우르는 총파업을 벌였다. 전쟁이 끝나갈 무렵, 이들이 결성한 노동조합인 농업노동자연맹은 가공할 만한 세력으로 성장하여, 무수한 투쟁으로 단련된 7만 조합원을 보유한 지상에서 가장 강력한 농업 부문 노동조합이 되었다.[309]

1919년 사회주의자들이 선거에서 압승을 거두자, "붉은 동맹"으로 조직된 소작농들은 발 빠르게 동시다발적인 토지 점유에 나섰고, 일용직 노동자들은 반란을 선동하는 총파업을 일으켰다. 이 모든 게 지주들의 눈에는 정확히 멕시코 혹은 러시아에서 일어난 농민 혁명의 시작으로 보일 만큼 끔찍한 사태였다. 뿔리아에서 그랬던 것처럼, 그들은 무솔리니와 그의 도시 폭력단을 구세주로 끌어들였다.

선택적으로 행사된 테러와 폭력은 파시스트 및 그 동조 세력이 펼친 선전 활동과 교묘하게 맞물려 돌아가면서, 일용직 노동자들과 소작농들을 "독자적인" 조합으로 분할 배치하는 데 성공했다. 1922년 10월 말의 로마 진군 이전에 공세의 주요 목표는 대체로 달성되었다. 강력하고 효율적인 노동운동의 분쇄, 농촌에서 지주 지배 체제의 재확립, 그리고 지방의 새로운 실질적 지배 세력으로서 파시스트의 안착.[310]

스칸디나비아에서는 노동계급의 부상이 독립적인 농민층의 성장과 나란히 진행되었는데, 이는 가난한 농부들이 계절에 따라 벌목공이나 광부 혹은 노르웨이의 경우 어부 일에 종사하면서 두 집단이 상당 부분 중복되어 있었기 때문이다. 알레스탈로(Matti Alestalo)와 쿤레(Stein Kuhnle)에 따르면, "노동자를 고용하지 않는 가족 농장이 점차 스칸디나비아 농업의 통상적인 기본 단위가 되면서" 농부들은 자신들만의 조합을 결성했고, 대지주들이나 막강한 귀족들로부터 독립된 "하나의 대자적(für sich) 계급"으로서의 뚜렷한 자의식을 드러냈다. 게다가 덴마크에서는 협동조합 조직들의 연결망이 촘촘하게 발전하면서 주로 영국을 대상으로 하는 유제품 수출 농업으로의 전반적인 이행이 일어났다. 이러한 협동조합 문화가 꼭 농민들을 사회주의자로 변화시키지는 못했다 하더라도, 조합의 사업권이 팽창함에 따라 농민들과 노동자들 사이에 강한 결속력을 촉진한 것은 분명했다. (미네소타·노스다코타·매니토바·서스캐처원 같은 북미 지역에 협동조합과 사회민주주의 사상을 전파한) 스칸디나비아 반도의 다른 나라들에서는 이민 비율이 이례적으로 높았던 까닭에 노동시장의 압력을 누그러뜨릴 수 있었는데, 1907년경 스웨덴의 노동조합 가입률은 아마도 고용된 노동자의 절반에 해당할 정도였을 것이다. 스칸디나비아 농촌 지역은 혁명적이라고는 할 수 없어도 포퓰리즘적이고 진보적이었으며, 따라서 그 지역에 매우 성공적으로 안착한 사회민주주의 세력의 정치권력 행사를 가로막는 극복 불가능한 장벽은 없었다.[311]

스떼파노 바르똘리니(Stefano Bartolini)에 따르면,

스칸디나비아 사회주의에 헤게모니를 가져다준 도시 노동자들과

농민들 사이의 동맹은 1930년대에 완결되었다. 이는 덴마크와 스웨덴에서는 1933년에, 노르웨이에서는 1935년에 마무리되었다. 도시와 농촌 사이에 오간 이해관계상의 타협은 동일한 기본 형태를 취했는데, 다음과 같은 정책들로 이루어졌다. (1) 공공부문 고용의 확대, 공공사업 지원, 사회보장제도, 실업 구제, 그리고 파업과 직장폐쇄의 금지 혹은 규제. 또 한편에서는 (2) 농촌의 재산세 인하, 농촌의 이자율 인하, 고리 융자에 대한 국가 지원, 농촌 전반의 부채 경감, 그리고 농민들에 대한 다양한 국가 보조금 지원. 요컨대 이들의 동맹은 노동자와 농민 모두 경제를 활성화시킨다는 공통의 이해관계에 기반했고, 그 결과 도시 노동자들은 농민들이 공적 중재와 공공사업 지원을 수용하는 댓가로 농산물 가격의 인상을 받아들였던 것이다.[312]

1900년대 초 바이에른의 사회주의자들이 거듭 촉구했던 것처럼, 독일사회민주당도 남부 독일에서 유사한 정책을 채택해야 하지 않았을까?

끝으로, 러시아에서는 볼셰비끼들이 맑스가 1848년 혁명의 성공을 위해 제안했던 처방을 제대로 따랐다. 도시의 사회주의 봉기와 농촌의 농민전쟁을 결합시키는 것이 바로 그 방안이었다. 레닌은 정통 사회민주주의자들 중에서도 농민의 미래를 하나의 고정된 궤도로 보지 않았다는 점에서 이례적이었다. 대신 그는 농촌 발전의 경로에서 "프로이센식" 대안과 "미국식" 대안을 대비시키고, 후자를 옹호하며 시장 지향적 가족 농장의 형성을 승인했다. "그는 러시아 농민의 토지 요구를 진보적인 것으로 봤는데, 왜냐하면 러시아의 농촌 경제는 너무 후진적이어서 자본주의 발전의 여러 경로들 가운데 좀더 효율적인 노선을 선택할 수 있는 여지가 여전히 존재했기 때문이다."[313] 볼셰비끼가 "흑토 재분배"(Black redistribution, 그야말로 토지를 경작자에게 분배하는 것)를 옹호한 일은 1917년 여름 혁명의 현실적인 상황에 따른 것이었지만, 레닌은 일관되게 멘셰비끼들이 주장하는 개혁적인 "민주주의적 부르주아지"가 아닌 오직 농민의 혁명만이 프롤레타리아트에 의한 러시아 전제주의의 타도를 도울 수 있다는 전략적 사고를 유지했다.[314] 다만 농민들 가운데 어느 계층이 사회주의 건설을 지원할 것인가는 별개의 문제였다.

혁명을 가능케 하기 위해 노동운동은 부르주아 국가의 군사적 독점을 그 안에서 무너뜨려야 했다. 앞서 보았듯 사회주의 청년 조직들은 징집에 저항하는 주된 세력이었고, 이들은 기회가 될 때마다 병영 내에서 반군국주의 사상을 전파하기도 했다. 그러나 전시에 가장 취약한 고리는 해군이었는데, 거대한 드레드노트함과 순양 전함은 노예노동으로 작동하는 사실상 "떠다니는 공장"이나 다름없었다.
20세기 초의 기술적으로 진일보한 강철 전함에는 화부나 더 전통적인 해군 직무에 종사하는 인력 외에도 다수의 기계공이 승선하고 있었다. 주로 징집된 농민들로 이루어진 육군과 달리, 현대화된 해군은 공장식 훈련과 수습제도에 익숙한 젊은 노동자들에 의존했다. 이제 막 현대화된 러시아와 독일의 함대는 귀족 및 융커 출신 장교들이 지휘했는데, 프롤레타리아 출신 선원들을 야만적으로 다루는 것으로 악명 높았다. 이는 특히 규모가 큰 전함일수록 더욱 심했다. 에이젠시쩨인의 영화 「전함 뽀쫌낀」(Bronenosets Potyomkin)을 본 사람이라면 누구나 1905년 당시의 상징적 장면들을 기억할 것이다. 썩고 벌레 먹은 고기, 부함장에 의한 수병 대표 바꿀렌추끄의 살해, 동료 마쮸셴꼬의 신속한 보복, 총파업 중인 오데사로의 과감한 항해, 까자끄 부대에 의한 리슐리

외 계단 시위대 학살, 그리고 승무원들의 루마니아로의 최종적 도피. 해군 최신예 전함 가운데 하나였던 뽀쫌낀은 혁명적 정당들에 동조하는 수병 집단이 많은 이례적인 경우에 해당했지만, 그들의 영웅적 사례는 흑해함대 전체에 깊은 반향을 일으켰다. 그해 말, 쎄바스또뽈에서는 노동자들과 수병들이 모인 회합에 대한 군의 발포가 있었고, 흑해함대 소속 몇몇 대함선이 뽀쫌낀의 정신을 따라 반란을 일으켰다. 혁명적인 연설로 수병들뿐만 아니라 노동자들 사이에서도 명성이 자자했던, 어뢰정을 지휘하던 젊은 함장 시미뜨가 반란을 이끌었는데, 그들의 목표는 짜르가 제헌의회를 소집하게 하는 것이었다. 그러나 반란은 추흐닌 제독에 의해 처참하게 분쇄되었고, 시미뜨와 그 동료들은 처형당했다.

그들의 복수는 발트함대가 2월에 수립된 공화국의 안착을 도우러 왔던 1917년에야 뒤늦게 이루어졌다. 뻬뜨로그라드 바로 외곽 끄론시따뜨와 헬싱키 인근의 수오멘린나에 있던 함대의 주 기지들은, 10월 혁명이 절정에 이르는 과정에서 가장 중요한 사건들이 발생하는 무대가 되었다. 수병들뿐만 아니라 도시의 노동자들도 대변했던 끄론시따뜨 쏘비에뜨는 보다 진보적이었으며, 초여름까지는 임시정부를 전복시키고자 했던 "비협상파"(볼셰비끼, 좌파사회주의혁명당 및 아나키스트)의 수중에 재빨리 장악되었다. (이들을 설득해 기다리도록 하기 위해 레닌은 갖은 애를 다 써야 했다.) 수오멘린나에 주둔하고 있는 주력 함대의 경우 상대적으로 정치적 성향이 약했지만, 장교들에 대한 수병들의 분노는 부글부글 타오르고 있었고 첫번째 기회가 생기자마자 장교들을 얼음 아래에서 익사시켜버리기 시작했다.[315] 수오멘린나가 반혁명 세력에 맞서 뻬뜨로그라드의 측면을 엄호해주자, 끄론시따뜨의 수병들은 뻬뜨로그라드 쏘비에뜨의 기습부대 역할을 맡아, 10월에 거의 평화적인 방식으로 권력 이양을 확보해냈다. 실로, 전함 오로라(Aurora)야말로 혁명의 지속적 상징이었다. 네바강에 머문 채 겨울궁전 상공을 조명으로 환하게 비추고 있던 오로라는 간헐적인 폭발음을 동반한 강력한 함포 사격을 통해(실제로는 장전이 되지 않은 빈 포였지만 꽤나 인상적이었다), 잡다하게 구성된 께렌스끼(Alexander Kerensky) 정부 수비군의 사기를 떨어뜨렸다.

1년 뒤, 독일 대양함대에서 일어난 반란 또한 거대 전함의 엔진실과 포탑 및 기계공장에서 엿볼 수 있는 프롤레타리아적 외양과 혁명적 기질을 그대로 보여주었다. 삐에르 브루에는 독일 혁명에 관한 저서에서 이렇게 설명한다.

> 함대 승무원 중에는 대다수가 금속공인 숙련공이 여럿 포함되어 있었는데, 이들은 계급의식은 물론 계급투쟁의 경험도 가지고 있었다. 전쟁 상황상 함대가 항구에 정박해 있었고, 그 덕분에 수병들은 부두 및 조선소 노동자들과 긴밀한 접촉을 유지할 수 있었다. 그들은 서적이나 팸플릿, 신문 등을 돌려 봤으며 의견을 교환하고 토론회를 조직하기도 했다. 한정된 공간에 집중되어 있는 프롤레타리아들의 생활 조건, 그들이 지닌 거친 성정, 또 그리하여 야기된 집단적으로 고양된 정서 등으로 말미암아, 수병들과 화부들이 견뎌내야 하는 가혹한 조건이 점점 더 참기 힘들어졌다. 이 모든 게 아무런 작전도 하지 않으면서, 특히나 반동적인 장교들이 부과하는 터무니없이 징벌적인 훈련들을 견뎌야 하는 상황 속에서 발생했다.[316]

1917년 선원 막스 라이히피치(Max Reichpietsch)가 이끄는 지하조직

'병사-수병 동맹'이 결성됨과 함께 도화선에 불이 붙었다. 라이히피치는 끄론시따뜨와 수오멘린나 봉기에서 영감을 얻었고, 러시아 모델의 수병위원회를 조직하고자 했다. 그러나 해군 내 정당 지부 설립에 관한 논의를 위해 독일독립사회민주당(USPD, 독일사회민주당으로부터 분리된 평화주의 그룹) 소속의 제국의회 의원들과 접촉했을 때, 그가 받은 것은 막연한 격려 이상이 아니었다. 그럼에도 단념하지 않은 라이히피치는 스톡홀름에서 예정된 제2인터내셔널 총회에 앞서 조직원들을 규합하여 선상 단식투쟁과 작업중단을 조직하기 시작했다. 그는 무엇을 해야 할지에 관한 명확한 전망을 갖고 있었다.

　　동료들에게 라이히피치는 향후 전망을 다음과 같이 요약했다. 스톡홀름에 참여할 독립 대표단에 명분을 제공하기 위해서는 함대 내에서 반드시 투쟁을 조직해야 한다. 그리고 회담에서 별다른 성과가 나오지 않으면, 혁명적 수병들은 "다음과 같은 슬로건을 내세울 것이다. '일어서시오! 러시아인들처럼 우리도 우리의 사슬을 부숩시다!'" 이어 그는 덧붙였다. "우리 각자는 무엇을 해야 하는지 잘 알고 있다."[317]

　소요 사태에 대해 잘 파악하고 있었던 사령부는 재빨리 군사재판을 열어 라이히피치와 네명의 동료들을 처형했다. 그러나 그의 봉기 계획은 함대 내에서 살아남았다.

　10월, 폰 히퍼(Franz von Hipper) 제독은 대양함대에 마지막으로 자포자기식 명령을 내렸다. 벨기에 해안에서 훨씬 더 규모가 큰 영국 대함대를 상대로 전투를 도발하기 위해서였다. 그러나 자신들 사령관의 "명예"를 위해 희생당하고 싶은 생각이 조금도 없었던 선원들은 빌헬름스하펜 해역에서 반란에 돌입했고, 폰 히퍼는 계획을 철회해야 했다. 이 과정에서 수백명의 선원이 체포되어 킬의 군사법원에 보내졌다. 그들이 킬에 당도할 무렵, 대규모 연대 시위를 벌이고 있던 동료 선원들이 아홉명의 사망자를 낸 채 해산당했다. 다음 날 함대에 붉은 깃발이 내걸렸고, 지휘관들이 체포되었으며, 수병위원회가 지휘부를 장악했다. 독일 혁명이 시작된 것이다. 그리고 향후 18년간 각국의 혁명적 수병들은 지속적으로 반혁명적이고 식민주의적인 계획들을 방해했다. 특히 1919년 4월 친볼셰비끼 성향의 보일러공 앙드레 마르띠(André Marty)가 주도한 프랑스 흑해함대 선원들의 반란, 1933년 (네덜란드 해군에서 가장 큰 함선) 더제벤프로빈시엔(De Zeven Provinciën)의 인도네시아 선원들이 일으킨 이례적으로 공산주의를 표방한 반란과 수라바야에 구금된 동료 선원들을 구출하기 위한 과감한 시도, 그리고 마지막으로 1936년 스페인 함대의 수병위원회가 프랑꼬(Francisco Franco)파 장교들을 상대로 힘겹게 얻어낸 승리를 예로 들 수 있다.

VII. 계급의식과 사회주의

프롤레타리아는 사회적 생산에서 자신이 차지하는 위치와 자신의 객관적 이해관계에 부여된 보편성 때문에, 경제 전체를 조망하고 자본의 명백한 자가운동의 신비를 간파하는 우월한 "인식론적 능력"을 보유한다. (루카치의 테제)

부르주아지와 프롤레타리아트는 근대사회에서 유일하게 "순수한 계급"이지만, 계급의식이 형성되는 내적 과정이나 역량이 대칭적이지는 않다. 기업들 사이에서나 생산의 각 부문들 사이에서나 경쟁은 자본주의의 철칙이지만, 노동자들 사이의 경쟁은 조직화를 통해 완화될 수 있다. 맑스도 명시적으로 밝혔다. "근대 부르주아지의 모든 구성원이 하나의 계급으로서 다른 계급에 맞서는 만큼 동일한 이해관계를 갖는다고 말할 수 있지만, 그럼에도 그들은 서로가 서로에 대해 대립한다는 점에서 상반되고 적대적인 이해관계를 갖는다고도 말할 수 있다."[318] 루카치는, 맑스에 따르면 자본의 개별 소유자들이 합리적 자기 이익을 추구한다는 것은 곧 "자신들의 행위가 사회적으로 어떤 결과를 낳는지에 대해 필연적으로 무관심할 수밖에 없다"는 것을 의미한다고 주장했다. "부르주아 사회의 본성을 덮고 있는 장막", 다시 말해 부르주아지의 그 자신의 역사성에 대한 부인은, "스스로를 구성하는 필수불가결한 측면이다. (…) 부르주아지의 이데올로기적 역사는 그 초창기부터 스스로가 창조한 사회의 진정한 본질, 즉 자신의 계급적 위치를 진정으로 이해할 수 있게 해주는 모든 통찰에 대한 필사적 저항의 역사일 뿐이었다."[319] 더군다나 자본은 프롤레타리아트의 발흥에 직면하자마자 공화주의자의 토가를 벗어던졌고, 심지어 유럽 대륙에서는 절대군주의 군대에 의탁하거나 나뽈레옹 3세 같은 독재자들 그리고 나중에는 무솔리니나 히틀러(Adolf Hitler), 프랑꼬 같은 자들을 받아들였다.

아무리 가난하고 셔츠도 입지 않는 사람들일지라도, 프롤레타리아는 더 나은 전망을 가지고 있다. 루카치에 따르면, "부르주아지가 지성과 조직을 비롯한 다른 모든 이점을 갖고 있다 하더라도, **프롤레타리아는 사회를 하나의 일관된 전체로서 그 핵심에서부터 파악할 줄 아는 능력을 갖는다는 점 하나만으로도 우위에 있다**". 루카치의 저서 『역사와 계급의식』에는 다양하게 해석되는 유명한 한 구절이 있다. 여기서 그는 프롤레타리아가 혁명을 일으키기 위해 반드시 이해하고 따라야 하는 객관적이고 성숙한 가능성들을 가리키는 "귀속적(imputed) 계급의식" 개념을 소개했다. 그러나 노동계급은 위기에 직면하기 전까지는, "대다수의 직능조합들이 보여주는 쁘띠부르주아적 태도"에 지배되기 마련이었고, 개념적으로나 실질적으로나 "전장들(theaters of war)이 다양하게 분리되어 있다"는 생각에 현혹되어 있었다. "프롤레타리아트에게는 스스로가 직면해 있는 경제적 몰인정의 문제가 정치 문제보다는 이해하기가 더 쉬웠을 것이고, 또한 문화의 차원보다는 정치의 차원이 한결 더 이해하기 수월했을 것이다."[320] 더군다나 계급의식 형성의 주된 방해물은 부르주아 이데올로기나 알뛰세르가 말하는 "이데올로기적 국가장치"의 압도적 작동이 아니라, "경제와 사회가 작동하는 일상의 현실이다. 이러한 일상적 작동들로 인해 상품관계가 내재화되고, 인간관계가 물화(reification)되는 것이다".[321] 그러나 불황과 전쟁을 거치면서, 물화된 경제적·정치적 현실들로 이뤄진 이 수정궁에 모순으로 인한 균열이 발생하면, 그 역사적 시점의 깊은 의미를 "실천적 차원에서 이해할 수 있게 된다". 마침내 "역사를 통해 따라야 할 올바른 행동 노선을 간파할 수 있게 되는 것이다". 그렇다면 누가 간파한단 말인가? "노동자평의회의 조직은 물화의 정치적·경제적 패배를 의미한다."[322]

대중의 행위가 극도로 확장된 시기에 혁명적 집단의지는 (그리고 그에 의거한 "올바른 행동 노선"은) 주로 날것 그대로의 직접민주주의를 통해 구체화된다. 계급의식은 당 강령이 아니라 지난한 계급 전쟁에서 배운 교훈들의 종합이다.

노동조합과 좌파 정당이 프롤레타리아의 공적 영역을 구성하는 거의 영구적인 제도로서 자리 잡게 되면서, 계급투쟁이 일어나는 동안 이따금씩 총파업위원회나 노동자평의회, 현장 총회, 그리고 쏘비에뜨같이 정치 토론과 의사결정 와중에 대중의 참여를 극적으로 확장시켜주는 특별한 형식들이 등장하곤 했다. 이 과정에서 정당에 속하지 않은 프롤레타리아와 노동조합에 가입하지 노동자들은 물론, 어떤 경우에는 실업자들과 학생들, 노동계급 어머니들, 병사들과 선원들까지 포함하는 폭넓은 참여가 이루어졌다. 뻬뜨로그라드, 브레멘, 글래스고, 혹은 위니펙 등 어느 곳에서든 간에, "운동으로서의 민주주의"는 1792년과 1871년의 여러 고전적 풍경들을 재생산했다. 명연설들의 각축, 제멋대로 구는 청중, 객석에서 들려오는 고성들, 공장이나 지역 주민에게 보고하는 대표자들, 밤샘 회합, 홍수처럼 쏟아지는 팸플릿과 소책자, 위원회들의 끝없이 계속되는 업무, 파업 지원 요원과 노동자 수비대의 조직, 각종 풍문들과 그 풍문들을 퇴치하기 위한 싸움, 그리고 물론 정당들 및 당파들 사이의 경쟁.

　볼셰비끼는 완벽하게 잘 짜인 규율을 가진 고도로 중앙집권화된 정당으로 명성이 높았지만, 대단위 공장들과 발트함대 다수파의 지지를 받고 있었고, 1917년 혁명운동의 전반적 과정에서 가장 일관되게 직접 민주주의를 촉진한 세력이었다. 가령 자유주의자들과 온건파 사회주의자들이 새로운 의회제도를 설계할 '민주주의국가협의체'를 만들자고 제안하자, (이제 막 『국가와 혁명』을 탈고한) 레닌은 일반 대중까지 참여하는 인민총회의 소집을 촉구했다.

　　이 사안을 좀더 기층으로, 즉 일반 대중에게, 사무원들에게, 노동자들에게, 그리고 농민들에게도 가져가자. 우리를 지지하는 사람들뿐만 아니라 특히나 사회주의혁명당을 지지하는 사람들과 무당파들, 그리고 무지한 사람들에게도 가져가자. 그들에게 충분히 지식을 제공해서, 독립적인 판단을 통해 스스로 결정을 내려 **그들 자**

신의 대표자들을 협의체든 쏘비에뜨든 정부든 어디에든 보낼 수 있도록 하자. 그렇게만 된다면 협의체에서 어떤 **결론**이 나오든 우리의 노력은 헛되지 않을 것이다.[323]

알렉산더 라비노위치(Alexander Rabinowitch)는 뻬뜨로그라드의 혁명 과정을 다룬 자신의 유명한 연구에서 볼셰비끼에 관한 전형적인 통념을 완전히 뒤집었다. 그는 뻬뜨로그라드 노동계급 다수가 당은 호의적인 반응을 보였다는 점을 설명하며 다음과 같이 지적했다. 당은 "내부적으로 비교적 민주적이고 관용적이었으며, 그리고 본질적으로 개방적이고 대중적인 성격을 가지고 있었을 뿐만 아니라 분권화된 조직 구조와 작동 방식을 갖추고 있었다. (…) 1917년 내내 뻬뜨로그라드 볼셰비끼 조직의 모든 단위에서 가장 기본적인 이론적·전술적 문제들을 둘러싼 자유롭고 생생한 논쟁과 토론이 계속해서 이루어졌다".[324] 사실 이것이야말로, 예브게니 쁘레오브라젠스끼(Yevgeni Preobrazhensky)가 1920년 당시 당 민주주의의 붕괴와 프롤레타리아 "자발성의 쇠퇴" 사이의 연관성을 설명하고자 했을 때 되돌아본 10월 혁명기 시절의 모습이었다.

1920년의 당 활동을 1917년 후반 및 1918년의 당 활동과 비교했을 때 가장 충격적인 사실은, 그것이 정확히 당과 대중 사이에서는 완전히 자취를 감춰버렸다는 점이다. (…) 예전에는 기층 공산당원들이 스스로를 단지 당의 결정 사항을 수행하기만 하는 존재가 아니라 그것을 만들어내는 데 일조함으로써 당의 집단의지를 형성하는 주체라고 인식했다. 지금 그들은, 종종 자신들의 결정을 당원 총회에 제출하는 것조차 별로 중요하게 생각하지 않는 위원회들의

결정 사항을 수행할 뿐이다.[325]

세계시장이 확대되고 대량이주가 증가하면서, 산업 프롤레타리아트는 명실상부하게 국경과 종족의 경계를 초월해 공통의 이해관계를 갖는 국제적 계급으로 우뚝 선다.[326] 뿐만 아니라, 대대적인 국제적 캠페인을 통해 프롤레타리아트 자신의 역사적 소명에 대한 이해도 더욱 확고해진다.

1845년 9월 런던에서 열린 민주형제단(Fraternal Democrats) 창립 만찬 자리에서 차티스트 활동가 조지 줄리언 하니(George Julian Harney)는 연설의 종결부에 다음과 같이 선언했다. "우리는 '외국인'이라는 단어를 거부한다. 그런 말은 우리 민주주의 사전에는 존재하지 않을 것이다." 그날의 회합을 ("공산주의자 축제"라 부르며)『라인 연보』(*Rhein-ische Jahrbücher*)에 보고한 엥겔스는, 하니의 발언이 9개국에서 참석한 대표자들로부터 "뜨거운 갈채"를 받았다고 언급했다. 그곳에서는 토머스 페인(Thomas Paine), 로베스삐에르, 그리고 최근 강제 추방을 당한 차티스트 활동가들을 위한 건배가 거듭 이어졌다. 엥겔스는 자랑스레 이어갔다. "위대한 프롤레타리아 대중은 그 본성상 민족적 편견들로부터 자유롭다. 그들의 모든 기질과 운동은 본질적으로 인도주의적이고 반(反)민족주의적이다."[327] 오늘날의 시각으로 보자면 믿을 수 없을 만큼 순진한 소리로 들릴 수 있지만, 당시가 "인민의 봄" 전야였음을 감안하면 꽤나 정확한 발언이라고도 할 수 있다.

사실 초창기 노동운동은 대체로 혁명적 민주주의라는 오래된 노선을 따랐다. 민족 간 형제애를 찬양하며 사회주의 혁명이 반드시 1789년의 선례를 따라 세계혁명으로 전화할 것이라고 믿었던 것이다. 블랑끼 부류의 비밀 혁명가 그룹이나 바르베스(Armand Barbès)의 계절협회(Société des saisons) 같은 조직의 회원들은 대놓고 국제주의적이었으며, 유랑 장인들이나 계절노동자들은 대도시와 산업 중심지 사이를 오가면서 반체제적 사상을 전파하고 다녔다. 신성동맹 체제의 유럽에서 노동 이주의 최대 원천이었던 독일의 장인들은, 영국과 스위스 그리고 미국(특히 텍사스)에 급진주의의 거점을 건설했다. 그러나 1840년대 독일 프롤레타리아트의 최초의 진정한 수도는 빠리였다. 당시 빠리에는 독일어를 사용하는 6만명의 "밀입국 이주민들"이 열악한 작업환경 속에서 일하고 있었다.[328]

맑스는 미국 독립전쟁에 관한 글과 제1인터내셔널에서 행한 연설을 통해, 국제적 연대는 계급의식을 결정적으로 촉진하는 요인이며, 개별 국가적 차원에서의 노동의 결집도 가장 선진적인 부문들에서 결성된 국제적 조직에 의해 가속화된다고 주장했다. 그러나 그는 어떤 노동운동도, 정치적으로 혹은 물질적으로 다른 민족이나 인종을 억압하는 데 가담하는 한, 자기 자신의 해방을 결코 도모할 수 없다고 경고했다. 맑스는 본인의 가장 열정적인 기고문과 연설을 통해서, 아일랜드의 해방이 영국의 급진적 노동운동 정치 세력화의 전제조건이듯, 흑인의 해방 없이 미국 노동운동의 독자적 정치 세력화는 불가능하다고 주장했다. 대륙에서는 당연히 폴란드의 독립이 오랫동안 민주주의적 국제주의의, 그리고 그다음에는 사회주의적 국제주의의 시금석이 되었다.

이러한 국제적 연대의식은, 단지 혁명적 신념을 가졌다는 "죄목으로" 불운을 맞이한 외국의 동료들을 구하고자 사람들이 대대적인 구명운동을 벌이는 과정에서 가장 잘 드러났다. 보통 노동운동 진영 내에서 아나키스트들과 사회주의자들의 관계는 더 악화될 게 없을 정도로 나빴지만, 전세계적으로 가장 유명한 구명운동 가운데 세가지가 아나키스트들 ── 1886~87년 헤이마켓 사건의 피고인들, 1909년 까딸루냐 교육 개혁가 프란시스꼬 페레(Francisco Ferrer), 그리고 1926~27년 싸꼬(Nicola Sacco)와 반쩨띠(Bartolomeo Vanzetti)라는 "평범한 노동자들" ── 의 목숨을 구하기 위한 것이었다. 특히나 앨버트 파슨스와 유죄 판결을 받은 그의 동료 여섯명을 구하기 위한 구명운동에는 맑스의 막내딸 엘리너도 유려한 변론으로 동참했다. 엘리너는 그들이 사형집행을 기다리던 1886년 시카고를 방문했다. 그는 오로라 터너스 홀(Aurora Turners Hall)을 가득 메운 군중을 향해 말했다.

> 왜 여러분은 오늘 아침에서야 시카고의 『트리뷴』(*Tribune*)지에서 "시카고 아나키스트들이 처형되다"라는 기사를 보게 될까요? 그 말인즉 이들이 살인자이기 때문이 아니라 아나키스트이기 때문에 사형에 처해질 것이라는 얘기입니다. (…) 우리가 아니라, 우리의 적들은 말합니다. 이 일곱명은 그들이 한 일의 결과 때문이 아니라 그들이 말하고 믿은 것 때문에 사형에 처해지는 것이라고. 이 비열하고 악질적인 사형이 집행되어서는 안 됩니다. (…) 만약 이들에 대한 사형이 집행된다면, 우리는 그 사형집행자들에게, 나의 아버지가 빠리 인민을 학살한 자들에게 했던 말을 그대로 돌려줄 겁니다. "그들은 이미 그 어떤 사제의 기도로도 구원할 수 없는 영겁의 형틀에 못 박혔다"고.[329]

특정 애벌레 종은 미래에 자신이 나비가 된 모습을 보아야만 변신의 문턱을 넘을 수 있다는 전설이 있다. 프롤레타리아의 주체성은 점진적인 단계를 통해 진화하지 않으며 비선형적 도약을 필요로 한다. 단기적으로는 자기 이익에 반하더라도 링컨과 간디의 투쟁에 열정적으로 연대했던 랭커셔 면직물 노동자들의 유명한 사례가 보여주듯이, 특히나 멀리 떨어져 있는 사람들의 투쟁에 함께함으로써 얻는 도덕적 자각이 절실하다. 다시 말해, 사회주의는 궁극적인 동기와 가치를 감정의 구조, 즉 일종의 영성으로부터 부여받는 실리를 초월한 행위자들을 필요로 한다. 맑스가 추상적인 낭만적 휴머니즘을 단죄한 것은 옳은 판단이었지만, 자기만의 만신전 ─ 프로메테우스와 스파르타쿠스, 호메로스, 세르반떼스, 그리고 셰익스피어 ─ 을 두고 있었던 것을 보면, 그 자신도 우리의 이 타락한 세상에서 더이상 어떠한 것도 구매할 수 없는 인류에 대해 영웅적인 해결책을 가지고 있었던 것이 분명해 보인다.

사회주의 계획의 실현을 위한 기반 조건은 선진 산업경제 자체에 내재된 자유의 범위다. 사회주의의 주요 목표─잉여노동을 동등하게 분배된 자유시간으로 전환하는 것─를 달성하기 위해서는, 근본적 사슬(radical chains)을 반드시 급진적 필요(radical needs)로 변환시켜야 한다.

후발국에서 일어나는 무산자들의 혁명도 불가능한 목표에 도달할 수 있지만, 오직 선발 산업국가들의 프롤레타리아트만이 실제로 미래를 담보할 수 있다. 자본가들 상호 간의 경쟁과 노동계급의 전투성은 과학과 생산의 통합을 촉진하며, 이에 따라 노동소외의 (현실성까지는 아니더라도) 필연성이 줄어든다. 맑스는 이미『철학의 빈곤』(1847)에서 다음과 같이 주장했다. "혁명적 요소들을 하나의 계급으로 조직하는 일은 옛 사회의 품에서 생겨날 수 있는 모든 생산력의 존재를 전제로 한다."[330] 10년 뒤 맑스는『정치경제학 비판 요강』에서 다음과 같이 예측했다. "대규모 산업이 발전하면 할수록, 실질적인 부의 창출은 노동시간이나 고용된 노동의 총량이 아니라, 과학의 전반적 수준과 기술의 진보 및 과학을 생산에 응용하는 정도에 좌우될 것이다." 바로 이 지점에서 "노동 대중의 잉여노동은 더이상 부의 총량 증가를 위한 조건이 되지 못하는데, 이것은 노동하지 않는 소수가 더이상 인간 정신력 총량의 증가 조건이 되지 못하는 것과 마찬가지다". 그때가 되면, 노동자들 스스로가 자유시간으로 전환된 자신들의 잉여노동을 "예술과 과학 같은 자기계발"을 위해 활용하는 것이 물질적으로도 가능하고 역사적으로도 필연적이게 될 것이다. "이제 더이상 노동시간은 부의 척도가 아니다. 처분 가능한 시간이야말로 새로운 부의 척도다."[331]

그러나 노동운동의 목표를 단순히 분배적 정의나 수입의 공평, 혹은 번영의 공유로만 설정하면, 그러한 전환은 결코 일어나지 않는다.[332] 이러한 것들은 사회주의에 도달하기 위한 전제조건이지 그 본질은 아니다. 새로운 세계는 사회주의 자체를 위한 투쟁으로부터 발생하는 "급진적 필요"의 충족으로 스스로를 정의할 것이며, 이는 자본주의 사회의 소외와는 양립할 수 없다. 리보위츠에 따르면, "그러한 급진적 필요에는 공동체, 인간관계, 목적으로서의 노동(삶의 가장 중요한 필요), 대학, 자유시간과 자유로운 활동, 그리고 개성의 증진 같은 것들이 포함된다. 이것들은 다 질적 필요로서 물질적 산물에 대한 필요와는 뚜렷이 대조를 이룬다. 협력 생산의 사회에서는 '소유' 자체에 대한 필요가 사라질 정도로 물질적 필요가 상대적으로 감소한다".[333] 자유시간과 해방된 노동에 대한 급진적 필요를 만들어낸 것은 소비나 자본주의적 "풍족함"의 증가가 아니라, 급진적 대중운동에 체현되어 있던 대항가치(counter-values)와 꿈이었다. 그러한 필요들이 일상생활에 뿌리내리게 하기 위해서는 먼저 우정이나 섹슈얼리티, 성역할, 여성 참정권, 민족주의, 인종적·종족적 편견, 그리고 아이의 돌봄 같은 사안들에 대한 사회주의적 태도가 구축되어야만 한다. 맑스와 엥겔스가 유토피아적 청사진이나 미래 사회에 대한 공상을 좋아하지 않았다는 것은 잘 알려진 사실이며, 이는 그들이 그만큼 과학적 엄밀성에 충실했음을 말해준다. 그러나 그것이 곧 사회주의적 상상력을 배제했다거나 하물며 대안적 제도의 등장을 억제했다는 것을 의미하지는 않는다. 노동자 대학이나 소비자 협동조합, 하이킹 동호회, 무료 정신분석 상담 등, 이러한 대안적 제도들을 통해 노동운동은 현존하는 필요를 분출했고 동시에 새로운 필요를 상상했다.[334]

사회주의는 다양한 수준에서 실천되는 경제적 민주주의다. 그러나 공장 및 작업장에 대한 노동자 통제(혁명적 쌩디깔리슴의 목표이자 실천)의 실현 가능성 문제는, 국가적 차원의 경제 계획이라는 전대미문의 거대한 도전과는 반드시 구분되어야만 한다.

프롤레타리아트는 명백히 생산력의 발전에 근본적인 이해관계를 가지고 있다. 왜냐하면 그것이 곧 더 적은 노동과 더 많은 자유시간, 그리고 경제적 안전망의 보장을 의미하기 때문이다. 그러나 20세기 초반 유럽의 노동운동계를 심란하게 했던 중대한 문제가 있었는데, 그것은 곧 과연 생산력의 발전이 노동자들의 자유로운 결사와 협동만으로 달성 가능하느냐는 것이었다. 즉 현대식 생산과 재생산 투자의 규모와 복잡성을 고려했을 때, 관료 기구가 노동계급 의회의 통제를 받는다 하더라도 국가에 의한 **경제의 중앙집권화된 통제**가 필요하지 않겠느냐는 얘기였다. 맑스는 빠리 꼬뮌을 전방위적으로 옹호하면서, 경제의 매 단계마다 직접민주주의의 원리가 관철되어야 한다는 입장을 표방했다. "단결된 협동적 결사체들은 공통의 계획에 의거하여 스스로의 통제 아래 국가의 생산을 관리할 것이며, 자본주의적 생산의 숙명과 같은 항구적 무정부 상태와 주기적 격변에 종지부를 찍게 될 것이다."[335] 노동자들 스스로가 투자와 생산 목표 및 노동강도 등에 관한 크고 작은 수준의 결정에 참여할 것이기 때문에, 지속적인 기술 발전에 대한 동기부여는 충분할 것이다. 이는 기계를 인간의 노예로 만드는 것이지, 그 반대가 아니다.[336]

그러나 독일사회민주당은 1891년 에르푸르트 강령에서 원시적인 것으로 격하된 빠리 꼬뮌 모델을 포기했다. 신정통파 이데올로그의 핵심인 카를 카우츠키의 개념에 의하면, 사회주의는 현대적 관료 조직의 전문지식과 효율성을 필요로 한다. 즉 민주적인 방식으로 재구축된 부르주아 국가장치를 필요로 한다는 것이다. 마시모 살바도리(Massimo Salvadori)에 따르면,

카우츠키가 도달한 결론은 (…) 기이하게도 회사와 국가 및 정당 사이의 관계에 관한 막스 베버(Max Weber)의 결론과 유사했다. 이는 특히 1893년에 작성된 의회주의와 직접 입법에 관한 글에서 명확히 드러난다. 카우츠키의 주장에 따르면, 어떠한 형태의 "직접민주주의"도 현대화된 대규모 산업 ― 중앙집권화된 계획과 시장·국가의 조정은 물론이고, 그것의 실행을 위해 전문적으로 선택된 기술 집단으로서의 관료적 장치도 필요로 하는 생산양식 ― 이 지배하는 사회에서는 실패가 불가피했다. (…) 〔그가〕 보기에 볼셰비끼는 실질적으로 빠리 꼬뮌 모델을 포기했고 대신 고도로 중앙집권화된 관료적 국가장치를 만들었는데, 이는 상황 논리와 "합리성"이 지배했음을, 그러나 말하자면 가능한 최악의 형태로 지배했음

을 의미했다.[337]

　확실히 러시아(1917~18)와 이딸리아(1919~20)의 "노동자 결사체"는 공장을 운영할 수 있음을 입증했다. 1936~37년 바르셀로나의 전국노동자연합의 경우 더욱 인상적으로 경영 능력을 입증했다. 그러나 노동자들이 생산을 통제하는 이러한 실험들은 그것이 아무리 영감을 주는 실험이라 하더라도, 경제 발전을 국가나 국제적 수준에서 민주적 계획으로 통제하는 것과는 명백하게 차원이 다른 문제였다. 내전과 경제적 황폐화 및 국제적 고립 — 레닌은 공개적으로 이 상황을 재난으로 인정했으며 (작업장의 민주주의가 아니라) 쏘비에뜨 민주주의를 회복함으로써 상황을 다시 되돌리기를 희망했다 — 으로 말미암아 쏘비에뜨 러시아 초창기 공장위원회들과 노동자 통제가 폐지되었지만, 낙후된 탈자본주의 사회의 운명에 관한 카우츠키의 말이 외견상 더 결정적인 것처럼 보였다. 그에 따르면, 적대적인 국제 환경에 항구적으로 둘러싸인 국가가 생존에 필수적인 수준의 생산력(특히 중공업 분야의 생산력) 성장률을 확보하기 위해서는 중앙집권화된 계획과 잘 훈련된 관리 간부단, 가혹한 노동자 통제, 그리고 농민층에 대한 대대적인 강압책이 필수적이었다.

　스딸린주의는 맑스와 레닌을 신격화했지만, 그 뒤에 숨은 신은 사실 베버와 테일러(Frederick Winslow Taylor)였다. 켄들 베일스(Kendall Bailes)에 따르면, 1937년 당과 군부에 대한 대숙청 이후 스딸린주의의 최고 사제들은 새로이 급속도로 팽창 중이던, 특히나 엔지니어와 농학자 같은 전문지식계급이었다.[338] 짝이 맞지 않는 신발을 수백만켤레씩 생산하는 아둔하고 무능력한 관료제라는 통상적인 고정관념으로는,

2차대전기 동안 달성한 기적적인 생산이나 쏘비에뜨 우주 프로그램의
성공 등을 설명하지 못한다. 역으로, 스뿌뜨니끄호를 지구 궤도에 올려
놓을 수 있는 경제가 어떻게 그럴싸한 토스터기나 집전화기 하나 제대
로 만들지 못했는지도 단번에 설명하기가 쉽지 않다.[339] 물론 이 역설
은, 루트비히 폰 미제스(Ludwig von Mises)의 제자들과 폴란드의 위대
한 경제학자 오스카르 랑게(Oskar Lange) 같은 국가계획의 옹호자들
사이에 일어난 그 유명한 "사회주의 계산 논쟁"의 주요 주제들 가운데
하나였다. 1950년대 말과 1960년대 초 사이에, 유고슬라비아·폴란드·체
코슬로바키아에서 기업의 자율성과 "사회주의 시장"이라는 조합을 통
해 쏘비에뜨식 계획경제 모델을 실질적으로 개혁해보고자 했으나 미미
한 성과를 내는 데 그쳤다.

1차대전이 발발할 무렵, 몇몇 선진국의 경제는 "사회주의적 풍요"의 최소 조건
을 충족하고 잉여를 자유시간으로 점진적으로 전환시켜줄 수 있는 산업 생산성과
국민순생산의 문턱을 넘어섰다. 더군다나 미국과 독일이 1918년에 실시한 전시
경제를 모델로 한 "국가자본주의"는 국가의 중앙집권화된 계획을 통해 투자와 자
원을 할당하는 새로운 가능성을 입증했다. 이러한 발전 모델을 가장 예리하게 포
착한 사람이 바로 레닌이었다. 그러나 경제적 의사결정 과정에 광범위한 민주적
참여를 보장하기 위해 필요한 의사소통 및 통제 기술이 존재하지 않았는데, 이는
20세기 말에 가서야 등장할 터였다.

소련국가계획위원회(Gosplan)의 계획을 비판하는 1920년대 좌익 반
대파 노선의 사회주의자들이 민주주의의 부재를 국가 주도 통제경제의
근본적 모순으로 지적한 것은 정확했다. 그러나 그들은 민주적 참여에
의한 경제 계획의 실질적 선결 조건이 무엇인지에 대해서는 좀처럼 숙

고하지 않았다. 맑스와 마찬가지로, 그들도 생산력의 발전 자체와 그에 상응하는 민주적 조정·계획을 실행할 수 있는 사회적 역량의 창출을 명확히 구분해서 보지 못했다. 또한 거의 예외 없이, 민주적 조정·계획의 실행을 위해서는 경제의 매 단계마다 정교한 노동자 통제 제도가 필요하며, 아울러 다량의 경제 데이터를 실시간으로 처리하여 자원 할당에 관한 민주적 최종 결정 과정이 이루어지는 의사결정 체제에 그것을 제공하는 기술이 확보되어야 함을 인식하지 못했다. 선형계획의 아버지이자 저명한 수학자 레오니트 깐또로비치(Leonid Kantorovich)가 이끌던 1960년대 소련의 경제 계획가들은 "전통적 정보 유통 경로의 과부하를 극복하기 위해" 전산화에 희망을 걸었으나, 그들의 "컴퓨토피아"는 관료제라는 장벽과 소련 경제의 현실을 반영하는 5만개의 변수를 처리할 수 있는 연산력의 부재로 실패했다. 게다가 깐또로비치와 그의 동료들은 전적으로 중앙집권화된 경제 관리 문제들만을 다루었을 뿐, 탈중앙집권화와 노동자 통제의 문제는 관심 밖이었다.[340]

　'프로젝트 사이버신'(Project Cybersyn)은 이러한 점에서 완전한 예외에 속했다. 칠레의 아옌데(Salvador Allende) 정부와 영국의 이론가 스태퍼드 비어(Stafford Beer) 사이의 준(準) 이상적 협업을 통해 탄생한 이 프로젝트는, 노동자들이 기획과 운용에 참여하는 국유산업 자동관리 시스템 구축을 목표로 했다. 이든 머디나(Eden Medina)의 인상적인 역사학적 설명에 따르면, 사이버신은 노동자들을 생산체계의 책임자로 만들 뿐만 아니라 그들의 지식을 소프트웨어에 통합시킴으로써 노동자들의 경영 참여를 확고히 하고자 했다. 부유한 경영 자문가였던 비어는 차츰 "사이버네틱 사회주의"의 주도적 주창자로 변모해갔고, 사이버신을 궁극적으로 "칠레 관료주의를 해체시킬 혁명의 도구"로 간주했다.

그러나 칠레에는 중앙컴퓨터의 수가 너무 적었고(버로스Burroughs와 IBM은 아옌데 당선 이후 수출 금지 조치에 들어갔다), 인민연합(Unidad Popular)으로서는 시간이 너무 촉박했다.[341]

쏘비에뜨의 실험과 마찬가지로 사이버신도 아마 시기상조였을 것이다. 그러나 지난 40년간 컴퓨터의 연산 능력이 기하급수적으로 향상된 덕분에, 이제 민주적 계획에 필수적인 정보과학이 컴퓨터 정보처리 시스템, 사업 과정 재설계, 경영 현황판(managerial dashboards), 스마트폰, 사물인터넷, 협력적 공유경제(collaborative commons) 및 협업 생산(peer production) 등의 형태로 존재한다.[342] 세계 자본주의 그 자체도, 국제적 가치사슬(월마트)과 막대한 공급망(아마존닷컴)을 관리해야 할 필요성 때문에, 경제계산의 영역에서 '보이지 않는 손'의 역할을 은밀히 초월해왔다. 사회주의에 반대하는 고전적 주장들 — 자원을 합리적으로 할당하는 데에서 시장가격의 역할은 대체 불가능함을 "증명"한 미제스의 주장, 그리고 사회주의 계획 모델은 시장을 관리하는 데 필요한 수십만개의 방정식을 풀어낼 수 있는 연산 능력에 결코 도달할 수 없을 것이라는 하이에크(Friedrich Hayek)의 주장 — 은 상당 부분 설득력을 잃었다. 한편 경제와 그것의 공간적 조직이 탄소 순환에 미치는 충격을 측정하는 관측대와 과학적 패러다임이, 다시 말해 지속 가능한 산업 생태를 위한 정보적 기반이 이제 초보적인 형태로나마 등장했다. 대중의 참여가 가능한 동적 계획 모델에서 경제적·생태적 한도 — 일자리 창출을 위한 투자와 그것이 자연에 미치는 충격 — 의 통합적 계산을 가로막는 극복 불가능한 장벽이란 더이상 존재하지 않는다. 실제로 '무어의 법칙' 덕택에, 생산력과 과학이 충분히 발전하여 맑스가 『프랑스 내전』(The Civil War in France)에서 전망한 분권화된 경제적 민주주의로의 이행이 마침내 무르익었다.

부르주아지는 궁극적으로 진보의 약속을 충족시킬 수 없기 때문에 '반드시' 노동자 통치가 이루어져야 한다. 사회주의의 계획이 실패한다면 그 결과는 문명 전체의 퇴보일 것이다.

1914~21년, 대부분의 사회주의자들이 생각한 "최종 위기"가 삐레네 산맥부터 우랄 산맥에 이르기까지 막대한 인명 피해를 동반한 채 일어났다. 그러나 북미는 피해 갔고, 따라서 유럽의 대재앙은 최종전이 아니었다. 1921년 코민테른 3차 총회에서 뜨로쯔끼는 다음과 같이 말했다. "마지막 제국주의 전쟁은 자본주의 세계질서에 대한 역사상 유례가 없는 거대한 타격이라고 정당하게 평가할 수 있는 사건이었다. 실제로 전쟁이 끝나고 위대한 대중운동과 혁명적 투쟁의 시대가 부상했다." 유럽은 기아에 의해 파괴되고 통치되었으나,

> 서반구로 눈을 돌려보면 전혀 다른 그림이 펼쳐진다. 미국은 전혀 상반되는 성격의 발전을 거쳐왔고 그 과정에서 아찔한 속도로 부유해졌다. (…) 새로운 전세계적 노동 분업이 확립되었는가? 여기서 결정적으로 중요한 사실은, 자본주의 경제와 부르주아 권력의 무게중심이 유럽에서 미국으로 이동했다는 점이다.

2차대전으로 유럽과 소련은 다시 한번 파괴되었고, 미국의 패권이 그야말로 전지구적 규모로 재확립되었다. 그러나 거의 모든 맑스주의 및 좌파 케인스주의 경제학자들 ── 오이겐 바르가(Eugen Varga), 프리츠 슈테른베르크(Fritz Sternberg), 미하우 칼레츠키(Michał Kalecki), 군나

르 뮈르달(Gunnar Myrdal), 폴 배런(Paul Baran) 등 —— 은 새로운 불황이 시작되거나, 적어도 전간기의 경기 순환이 재연될 것이라고 전망했다. 그들 가운데 누구도 전후 장기 호황과 마셜 플랜 및 나토(NATO)의 성공을 예측하지 못했고, 또한 1968~69년 유럽과 미국이 거의 완전고용을 달성한 가운데 학생들과 노동자들의 급진적인 봉기가 일어나리라는 점에 대해서도 예측하지 못했다. 그러나 21세기 초에 세계경제의 역사는 다시 원점으로 돌아왔다. 일자리 창출 속도는 인구 증가를 따라잡지 못하고 있고, 충분한 식량 확보가 어려워지고 있으며, 기후변화라는 재앙에 대비해 인류의 습속을 적응시키지도 못하고 있다. 야만이 우리 주변에 가득하다.

2장

MARX'S LOST THEORY: THE POLITICS OF NATIONALISM IN 1848

맑스의
잃어버린 이론
1848년의
민족주의 정치

우리는 민족주의에 관해 이야기할 때 어떤 이야기를 하는가? 아마도 과도함일 것이다. 한 사회학자는 이렇게 불평한다. "종족성(ethnicity), 인종, 그리고 민족주의에 관한 연구는 파악이 불가능할 정도로 방대해 졌다." 또 어느 유명한 지성사가는 민족주의가 "참을 수 없을 정도로 변화무쌍하다"고 토로한다.[1] 민족주의 연구에 관한 최신 입문서를 집필한 영국의 사회학자이자 무엇보다도 민족주의 연구에 관한 가장 권위 있는 서지학자인 앤서니 스미스(Anthony Smith)는 그것의 지적 무질서함을 로스앤젤레스에 빗대어 묘사한다. "여러 논쟁들이 광범위한 분야에 걸쳐 장황하게 진행되고 있다. 그 논쟁들은 경쟁관계에 있는 민족주의 이데올로기들뿐만 아니라 특정 이론들 사이의 충돌 또한 다룬다. 핵심 용어들의 정의를 둘러싼 근본적 불일치, 민족사 서술에 관한 광범위한 이견, 그리고 '미래의 모습'에 관한 경쟁적 전망들도 민족주의 연구에 포함된다." 스미스의 분류에 따르면, 현재 경쟁관계에 있는 민족주의 연구 패러다임으로는 "원초론" "영속론" "신영속론" "도구주의" 그리고 "근대론"이 있다. (여기에 "구성주의" "신베버주의" "신비어드주

의"를 더할 수도 있다.) 한편 스미스 자신은 스스로를 "종족상징주의
자"(ethno-symbolist)로 규정하는데, 이는 민족주의를 이전부터 존재
해왔던 문화적 정체성들의 근대화라는 관점에서 연구하는 입장이다.[2]
그렇게 많은 단정적 언사들과 상충적 유형들, 그리고 학문적 전망의 불
일치에 직면해 있는 민족주의 연구는, 언뜻 클리퍼드 기어츠(Clifford
Geertz)가 말한 "개념적 모호성이라는 무지의 아우라"에 취해 있는 것
처럼 보인다.[3]

그러나 이러한 불협화음 속에서도 최근까지 거의 이견의 여지가 없
는 세가지 핵심 가정만은 공유되어왔다. 첫째는 "방법론적 민족주의"
로 이는 근대사회와 민족-국가를, 그리고 국가와 정치적 민족을 등치
시키는 것이다. 둘째는 민족주의를 자율적이며 심지어 근원적이기까지
한 하나의 역사적 힘으로 규정하는 것이다. (정치철학자 에리카 베너는
"민족 구성원 대다수가 소중히 여기고 민족주의자들이 요구할 때면 언
제나 쉽사리 다른 가치나 이해관계들보다 우선시되는, 민족적 가치들
의 고유한 집합"에 대한 이러한 믿음을 풍자했다.)[4] 셋째는 자유주의적
민족주의와 반동적 민족주의는 근본적으로 구분 가능하다는 가정이다.
이러한 이분법은 체코 출신의 망명 역사가 한스 콘(Hans Kohn)의 기념
비적 저서 『민족주의의 이념』(The Idea of Nationalism, 1944)에서 가장
영향력 있는 형태로 정식화되었다. 콘은 "서유럽의 공민적"(정치적) 민
족주의와 "동유럽의 종족적"(문화적) 민족주의를 대립하는 두 유형으
로 파악했다.[5]

민족 없는 민족주의

　민족주의에 관한 이러한 핵심적 가정들은, 앤서니 스미스가 정리한 논쟁적 패러다임들과 함께 1990년대에 부르디외주의 및 신베버주의 성향의 젊은 세대 사회학자들에 의해 근본적으로 재검토되었다. 1990년대는 과거의 국가계획 경제들이 세계시장에 통합되고 예상치 못한 극단적 민족주의의 바람이 불며, 한때 "제2세계"로 불린 지역에서 내전이 벌어지는 등, 역설의 시대였다. 1970년대와 1980년대에 활동했던 앞선 세대의 연구자들(어니스트 겔너Ernest Gellner, 베니딕트 앤더슨Benedict Anderson, 앤서니 스미스, 에릭 홉스봄)이 주로 근대 민족-국가를 만들어낸 조건과 변화에 관심을 두고, "고정된 경계를 갖는 동질적 독립체"로서 이후의 민족-국가의 존재를 당연시했다면, 이른바 "전지구화된" 세계에서 탈공산화라는 대변동기에 갑작스럽게 등장한 민족주의를 맞닥뜨린 새로운 세대의 연구자들은, 상대적으로 빠르게 변화하는 종족적·인종적·민족적 집단성(groupness)의 동역학에 훨씬 더 많은 관심을 기울였다. 특히 콘이 전개한 식의 이분법은 적실성이 떨어져 보이기 시작했다. 로저스 브루베이커(Rogers Brubaker)에 따르면, 복수적으로 존재하는 민족주의는 "규범상으로나 경험상으로나 다루기가 너무 힘들어서 서로 대비되는 실증적·도덕적 유형으로 딱 떨어지게" 분석되지 않는다. 특히나 "종족적"(ethnic)과 같이 추상적인 수식어가 사용될 경우에는 더욱 그렇다. 또한 그는 "집단성"은 그것이 종족적이든 공민적이든 간에 "가변적인 것이지 고정되어 있는 것은 아니며, 미리 전제될 수는 없다"고 이야기했다. 따라서 "민족됨(nationhood)이나 민족다움(nationness)에 관한 연구를 실질적인 실체이자 집단 혹은 공동

체로서의 민족에 관한 연구와 분리"해낼 필요가 있었다.[6]

UCLA의 브루베이커는 "실체론"에 맞서 이러한 봉기를 주도해온 주동자 가운데 한명이다. 그는 국가 체계가 붕괴한 소련과 유고슬라비아에서 민족주의가 부활한 일을 다룬 주요 저서 『민족주의의 재구성』(Nationalism Reframed, 1966)을 통해, 아무리 복잡하고 다층적인 정체성이라 해도 "민족성이라는 지독히도 단순한 범주"에 의해 순식간에 무효화될 수 있음을 보여주었다. 그는 공산주의의 이름으로 연합을 이루고 있던 민족들이 서구 민주주의의 키스로 깨어나기를 기다리기만 하면 된다는 식의 "잠자는 공주" 가설을 거부했다. 대신에 그는 연구자들이 본질적 "민족"이라는 성배를 찾는 일은 그만두고 "과정으로서의 민족주의의 역동성"에 더욱 초점을 맞출 필요가 있다고 제안했다.

나의 주장을 하나의 공식으로 정식화하자면 다음과 같다. 실천의 범주로서의 민족, 제도화된 문화적·정치적 형태로서의 민족됨, 그리고 우발적 사건이나 사태로서의 민족다움에 집중하되, 실체를 지닌 지속적 집단들로서의 "민족"이라는 분석상 의심스러운 개념의 사용을 삼가야 한다는 것이다.

더군다나 민족주의는 "민족에 의해 발생하지 않았다. 〔부르디외의 용어를 쓰자면〕 그것은 특정한 종류의 **정치적 장**에 의해 만들어진다. 혹은 더 정확히는 도출된다". 이어서 그는 이렇게 덧붙였다. "민족주의의 구체화는 지적 실천일 뿐만 아니라 사회적 과정이기도 하다. 그 정도로 그것은 민족주의 현상에서 중심적인 위치를 차지한다."[7]

국립더블린대학교의 전쟁학연구소 소속 사회학자 시니사 말레세비치(Siniša Malešević)는 더 회의적인 견해를 피력했다. "민족 정체성이란 진지하게 분석할 가치가 없는 개념적 키메라에 불과하다. 그것은 명확한 경험적 대상을 결여한 상태에서만 이론적으로 유효한 개념이다."[8] 말레세비치가 극도로 혐오하는 민족 정체성 개념은 "정체성"이라는 용어를 "엄밀한 규정을 피하기 위한 지름길로, 즉 무엇이든지 다 담아내는" 잡탕식 용법으로 사용한 사례다.[9] "문화적 차이를 종족적 차이로 규정하는 것은 그것이 능동적이고 역동적으로 동원된, 다시 말해 정치화된 경우에만 사회학적으로 유의미하다."[10] 왜냐하면 종족성이란 정치적 구성물이며("집단이 아니라, 사회적 관계로 이루어진 구성물이다"), 민족을 정치화된 종족성이라고 말하는 것은 단순한 동어반복에 불과하기 때문이다. "더 중요한 것은, 이러한 관점이 모든 종족적 관계들 사이에서 일어나는 집단적 차이의 정치화라는 거의 보편적이고 초역사적으로 일어나는 과정과, 민족-형성 과정을 특징짓는 역사적으로 특정한 일련의 사건들 및 실천들을 명확히 구분하지 않는다는 점이다. 민족다움이란 완전히 역사적인 것이며 근본적으로 우연의 산물이다."[11]

말레세비치는 에른스트 하스(Ernst Haas)의 "합성된 공동체"(synthetic Gemeinschaft, 자연적 형성물이 아닌 인위적이고 정치적인 구성물로서의 공동체를 의미한다—옮긴이)라는 개념을 상기시키며, 민족주의의 비밀스러운 힘은 사적인 사회적 관계의 "따뜻함"과 관료사회의 "차가움"을 조화시키는 능력에서 기인한다고 보았다. "다시 말해 민족주의 이데올로기는 민족을 친밀한 동료들로 이뤄진 공동체나 거대한 확대가족으로 규정함으로써, 지속적으로 분리되어 있는 민족-국가의 '민족' 부분과 '국가' 부분 사이에 다리를 놓으려는 시도다."[12] 그러나 그는, 친밀한 감정과 추상적 믿음 사이의 이러한 융합이 앤서니 스미스나 레지 드브레가 이야기하는 "집단행동의 종교적 구조"인 것은 아니라고 단언한다.[13] "물론 민족주의는 종종 유사종교적인 호소나 신격화된 의례 및 영적인 언어와 이미지에 의존하기도 하며, 민족을 거의 신성화된 실체로 묘사하는 경향도 보여준다. 그러나 이것이 사회와 신성의 관계에 관한 민족주의적 서사의 많은 부분을 설명해주지는 못한다." 말레세비치는 스미스의 사상이 "여전히 뒤르껨(Émile Durkheim)의 유산에 얽매여 있다"고 주장하면서, 뒤르껨 자신은 사회로 신성을 설명하고 신성으로 사회를 설명하는 악순환에 빠져 있음을 상기시켜준다. "종교와 정치적 종교의 한 형태로서의 민족주의는 '공동체 내의 선험적 연대감의 표출인가, 아니면 그것을 발생시키는 기제인가?' 신뒤르껨주의자들은 어느 쪽으로도 그것을 설명해낼 수 없다." 말레세비치는 또한 스미스가 규범적 통합을 지나치게 강조하는 한편 사회적 갈등의 역할은 과소평가한다고 비판한다. 최종적으로는, "급작스러우면서도 강렬하게 표출되는 공동체 소속감에서 가장 본질적인 측면은, 잠재적인 것이든 실제적인 것이든 그것이 정확히 사회적 갈등의 쟁투를 표현한다는 점이다".[14]

브루베이커와 말레세비치는 고전 사회학, 특히 구성주의의 일인자 막스 베버의 광대한 유산을 부활시키는 데 전념하면서도, 다른 한편으로는 정치경제학에도 문을 열어놓고 급진적 역사가들의 창의적인 반응을 끌어내고자 한다. 그들은 "민족적 실체"나 "종족적 핵심"을 둘러싼 논쟁으로부터 민족주의의 실질임금, 즉 만들어진 민족 정체성에 결부되어 있고 또 그것이 봉사하는 이해관계로 관심을 전환시킨다. 그들의 학문적 초점은 가족, 교회, 소대(小隊), 축구회 등 사적 결속의 공간들로부터 시작되는 사회적 상호작용과 갈등의 물리학이다. 상상된 민족 공동체는 바로 그러한 사적 공간들로부터 정서적 감흥을 끌어낸다.[15]

그러나 분파의 이해관계를 민족의 이해관계로 바꾸는, 혹은 경쟁 분파들의 이해관계를 화해시키기 위해 민족적 이해관계를 창출하는 정치화학과, 시대의 흐름에 따라 이러한 이해관계들이 변화하는 모습은 반드시 또다른 측면에서도 다뤄져야 한다. 아울러 가급적이면 인종적·종족적·종교적 억압 같은 견고한 내적 체계뿐만 아니라 사회경제적 거시구조(생산관계, 계급 구분, 재산 형태)가 어떻게 민족주의적 교의에 영향을 미치며 심지어 그것을 발생시키기까지 하는가라는 다소 고루한 문제도 다룰 수 있는 이론적 관점이 필요하다. 역사적 설명이 동반된 그러한 이론이 민족주의의 유형을 구분하는 범주까지 만들어낼 수는 없겠지만, 그것을 더 광범위한 정치적 장에 재배치시켜주는 것은 확실하다. 이 이론에 따르면 그만큼 분석이 단순해지기 때문에, 민족주의의 정치사와 민족-국가의 경제적·사회적 역사 사이에 만리장성이란 존재하지 않는다.

맑스에 반하는 맑스

1990년대 민족주의 논쟁에 참여한 또다른 주역 에리카 베너는 그러한 이론의 골자가 깜짝 놀랄 만한 벽장 속에 숨겨진 채로 발견될 수도 있다고 주장한다. 그는 민족주의 이론가들이 맑스의 저작을 새로운 관점에서 들여다봐야 한다며 오랫동안 목소리를 내왔다. 1995년 출간된 그의 옥스퍼드대학교 박사학위 논문 『실존하는 민족주의: 맑스와 엥겔스를 통해 본 탈공산주의 시대의 관점』은 간혹 간과되는 경향이 있기는 하지만, 1990년대에 이뤄진 민족주의 이론 비판에 매우 중요한 기여를 했다. 다른 사람들처럼 베너도 앤서니 스미스의 지지자들과 어니스트 겔너의 지지자들 사이에 벌어지고 있던 끝없는 논쟁, 즉 "민족들(민족주의들이 아니라)은 영속적 실체인가, 아니면 근대성이 만들어낸 새로운, 따라서 아마도 일시적인 창안물인가"라는 구도를 극복하고자 했다.[16] 그러나 맑스로 회귀함으로써 그는, "민족주의와 맑스주의 이론은 양립 불가능하다"는 프란츠 보르케나우(Franz Borkenau)의 오래된 유언비어를 되살려낼 만큼 강력했던 당대 탈맑스주의의 흐름을 거슬렀다.[17] 1975년 톰 네언(Tom Nairn)은 "민족주의 이론이 맑스주의의 역사적 대실패를 재현한다"고 썼고, 한편 에르네스또 라끌라우(Ernesto Laclau)도 이에 동의하면서 맑스가 "민족 정체성이 특수하며 환원 불가능하다"는 사실을 인정하려 하지 않았음을 지적했다.[18] 레지 드브레는 특유의 과장법으로, 맑스주의자들은 그저 "문화적으로 구성된 인간 집단성"의 원리를 이해하지 못했을 뿐이라고 말했다. "민족은 이론으로서의 맑스주의와 실천으로서의 사회주의라는 대환난 속에 있는 일종의 원자핵 같은 것이다." 그는 "언어처럼 민족도 생산양식을 가로지르는 불변의 상수"라고 주장했다. 또한 그는 맑스에게는 정치이론이 존재하지 않는다고 비난하기도 했다.[19]

그러나 마끼아벨리 연구의 권위자로 잘 알려진 베너는[20] 맑스에게서 (그리고 훨씬 덜 중요하지만 엥겔스에게서도) 더 흥미로운 지점을 발견했다. 왜냐하면 맑스와 엥겔스는 "초국가적 과정에서 벌어진 일들이 근대적 '민족' 의식과 국가 건설 노력을 활성화하는 데 기여한 역할"을 역설하면서도, "민족주의의 제한된 자율성"을 강조했기 때문이다. 베너는 너무 많은 해석가들이 "민족 문제에 관한 맑스와 엥겔스의 견해를 재구성할 때, 가장 추상적인 이론적 진술에만 의존하고 구체적인 정치적 맥락에서는 맑스와 엥겔스가 제안했던 구체적인 전략들을 간과하는 경향이 있다"고 주장했다. 보다 강하게 이야기하자면, 그들은 "계급투쟁 분석에 중점을 둔, 그러나 그것으로 환원되지 않는 **전략적 정치이론**"이라는 요소를 이해하지 못했다는 것이다. 베너의 설명에 따르면, "맑스와 엥겔스는 꾸준히 계급을 집단행동을 분석하는 기본 단위이자 그 틀로서 다뤘다. 그러나 계급과 민족주의적 목표, 계급과 민족 '의식' 사이의 관계는 통상적인 계급 환원론을 넘어서는 훨씬 더 복잡하고 가변적인 것으로 보인다". 탈맑스주의자들의 경우, "그들이 제기한 가장 통렬한 비판들 가운데 다수가 민족주의가 무엇인지에 관한 잘못된 가정에 근거하고 있다". 이는 부분적으로는 단순히 순진한 역사 인식의 결과였다. 베를린 장벽 붕괴 이후, "모든 탈공산화 민족주의는 틀림없이 민주주의적이고 서구지향적일 것이라고 생각해도 무방해 보였다. 이런 손쉬운 가정은 1989년의 대격변 이후 틀렸음이 입증되었다. 마치 1848년의 사건으로 민족성과 공화주의적 형제애를 동일시한 마찌니(Giuseppe Mazzini)의 생각이 전복된 것처럼 말이다".[21]

베너가 이따금 다른 연구자들보다 맑스의 문헌에서 더 많은 의미를 끄집어내는지는 모르지만, 맑스의 사상을 재구성하는 그의 솜씨는 정말로 탁월하다. 오랫동안 상당히 많은 문헌들이 이른바 "역사 없는 민족"이니 자결권이니 하는 식민주의에 관한 맑스와 엥겔스의 견해에 대해 갑론을박해왔으나, 민족주의에 관한 이들의 생각을 유물론적 정치이론의 맥락에 곧바로 대입한 것은 그가 처음이다.[22] 나의 설명을 덧대어보자면, 그의 해석은 맑스와 엥겔스가 계급 정치와 민족주의에 관해 가장 상세하게 분석한 내용들, 즉 유명한 것 같아 보여도 여전히 많은 면에서 잘 알려져 있지 않은, 1848년 혁명에 관한 기사와 논평, 소책자 등에 깃든 역설적 맥락에서 가장 잘 드러난다. 공산주의자동맹이 발간한 쾰른의 일간지 『노이에 라이니셰 차이퉁』에서 맑스와 엥겔스는 빠리, 베를린, 빈, 그리고 부다페스트에서 일어난 봉기의 진행 과정을 상세히 기록한 다음, 광범위하게 연합한 민주 세력에 의해 "아래로부터" 진행된 독일의 통일 운동을 가장 높이 평가했다. 엥겔스는 훗날 아일랜드인과 아프리카계 미국인들에 관한 논쟁에서 다시 등장할 기가 막힌 문구로 다음과 같이 언급했다.[23] "민주화된 폴란드의 건설은 민주화된 독일을 건설하기 위한 첫번째 조건이다." 그와 맑스는 폴란드의 해방을 위해 프랑스 혁명정부와 동맹을 맺고 러시아와 전쟁을 벌이는 것만이 중부 유럽에서 민주적 민족주의 세력이 권력을 쟁취할 수 있는 유일한 길이라는 데 동의했다.[24]

1849년 8월 런던으로 망명한 맑스는 프랑스 2월 혁명의 운명에 관심을 집중했다. 실제로 그는 2월 혁명의 부고 기사를 썼다. 『1848~50년 프랑스의 계급투쟁』과 그 후속작 『루이 나뽈레옹의 브뤼메르 18일』은 단일 문헌으로는 가장 많이 읽히는데, 전자에 대한 잘못된 이해가 종종 후자에 대한 왜곡된 해석으로 이어지곤 했다. (아울러 맑스가 망명 도중 월간지 『노이에 라이니셰 차이퉁: 정치경제학 레뷰』*Neue Rheinische Zeitung: Politisch-ökonomische Revue*에 실은 기사 「1850년 5월부터 10월까지의 정세 비평」도 읽어봐야 한다. 이 기사에서 맑스는 유럽에서 일어난 격변이 전세계적 차원의 지정학적·경제적 좌표에 미친 영향에 대해 과감한 분석을 내놓았다.) 프랑스어로 집필된 이 문헌들은 단순한 이론적 글이나 신문 기사, 혹은 즉각적으로 기록된 역사로 분류하기보다는 독창적 유형의 정치평론으로 보는 것이 가장 정확할 것이다. 여기서 맑스는 사회주의 정치의 실행을 염두에 두고서 추상적 형식을 갖춰

정식화하진 않았지만, 이론적 개념들을 전개하면서 적용해보고 있다. 더군다나 그는 생산관계와 정치적으로 조직된 경제적 이해관계들 사이의 중간쯤 되는 영역을 다루는 초기적 형태의 정치사회학으로 이해될 수 있는 용어들, 가령 "계급 분파" "도당" "당파의 결합" "룸펜 프롤레타리아트" 같은 말을 사용한다. 실로 테럴 카버(Terrell Carver)가 주장하듯, "맑스가 사용하는 총천연색의 화려하지만 두서없고 명백히 비이론적인 것처럼 보이는 용어들이 실은 최상의 정치이론"인 것이다".[25]

맑스가 프랑스어 저술에서 제기한 중요한 주장들을 이론적 진술로 전환해보면, "계급 대 민족" 혹은 생산관계의 변치 않는 인과적 우위성 같은 탈맑스주의 시대의 고정관념들과는 거의 일치하지 않음을 알 수 있다.

- 혁명은 국가(현존하거나 장차 등장하게 될 민족-국가), 세계시장, 그리고 유럽의 국가 체계(신성동맹)라는 삼중 공간에서 동시에 전개되었다. 맑스는 특히 이 공간들의 상호 접합에 관심을 가졌다. 예를 들어 동아시아와 태평양 지역으로 급격히 진출한 자본주의 ─ 아편 무역, 네덜란드의 자바 침공, 오스트레일리아와 캘리포니아의 금광 개발 ─ 는 어떻게 유럽의 혁명적 분위기에 영향을 미쳤는가? 또한 대륙의 혁명은 영국의 참정권 운동을 어떻게 급진화시켰는가?
- 『공산당 선언』에서 맑스와 엥겔스는 "노동자에게는 조국(Vaterland)이 없다"고 썼다. 그러나 곧바로 이들은 프롤레타리아트가 "정치적 주도권"을 장악하기 위해 "민족의 지도 계급으로 부상해야 하고 스스로가 민족이 되어야" 하는 만큼, "그 자체로 민족이

다"라고 덧붙였다. 이런 난해한 정식화는 훗날 쾰른과 런던에서 명확히 규명되었다. 맑스는 신성동맹에 맞선 방어 전쟁은 프랑스의 프롤레타리아들과 독일의 혁명적 민주주의 세력이 농민 및 중간계급 세력과 함께 "주도권"을 장악하기 위해서 반드시 필요한 과정이라고 역설했다.

• 초창기 1848년 혁명은 도시의 봉기들로만 이뤄진 고립된 열도였다. 맑스는 다음 한걸음은 반드시 농민들과 민주적 동맹을 맺는 것이어야 한다고 강조했다. 농촌은 혁명적 민주주의 세력이 일으킨 봉기의 승리를 보장할 수도, 혹은 그 세력의 무덤이 될 수도 있다. 그러한 동맹은 반드시 혁명적 민족주의라는 토양 위에 건설되어야 한다. 사회주의자들은 민족주의를 비난할 것이 아니라 민족의 방어를 조직하는 데 앞장서야 한다.

• 특정한 교착상태라든지 미성숙한 계급투쟁의 상황에서 국가장치는 "자기 자신의 집행위원회"가 되어 스스로의 약탈적 이해관계를 위해 권력을 행사할 수 있다.

• 정치/민족주의의 경제적 함의는, 위기 국면이나 가장 발전된 국가들을 예외로 한다면 대개 "착취의 이차적 형태"로부터, 혹은 서로 범주가 다른 재산들 사이의 충돌로부터 파생한다. 사실 맑스는 1850년대 대부분을 화폐와 신용의 자율적 정치학을 이해하는 데 보냈다. 화폐와 신용이야말로 프랑스를 비롯한 여러 나라들에서 발생한 사건들을 설명하는 데 결정적으로 중요한 역할을 수행했다.

계급과 민족주의

맑스는 "거의 라블레와도 같은 열정"으로 면도날처럼 날카로운 아이러니를 담은 산문시에서, 민족적 수준에서 민족의 이해관계라는 명분 아래 전략적으로 실천할 줄 아는 프랑스 사회계급들의 차별적 역량에 관하여 불완전하지만 놀랄 만한 분석을 제시했다.[26] 1848년 프랑스에서 일어난 사건은 단지 전조적 의미에서만 노동과 자본 사이의 전투였다. '사회적 공화국'의 이름으로 일어난 6월 봉기는 역사의 새로운 시대를 알리는 번갯불이었으나 그 이상은 아니었다. 여전히 농업이 큰 비중을 차지하던 프랑스 경제는 생산양식과 착취 형태가 이행하는 와중이었다. 산업혁명으로 몇몇 도시와 지역에 섬처럼 고립된 근대적 생산 기지들이 만들어지긴 했지만, 공장의 노동계급들과 그 고용주들은 아직 전국적인 차원에서 의식적으로 조직된 사회계급이 되지 못했다. 확실히 다양한 성향의 사회주의가 전세계 다른 어느 곳보다 빠리에서 더 강한 세를 이루고 있었다. 가령 1851년 빠리에는 거의 200개에 달하는 "사회주의 성향의 노동자 결사체"가 존재했다. 그러나 좌파의 뿌리는 산업혁명 이전의 코즈모폴리턴적인 장인 문화에 있었고, 이들은 소시민층의 민주적 공화주의를 대변해온 자꼬뱅 전통의 주역이었다.[27] 프루동의 추종자들이 그중 가장 강한 세력을 이루고 있었는데, 이들은 반권위주의적인 조합주의자들이자 연방주의자들이었다. 그들에게는 지방(pays) ― 고향과 도시, 혹은 지역 ― 이 진정한 조국(patrie)이었다.

맑스가 보기에 민족주의는 무엇보다도 프랑스 주민 대다수를 이루고 있던 두가지 무정형 사회집단 내지는 "유사계급"의 아편이었다. 하나는 도시의 장인, 소상점주, 소상인이었고, 다른 하나는 농촌의 소규모 자영농이었다. 에밀 졸라(Émile Zola)가 훗날 자신의 소설 스무편으로 구성된 루공마까르(Rougon-Macquart) 총서에서 아주 상세히 묘사한 것처럼, 이 집단들이야말로 프랑스 사회의 근대화 및 공장 프롤레타리아트와 대자본 사이의 양극화로부터 잃을 게 가장 많은 사람들이었다. 소규모 자영농들과 독립적 생산자들에게 1848년의 "민족"이란 계급투쟁의 마법과 같은 소멸, 그리고 사회 세력들 사이의 상상적 균형을 의미했다. 도시와 농촌이 고수했던 민중적 민족주의와 역사적 기억은 부분적으로 겹치기도 했지만 서로 다른 판본이었다. 1792~94년의 전통을 여전히 충실히 따랐던 도시의 중소 부르주아지는 대체로 민주적 민족주의를 받아들였으나, 대다수의 농촌 주민들은 아버지 대와 할아버지 대를 뒤덮은 제국과 나뽈레옹의 영광을 갈망했다. 사회주의자들에 대한 6월의 대학살 이후, 제헌의회에서 르드뤼롤랭(Alexandre Auguste Ledru-Rollin)이 이끄는 공화주의 다수파는 민족의 이름으로 삼색기를 흔들었지만, 맑스가 보기에 그들은 진정한 정당이 아니라 "공화주의 성향의 부르주아, 작가, 변호사, 장교 및 관리로 이뤄진 성마른 패거리에 가까웠다. 그들의 정치적 영향력은 루이 필리쁘(Louis Philippe)에 대한 사적 반감, 옛 공화국에 대한 기억, 다수의 열광적 지지자들이 보여주는 공화주의적 신념, 그러나 무엇보다도 빈 조약에 대한 증오와 영국과의 동맹에 대한 증오로 점철된 프랑스 민족주의로부터 기인했다".[28]

한편 농촌에서는 "불멸의 군단"이라 불리던 나뽈레옹 친위대의 아들들과 손자들이 소규모 자영농으로 정착했지만, 부채와 세금의 압박에 시달리는 가운데 분할 상속으로 서서히 그러나 가차 없이 농장의 규모가 줄어드는 고통을 감내해야 했다. 도(département)마다 사정은 달랐으나 전체적으로 농촌의 빈곤화가 지속적으로 진행되었고 농민들은

"헐거인"으로 전락하고 있었다. 맑스의 추산에 따르면, "토지담보부 대출로 프랑스 농민이 지불해야 하는 이자의 총액이 영국의 총 국가부채에 대한 연간 이자의 총액과 비슷했다". 즉각적으로 농촌의 세금을 끌어올린 공화국에 대한 환멸이 빠르게 확산했고, 이는 제국에 대한 향수만 더해줄 뿐이었다. 농민들은 제국을 민족적 영광은 물론 토지 및 저당 잡히지 않은 소유권과도 동일시했다. 솔로몬 프랭크 블룸(Solomon Frank Bloom)에 따르면, 맑스가 보기에 "모든 계급은 민족을, 그리고 경우에 따라서는 모든 종을, 자신이 가진 이미지에 따라 묘사하는 경향이 있었다. 그러고 나서는 바로 그 이미지 숭배로 나아갔다. 계급마다 각기 다른 '조국'이 존재했다". 농민들의 경우, "군복이 그들에게는 국사복(國師服)이었고, 전쟁은 시였다. 그들의 상상 속에서 조국이란 넓게 펼쳐져 있고 경계가 잘 지어진 소규모 농장들이었으며, 애국심은 다름 아닌 재산에 관한 가장 이상적인 형태의 감정이었다".[29] 유진 웨버(Eugen Weber)의 연구로 이미 잘 알려진 프랑스 농촌의 강렬한 지역주의 때문에 19세기 말까지도 대도시들을 비롯한 멀리 떨어진 지역들까지 아우르는 민족적 정체성의 형성이 어려웠으며, "제국"에 대한 기억은 일종의 '들판에 있는 소'(cow in the field, 인식론에 관한 사고실험에서 기인한 표현으로, 들판에 소가 실제로 존재하나 정작 다른 대상을 보고 그것으로 소가 들판에 존재한다고 믿는 인식론적 오류를 가리킨다—옮긴이)였다.

빚에 허덕이던 도시의 중소 부르주아지도, 세금에 짓눌리던 농촌의 소규모 자영농들도 순전히 반사적으로만 혹은 미리 정해진 방식으로만 행동하진 않았다. 오히려 그들은 자신들의 경제적 생존을 가장 잘 다룰 수 있는 조직화된 계급이나 정당을 추종했다. 베너에 따르면, "엥겔스의 경우 늘 그런 건 아니었지만, 맑스는 유사계급의 구성원들이 기질상 외국인 혐오적이라거나 '허위의식'을 통한 조작에 취약하다고 믿지 않았다. 특정한 민족주의 정책들에 대한 그들의 지지는 조건부였지 맹목적이지 않았다. 그리고 그 조건에는 결정적으로 안전과 물질적 복리라는 구체적 이해관계가 들어 있었다".[30] 맑스가 보기에 민족주의에 대한 인민의 지지는 잃는 것과 얻는 것에 대한 이해타산에 근거한다. 여기에는 천국과 영광에 대한 약속뿐만이 아니라 압제로부터의 해방, 그리고 더 나아가 다른 누군가의 재산을 유리한 조건으로 나눠 갖는다는 것도 포함된다. 다시 말해, 필연적으로 "자루 속 감자"일 수밖에 없는 존재는 오직 보수적 농민들뿐이었다. 맑스는 분명히 계급 형성의 문제를 궁극적으로는 경제 발전의 수준과 계급 정치의 주체들이 자신들을 민족의 대표자로 정당화할 수 있는 능력에 따라 결정되는 우발적 과정으로 파악한다. 베너는 "이러한 맥락에서 민족 이데올로기란 단일한 계급이 지배하는 고정적이고 획일적인 기제가 아니라, 정치권력의 획득 과정에서 일어나는 핵심적인 교리의 각축장"임을 강조한다.[31]

사실 『루이 나뽈레옹의 브뤼메르 18일』의 많은 부분은 주요 행위자들이 내린 전략적 결정들에 대한 매우 비판적인 대차대조표로 이뤄져 있다. 맑스는 이들을 계급적 위치, 집단적 이해관계, 그리고 그 이해관계들의 정치적 대의에 따라 명확히 구분했다.[32] 제2공화국 시기에는 근대적 의미의 정당이 기껏해야 배아 단계에 불과했고, 어떤 사회계급도 다른 계급에게 단일한 민족주의의 수사를 강요할 수 있을 만큼 통합력이나 정치적 기술을 갖추고 있지 못했다. 전국적 조직이 미비한 상태로 1848년 6월 성급히 일으킨 봉기에서 패배한 빠리의 프롤레타리아트는 일찌감치 무대에서 밀려났으며, 모호하고 광범위하게 흩어져 있던 부르주아지는 일단 바리케이드가 붕괴되고 사회주의자들이 즉결 처형되거나 알제리로 유배되자, 헤게모니 계급으로서의 조직역량을 상실했다. (일찍이 맑스가 『독일 이데올로기』에서 지적한 바 있듯이, "분리된 개인들은 다른 계급에 맞서 공동의 투쟁을 벌일 때에만 하나의 계급을 형성한다. 그런 경우가 아니라면, 그들은 경쟁자로서 상호 적대적인 관계에 있다".)[33]

동맹과 음모를 이용한 복잡한 연출 끝에, 나뽈레옹의 조카였던 루이 보나빠르뜨는 농촌의 압도적 지지로 대통령에 당선되었다. 한편 전통적으로 대지주 세력(정통왕당파)과 금융 세력(오를레앙파)으로 분열되어 있었던 상층 부르주아지(haute bourgeoisie) 세력은 '질서당'(Comité de la rue de Poitiers)으로 불안정하게 통합되어 있었다. 그들은 보통선거권을 포함한 2월 혁명의 성과물들을 하나씩 하나씩 해체해나갔고, 보나빠르뜨와 공조하여 로마에 들어선 가리발디(Giuseppe Garibaldi)의 용맹한 공화국을 전복하기 위해 원정대를 파견했다. 공화주의 야당 세력인 '산악파'(La Montagne)는 1849년 6월 13일 미적지근한 태도로 봉기를 일으켰으나 쉽게 진압당했다. 그러나 민주주의에 대한 질서당의 성공적인 공세는 동시에 국민의회의 정당성 자체를 약화시켰고, 자신이 특정 계급이 아니라 민족 전체를 대표한다는 보나빠르뜨의 선동적인 주장을 강화했다. 참으로 이례적인 방식으로 대단원의 막이 내렸다. 당시 진행 중이던 경기침체의 원인으로 정치적 불안을 지목하던 "원외의 부르주아지"가 자신들의 정치적이고 지적인 대표자들을 거부하고, 보나빠르뜨의 쿠데타와 국민투표를 묵인했다. 보나빠르뜨는 칼같이 제2공화국을 시궁창 속으로 쓸어 넣었다.[34]

맑스가 하나의 "독립된 열강"이자 절대주의의 상속자인 프랑스 국가에 대해 보여준 광범위한 통찰은 항상 독자들을 놀라게 했고, 심지어 충격을 선사하기도 했다. 제2공화국 내부의 투쟁이 의회제를 안착시킬 수 있는 독자적인 계급이나 계급 동맹의 구성에 실패하자, 사태는 국민투표에 의한 독재로 타결되었다. 『루이 나뽈레옹의 브뤼메르 18일』은 국가가 사회에 대해, 파벌이 계급에 대해, 그리고 (원초적 형태의) 민족주의가 민주주의에 대해 기묘하게 승리를 거두며 종결된다.[35] 제2제국이 (맑스가 원래 예상했던 것처럼) 빨리 몰락했다면, 하나의 일탈 정도로 손쉽게 치부될 수도 있었다. 그러나 체제의 수명이 한 세대 이상 지속되고 나뽈레옹 3세가 대륙의 정세를 주도하면서 『루이 나뽈레옹의 브뤼메르 18일』에서 정식화된 체제는 애초 맑스가 생각했던 수준을 넘어서는 중요성을 갖게 되었다. 부르주아지로부터 세심하게 권력을 위임받은 하나의 권위주의적 국가-형태로서 "보나빠르뜨주의"는 사회주의적 분석의 고전적 사례의 한 범주로서 주기적으로 재등장하게 된다. 특히 비스마르크 제국에 대한 엥겔스의 분석, 께렌스끼 체제에 대한 레닌의 성격 규정, 탈하이머(August Thalheimer)의 파시즘론, 그리고 히틀러 등장 직전의 힌덴부르크(Paul von Hindenburg)-폰 파펜(Franz von Papen) 정부에 대한 뜨로쯔끼의 해부가 이에 해당한다.[36]

맑스 자신은 1856년 6월과 7월 그리고 1857년 5월, 데이나(Charles Anderson Dana)가 주도하던 『뉴욕 트리뷴』에 크레디모빌리에에 관한 기사를 실으며 다시 한번 이 주제를 다뤘다. 1973년 쎄르조 볼로냐가 방대하면서도 대단히 독창적인 주석을 달아놓은 덕택에, 자칫 망각됐을지도 모를 이 문헌들은 1970년대 경제 위기 시기의 인플레이션과 화폐 정책에 대한 이딸리아 자율주의(autonomism) 맑스주의자들의 분석에 크게 기여했다.[37] 크레디모빌리에는 쌩시몽의 추종자였던 뻬레르 형제가, 오스만의 빠리 재개발을 포함한 산업 및 공공 투자를 위한 자본 "동원"을 목적으로 세운 유한책임투자은행 겸 지주회사였다. 이 회사는 오로지 합자회사에만 투자함으로써 프랑스 산업의 결합과 재편성을 촉진했다. 맑스는 이를 체제 붕괴까지 초래했던 '남해회사 거품 사건'(South Sea Bubble, 스페인 식민지 무역 독점권을 보유한 영국의 무역회사인 남해회사가 회사의 단기 채권을 국채로 전환하여 대규모 민간 자금을 끌어들였으나, 실제 회사의 수익성이 이를 뒷받침하지 못해 엄청난 부실을 남기고 파산한 대표적인 거품 사건—옮긴이)을 연상시키는 일종의 거대한 투자 사기라고 비난했다. "현재의 광적인 투자 열기를 대표하는 크레디모빌리에의 지배적 원칙은 주어진 흐름에 따라 투자하는 것이 아니라 투기에 투기를 더하고 사기를 집중화하는 만큼 그것을 보편화하는 것이다."[38] 그러나 맑스는 또한 이 사건이 "자본의 제휴를 통해 개별 자본가들의 노력으로는 결코 달성할 수 없는 전대미문의 생산력과 산업적 창출에 도달할 수 있음을 입증했다는 사실"을 인정했다.[39] 결국 "나뽈레옹식 사회주의"는 맑스가 생각했던 것보다 더 탄탄했다. 크레디모빌리에가 주도한 건설 호황과 자본 투자 열기를 통해 제2제국은 1857년의 경기침체에서 손쉽게 벗어났다.

아마도 소(小)보나빠르뜨에 대한 그의 본능적 혐오감 때문이 아닐까 싶지만, 이유가 뭐건 간에 맑스는 "나뽈레옹식 사회주의"에 대한 분석을 확장하지 않았고, 『자본』은 아니더라도 유물론적 정치이론의 『정치경제학 비판 요강』 정도는 되었을 법한 장을 더 집필하지도 않았다. 프랑스 국내 현실에 대해 가끔씩 기록한 짧은 글이나 서신(대개 "내 생각에는 보나빠르뜨가 그 어느 때보다 더 불안정해 보인다"는 희망 섞인 관측으로 끝맺음을 한다)만으로는 투기와 추문으로 얼룩진 제2제국 시기의 충격적인 문화를 겨우 엿볼 수 있을 뿐이다. 가령 빠리 재개발과

수에즈 운하 건설을 비롯한 대규모 개발 계획들(grands projets), "라틴 민족"(Latin race)의 주조와 그에 따른 프랑스 외교 노선의 재조정,[40] 그리고 체제의 정체성을 보여주는 시금석으로 1852년에 만들어진 '성 나뽈레옹 축일(fête)'을 들 수 있는데, 이 축일은 19세기 동안 해마다 개최된 행사들 가운데 가장 규모가 큰 애국주의 행사이자 민족주의 축제로서, 무수히 많은 사람들이 빠리에 모여 "민족의 영광이라는 공통의 감정"을 만끽했다.[41] 맑스가 보나빠르뜨의 군사적 역량을 과대평가했다면, 근대 민족주의의 본보기를 지속적으로 만들어낼 줄 아는 (제3공화국에서도 이어지는) 프랑스의 발군의 실력과 제국의 엇나간 역동성에 대해서는 심하게 과소평가했던 것이다.

그러나 그가 민족주의 자체를 과소평가한 것은 아니었다. 맑스의 프랑스어 저술의 중요한 정치적 교훈은 도통 언급되질 않는데, 탈맑스주의 시대의 고정관념과는 달리 맑스는 아주 분명히 전투적 민족주의가 사회혁명의 본질적 연료이며, 농민과 중하층 계급에 대한 사회주의자들의 주도권 확보를 위한 전제조건이라고 주장했다. 그와 엥겔스는 독일의 사례에서 이미 이 주장을 제기한 바 있으며, 『1848~50년 프랑스의 계급투쟁』에서 이를 재차 반복했다. 이 책에서 맑스는 1848년을 1792년에 비추어보면서, "당면한 민족의 적"이 되어줄 외국의 개입이 없었던 점을 아쉬워했다.

결과적으로 열정에 불을 댕기고, 혁명의 과정을 촉진시키며, 임시정부를 물속에 뛰어들게 할 만한 중요한 외부 세력의 개입이 없었다. 공화국을 자신들의 창조물로 보았던 빠리의 프롤레타리아트는 자연스럽게 임시정부가 부르주아 사회에 공화국을 단단히 안착시키기 위해 취한 각각의 조처에 지지를 표했다. (…) 공화국은〔맑스는 혁명의 초기 국면에 대해 서술하는 중이다〕 국외에서든 국내에서든 어떠한 저항에도 직면하지 않았다. 이것이 공화국의 무장해제를 초래했다. 공화국은 더이상 세계의 혁명적 변화라는 과제를 수행할 필요가 없었으며, 단지 부르주아 사회에 잘 안착하기만 하면 될 뿐이었다.[42]

물론 맑스가 프롤레타리아 민족주의 자체를 옹호한 것은 아니었다. 그보다는 민족 방위 과정에서 사회주의자들이 주도권을 잡아 국내는 물론 주변국들에서도 혁명적 변화를 가속화시키는 일을 옹호하는 게 그의 목적이었다. 이러한 입장은 일회적인 것이 아니었다. 비슷한 이유에서 맑스와 엥겔스는 1870년 독일의 동료 시민들에게 프로이센이 주도하는 동맹을 도와 나뽈레옹 3세에 맞서 싸울 것을 촉구했다. 단, 그 전쟁이 민족 방어 전쟁에 국한되는 한에서 말이다. 맑스는 "프랑스에는 몽둥이질이 필요하다"고 믿었다. 그는 엥겔스에게 이렇게 주장했다.

독일의 승리는 서유럽 노동운동의 무게중심을 프랑스에서 독일로 이전시킬 것이며, 1866년 이후 양국 노동운동을 비교해보면, 독일 노동계급이 프랑스 노동계급에 비해 이론적으로나 조직적으로나 우세함을 금방 알 수 있지. 세계 무대에서 프랑스에 대한 독일의 우위는 우리의 이론이 프루동의 이론보다 우세함을 의미하는 것이기도 하다네.[43]

1849년에 "다음 세계대전은 반동 계급과 왕조뿐만 아니라 모든 반동적 민족(특히 야만적인 슬라브인들)까지도 모두 지상에서 사라지게 할 것이다"라고 예언했던 엥겔스는, 1891년 아우구스트 베벨에게 쓴 예사롭지 않은 서신에서 이 이야기를 다시 꺼냈다. 당시는 러시아와의 전쟁이 임박해 보이던 상황이었다.

> 내 보기엔 이 정도는 확실해. 만약 우리가 지면, 향후 수년 동안 유럽 내에 국수주의와 보복 전쟁이 횡행할 것이야. 그에 반해 우리가 승리하면 우리 당이 주도권을 쥐게 되겠지. 따라서 독일의 승리는 혁명의 승리가 될 것이고, 전쟁이 도래하면 우리는 승리를 염원해야 할 뿐만 아니라 가용한 모든 수단을 동원해 승리에 기여해야 하네.[44]

독일사회민주당이 1914년 8월 4일 제국의회에서 전시채권에 찬성표를 던지면서, 엥겔스의 권위와 러시아의 침공이라는 망령을 들먹인 것은 전혀 놀랄 만한 일이 아니었다.

계산적 이해관계

그렇다면 민족과 민족주의가 탈맑스주의자들의 주장과 달리 맑스 이론의 난제(aporias)에 해당하지 않는다면, 맑스가 단순한 계급결정론적 정치학 개념을 가지고 있었다고 주장하는 드브레 같은 학자들의 비난은 무엇에 근거한 것인가?[45] 대처주의와 레이건주의라는, 전통적인 맑스주의 분석으로는 이해가 불가능한 이데올로기들이 등장한 이후, "계급 정치"를 조직화된 경제권력에 근거한 실체가 아닌 담론적 실천과 정치적 수사가 만들어낸 허구로 보는 주장이 널리 받아들여져왔다. 그러나 정치를 담론으로 규정하는 것은 그 자체로 일종의 환원론이다. 이는 곧 경제적 거시구조뿐만 아니라 정치제도와 거기에 내재되어 있는 이해관계들 및 투쟁의 방식들까지도 부인하는 것이다. 1848년 혁명에 대한 맑스의 분석에서는 참정권과 헌법, 그리고 다른 한편으로는 의회까지 모두 중요하게 다뤄진다. 아마도 맑스의 초기 정치 개념을 가장 잘 정식화한 것은, 19세기 중반 산업화가 진행 중이던 프랑스 세 도시의 선거 개혁과 노동계급 정체성을 연구한 로널드 아민제이드의 1993년 저작 『투표와 바리케이드』일 것이다. 이 책은 장인들과 노동자들이 자신들의 일상적인 투쟁의 관점에서 "공화주의"와 사회주의를 어떻게 이해했는지 탁월하게 설명해준다. 아민제이드가 『1848~50년 프랑스의 계급투쟁』이나 『루이 나뽈레옹의 브뤼메르 18일』을 명시적으로 언급하진 않았지만, 계급적 위치 및 조직과 이데올로기 사이의 관계에 대한 그의 규정은 모범적일뿐더러 베너의 맑스에 대한 해석과도 부합한다.

지주나 상점주, 노동자, 혹은 자본가 같은 한 사람의 위치에 따라 결정되는 계급적 이해관계는 정치적 과정을 거쳐 주관적인 정치적 입장이나 집단적인 정치 행동으로 이행하게 되는데, 정당 같은 제도들과 공화주의 같은 이데올로기들이 그 과정에서 핵심적인 역할을 담당한다. 이러한 제도들과 이데올로기들은 물적 조건이나 계급적 역관계로부터 독립되어 있지 않으며, 또한 물질적 현실에 구애받지 않는 채로 단순히 담론에서 이해관계를 창출할 수 있는 것이 아니다. 생산과정 내에서의 구조적 위치(즉 계급적 위치)가 집단적 정치 행동의 잠재적 기초가 될 수 있는 이해관계의 배치

(constellation)를 결정한다. 그러한 행동은 정치 조직의 건설과 정체성의 창출에 달려 있는데, 이는 기회와 한계를 규정하는 규칙이 존재하는, 또 적과 동맹 사이에 다중의 가능성이 존재하는 정치 무대 위의 객관적 위치들을 단순히 반영한 것에 불과한 것이 아니다. 이는 계급 요인만으로는, 그러한 이해관계들이 정치적 강령과 연합체 속에서 어떻게 규정될지 혹은 계급 기반의 이해관계들이 (인종이나 종족, 혹은 젠더 차이에 기반한 비계급적 이해관계들보다 더) 어떻게 정치적으로 핵심적인 지위를 차지할지를 결코 완전히 결정할 수 없음을 의미한다. (⋯) 제도적이고 문화적인 요인이 정치적 행동을 결정함을 인정한다고 해서 반드시 정치(여기서는 '민족주의'의 의미)의 자율성이 확언되는 것도 아니고, 또한 우리가 계급 분석을 포기해야 하는 것도 아니다. 정치에 대한 계급환원주의적 이해를 거부할 수는 있지만, 여전히 정치적 행동을 형성하는 데에서 계급관계의 중심성은 인정해야 한다.[46]

그러나 이렇게 경탄할 만한 정식화도 "계급 기반의 이해관계"에 대한 좀더 완전한 정의를 통해 보완되어야 한다. 『자본』을 주의 깊게 읽은 독자라면 계급투쟁이나 계급 간 경쟁이 다양한 형태를 띠고 있음을 잘 알 것이다. 예를 들어 임노동자들과 자본가들은 생산과정의 속도와 조직("실질적 포섭"), 노동력의 가격, 그리고 노동의 사회적 재생산에 대한 통제권을 놓고 투쟁한다. 개인으로서 혹은 집단으로서 노동자들은 일자리와 수습직을 놓고 서로 경쟁한다. 마찬가지로 동일한 제품군을 생산하는 회사들도 신기술 개발과 분업을 통한 생산성 향상으로 "초과이윤"을 얻기 위해 경쟁한다. 내수시장 생산자들은 보호관세에 호의적인 반면, 수출업자들은 자유무역을 추구하거나 혹은 적어도 상호주의를 지향한다. 제조업자들의 경우 대개는 자신들이 생산하는 상품에 대한 관세를 요구하건 안 하건 간에 곡물 무역의 자유화를 지지하는데, 이는 노동자들의 생계비용을 낮추기 위해서다. 한편 전반적으로 (반드시 상업적·재정적 서비스를 포함하기 마련인) 생산적 경제는 토지 등의 자연물을 소유함으로써 소득을 얻는 지대 수익자들의 이해관계와 상충된다. 다른 지대 추구자들은 독점을 통한 이득이나 국가기구 장악을 통한 특권을 추구한다. 다양하게 구성되는 금융자본은 사적 경제 부문과 국가 둘 다에 돈을 대여해주며, 간혹 스스로 소유권을 행사하기도 한다.

일찍이 프랑스어로 쓰인 저술들에 훗날 맑스가 정치경제학 비판을 통해 궁극적으로 지향하게 될 구체적 분석 범주들이 예시되어 있다고 주장해볼 수도 있다. 그는 당대 프랑스 자본주의를, 주로는 비생산적인 두가지 자본 분파들이 지배하는 정실 자본주의로 규정했다. 정통왕당파 지주 자본과 오를레앙파 금융 및 투기 자본이 그것이다. 국가를 장악한 이 지대 수취자들은 담보대출과 부채, 조세 등을 통해 쁘띠부르주아지와 소농들을 가차 없이 착취했다. 계급투쟁의 이러한 다양한 변수들에 대한 인식이야말로 『1848~50년 프랑스의 계급투쟁』이 보여주는 가장 중요한 혁신이다. 맑스에 따르면, 프롤레타리아트에 대한 6월 대학살 이후 정치적 갈등의 추동력은 "자본의 이차적 착취 양식에 대한 투쟁, 즉 고리대와 담보대출에 대한 농민의 투쟁, 그리고 도매업자·은행가·제조업자에 대한 쁘띠부르주아지의 투쟁"이었다. 맑스는 다음과 같이 덧붙인다. "7월 왕정은 프랑스의 국부 착취를 위해 만들어진 합자회사나 다름없었다. (…) 루이 필리쁘 치하에서 통치권을 행사한 것은 프랑스 부르주아지 전체가 아니라 그 한 분파였다. 은행가, 주식거래소의 거물들, 석탄과 철강 및 삼림의 소유주들, 그리고 그들과 결탁한 일부 지주들, 이른바 금융귀족들이 바로 그들이다."[47]

생산에 거의 기여하지 않았던 이 흡혈 카르텔은 국가의 신용을 통제했고, 정부의 지출과 과세를 크게 좌우했다. 이들은 자신들이 주요 투자자였던 철도 부설 계획 등을 통해 국가 부채의 확장을 부추긴 다음, (자신들이 채권자인) 그 부채를 소생산자들에 대한 가혹한 과세를 통해 충당했다. 맑스의 주장에 따르면, 농민들에 대한 착취는 "단지 그 **형태**만 산업 프롤레타리아트에 대한 착취와 다를 뿐이다. 착취자는 똑같이 자본이다. 개별 자본가들은 **담보대출**이나 **고리대**를 통해 개별 농민들을 착취한다. 자본가 계급은 **국가의 세금**을 통해 농민 계급을 착취한다". 맑스는, 2월 공화국의 주된 과제가 국가의 부채와 더불어 금융가들을 청산하는 일이었어야 한다고 주장했다. 그러나 오히려 국민의회는 그들의 미수금 처리 대행자가 되어 농민들의 세금을 대폭 인상했고 도시 중소상인들의 파산을 방관했다. 맑스의 기록에 따르면, 1849년 6월 급진적 쁘띠부르주아지에 대한 질서당의 탄압은 "임노동자와 자본 사이의 유혈적 비극이 아니라, 채권자가 채무자를 감옥에 가둔 통탄할 만한 사태였다". 세금에 짓눌려 죽을 지경인 농촌은 제2의 제국을 갈망했다.

농민들에게 나뽈레옹은 하나의 인물이 아니라 하나의 강령이었다. 그들은 드럼과 트럼펫 장단에 맞춰 깃발을 나부끼며 투표소로 전진하면서 이렇게 외쳤다. 세금은 이제 그만, 부자 타도, 공화국 타도, 황제 만세!(Ne plus d'impôts, à bas les riches, à bas la République, vive l'Empereur!) 황제 뒤에는 농민전쟁이 숨어 있었다. 그들이 투표로 타도한 공화국은 부자의 공화국이었다.

마찬가지로 "쁘띠부르주아지에게 나뽈레옹은 채권자에 대한 채무자의 지배를 의미했다".[48]

여기서 그 유명한 제임스 매디슨(James Madison)의 「연방주의자 논문 제10호」(Federalist Paper Number 10, 1787)에 드러난 사상과의 흥미로운 비교가 가능하다. 찰스 비어드(Charles Beard)의 책 『미국 헌법의 경제적 해석』(1913)에서 영감을 얻은[49] 매디슨은 몽떼스끼외(Montes-quieu)의 입장에 반대하며, 고전적인 공화주의 이론과는 달리 심지어 대륙 전체를 차지할 만큼 큰 공화국이 소규모의 시민 참여적 공화국보다도 분파적 갈등을 더 잘 억제할 것이라고 주장했다. 매디슨의 주장에 따르면, 발의된 헌법 아래에서는 이익집단의 증가 자체가 파괴적 분쟁의 발생 가능성을 줄이고 연합체의 결성을 촉진하며, 전국 단위 입법부에서의 협상을 선호할 것이었다. 그러나 경제적 불가피성을 잘 알고 있던 매디슨은 다른 방식으로는 당파적 투쟁을 억누를 수 없다고 믿었다. 왜냐하면 당파적 투쟁은 자유주의 경제에서 부의 축적이 갖는 본질적인 문제로부터 기인했기 때문이다. 세가지 주요 갈등 축이 존재했다.

당파를 발생시키는 가장 통상적이고 지속적인 원천은 재산 분배가 이루어지는 다종다기한 방식과 불평등이었다. 유산자와 무산자는 이제껏 한 사회 안에서 뚜렷이 구분되는 이해관계를 형성해왔다. 채권자와 채무자도 비슷한 차이를 갖기 마련이다. 문명화된 국가에서는 필연적으로 지주의 이해관계, 제조업자의 이해관계, 상인의 이해관계, 유산자의 이해관계가 여타 많은 하층민들의 이해관계와 함께 자라기 마련이며, 이들은 상이한 감정과 관점에 따라 행동하는 서로 다른 계급으로 구분된다. 이러한 다양하고 상충적인 이해관계들을 조정하는 것이야말로 근대적 입법을 통해 해결해야 할 가장 중요한 과제이며, 또한 정부의 필수적이고 일상적인 운영 과정에 당파성이 포함되는 이유다.[50]

맑스는 경제투쟁을 형식에 따라 분류하고자 한 적이 없었지만, 맑스전집에는 그에 상응하는 범주들이 빤히 드러나 있다. 아민제이드가 말한 것처럼, 계급의 근본적 위치에 따라 "집단적 정치 행위에 잠재적 기반이 되는 이해관계의 배치가 결정"된다면, 맑스가 언급한 "이차적 착취 양식"에서 기인하는 "위치" —— 매디슨적 의미든 비어드적 의미든 간에 —— 라는 개념에 충분히 주목할 필요가 있다. 밥 제솝(Bob Jessop)이 『루이 나뽈레옹의 브뤼메르 18일』을 꼼꼼히 읽고 지적한 바에 따르면, "정치의 사회적 내용은 생산양식의 수준에서 정해지는 추상적 이해관계가 아닌, 한 사회구성체 내에서 특정 국면이나 시기 동안 경쟁하는 계급들 및 계급 분파들 사이의 경제적 이해관계에 주로 관련된다".[51] 맑스의 "중간 단계" 개념은 그의 2월 혁명 분석에서 그토록 중요한 역할을 했음에도, 차후 그의 유산이 계승되는 과정에서 대부분 사상되었다. 물론 그람시의 경우, 농민 및 쁘띠부르주아지와의 연합을 통해 프롤레타리아트가 민족적 주도권을 장악해야 한다는 입장을 발전시킴으로써 맑스의 중요한 사상들을 복원하기도 했다. 아울러 맑스에 기반한 대부분의 민족주의 분석, 혹은 정치 일반 분석이 갖는 주된 문제는, 그것이 담론이나 문화, 종족 등의 자율성을 인정하지 않은 점이 아니라, 소유관계와 그로부터 파생되는 투쟁의 전체 영역을 포괄적으로 파악하는 데 실패한 점에 있음을 언급하고자 한다. 이렇게 말하면 이단이겠지만, 우리에게는 더 많은 경제적 분석이 필요하다. '더 적은'이 아니라.

3장

사막화:
끄로뽀뜨낀, 화성,
그리고 아시아의 맥박

인위적 기후변화를 발견한 것은 비교적 최근 일이라 할 수 있다. 1960년대 마우나로아산 정상의 관측소에서 대기 표본을 수집하여 분석한 찰스 킬링(Charles Keeling)이 그 계보의 시작이며, 아무리 멀리 잡아도 1896년 탄소 배출과 행성의 온실효과에 관한 전설적인 보고서를 작성한 스반테 아레니우스(Svante Arrhenius) 정도로만 거슬러 올라간다. 사실 삼림 파괴와 대규모 단일경작이 대기상의 수분 함량에 미치는 영향과 같이, 경제성장의 결과로 빚어지는 해로운 기후상의 변화는 계몽주의 시대부터 19세기 말까지 광범위하게, 또 종종 과장되게 논의되었다. 그러나 빅토리아 시대 과학이 보여준 아이러니는, 토지 개간의 결과든 산업화에 따른 오염의 결과든 인간이 기후에 미치는 영향이 널리 인정되었고 이따금 대도시들에 최후의 심판이 임박했다는 식의 공상이 난무했지만(존 러스킨John Ruskin의 「19세기의 폭풍우」 같은 망상적 작품을 보라), 중요한 사상가들 가운데 어느 누구도 고대건 근대건 간에 역사적으로 기후가 어떠한 **자연적** 변화의 패턴을 보여왔는지에 대해서는 거의 관심을 두지 않았다는 사실에 있다. 찰스 다윈이『종의 기원』

에서 공시화한 라이엘식 세계관 덕분에 성서적 격변설이 무한히 긴 시간에 걸쳐 서서히 일어나는 지질학적 환경의 진화라는 관점으로 대체되었다. 1830년대 말 스위스의 지질학자 루이 아가시(Louis Agassiz)가 빙하기의 존재를 발견했지만, 당대의 과학계는 역사적인 시간 척도 내에서 환경상의 교란이 일어날 가능성에 대해 부정적이었다. 진화처럼 기후변화도 수백년 단위가 아니라 수백억년 단위에서 고려되었다.

아나키스트이자 지리학자인 끄로뽀뜨낀이 1870년대 말에 처음 제기한 가설, 즉 대빙하기 이후 1만 4000년 동안 유라시아 대륙 내부에서 재앙에 가까운 건조화가 지속되고 있다는 주장이 마침내 세간의 이목을 끌어낸 데에는, 기이하게도 화성에 존재했다가 사멸한 것으로 추정된 문명의 "발견"이 그 계기로 작용했다. "구(舊) 기후사"라 부를 만한 이 이론은 20세기 초 매우 영향력이 높았다가 1940년대에 기후의 물리적인 자기조절적 균형을 강조하는 기상역학이 등장하면서 빠르게 잊혔다.[1] 인류 역사에 결정적 영향을 미쳤다고 열렬히 신봉되던 많은 것들이 발견되었다가 곧바로 사라졌고, 그것을 발견했던 사람들의 신망은 화성에서 운하를 봤다고 했던(몇몇은 사진을 찍었다고 주장하기도 했다) 저명한 천문학자들만큼이나 완전히 훼손되었다. 독일어권 및 영어권 지리학자들이나 동양학자들이 주로 논쟁에 가담했지만, 빙하기 이후의 건조화 과정을 유라시아 역사의 원동력으로 보는 최초의 가설은 '짜르의 사회과학고등연구원'이라 할 수 있는 쌍뜨뻬쩨르부르크의 악명 높은 뻬뜨로빠블롭스끄 요새 안에서 만들어졌다. 그곳에는 '어린 왕자' 뾰뜨르 끄로뽀뜨낀과 다른 저명한 러시아 지식인들이 정치범으로 수용되어 있었다.

시베리아 탐사

이 저명한 아나키스트는 일급의 자연과학자이자 자연지리학자이며 또한 탐험가이기도 했다. 1862년, 점점 더 반동으로 치닫는 숨 막히는 궁정 생활에서 벗어나기 위해 그는 5년간 동부 시베리아 지방으로 유배를 자처했다. 알렉산드르 2세(Alexander Ⅱ)는 끄로뽀뜨낀이 직접 선택한 부대에서 일을 할 수 있도록 임무를 부여했고, 끄로뽀뜨낀은 바이깔 호수 동부 지역에 새로 창설된 까자끄 부대를 선택하여 그곳에서 자신의 학식과 용기, 그리고 인내심을 마음껏 발휘했다. 그 결과 그는 부대를 통솔하여 제국이 최근에 합병한 거대한 미탐험 산악지대와 타이가 황무지를 탐험할 원정대 ─ 과학 탐구와 제국을 위한 정찰이라는 두가지 모두를 목적으로 하는 ─ 를 조직하라는 명을 받았다. 물리적 한계에 대한 도전의 측면에서나 과학적 성취의 측면에서나, "북부 시베리아의 레나강과 치따 부근의 아무르강 상류 유역 사이의 메마르고 광대한 산악지대"를 대단히 과감하게 정찰한 다음, 아무르강 하류 유역과 만주 내륙 지역까지 답사한 끄로뽀뜨낀의 탐험은, 18세기 비투스 베링(Vitus Bering)의 북부 대탐험이나 당대에 콜로라도 고원을 개척한 존 웨슬리 파월과 클래런스 킹(Clarence King)의 탐험에 비견할 만했다.[2] 극도로 험준한 지형에서 수천 마일을 탐험한 끝에 끄로뽀뜨낀은 동북아시아의 산악지(山岳誌)가 알렉산더 폰 훔볼트(Alexander von Humboldt) 및 그 추종자들이 생각했던 것과는 상당히 다르다는 것을 보여줄 수 있었다.[3] 게다가 그는 최초로 고원이 "산맥만큼이나 광범위하게 분포된 기본적이고 독립적인 형태의 지형"임을 입증했다.[4]

한편 끄로뽀뜨낀은 시베리아에서 한가지 난제에 직면했는데, 훗날 스칸디나비아에서 이 문제의 해결에 골몰했다. 그의 탐험대가 레나강과 아무르강 상류 유역 사이의 산악지대를 통과하는 장대한 여정을 치르는 동안, 탐험대 동료였던 동물학자 이반 뽈랴꼬프(Ivan Polyakov)는 "유량이 줄어든 호수의 건조한 바닥에서 초기 구석기시대의 유해를 비롯해 아시아의 건조화를 입증하는 다른 유사한 흔적들"을 발견했다. 이는 중앙아시아, 특히 카스피해 초원과 타림 분지에서 다른 탐험가들이 목격한 사실들과도 일치했다. 그들은 한때 거대한 호수였지만 지금은 사막과 메마른 분지가 된 지역들에서 파괴된 도시들을 발견했다.[5] 시베리아에서 귀환한 후 끄로뽀뜨낀은 러시아지리학회(RGO)의 요청으로 스웨덴과 핀란드의 빙원 빙퇴석 및 호수들을 조사하는 임무를 맡았다. 아가시의 빙하기 이론은 러시아 과학계에서 집중적으로 논의되었지만, 빙하 물리학에 대한 이해는 매우 낮았다. 암석 표면의 줄무늬에 대한 상세한 연구를 통해 끄로뽀뜨낀은 순전히 대륙 빙상의 양 자체 때문에 빙상이 플라스틱처럼, 거의 초점성 액체와 같이 흘러 다녔다고 결론지었다. 한 과학사가는 이것이 "그의 가장 중요한 과학적 업적"이라고 말했다.[6] 끄로뽀뜨낀은 또한 유라시아 빙상이 위도 50도 부근까지 남쪽으로 확장했다고도 확신했다. 만약 이것이 정말 사실이었다면, 빙하의 후퇴로 북부 스텝지대는 호수와 습지로 이루어진 광대한 땅이 되었다가, 점차 건조해지면서 초원지대가 되었으며(그는 유라시아 대륙의 많은 지역이 한때는 쁘리빠치 습지 같았을 것이라고 생각했다), 최종적으로는 사막화하기 시작했다는 결론이 가능했다. 끄로뽀뜨낀이 보기에 건조화는 북반구 전역에서 관측된, (강수량 부족으로 야기된 것이 아니라 강수량 부족을 **초래한**) 지속적인 과정이었다.[7]

1874년 3월에 열린 지리학회에서 이 대담한 이론의 윤곽이 처음 발표되었다. 발표가 끝나자마자 끄로뽀뜨낀은 짜르에 반대하는 지하조직 '차이꼽스끼 서클' 소속의 '보로진'이라는 혐의로 무시무시한 비밀경찰에게 체포되었다. 당시 "나에게 주어진 여가"와 짜르의 특혜 덕분에 (어쨌거나 끄로뽀뜨낀은 여전히 왕자였다), 그는 감옥에서 참고 서적들을 입수하여 저술 작업을 계속할 수 있었고, 빙하와 기후 이론을 설명하는 두 권의 계획된 저작을 거의 완성했다.[8]

이는 자연적 기후변화가 문명사의 원동력임을 포괄적으로 입증하고자 한 최초의 과학적 시도였다.[9] 앞서 언급했듯이, 계몽주의와 초기 빅토리아 시대에는 대개 기후가 역사적으로 안정적이었으며 추세상으로도 비유동적이었던 것으로 간주됐고, 평균치를 단순 이탈한 극단적인 사건들은 예외로 여겨졌다. 그에 반해, 인간에 의한 풍경의 변화가 대기상의 수분 순환에 미치는 충격에 대해서는 고대 그리스 시절부터 논의되어왔다. 가령 아리스토텔레스를 계승하여 리케움을 운영했던 테오프라스토스는 테살리아의 라리사 부근 한 호수의 물을 배수한 것이 숲의 생장 속도를 줄이고 날씨를 더 쌀쌀하게 만든 원인이라 믿었다고 한다.[10] 그로부터 2000년 뒤에는 (몇 명만 간추려보자면) 뷔퐁 백작(Comte de Buffon)과 볼네 백작(Comte de Volney), 토머스 제퍼슨, 알렉산더 폰 훔볼트, 장바띠스뜨 부생고(Jean-Baptiste Boussingault) 및 앙리 베끄렐(Henri Becquerel) 등이 삼림 개간과 대단위 농업을 통해 유럽인들의 식민 활동이 급격히 초래한 해당 지역의 기후변화 사례를 하나하나 언급하고 있었다.[11] (클래런스 글라켄Clarence Glacken에 따르면, "뷔퐁은 인간이 기후를 조절할 수도, 급격히 변화시킬 수도 있다고 결론지었다".)[12] 날씨 패턴의 주요한 자연적 변화를 보여주는 기후에 관한 장기 기록을 가지고 있지 못했던 계몽사상가들은, 대신에 식민지 섬들에서 행해진 플랜테이션 농업의 결과 강수량이 감소했다는 무수히 쏟아지는 정황적 보고서들에 집중했다. 같은 맥락에서, 오귀스뜨 블랑끼의 형이자 정치경제학자인 제롬아돌프 블랑끼(Jérôme-Adolphe Blanqui)는, 훗날 말타를 인위적으로 사막화된 섬의 한 사례로 들며 프랑스 알프스 지역의 과도한 벌목이 그 지역을 건조한 "아라비아 페트라이아"(Arabia Petraea, 로마제국의 지배를 받았던 아라비아 지역으로 간단히 '아라비아'라고도 한다—옮긴이)로 만들 수 있다고 경고했다.[13] 마이클 윌리엄스(Michael Williams)는, 1840년대가 되면 "삼림 파괴와 그에 따른 건조화는 식자층이라면 모두가 알고 있는 가장 중요한 '역사적 교훈' 중 하나였다"고 지적한다.[14]

맑스와 엥겔스도 이 식자층에 속했고, 둘 다 동지중해의 기후변화를 개간과 방목의 결과로 주도면밀하게 설명한 바이에른의 식물학자 카를 프라스(Karl Fraas)에게 매료되었다. 프라스는 1832년 바이에른의 오토공이 그리스 왕으로 부임했을 때 왕을 수행한 과학계 인사 가운데 한명이라는 화려한 경력을 보유했다.[15] 1868년 3월, 엥겔스에게 보낸 서신에서 맑스는 프라스의 책에 관해 열변을 토했다.

그의 주장에 따르면, 경작의 결과로 또 그 경작이 이루어진 정도에 따라서, 농민들이 그토록 선호하는 "습지"가 소실되고 (그에 따라 식생지대도 남에서 북으로 이동하는데) 결국에는 스텝지대가 형성되기 시작한다는 것이네. 경작은 처음에는 유용한 결과를 낳지만, 삼림 파괴 등으로 나중에는 재앙을 가져오지. 이 사람은 아주 잘 훈련된 문헌학자이자(그리스어로 책을 썼다는군), 화학자이며 농학 전문가이기도 하네. 전체 결론은 이렇다네. (물론 그가 부르주아지의 일원으로서 이런 결론에 도달한 것은 아닌데) 미개지에서 주의 깊게 통제되지 않은 채 이루어지는 경작은 페르시아, 메소포타미아, 그리스 등의 사례에서 볼 수 있듯이 사막화를 불러온다는 거야. 여기서 다시 한번 무의식적으로 드러나는 사회주의적 경향을 볼 수 있지![16]

나중에 엥겔스도 『자연변증법』(*Dialektik der Natur*)에서 지중해 지역의 삼림 파괴에 대해 언급하며, 인간의 모든 "승리" 뒤에는 "자연의 보복이 뒤따른다"고 경고했다. "매번 맨 처음의 승리는 우리가 기대한 결과들을 낳지만, 두번 세번 거듭되면 처음의 결과를 너무도 쉽사리 상쇄해버리는 매우 다른 예상치 못한 결과들이 이어진다."[17] 그러나 엥겔스는 자연에게서 인간의 정복을 맞받아치는 이빨은 보았지만, 자연이 역사적 시간의 범위 내에서 독자적인 변화의 원동력이 될 수 있다는 점에 대해서는 아무런 증거를 찾지 못했다. 그가 당시 독일의 자연 경관을 묘사하면서 강조한 것처럼, 문화는 프로메테우스적이지만 자연은 기껏해야 수동적으로 반응할 뿐이다.

독일 사람들이 이주해 왔을 당시 독일 땅에는 "자연"이랄 것이 거의 남아 있지 않았다. 지표면, 기후, 식물, 동물, 그리고 인간조차도 끊임없이 변해왔고, 이 **모든 변화는 인간의 활동에 의한 것이다.** 한편 인간의 개입이 없었던 시절 독일에서 일어난 자연의 변화는 극히 미미했다.[18]

지진과 혜성, 전염병 및 극단적 추위로 점철된 17세기에는 뉴턴이나 핼리(Edmond Halley), 라이프니츠(Gottfried Wilhelm Leibniz) 같은 위대한 지식인들 사이에서 격변적 자연관이 지배적이었다면,[19] 19세기의 유럽은 날씨와 지질학을 마치 금본위제처럼 수십년이 지나도 안정적일 것으로 간주했다. 적어도 이런 이유 때문에, 맑스와 엥겔스는 과거 2000~3000년 동안 생산의 자연적 조건이 특정한 방향으로 진화하거나 장기적 변동에 영향을 받았을 가능성에 대해, 혹은 기후가 그 자체만의 독자적 역사를 지닌 채, 주기적으로 서로 다른 일련의 사회구성체들을 가로지르고 과잉 결정할 가능성에 대해 전혀 숙고하지 않았다. 물론 그들은 자연에도 역사가 존재한다고 믿었다. 그러나 그것은 아주 긴 진화적 혹은 지질학적 시간대에서나 일어날 일이었다. 빅토리아 시대 중기 영국에서 과학적 교양을 갖춘 사람들 대다수가 그러했듯이, 그들도 다윈의 자연선택론이 기반으로 삼았던 찰스 라이엘 경의 동일과정설을 받아들였다. 심지어 그들은 지질학적 점진주의에 빗대어 영국 자유주의 이데올로기를 풍자하기도 했다.

아가시의 대빙하기 "발견"을 놓고 1830년대 말부터 시작된 오랜 국제적 논쟁은 이 인간중심적 환경변화 모델에 영향을 미치지 못했는데, 왜냐하면 당시 지질학자들이 수십년 동안 홍적세의 연대 확정 문제로 골머리를 앓고 있었기 때문이다. 당시에는 빙하 퇴적물들 사이에 선후도 확정하지 못했고, 빅토리아 시대 중기의 선풍적 관심을 끌며 발견되던 고인류나 거대동물의 유해에 대해서도 상대적 연대조차 추산해내지 못하고 있었다.[20] 따라서 "빙하 연구를 통해 지질학적 시간대가 아닌 보다 단기적인 기후변화의 실상을 파악할 수 있는 길이 준비되었음에도" 불구하고, 현재 기후와 빙하기 사이의 시간상 거리조차 측정되지 않았던 것이다.[21] 19세기 후반 미국의 위대한 기상학자였던 클리블랜드 아베(Cleveland Abbe)는 1889년에 쓴 글에서 "합리적 기후학" 학파의 일치된 견해를 다음과 같이 밝혔다. "약 5만년 전의 지질학적 시대에 발생한 대규모 기후변동은 밝혀졌지만, 인류의 역사가 시작된 이래 발생한 기후변화에 대해서는 어떠한 사실도 아직까지 입증되지 못했다."[22]

아시아와 화성의 사막화

끄로뽀뜨낀은 빙하기가 끝난 시점부터 현재 사이에 지구의 기후가 계속해서 역동적으로 변화해왔음을 강조함으로써 이러한 통설에 정면으로 도전했다. 기후는 초기 기상학자들 생각대로 정적인 상태에 머물러 있기는커녕, 역사가 시작된 이래 인간의 개입 없이도 끊임없이 단일한 방향으로 변화해왔다. 1904년 영국의 왕립지리학회(RGS)는 러시아 지리학회에서 있었던 끄로뽀뜨낀의 논문 발표 30주년을 맞아, 또 최근 스웨덴의 지리학자 스벤 헤딘(Sven Hedin)과 미국의 지질학자 래피얼 펌펠리(Raphael Pumpelly)가 이끈 아시아 내륙 탐험에 대한 대중의 관심이 고조된 상황 등을 감안하여, 끄로뽀뜨낀에게 그의 최신 견해들을 정리해 소개해줄 것을 요청했다.

끄로뽀뜨낀은 논문을 통해, 헤딘 등에 의한 근자의 탐험이 "해가 갈수록 사막의 한계선이 확장되고" 있음을 보여줌으로써, 빙하기 이후 급격한 건조화가 진행되었다고 하는 자신의 이론을 완전히 뒷받침해주었다고 주장했다. 빙상이 호수로, 그리고 초원이 사막으로 계속해서 불가역적으로 변해왔다는 이 이론에 근거하여 끄로뽀뜨낀은 깜짝 놀랄 만한 새로운 역사이론을 제안했다.[23] 그는 동투르키스탄과 중부 몽골 지역이 한때는 물 공급이 잘되는 "발전된 문명"을 이루고 있었다고 주장했다.

이 모든 것이 지금은 사라지고 없는데, 이는 이 지역의 급격한 건조화 때문임이 틀림없다. 건조화가 나타남에 따라 대량의 이주민이 발생하여 '중가르의 문'(Jungarian Gate, 지금의 카자흐스탄-중국 국경지대로서, 역사적으로 중앙아시아 유목민들이 문명 세계에 침입해 들어왔던 통로다—옮긴이) 일대와 발하슈 호수 및 오비강 유역의 저지대로 쇄도해 들어갔다. 그 여파로 해당 지역에 살던 선주민들이 압박을 받아 유럽을 향해 대대적인 이주와 침공이 이루어졌는데, 그것이 바로 기원후 첫 몇백년간 일어난 일이다.[24]

또한 이는 단지 주기적 변동만도 아니었다. 끄로뽀뜨낀은 **점진적 건조화**는 "지질학적 사실"이고, 완신세의 호상기(湖上期)는 반드시 가뭄의 확장기로 개념 규정되어야 한다고 강조했다. 이미 5년 전 그는 다음과 같이 기록했다. "우리는 지금 건조한 대초원과 스텝지대를 만들어낸 급격한 건조화 시대의 한복판에 들어서 있다. 인간은, 이미 중앙아시아를 희생양으로 삼은 데다 남동부 유럽까지 위협하고 있는 이 건조화 과정의 억제 수단을 마련해야 한다."[25] 수백만그루의 나무를 심고 수천개의 우물을 개발하는 등 전세계가 협력하는 영웅적 조치만이 미래의 사막화를 억제할 수 있을 터였다.[26]

끄로뽀뜨낀의 자연적·점진적 기후변화 가설은 그 수용의 정도가 각기 달랐다. 유럽 대륙에서는 영어권 나라들이나 사막 환경에서 활동하는 과학자들 사이에서보다 더 회의적인 태도가 우세했다. 자연지리학 분야에 대한 그의 기여가 잘 알려져 있던 러시아에서는, 1891~92년의 기근을 겪은 이후, 새로운 밀 생산지인 흑토 스텝지대의 가뭄이 경작 때 문인 것인지 아니면 은밀히 진행되고 있는 사막화의 전조인 것인지가 초미의 관심사였다. 정작 해당 문제에 대한 국제적 권위자였던 알렉산 드르 보예이꼬프(Aleksandr Voeikov, 근대 기후학의 개척자이자, 1870년대 초 지리학회 시절부터 인연을 맺은 끄로뽀뜨낀의 오랜 동료)와 바실리 도꾸 차예프(Vasily Dokuchaev, 이른바 "토양학"의 아버지)는 두가지 원인 모 두에 대해 그 증거를 발견하지 못했다. 그들이 보기에 스텝지대의 기후 는 역사시대 이후 변화가 없었다. 다만 자연적 주기에 따른 건기와 우기 의 연쇄만이 있었을 뿐이다. 보예이꼬프도 당시 유럽의 다른 많은 과학 자들처럼 독일 출신의 뛰어난 빙하학자 에두아르트 브뤼크너(Eduard Brückner)가 제기한 기후변동설에 확신까지는 아니더라도 큰 흥미를 가지고 있었다.[27]

1890년에 출간된 브뤼크너의 기념비적 저작 『1700년 이후 기후변화』 (불행히도 영어로 번역되지 않았다)는 역사시대 이후 수십년 단위의 기후변동 사례들이 존재했음을 입증했다.[28] 에마뉘엘 르 루아 라뒤리 (Emmanuel Le Roy Ladurie)와 허버트 램(Hubert Lamb)의 작업이 있 기 전까지 그 엄격함 면에서 타의 추종을 불허할 만큼 놀라울 정도로 현 대적인 방식으로 연구를 진행한 브뤼크너는, 문서로 된 기록물들, 포도 수확일이나 빙하의 후퇴 시점 같은 대체 자료들, 그리고 각기 다른 지점 에서 측정된 관측 데이터를 토대로 한, 이전 수세기에 걸친 겨울철 한 파 수준에 대한 해석들을 종합하여 다음과 같은 결론에 도달했다. '대 략 35년을 주기로 한랭습윤 기후와 고온건조 기후 사이에 순환이 있었 으며, 이것이 유럽의 수확량 변동은 물론 아마도 세계 기후 전반을 규정했을 것이다.' 대기의 전지구적 순환은 물론이고 기상학에 대해서도 거의 아는 것이 없었던 브뤼크너는 추측이나 입증되지 않은 주장을 피하기 위해 극도로 절제함으로써 기후변화에 대한 다음 세대의 논의에 악영향을 주지 않고자 했으며, 이른바 브뤼크너 사이클(Brückner cycle)의 인과관계에 대한 추정을 현명하게도 거부했다. 대체로 독일 과학문화의 영향을 받은 나라들(중부 유럽 대부분과 세기 전환기 무렵의 러시아도 해당된다)에서는 끄로뽀뜨낀의 기후격변설보다 브뤼크너의 신중한 기후변동 모델을 더 선호했다.[29]

한편 영어권 세계에서는 끄로뽀뜨낀의 1904년 논문이 대체로 크게 주목받았는데, 이 논문은 외견상 당시 미국 서부와 사하라 및 아시아 내륙의 거대 화석호(fossil lakes)와 건수천(dry rivers)에서 이뤄진 과학적 발견으로 뒷받침된 것이었다. 그러나 그것의 가장 직접적이고 놀랄 만한 충격은 지구 밖에서 일어났다. 보스턴의 부유한 엘리트 출신인 퍼시벌 로웰은 1894년 동양학자로서의 경력을 포기하고 애리조나의 플래그스태프에 천문관측소를 세웠다. 거기서 그는 1877년 조반니 스키아빠렐리(Giovanni Schiaparelli)가 "발견했고" 이후 몇명의 저명한 천문학자들이 "확인한" 화성의 운하(canali)를 연구할 수 있었다. 로웰이 등장하기 전까지는, 수로처럼 보이는 이 지표상의 갈라진 틈을 대부분의 사람들은 화성의 자연적 형상이라고 생각했다. 물론 이미 1890년에 벨파스트의 언론인이자 SF 작가인 로버트 크로미(Robert Cromie) 같은 이는 그것을 메마르고 사멸해가는 행성에 생존했던 어떤 선진 문명이 건설한 오아시스라고 주장했다.[30] 5년 뒤 로웰은 선풍적인 인기를 끈 자신의 저서 『화성』에서 크로미의 소설이 과학적으로 관측 가능한 사실이라고 주장했다. 왜냐하면 그 기하학적인 형상으로 볼 때, 그 수로들은 지적 생명체가 건설한 인공적 관개시설일 수밖에 없다는 것이었다. 더군다나 그의 생각에 개별 "민족들"의 운명에 종지부를 찍고 전쟁을 통해 전 행성 규모의 단일한 화성 문명이 건설된 것은 분명한 사실이었다. 다만 로웰은 "그들이 어떤 종류의 존재들인지에 대해서는 판단할 만한 데이터가 충분치 않다"고 적었다.[31]

전세계의 신문 독자들은 이에 열광했고, 작곡가들은 화성행진곡 같은 곡들을 썼으며, '웰스'라는 이름의 영국 기자는 계속해서 독자들을 유혹하고 전율시키기 위해 그 줄거리를 이용한 책을 구상하기도 했다. 로웰에게는 곧바로 자연선택론의 공동 발견자이자 끄로뽀뜨낀의 지인이기도 했던 앨프리드 러셀 윌리스 같은 확고부동한 과학적 적수가 등장했다. 그러나 그는 곧 대중매체의 지원에 힘입어 화성 문명은 사실이지 추측이 아니라는 쪽으로 여론을 설득할 수 있었다. 그는 "운하" 사진으로 청중을 놀라게 하는 것을 좋아했다. 항상 흐릿한 이미지밖에 보여주지 못하는 점에 대해 양해를 구하면서도 말이다.[32] 그런데 이 외계 문명의 본질과 역사는 무엇인가? 로웰은 끄로뽀뜨낀이 1901년 보스턴의 로웰재단(Lowell Institute)에서 여러차례 진화에 대해 강연을 하는 동안 아마도 그를 만났을 것이다. 그러나 사실이 어찌 됐건 간에, 1904년 논문의 점진적 건조화 가설은 로웰의 뇌리를 번개처럼 강타했다. 이렇게 해서 "화성의 비극"뿐만 아니라 지구의 운명까지도 설명해줄 거대서사가 탄생했다. 로웰은 화성의 경우 규모가 작기 때문에 진화가 가속적이었고, 따라서 앞으로 지구에 닥칠 변화를 미리 보여줄 수 있을 것이라고 주장했다. 그는 1906년 출간한 저서 『화성과 화성의 운하』에 다음과 같이 썼다. "우리 자신이 사는 세계에서 우리는 현재와 과거만을 연구할 수 있을 뿐이다. 그러나 화성에서는 얼마간 우리의 미래를 엿볼 수 있다." 그 미래는 전 행성적 차원의 건조화였다. 바다는 증발해 메마른 땅이 되었고, 숲은 스텝지대가, 초원은 사막이 되었다. 그는 건조화의 속도에 대해서도 끄로뽀뜨낀의 견해에 동의했다. "팔레스타인의 건조화는 역사적 시간대 안에서 일어났다."[33]

2년 뒤, 『화성, 생명의 집』이라는 책으로 출간되기도 한 공개 좌담회에서 로웰은 '화성 그리고 지구의 미래'를 주제로 한 강연을 통해 다음과 같이 경고했다. "지구와 화성을 둘러싼 우주적 상황에서 가장 끔찍한 사실은 사막의 존재 그 자체가 아니라 사막화가 이제 시작되었다는 점이다. 사막화는 지역적으로 일어나는 회피 가능한 그런 현상이 아니라, 우리 세계 전체의 목숨을 위협하는 이루 말할 수 없는 보편적 현상인 것이다." 그는 가장 주된 사례로 당연히 중앙아시아를 들었다. "해안가에서 멀리 떨어진 지역이 한때 항구였음을 보여주는 유적이 조용히 우리에게 말해주듯, 카스피해는 우리 눈앞에서 사라져가고 있다." 언젠가 "노후하고 쇠락한 자신들의 행성에서 생존을 위해 투쟁하는" 인간에게 남은 유일한 선택지는 화성인들처럼 운하를 건설해 극지의 물을 자신들의 마지막 오아시스로 끌어다 쓰는 것이 될지도 몰랐다.[34] 숙련된 수학자였지만 지질학자로서는 불운했던 로웰은 애리조나를 방문한 사람들에게 석화림(Petrified Forest)을 현재 진행 중인 건조화의 사례인 양 보여주는 것을 좋아했다. 실제로 그 나무 화석들은 2억 2500만년 전 트리아스기의 것이었으나, 당연히 로웰 스스로는 그것을 지구에서 단일한 방향으로 일어나고 있는 급격한 기후변화의 증거로 간주했다.

사실 끄로뽀뜨낀의 이론은 풍경에 대한 직관과 유라시아 빙상에 관한 가설에 근거한 것으로, 과거의 기후변화나 그 원인에 관한 어떠한 데이터에도 근거하지 않은 추정에 의한 비약일 뿐이었다. 실제로 그것은 본질상 검증이 불가능했다. 이를테면 기술(descriptive) 기상학과는 달리 이론(theoretical) 기상학은 여전히 걸음마 단계에 머물러 있었다. 우연히도 끄로뽀뜨낀의 논문은 야코브 비에르크네스(Jacob Bjerknes)라는 이름의 노르웨이 과학자의 잘 알려져 있지 않은 논문과 거의 같은 시기에 출간되었다. 비에르크네스의 논문은 유체역학과 열역학에서 도출된 여섯개의 기본 방정식의 형태로 대기물리학 최초의 토대를 구축했다. 지구물리학의 역사를 연구하는 한 역사가에 따르면, "그(비에르크네스)는 대기를 순수하게 기계적이고 물리학적인 관점에서 이해했다. 즉 태양 복사열에 의해 가동되고, 대기 순환에 의해 굴절되며, 속도와 밀도, 대기압, 온도 및 습도의 국지적 차이에 따라 다변화되는 일종의 '기단(air-mass) 순환 엔진'인 것처럼 말이다". 이러한 개념적 씨앗들로부터 현대 기상역학이 발전하기까지는 반세기 이상의 시간이 필요했다. 그동안에는 끄로뽀뜨낀의 가설에 부합하는 기후 모델의 설계는 불가능했다.[35]

과거의 기후를 알 수 있게 해주는 정량적 증거 또한 거의 존재하지 않았다. 브뤼크너는 인상적인 솜씨로 관측 데이터들을 이용했으나 프랑스 혁명 이후의 것만을 확인할 수 있었다. 1901년 스웨덴의 기상학자 닐스 에크홀름(Nils Ekholm)은 『계간 왕립기상학회보』(*Quarterly Journal of the Royal Meteorological Society*)에 기고한 보고서에서, 관측 데이터가 등장하기 이전에 존재했던 문서 증거들 가운데 활용 가능한 것을 조사해보았으나 대다수가 가치 없는 것으로 판명되었다고 말했다. "옛 문서들로부터 믿을 만한 기록을 얻을 수 있는 거의 유일한 기상 현상들은 혹한의 겨울들뿐이다." 덴마크 해안의 한 섬에서 1579~82년 튀코 브라헤(Tycho Brahe)가 작성한 선구적인 날씨 관측 기록과 동일한 위치에서 측정된 당대의 기록을 비교한 결과, 에크홀름은 겨울 날씨가 더 온화해졌고, 3세기 전보다 북유럽 날씨가 전반적으로 더 "해양성" 기후화되었음을 보여주는 조짐을 발견했다. 그러나 이 정도가 통제된 추론으로부터 얻어낼 수 있는 최대치였다. "그밖에 어떤 특징이 있는지, 그리고 이런 변화의 원인이 무엇인지는 밝혀진 바가 없다. 우리는 그러한 변화가 주기적인 것인지 점진적인 것인지, 아니면 우연적인 것인지 알 수 없을 뿐더러, 그 시공간적 범위에 대해서도 알 수 없기는 마찬가지다." 에크홀름의 합리적 추론에 따르면, 적어도 지난 100만년간 일사량의 변화는 없었고, 지구의 궤도 변화도 지난 1000년간의 기후에 거의 영향을 미치지 못했기 때문에, (그의 동료 스반테 아레니우스의 그 유명한 실험에 근거하자면) 가장 가능성이 높은 기후변화의 원인은 대기 중 이산화탄소 농도의 변동과 그에 따른 온실효과였다.[36]

병든 과학

그러나 일반 대중만이 아니라 과학자들과 지리학자들도 분명 더 과감한 이론을 갈망했다. 확실히 왕립학회의 희망대로 끄로뽀뜨낀의 논문은 로웰 같은 화성 애호가들의 관심을 불러왔을 뿐 아니라 1차대전 직전까지 이어질 광범위한 논쟁을 촉발했다. 인도 총독 조지 커즌(George Curzon) 경조차 기후변화를 부인하는, "여행을 해본 적도 없는 과학자들" 편이 아니라 건조화를 직접 목격한 탐험가들 편에서 논쟁에 뛰어들었다.[37] 또 한명의 유럽의 붉은 대공, 레오네 까에따니(Leone Caetani)도 점진적인 건조화 가설을 받아들인 저명한 탐험가 및 과학자 그룹에 속해 있었다. 그가 쓴 『이슬람 연대기』(*Annali dell'Islam*, 전 10권, 1905~29)는 서구 이슬람학의 초석이 되었다. 까에따니는 탁월한 언어학자로서 좌파 정치에 투신하기 전까지 이슬람 세계를 두루 여행했다. 유서 깊은 로마 귀족 가문 출신임에도 그는 반교권적인 급진당 소속 의원이 되었으며, 1911년에는 사회주의 다수파와 함께 리비아 침략에 반대했다. 파시즘 세력이 집권한 이후에는 캐나다로 이주하여 『이슬람 연대기』 집필 작업을 계속했다.[38] 까에따니의 가설에 따르면, 본래 비옥한 땅이었던 아라비아 반도는 모든 셈족 문화의 고향이었으나, 건조화와 이에 뒤따른 인구과잉 때문에 셈족은 한 집단씩 차례로 다른 지역으로 이주할 수밖에 없었다. 실제로 건조화는 이슬람 팽창의 배경에 있는 환경적 차원의 원동력이었다. 히타이트의 잃어버린 수도 하투샤를 발견한, 독일의 유명한 고고학자이자 문헌학자인 후고 빙클러(Hugo Winckler)도 독자적으로 같은 결론에 도달했는데, 이른바 "빙클러-까에따니" 이론 혹은 "셈족 이주" 이론은 향후 1920~30년대 범아랍주의 이데올로기의 시금석이 되었다.[39]

그러나 건조화 가설의 가장 열렬한 추종자는 예일대학교의 지리학자 엘즈워스 헌팅턴이었다. 그는 과거 터키에서 선교 활동을 한 바 있으며, 1903년 펌펠리의 카스피해 횡단 탐험과 1905년 중국령 투르키스탄을 탐험한 배럿(Robert L. Barrett)의 탐험대에 참여한 경력이 있었다. 그가 투르키스탄 탐험에서 목격한 바는 앞서 신장 지역을 탐험한 여행가들의 목격담을 사실로 확인시켜줬고, 끄로뽀뜨낀의 이론을 뒷받침해주었다. "카스피해로부터 동쪽으로 2500마일 가량 펼쳐진 지역은 아시아에서도 가장 건조한 지역으로 기후변화의 영향을 받아 지난 2000~3000년 동안 점점 더 거주하기 어려운 지역으로 변화해왔다."[40] 처음에 헌팅턴은 끄로뽀뜨낀의 가설을 글자 그대로 열렬히 옹호했으나, 1907년에 출간한 자신의 책 『아시아의 맥박』(*The Pulse of Asia*)에서는 한가지 결정적 측면에서 그의 가설을 수정했다. 가능성 있는 기후 가설들, 즉 "불변 가설, 삼림 파괴에 따른 인위적 변화 가설, 점진적 변화 가설, 그리고 맥동설(pulsatory change)" 가운데 이제 그는 그중 마지막 가설을 선택했다. 헌팅턴은, 기후변화가 태양의 추동을 받아 수세기 동안 큰 폭으로 진동하는 형태를 띤다고 주장했다. 습윤한 시기 다음에는 대가뭄의 시기가 뒤따랐다.[41] 그는 그러한 발상이 브뤼크너로부터 기인한다고 이야기했지만, 그가 염두에 둔 주기는 주파수의 파장이 훨씬 더 길었고, 끄로뽀뜨낀이 점진적 건조화로 보았던 장기적 결과까지도 포괄했다.

로웰과 마찬가지로, 헌팅턴도 매우 뛰어난 홍보 전문가였다. 그는 주기 가설의 증거를 찾아내기 위해 팔레스타인, 유까딴, 그리고 미국 서부 등지에서 정력적으로 노력했다. 캘리포니아의 고대 세쿼이아 수림에서는 (과거 로웰의 천문관측소에서 연구원으로 일했던) 나이테 연구의 선구자 앤드루 더글러스(Andrew Douglas)와 공동 작업을 하기도 했다.[42] 헌팅턴은 각각의 새로운 조사가 끝날 때마다 논문이나 책을 통해 자신의 주장, 즉 사회나 문명은 기후변화의 진동에 따라 흥망성쇠를 겪는다는 가설을 뒷받침했다. "매번 중앙아시아에서 기후상의 맥동이 요동칠 때마다, 문명의 중심부는 이런저런 방향으로 이동했다. 그때마다 빛이 저무는 땅에는 고통과 쇠락이, 아직 빛을 보지 못한 땅에는 생명과 활력이 도래했다."[43] (1940년에 출간된 고전 『중국의 내륙 아시아 변경지대』 *The Inner Asian Frontiers of China*의 저자 오언 래티모어 Owen Lattimore는, "갑작스럽게 사라진 초원을 찾아서 오르락내리락하는 기압계의 눈금을 따라 보이지 않는 지평선 너머로 언제든지 떠날 준비가

되어 있는 변덕스러운 유목민 집단"이라고 묘사함으로써 헌팅턴의 이미지를 풍자했다.)[44]

헌팅턴의 대(大)진동 가설은 역사의 궁극적 원인을 찾는 사람들에게 예기치 못한 선물을 안겨주었는데, 실제로『아시아의 맥박』은 환경의 도전에 대한 인간의 응전이야말로 역사의 원동력이라는 아널드 토인비(Arnold Toynbee)의 유명한 문명순환론에 영감을 주었다.[45] 그러나 헌팅턴의 지나치게 단정적인 주장은 다른 이들을 불안하게 만들었다. 왕립지리학회와 (헌팅턴의 교수직 승진을 고려 중이던) 예일대학교 측 모두 주요 권위자들의 의견을 신중하게 조사했다. 탐험가 스벤 헤딘은 건조화 가설 전체를 비웃었다. "인간이든 낙타든, 국가든 기후든, 어떤 것도 언급할 가치가 있을 정도의 변화를 겪지 않았다."[46] 현대 자연지리학의 거장 가운데 한명인 알브레히트 펜크(Albrecht Penck)는 헌팅턴에 대해 완곡하게 입장을 표명했다. "어떤 때는 그의 생각이 사실보다 앞서가는 경우도 있다. 그는 엄격한 비판 정신보다는 과학적 상상력으로 일을 하는 사람이다."

빈에서는, 헌팅턴이 자신의 스승들 가운데 한명으로 인정했던 에두아르트 브뤼크너가 헌팅턴에 대해 정중하지만 혹독한 평가를 내놓았다.[47]

그는 제대로 된 검증도 없이 역사 문헌들로부터 데이터를 끌어낸다. 그는 어느 수준까지 데이터를 사실로 간주해도 되는지 충분히 주의를 기울이지 않는다. 특히 고고학적 증거들은 그가 자신의 책『아시아의 맥박』에서 주장하는 정도만큼 결코 충분히 결정적이지 않다. (…) 그는 여러차례 사실들을 자신의 이론에 끼워 맞추려는 모습을 보여왔다. 내가 예일대를 방문했을 때, 헌팅턴 박사는 오래된 나무들의 나이테에 관한 자신의 연구 결과를 기후변동과 연관지어 나에게 보여주었다. 그가 모은 자료들은 매우 흥미로웠지만, 다시 한번 나는 그가 내린 결론이 신중한 판단의 결과라기보다는 자신의 확증으로부터 비롯된 것이라는 인상을 지울 수 없었다. 그는 여러가지 사례들에서 어떤 유사성을 발견했다고 주장했지만, 나는 거기서 단 하나도 볼 수 없었다.[48]

헌팅턴은 교수직을 받지 못했고, 예일대학교를 떠났다.

브뤼크너의 비판은 어빙 랭뮤어(Irving Langmuir)의 그 유명한 "병든 과학"(pathological science)에 대한 정의로 이어졌다. 랭뮤어는 "주관적 인상, 희망적 사고 혹은 임계적 상호작용(threshold interaction)에 의해 길을 잃은" 과학을 '병든 과학'이라 칭했다.[49] 우연과 상관성, 그다음에는 상관성과 인과관계를 혼동하는 아주 흔한 오류 외에도, 헌팅턴 및 그와 생각을 같이하는 몇몇 유명한 학자, 특히 클라크대학교의 지리학자 찰스 브룩스(Charles Brooks)는 순환논증의 오류에 빠져 있었다. 르 루아 라뒤리는 저서 『기후의 역사』에 다음과 같이 썼다. "헌팅턴은 몽골인들의 이주를 중앙아시아 건조지대의 강수량과 대기압의 변동으로 설명했다. 브룩스는 중앙아시아의 강수량 그래프를 작성하여 몽골인들의 이주 근거로 제시하는 훌륭한 작업을 했다!"[50] 한편 헌팅턴과 마찬가지로 열대기후로는 선진 문명을 지탱할 수 없다고 믿은 브룩스는, 앙코르 와트 문명이 존재했다는 사실은 기원후 600년경 캄보디아의 기후가 지금보다 훨씬 더 온화했음을 보여주는 것이라고 결론지었다.[51]

지리학자이자 역사가인 로즈 머피(Rhoads Murphey)는 1951년에 발표한 한 논문에서 헌팅턴에 반대하여, 사막에서 일어났던 문명의 극적인 파괴 현상을 다른 식으로 설명했다. 가령 북아프리카의 경우 로마제국 시대 이후 기후변화가 일어났다는 증거는 없다. 다만 밀밭과 로마인들의 도시가 번성했던 풍경이 황폐해진 것은 물 저장 시설의 방치와 파괴 때문이라는 게 그의 설명이었다. (헌팅턴은 사막 사회가 빗물보다는 지하수에 의존한다는 사실을 잊은 듯했다.) 수십년 뒤, 제러드 다이아몬드(Jared Diamond)가 역사가들에게 수용을 촉구하기도 했던 "자연실험"(natural experiment)과 같은 종류의 고전적 사례로, 머피는 니제르의 아이르 대산괴(Aïr Massif)를 들었다. 1917년 프랑스는 그 지역에서 투아레그(Tuareg)족 반란 세력을 강제로 쫓아냈다. "인구가 감소하자 우물과 텃밭, 가축에 대한 관리가 소홀해졌고, 1년이 채 지나지 않아 그 지역은 점진적 건조화의 증거로 제시되어왔던 다른 지역들과 정확히 같은 모습으로 변모했다."[52]

이 모든 논란에도 불구하고, 역사시대에 일어난 자연적 기후변화에 관한 끄로뽀뜨낀-헌팅턴 논쟁이 자연지리학의 틀 안에서만 이루어졌다면 좀더 풍성한 유산을 남겼을지도 모른다. 그러나 헌팅턴은 기후의 주기적 변화에 관한 자신의 독창적 생각을 독일의 지리학자 프리드리히 라첼(Friedrich Ratzel)과 그의 미국인 제자 엘런 처칠 셈플(Ellen Churchill Semple) 등이 옹호한 극단적 환경결정론과 뒤섞어버렸다. 그들은 인간의 문화적이고 종족적인 특질이 거주 공간의 자연적 조건, 특히 기후에 의해 기계적이고 불가역적으로 결정된다고 주장했다. 헌팅턴 역시 시러큐스대학교의 독일인 교수 찰스 컬머(Charles Kullmer)의 기묘한 생각에 사로잡혀 있었다. 컬머는 인간의 정신 활동이 개인적 수준에서든 사회적 수준에서든, 대기압의 전계강도(electrical potential)에 의해 결정된다고 믿었다. 헌팅턴의 전기 작가의 설명에 따르면, "컬머는 특정 시기 도서관에 소장된 논픽션 서적들의 권수를 센 다음 당시의 대기압을 측정했다. '기압이 높을수록 진지한 책이 많고, 낮을수록 적다'는 것이었다". 컬머의 발견에 "전율한" 헌팅턴은 다음과 같이 썼다. "이딸리아 르네상스에 대해 굉장히 많은 점들을 생각해보던 차에, 지금은 혹시 그것이 폭풍 발생 횟수의 변화와 어떤 관련이 있지 않을까 하는 의구심을 갖고 있다." 이후 헌팅턴은 수개월간 매일 친구가 대기압을 측정하는 동안 그 친구의 아이들에게 에드먼드 스펜서(Edmund Spenser)의『요정 여왕』(*The Faerie Queene*) 시구를 3연씩 받아쓰게 하는 식으로 컬머의 가설을 실험해보았다. "우리가 지금까지 생각했던 것보다 날씨와 지적 능력 사이에는 훨씬 밀접한 관련이 있는 것 같다. 이제 이 실험을 일본에 적용해볼 계획이다."[53]

그러나 곧바로 헌팅턴은 대기압이 아니라 실제로는 기온이 아마도 습도와 함께 작동하여 인간의 지적 명민함과 산업적 효율성을 결정할 것이라고 결론 내렸다. 제임스 플레밍(James Fleming)이 이름 붙인 이 "기상학적 테일러주의"는 곧바로 헌팅턴 자신이 열정적으로 탐닉했던 우생학과 인종공학 속으로 흡수되어버렸다.[54] 1917년 아나키즘 운동을 돕기 위해 러시아로 돌아간 끄로뽀뜨낀은 병마로 고생하면서도 자신의 묵직한 과학적 증언인『빙하기와 호상기』[55]의 집필을 마무리하는 데 여념이 없었다. 한편 그 와중에도 헌팅턴은 점점 더 기괴한 논문들을 발표하고 있었다. 가령 오스트레일리아 열대우림에 대한 백인들의 적응도에 관한 논문이라든가, 기후가 한국인들의 노동 생산성에 미친 영향에 관한 논문 등이 그러했다. 몇 년 뒤에는, 뉴욕으로 이주해 오는 뿌에르또리꼬인들을 매도하며 인구과잉이 중국인들의 성격에 미친 영향을 규명하고자 했으며, 잡지『하퍼』(*Harper*)에 "온도와 민족의 운명"에 관해 거만하게 장광설을 늘어놓았다.[56] 사실상 헌팅턴은 라첼이나 셈플 같은 사람들처럼 헤로도토스와 몽떼스끼외 식의 기후-인종 결정론 ─ 헤로도토스에게는 그리스가 인간의 최적의 서식지였으며, 몽떼스끼외에게는 프랑스가 그랬다 ─ 으로 모든 것을 포괄하는 기상학적 인류학을 만들어내고 있었다.

과학적 인종주의(헌팅턴은 그것의 열렬한 지지자였다)가 전성기를 누렸던 1910년대와 1920년대에는, 이러한 발상들이 주류 학계에 쉽게 받아들여졌다. 그러나 1930년대 후반부터는 학계에 새로운 세대가 등장하면서 백인우월주의라든지 그것의 극치인 파시즘과 연결된 것으로 의심되는 환경결정론과도 거리를 두기 시작했다. 헌팅턴의 전기 작가는 조심스레 다음과 같이 언급한다. "헌팅턴이 인간의 선천적 능력의 차이를 강조하고 1930년대까지도 우생학적 요인을 집요하게 파고든 것이, 아마도 불운이었던 것 같다. 2차대전이 발발하기 직전, 금발에 푸른 눈을 가진 코카서스계 인종이 다른 인종들보다 훨씬 더 긴 수명을 타고났다고 한 주장은 특히나 불합리한 추론(non sequitur)이었다."[57] (그러는 동안, 나치는 건조화 가설을 폴란드와 러시아 주민들을 제거하고 대량 살상하는 명분에 포함시켰다. 슬라브인들은 비스와강 동부의 빙하가 녹은 습지대를 제대로 배수하지 못했다는 비난과 그 지역의 사막화 Versteppung를 초래했다는 비난을 동시에 받았다. 오직 지배 민족만이 대규모 건조화를 억제할 수 있다는 것이었다.)[58] 날씨에 관한 신뢰할 만한 역사적 자료도 없는 상황인 데다 헌팅턴의 무모한 이론과 조야한 결정론까지 더해지면서, 대다수의 지리학자들과 역사가들에게 기후사 연구는 평판이 좋지 않은 영역이 되기 시작했다. 1937년, 한평생 기상 자료를 연구하며 날씨의 패턴을 발견하는 데 전념했던 물리학자 길버트 워커(Gilbert Walker) 경은, 자신이 점성술과 동급으로 취급하던 기후 결정론의 사망을 알리며 다음과 같이 썼다.

> 날씨에 대한 주기적인 실효적 통제가 가능하다는 믿음이 만연한 데, 이것은 한편으로는 조작된 데이터를 잘못 다루면서 생긴 문제이기도 하고, 다른 한편으로는 가령 달이 날씨에 영향을 준다고 믿는 것처럼 여전히 많은 사람들 사이에 존재하는 일종의 본능에서 기인하는 것이기도 하다. 일정한 주기에 따른 천체의 운행이 인간사를 좌지우지한다고 믿었던 우리 조상들처럼 말이다.[59]

게다가 전후 기후학자들 사이에는 "일종의 새로운 학문적 합의"가 형성되었다. "말하자면 전지구적 기후 시스템은 통상적 기후변동에 대응하는 압도적인 평형화 과정을 내재하고 있다"는 것이다.[60] 그러는 사이, 기후사의 비밀을 간직하고 있던 유라시아 내륙의 천연 기록보관소가 접근 금지 지역이 되었다. 냉전 기간 동안 타림 분지를 방문한 유일한 서구인들은 CIA 요원들이었다(뤄부포罗布泊 호수는 중국의 핵 실험장이었다). 마침내 많은 논란을 일으켰던 아우렐 스타인(Aurel Stein), 헤딘, 헌팅턴의 탐험 이후 한세기 이상이 지난 2010~11년, 중국·미국·스위스·오스트레일리아의 연구자들로 구성된 학제 간 연구팀이 타림 분지에서 현장 연구를 수행했다. 이들은 호수 잔류물을 분석하고, 지금은 완전히 사라진 뤄부포 호수의 침전물과 사구에서 발굴된 사목들 같은 잠재적인 기후 기록물을 채취했다.

2018년 초에 그 결과물이 발행되었다. 결론인즉슨 건조화는 최근의 현상이지, 고대의 저주가 아니라는 것이었다. "타림 분지는 지속적으로 오늘날보다 더 습했다. 적어도 1180년부터 1800년대 중반까지는 그랬다." 이 시기는 넓게 보자면 소빙하기의 범위 안에 들어가는데, 연구자들에 따르면 아한대성 서풍이 남하하면서 타림 분지와 그 주변 수계의 수원(水源)에 해당하는 고산지대의 강설량을 증가시킴으로써 습한 날씨를 가져왔다는 것이다. 사막의 가차 없는 확산이 아니라 "그것의 녹화(綠化)"야말로 중세와 근대 초 역사의 주된 줄거리였다.

> 우리가 보기에는 아시아 내륙 사막 회랑지대의 습윤화야말로 겨울 방목지대 주민들의 남향 이주를 촉진한, 즉 유라시아 사막을 가로지르는 기마 몽골인들의 침공에 불을 붙인 본질적 원인이었다. 게다가 현재보다 더 습윤했던 아시아 사막지대에 몽골 중심부에서 전파된 유목이 널리 확산되면서, 몽골인들과 스텝 주변부에 살던 튀르크어계 종족들 사이의 문화적·경제적 연관성이 강화되었다.[61]

그러나 19세기 말부터 아시아 내륙의 기온이 점차 상승하더니, 연구자들의 경고에 따르면 향후 사막이 북쪽으로 팽창할 전조가 될지도 모를 건조화가 시작되었다. 한편 일부 기후학자들의 경우엔 서아시아의 강수 시스템까지도 급격하게 변할 수 있다고 우려를 표했다. 현재와 과거의 대가뭄들을 연구하고 있는 컬럼비아대학교 라몬트-도허티 지구관측소(Lamont-Doherty Earth Observatory) 소속의 한 연구팀은 최근 발표한 한 보고서에서, 관측 이래 최악이었으며 사회적 불안을 야기한 주범이기도 했던 2007~10년 시리아에서 발생한 충격적인 가뭄 사태는 온실가스 배출 증가에 따른 "장기 건조화 추세"의 일부일 가능성이 있다고 밝혔다.[62] 이는 불편한 얘기지만, 요르단 계곡부터 자그로스 산맥

기슭까지 이어지는 기후학상의 비옥한 초승달 지대 전체가 금세기 말까지 사라질지도 모른다는 선행 연구와도 일치한다. "고대의 천수농경은 비옥한 초승달 지대에서 문명이 번성할 수 있게 해주었지만, 이러한 축복은 인간이 야기한 기후변화 때문에 곧 사라질 것이다."[63] 인류세의 존재는 결국 끄로뽀뜨낀이 옳았음을 입증해주는 것 같다.

4장

WHO WILL BUILD THE ARK?

누가
방주를
지을 것인가?

이 장의 이야기는 오슨 웰스(Orson Welles)의 영화「상하이에서 온 여인」(The Lady from Shanghai, 1947)에 나오는 유명한 법정 장면과 유사하다.[1] 지배계층의 타락에 걸려든 프롤레타리아의 미덕을 풍자한 이 누아르풍 영화에서, (웰스가 연기하는) 좌파 성향의 선원 마이클 오하라는 (리타 헤이워드가 연기하는) 치명적인 매력을 지닌 여성과 사랑에 빠진 후 살인죄 누명을 쓰게 된다. (에버렛 슬론이 연기하는 그 남편) 아서 베니스터는 미국에서 가장 유명한 형사 전문 변호사다. 베니스터는 오하라를 설득하여 그의 변호인으로 선임되는데, 이는 연적인 오하라의 유죄판결과 처형을 더 확실히 끌어내기 위한 술수였다. 재판이 전환을 맞는 순간은 검찰 측이 "위대하신 베니스터 변호인이 부리는 그 유명한 또 하나의 속임수"라고 이의 제기를 하는 가운데, 변호인 자격의 베니스터가 피해자 남편 자격의 베니스터를 증인으로 신청하고, 배심원단의 웃음소리를 들으며 자기 자신의 분열된 자아에게 속사포처럼 심문을 전개할 때다.「상하이에서 온 여인」이라는 작품의 분위기로 봤을 때, 이 장면은 자기 자신과의 논쟁, 즉 분석적 절망과 유토피아적 가능성 사이의 정신적 결투로 구성된다. 개인적으로든 어쩌면 객관적으로든 해결이 불가능한 그런 결투 말이다.

이 장의 첫번째 절, '지적 비관론'에서는 우리가 지구온난화에 맞선 최초의 역사적 투쟁의 무대에서 이미 패배했음을 입증할 만한 논거를 제시할 것이다. '쿄오또 의정서'에 반대했던 사람들 가운데 한명은 이 조약이 기후변화에 관해 "주목할 만한 아무런 해결책도" 마련하지 못했다고 의기양양하게 지적했는데, 불행히도 이 말은 맞는 말이었다. 이로써 전세계 이산화탄소 배출량은 감소되었어야 할 바로 그 양만큼 증가했다.[2] 온실가스 농도가 2020년까지 그 유명한 "레드라인" 기준치인 450ppm 이하로 안정화될 가능성은 거의 없다. 만약 이것이 사실이라면, 우리 아이들 세대는 아무리 영웅적으로 노력해도 생태와 수자원 및 농업 시스템의 급격한 변화를 미연에 방지할 수 없다. 더군다나 더 온난해진 세계에서 사회경제적 불평등은 일종의 기상학적 명령이 될 것이고, 완신세의 기후 균형을 붕괴시켰던 탄소 배출의 장본인인 북반구의 부유한 나라들은 적응에 필요한 자원을 가뭄과 홍수에 가장 취약한 아열대의 가난한 나라들과 공유해야 할 아무런 필요성도 느끼지 않을 것이다.

이 장의 두번째 절, '낙관적 상상'은 나 자신에 대한 반박이다. 나는 인류의 도시화라는, 지구온난화의 가장 중요한 단일 원인이 21세기 후반 인류의 생존 문제에 잠재적으로 가장 중요한 해결책이기도 하다는 역설을 강조할 것이다. 물론 현재와 같은 절망적인 정치체제에서라면, 도시의 빈곤 문제야말로 확실히 거의 모든 희망의 무덤이 될 것이다. 그렇기 때문에 우리는 더욱더 노아처럼 생각하는 것으로 시작해야 한다. 역사상 대부분의 거목들은 이미 잘려나갔기 때문에, 새로운 방주는 절박한 인류가 가까이에서 구할 수 있는 재료들, 이를테면 반항적 공동체,

해적 기술, 불법유통 미디어, 저항 과학(rebel science), 그리고 잊힌 유토피아 같은 곳에서 구할 수 있는 재료들로 지어져야 할 것이다.

지적 비관론

우리가 지난 1만 2000년 동안 살아온 구세계는 이미 수명을 다했다. 아직 어떤 신문도 과학적인 사망 기사를 내지는 않았지만 말이다. 이것은 런던지질학회(The Geological Society of London) 층서학(層序學) 분과의 평결이다. 1807년에 설립된 이 학회는 지구과학자들의 조직으로서는 세계에서 가장 오래되었고, 학회 내의 층서학 분과는 지질학적 시간 척도를 결정하는 평결단으로 활동한다. 층서학자들은 퇴적작용으로 생긴 지층에 보존되어 있는 지구의 역사를 누대(累代, eon), 대(代, era), 기(紀, period), 세(世, epoch)라는 위계로 구획하는데, 이는 대멸종이나 종분화 혹은 대기의 화학적 구성의 갑작스런 변화 같은 "획기적 사건"(golden spikes)에 따라 구분지어진다. 생물학이나 역사학에서와 마찬가지로 지질학에서도 시대구분은 복잡하고 논쟁의 여지가 많은 작업이다. 19세기 영국 과학계에서 발생한 가장 격렬한 다툼은 웨일스의 경사암(硬沙巖)과 잉글랜드의 구적사암(舊赤沙巖)의 해석을 둘러싼 논쟁으로, 지금도 "데본기 대논쟁"으로 알려져 있다. 이 논쟁의 결과, 지구과학은 새로운 지질학적 시대구분에 대해서 매우 엄격한 기준을 세우게 된다. 도시화된 산업사회의 등장을 하나의 지질학적 작용력으로 정의하는 "인류세"라는 시대구분이 문헌상으로는 오래전부터 사용되어왔지만, 층서학자들은 결코 그것을 인정한 적이 없다.

그런데 적어도 런던지질학회의 경우 최근에 입장을 수정했다. "우리는 지금 인류세에 살고 있습니까?"라는 질문에, 스물한명의 층서학 분과 구성원 전원이 "그렇다"라고 대답한 것이다. 그들은 2008년 공개한 한 보고서에서 완신세 —— 이례적으로 안정된 기후조건 속에서 농업과 도시 문명이 급격하게 진화했던 간빙기에 해당한다 —— 가 끝났고, 지구가 이제 지난 수백년간 "그 유례를 찾아볼 수 없는 층서학적 과도기"에 진입했다는 가설을 뒷받침해주는 확고한 증거들이 수집되었음을 선언했다.[3] 층서학자들은 온실가스 배출 증가 외에도, 불길할 정도로 심각한 대양의 산성화와 생물군의 가차 없는 파괴를 인간이 풍경을 변형시킨 사례로 꼽는데, 그 변형의 규모가 "이제는 [매년] 생성되는 자연적 침전물의 규모를 자릿수 단위로 능가할" 지경이 되었다.

그들은 이 새로운 시대의 특징이 온난화의 추이 —— 5600만년 전 팔레오세-에오세 최대 온난기로 알려진 재앙이 이와 가장 유사한 사례였다 —— 와 미래 환경의 급격한 불안정성이라고 설명했다. 우울한 산문체로 그들은 다음과 같이 경고했다.

멸종, 전지구적 종 이동, 그리고 단일 농작물에 의한 자연 초목의 광범위한 대체 등이 결합하여 오늘날의 독특한 식물층서학적 신호를 만들어내고 있다. 미래의 진화는 살아남은 (그리고 자주 인위적으로 재배치된) 동식물들(stocks)로부터 발생할 테니, 이 결과들은 영구적으로 남을 것이다.[4]

다시 말해, 진화 자체가 새로운 궤도로 내몰리게 된 것이다.

자발적 탈탄소화?

충서학 분과가 인류세를 인정한 것과 동시에 '기후변화에 관한 정부 간 패널'(Intergovernmental Panel on Climate Change, 이하 IPCC)이 발표한 4차 평가보고서를 둘러싼 과학적 논쟁이 급격히 증가했다. 물론 IPCC의 권한은 기후변화의 가능한 폭을 평가하고 온실가스 배출 경감을 위한 적절한 목표를 설정하는 것이다. 가장 중요한 평가의 초점은 온실가스의 누적에 따른 "기후 민감성"뿐만 아니라, 다양한 방식으로 미래의 에너지 사용과 그에 따른 온실가스 배출 문제를 좌우하게 될 사회경제적 양상들까지도 포함한다. 그러나 IPCC의 자체 연구팀에 참여하는 핵심 연구원들을 비롯한 상당수의 고위급 연구자들이 최근 4차 평가보고서의 방법론에 관해 우려와 반대를 표명했다. 그들이 보기에 그 평가보고서가 인용하는 지구물리학 및 사회과학의 방법론은 근거 없이 낙관적이다.[5]

반대자들 가운데 가장 잘 알려진 인물로는 미국항공우주국(NASA) 고다드연구소(Goddard Institute)의 제임스 핸슨(James Hansen)을 들 수 있다. 그는 그 유명한 1988년 의회 청문회에서 온실효과의 위험을 처음으로 의회에 경고한 '지구온난화계의 폴 리비어(Paul Revere, 미국 독립전쟁 당시 영국군의 접근을 독립군 측에 전달한 전령―옮긴이)' 같은 존재다. 그런 그가 골치 아픈 소식을 들고 다시 워싱턴에 돌아갔다. 즉 IPCC가 지구의 피드백 시스템을 제대로 모델화하지 못함으로써 추가적인 탄소 배출 문제에 너무 많은 여지를 부여했다는 것이다. IPCC가 '레드라인'으로 제시한 이산화탄소 농도 450ppm 대신에, 핸슨의 연구팀은 설득력 있는 고기후학적 증거를 제시하며 안전의 한계치로 단 350ppm 혹은 그 이하를 주장했다. 핸슨의 증언에 따르면, 기후 민감성을 이런 식으로 재측정해보니 "지구의 온도 상승 폭을 섭씨 2도 이하로 억제하겠다는 흔히 말하는 목표가 사실은 구원이 아닌 전지구적 재앙을 일으키는 방안이었다는 깜짝 놀랄 만한 결론"에 도달한다.[6] 사실 현재의 이산화탄소 농도가 대략 385ppm 정도 되니 우리는 이미 그 악명 높은 "임계점"을 초과한 것이다. 핸슨은 과학자들과 환경 활동가들로 이뤄진 돈끼호떼 군단을 모집하여 세계를 구하기 위해 나섰다. 그들은 긴급 탄소세를 통해 온실가스 농도를 2015년까지 2000년 이전 수준으로 되돌리는 것을 목표로 한다.

나는 핸슨 논쟁이나 전지구 차원의 적절한 온도조절 시스템에 관해 나름의 의견을 표명할 만한 과학적 자격을 갖추고 있지 않다. 그러나 사회과학에 종사하는 사람이든 아니면 단순히 세상 돌아가는 큰 흐름에 일정한 관심을 갖는 정도이든 누구나 4차 평가보고서의 또다른 논란거리에 대해서는 논쟁에 참여하기를 주저할 필요가 없다. 평가보고서에 드러난 사회경제적 예측이 바로 그 논란거리인데, 우리는 이를 보고서 작성자들의 "정치적 무의식"이라 말할 수도 있을 것이다. 2000년 IPCC가 채택한 현재의 시나리오는, 기술적·경제적 성장은 물론 인구 성장에 관해서도 다양한 '줄거리들'에 기반하여 미래의 전지구적 온실가스 배출 문제를 모델화하고 있다. IPCC가 상정한 주요 시나리오들(A1 계열, B2 계열 등)은 정책 입안자들이나 온실효과 활동가들에게는 잘 알려져 있지만, 연구자 집단 외부인들 가운데 시나리오의 세세한 부분까지 속속들이 알고 있는 경우는 거의 없다. 특히 IPCC가 용감무쌍하게도 미래에 경제가 성장하면 그 결과 에너지 효율성 또한 "자동적으로" 증가할 것으로 전제했다는 사실이 문제다. 실제로 대부분의 시나리오들, 심지어 "보수적인 경제 전망" 시나리오에서도 미래의 탄소 배출

감축의 거의 60퍼센트가 명시적인 온실가스 배출 완화 조치와 무관하게 이루어질 것으로 전망한다.[7]

사실상 IPCC는 목장의, 아니 지구 전체의 운명을 시장이 주도하는 탈탄소 세계경제로의 이행에 걸었다. 이러한 이행을 위해서는 국제적인 탄소 배출 상한제나 탄소 거래제는 물론, 현재로선 그 원형조차 존재하지 않는 기술들 — 탄소 포집, 청정석탄, 수소연료, 선진적인 교통 체계, 셀룰로오스 바이오연료 등 — 을 개발하기 위한 기업들의 자발적인 헌신까지도 필요하다. 비판자들이 오랫동안 지적해왔듯이, IPCC의 시나리오 다수는 탄소를 배출하지 않는 에너지 공급 시스템이 "1990년 기준 전세계 에너지 공급 시스템의 규모를 능가"하는 수준으로 운용되어야 함을 전제로 한다.[8]

쿄오또식 타협과 탄소 시장은 케인스주의식 "경기 활성화"와 거의 유사한 것으로, 자발적 탄소 감축과 각각의 시나리오가 요구하는 감축 목표 사이의 공백을 메우기 위해 설계되었다. IPCC가 언급한 적은 없지만, 그들의 감축 목표치는 다음 세대를 희생해서 화석연료를 통해 얻은 초과이윤이 재생 가능한 에너지 기술 개발에 효율적으로 투자되고, 까마득하게 높은 마천루나 자산 거품, 그리고 주주들에 대한 천문학적인 배당금 등으로 낭비되지는 않는다는 것을 반드시 전제로 해야만 가능하다. 국제에너지기구(IEA)의 추산에 따르면, 2050년까지 온실가스 배출량을 반으로 줄이는 데에는 총 45조 달러의 비용이 소요된다.[9] 그러나 에너지 효율성에서 상당한 정도의 "자동적" 발전을 상정하지 않고서는 그 공백을 메우기 위한 다리는 결코 건설될 수 없으며, IPCC의 목표 또한 달성되지 못할 것이다. 최악의 경우, 즉 현재 수준의 에너지 사용이 그대로 지속되는 경우에는 세기 중반이면 탄소 배출량이 간단히 세배로 증가할 수 있다.

비판자들은 지난 잃어버린 10년간의 암울한 탄소 배출 기록을 들어가며 시장과 기술 발전에 관한 IPCC의 기본 전제가 맹목적 믿음에 불과함을 보여주었다. 유럽연합이 탄소 배출권 거래제를 수용한 것은 매우 칭찬할 만한 일이지만, 유럽의 탄소 배출량은 꾸준히 증가했으며 몇몇 분야에서는 매우 극적으로 증가하기까지 했다. 마찬가지로, IPCC의 시나리오가 필수불가결한 조건으로 삼고 있는 에너지 효율성의 자동적 증가 역시 최근 몇년간 그 증거를 찾아보기 어려웠다. IPCC의 시나리오에서 신기술의 효율성이라고 묘사하는 것 대부분이 사실 미국과 유럽, 그리고 구소련에서 중공업이 문을 닫은 데 따른 결과였다. 즉 에너지 집약 산업이 동아시아 지역에 재배치됨으로써 몇몇 OECD 국가의 탄소 대차대조표상 분식이 이루어진 것일 뿐, 탈산업화와 자발적인 탈탄소화를 혼동해서는 안 된다. 대다수의 연구자들은 2000년 이후 에너지 집약도가 사실상 상승해왔다고 믿는다. 다시 말해 전세계 이산화탄소 배출량이 에너지 사용량에 맞추어 혹은 그보다 약간 더 빠르게 증가해왔다는 것이다.[10]

석탄의 귀환

더군다나 IPCC의 탄소 예산(carbon budget)은 이미 파산했다. 꾸준히 장부를 관리해왔던 '글로벌 탄소 프로젝트'(Global Carbon Project)에 따르면, 탄소 배출량은 IPCC에서 전망한 최악의 시나리오보다도 더 빠르게 증가해왔다. 2000년부터 2007년까지 이산화탄소 배출량은 매년 3.5퍼센트씩 증가했는데, 이는 IPCC 전망치 2.7퍼센트나 1990년대에 기록한 0.9퍼센트보다도 높았다.[11] 다시 말해 우리는 이미 IPCC 제한치를 초과했으며, 아마도 이 예상치 못한 온실가스 배출량 증가의 상당 부분은 석탄 때문일 것이다. 지난 10년간 석탄 생산은 극적인 부활을 경험했다. 19세기의 악몽이 21세기에 귀환한 것이다. 중국에서는 500만명의 광부들이 그 지저분한 광물을 캐내기 위해 위험한 작업환경에서 힘들게 일하고 있다. 전하는 바에 따르면, 베이징에서는 매주 한곳의 신규 석탄발전소가 문을 연다고 한다. 석탄 소비는 유럽에서도 붐을 맞이하고 있는데, 50곳의 신규 석탄발전소가 몇년 안에 문을 열 계획이며[12] 미국에서는 200곳이 예정되어 있다. 웨스트버지니아에서 건설 중인 대규모 석탄발전소는 자동차 100만대분의 배기가스에 맞먹는 탄소를 배출할 전망이다.

MIT의 공학자들은 『석탄의 미래』라는 연구서에서, 석탄의 사용은 어떠한 예측 가능한 시나리오에서도, 심지어 매우 높은 탄소세를 지불해야 하는 경우에도 증가할 것이라고 결론 내렸다. 더군다나 탄소 포집 및 분리 기술(carbon-capture and sequestration, CCS)에 대한 투자는 "완전히 부적절하다". 그 기술이 실제로 활용 가능하다 하더라도 2030년이나 그 이후까지도 대안이 될 만한 유용한 규모로 성장하지는 못할 것이다. 미국에서는 "녹색 에너지" 관련 입법이 더 많은 석탄발전소 건설을 조장하는 "왜곡된 장려책"으로 변질되고 말았다. 이는 "이 석탄발전소들이 배출하는 온실가스가 어쩌면 향후 등장할 수도 있는 탄소 배출 규제의 일환으로 보장받게 될 무료 이산화탄소 배출권으로 '충당되리라는'(grandfathered) 기대"에서 비롯한 것이었다.[13] 한편 석탄 생산업자, 석탄 사용 발전소, 그리고 석탄 운반 철도업체 등으로 구성된 컨소시엄(자칭 '청정석탄전기를 위한 미국인 연합')은 2008년 선거 기간 동안 4000만 달러 이상을 들여 양대 대통령 후보자들이 가장 지저분하지만 가장 저렴한 연료의 미덕에 관해 한목소리를 낼 수 있게끔 했다.

주로는 석탄이라는, 200년간 그 공급이 입증된 화석연료의 인기 때문에 단위 에너지당 탄소 함유량도 실제로 증가할 수 있다.[14] 미국 경제가 붕괴하기 이전, 미연방에너지국은 다음 세대에 걸쳐 국가의 에너지 생산 총량을 최소 20퍼센트 이상 증가시킬 것이라는 계획을 세우고 있었다. 전세계적으로는 국제 석유 수출 물량이 두배로 증가하면서 화석연료의 총소비가 55퍼센트 상승할 것으로 예측된다. 지속 가능한 에너지라는 목표를 위해 자체적인 연구를 수행해온 유엔개발계획(UNDP)은, 2050년까지 1990년 수준 대비 전세계 온실가스 배출량을 50퍼센트 감축해야 인류를 고삐 풀린 온난화라는 레드존 바깥으로 내보낼 수 있다고 경고한다.[15] 그러나 국제에너지기구는 사실상 향후 반세기 동안 온실가스 배출량이 거의 100퍼센트가량 증가할 가능성이 높다고 예측한다. 이 정도면 중대한 임계치를 넘어서도 한참 넘어설 정도의 배출량이다. 또한 국제에너지기구의 예측에 따르면, 수력을 제외한 재생 가능한 에너지의 비중은 2030년 기준 전체 전력 공급량의 4퍼센트(지금의 1퍼센트에서 상승한 수치) 정도에 불과할 것으로 보인다.[16]

녹색산업의 침체?

현재 세계경제의 침체는 IPCC의 시나리오들에는 등장하지 않는 일종의 비선형적 사건으로서, 일시적인 휴지기 상태다. 특히 유가 하락으로 새로운 거대 탄소저장소인 역청사(瀝靑砂)나 유혈암(油頁巖) 같은 판도라의 상자를 여는 일을 미룰 수 있다면 말이다. 그러나 경기침체가 아마존 열대우림의 파괴를 늦출 수 있을 것 같지는 않다. 왜냐하면 브라질 농부들은 생산 확대를 통해 총수입 하락에 합리적으로 대응하려 할 것이기 때문이다. 그리고 전기 수요는 자동차 이용보다 탄력성이 떨어지기 때문에 석탄이 탄소 배출에서 차지하는 몫은 계속해서 증가할 것이다. 실제로 현재 미국의 선탄(選炭)산업은 해고보다 고용이 늘고 있는 몇 안 되는 민간 산업들 가운데 하나다. 더욱 중요한 사실은, 화석연료의 가격이 하락하고 금융시장이 경직되면서 기업들을 자본집약적인 풍력이나 태양력 사업에 뛰어들게 할 만한 유인력이 약해지고 있다는 점이다. 월스트리트에서는 친환경 관련 주식의 주가가 시장 평균보다 더 빠르게 하락했고, 투자 자본이 사실상 사라지면서 테슬라모터스(Tesla Motors)나 클리어스카이솔라(Clear Skies Solar) 같은 가장 유명한 청정에너지 스타트업 기업들조차 갑작스런 돌연사 위기에 놓였다. 오바마(Barack Obama) 전 대통령이 옹호한 조세신용제도 같은 정책도 이러한 녹색산업의 침체를 반전시키기에는 역부족이다. 『뉴욕 타임스』에 기고한 한 벤처자본 운용자의 말처럼, "천연가스 시세가 6달러인데 풍력 발전이 가당키나 한 생각이며, 하물며 태양광 발전은 말도 안 되게 비싸 보일 것이다".[17]

따라서 경제 위기는 결혼식장에서 다시 한번 신랑에게 신부를 떠날 설득력 있는 구실을 제공해준다. 즉 주요 기업들이 재생 가능한 에너지에 투자하겠다는 자신들의 공개적인 약속을 지키지 않아도 될 구실을 만들어주는 것이다. 미국의 억만장자 T. 분 피컨스(T. Boone Pickens)는 세계 최대의 풍력발전소를 건설하겠다는 계획을 축소했고, 로열더치셸(Royal Dutch Shell)은 런던어레이(London Array)에 대한 투자 계획을 포기했다. 각국 정부와 집권 정당도 자신들의 탄소 부채를 회피하는 데 전력을 다하고 있다. 서부의 석유 및 석탄 생산자들의 지지를 받는 캐나다보수당(CPC)은, 2007년 신설된 국가 탄소세에 근거하여 "녹색 전환"의제를 앞세운 캐나다자유당(LPC)을 물리쳤다. 그리고 워싱턴은 중요 의제 중 하나였던 탄소 포집 기술 개발 계획을 폐기했다.

보다 녹색친화적이라고 알려진 대서양의 다른 편에서는, 이딸리아 전력망을 석유에서 석탄으로 전환하는 과정에 있던 베를루스꼬니(Silvio Berlusconi) 정부가 2020년까지 탄소 배출량을 20퍼센트 감축하겠다는 유럽연합의 목표를 "지나치게 값비싼 희생"이라며 비난했다. 한편 『파이낸셜 타임스』의 보도를 그대로 인용하면, 독일 정부는 산업계에 대한 거의 완전한 면제를 지지함으로써, "기업이 스스로 방출한 이산화탄소에 대해 비용을 부담해야 한다는 제안에 심각한 타격을 가했다". 이에 독일 외무장관은 "이번 위기로 우선순위가 달라졌다"며 겸연쩍게 설명했다.[18] 지금은 비관주의가 넘쳐나고 있다. '기후변화에 관한 유엔 기본 협약'(UNFCCC)의 책임자인 이보 더부르(Yvo de Boer)조차 경제 위기가 지속되는 한, "이 위기를 민감하게 받아들이는 대부분의 정부들이 탄소 배출 한도 같은 형태로〔산업계〕에 새로운 비용을 부담시키는 데 미온적일 것이다". 따라서 보이지 않는 손에 의해서든 개입주의적인 지도자에 의해서든 경제성장의 엔진을 되살릴 수 있다 하더라도, 전지구적 온도조절 장치의 눈금을 낮춤으로써 고삐 풀린 기후변화를 제때에 막아낼 수 있을 것 같지는 않다. 또한 G7이든 G20이든 자신들이 저질러놓은 난장판을 정리하는 데 발 벗고 나설 것이라는 기대는 난망해 보인다.[19]

생태적 불평등

쿄오또-코펜하겐 협정에 기초한 기후 외교에서는, 일단 주요 행위자들이 IPCC 보고서에 나와 있는 과학적 합의를 받아들인 이상 그들도 온실효과를 통제하는 것을 무엇보다 중요한 공동의 이해관계로서 인정할 것이라고 가정한다. 그러나 지구온난화는, 지구를 침공한 화성인들이 계급이나 인종과는 상관없이 평등하게 인류를 몰살시키는 웰스(H. G. Wells)의 『우주전쟁』(*War of the Worlds*) 이야기와 다르다. 기후변화는 실질적인 적응에 필요한 자원이 가장 적은 가난한 나라들에 가장 큰 피해를 입히면서 지역이나 사회계급에 따라 극적으로 불평등한 충격을 가하게 될 것이다. 이런 식으로 온실가스를 배출하는 곳과 그에 따라 환경적 영향을 받는 곳이 지리적으로 분리되어 있는 탓에 예방적 차원의 연대는 잘 이뤄지지 않는다. 유엔개발계획이 강조하는 것처럼, 지구온난화는 무엇보다도 가난한 이들과 아직 태어나지 않은 이들에 대한 위협이며, 이 "둘은 정치적 목소리를 거의 갖지 못하는 유권자들"이다.[20] 따라서 그러한 이들 편에서 조직화한 국제적 행동이라면 그들에게 혁명적으로 권력을 이양하든가(IPCC 보고서에서는 고려하지 않은 시나리오다), 아니면 부유한 나라들과 부유층들이 사익을 포기하고 역사상 거의 유례가 없는 계몽된 "연대"를 실현하든가, 어느 것 하나는 전제로 해야 한다.

합리적 행위자 모델의 견지에서 보자면, 후자의 결과는 다음과 같은 경우에만 현실성이 있어 보인다. 즉 특권 집단들에게 선택 가능한 특혜적 "출구"가 존재하지 않고, 국제주의적 여론이 핵심 나라들의 정책 결정에 영향을 미치며, 아울러 온실가스 감축이 북반구 주민들의 생활수준을 크게 희생하지 않고 달성될 수 있어야 한다는 것이다. 하지만 이 가운데 어느 것도 가능할 것 같지 않다. 더군다나 예일대학교의 경제학자 윌리엄 노드하우스(William Nordhaus)나 로버트 멘덜슨(Robert Mendelsohn)처럼 기후변화를 옹호하는 걸출한 인사들도 적지 않다. 그들은 언제든지, 가난한 나라들이 더 부유해져서 스스로 비용을 감당할 능력을 더 기를 때까지 온실가스 감축을 미루는 것이 낫다고 설명할 준비가 되어 있다. 다시 말해 영웅적 혁신이나 국제적 협력을 촉진할 필요 없이, 환경적이고 사회경제적인 격변이 증가함에 따라 엘리트 집단이 알아서 나머지 인류로부터 스스로를 보호하기 위해 적극적으로 노력하게끔 놔두면 된다는 것이다. 철저히 검토되지는 않았지만 그렇다고 개연성이 없지도 않은 이런 시나리오 속에서 전지구적인 온실가스 감축 노력은 조용히 포기될 것이고(어느정도는 이미 그렇게 되었다), 지구의 일등석 승객들만을 위한 선택적 적응에 대한 투자가 가속화될 것이다. 목표는, 지금대로라면 완전히 황폐해져버릴 지구에 영구적으로 풍요로운, 그러나 출입이 통제된 친환경적인 낙원을 건설하는 일이 될 것이다.

물론 여전히 온갖 조약과 탄소 배출권 거래, 기근 구제, 인도주의적 노력이 계속될 테고, 아마도 유럽의 일부 도시들과 소규모 나라들은 대안에너지로의 전면적인 전환을 시도할 것이다. 그러나 전세계가 기후변화에 적응하기 위해서는 소득수준이 낮거나 중간 정도인 나라들의 도시와 농촌 기반시설에 수조 달러 투자가 이뤄져야 하며, 또 수천만명의 아프리카와 아시아 주민들이 더 나은 터전을 찾아 이주해야 하는데, 이런 일들이 가능해지려면 거의 신화적인 수준의 혁명을 통해 수입과 권력을 재분배하는 일이 필수적일 것이다. 그런 가운데 우리는 2030년경 혹은 그보다 더 일찍 일어날 치명적 랑데부를 향해 달려가고 있다. 즉 기후변화, 석유 생산의 정점, 해수면 수위의 절정, 그리고 전세계적으로 새롭게 증가한 15억의 인구 등과 같은 충격들이 한데 수렴하여, 아마도 우리의 상상력을 넘어서는 부정적인 상승효과를 초래할 것이다.

근본적인 질문은 다음과 같다. 과연 부유한 나라들이 실제로 정치적 의지와 경제적 재원을 동원하여 IPCC의 목표를 달성하려 할 것인가? 또한 더 가난한 나라들이 이미 "저질러진" 불가피한 지구온난화의 몫을 감당할 수 있도록 도움을 줄 것인가? 좀더 실감 나게 이야기해보자. 부유한 국가들의 유권자들은 현재 자신들이 갖고 있는 편협성과 국경의 장벽을 극복하고 마그레브·멕시코·에티오피아·파키스탄 등 가뭄과 사막화가 예상되는 진원지에서 몰려드는 난민들을 받아들일 것인가? 국민 일인당 해외 원조 기준으로 보았을 때 가장 인색한 편에 속하는 미국인들은, 방글라데시 같은 인구 밀도가 높은 거대 삼각주 지역에서 쏟아져 나올 수백만명의 이주자들의 정착을 돕기 위해 스스로 더 많은 세금을 부담할 용의가 있는가? 지구온난화의 수혜자가 될 가능성이 높은 미국 농업계는 농산물 공급 시장에서의 수익 창출이 아닌 세계 식량 안보를 자신들의 최우선 과제로 삼을 것인가?

물론 시장친화적 낙관론자들은 청정개발체제(Clean Development Mechanism) 같은 시범적 규모의 탄소상쇄(carbon-offset) 프로그램을 지적할 것이다. 그들은 청정개발체제가 제3세계에 대한 녹색 투자를 보장해줄 것이라고 주장한다. 그러나 청정개발체제의 효과는 지금까지는 무시할 만한 수준에 불과하다. 소규모 조림이나 산업 배출 가스를 제거하는 사업에 대한 보조금을 지급하는 수준일 뿐, 가정이나 도시에서 사용하는 화석연료를 대체하는 부문에 대한 근본적인 투자는 전무하다. 더군다나 개발도상국들은 선진국들이 자신들이 일으킨 환경적 재앙을 인정하고 그것을 정화할 책임도 떠맡아야 한다는 관점을 견지하고 있다. 가난한 나라들은 인류세에 적응하기 위한 가장 큰 부담이 탄소 배출에 기여한 바가 가장 적고 지난 두세기 동안 산업화를 통한 이득을 가장 적게 본 나라들에 전가된다는 사실에 당연히 분노하고 있다. 1961년 이후 경제의 세계화로 발생한 환경 비용——삼림 파괴, 기후변화, 수자원 남획, 오존층 고갈, 맹그로브 숲 전환(mangrove conversion), 그리고 농지의 팽창——에 관한 최근의 한 평가에 따르면, 가장 부유한 나라들은 전세계적 환경 파괴의 42퍼센트를 만들어냈지만, 그 결과에 따른 비용의 3퍼센트만 부담했다.[21]

남반구의 급진주의자들은 당연히 또다른 부채에 대해서도 지적할 것이다. 지난 30년간 개발도상국의 도시들은 아찔할 정도로 빠른 속도로 성장해왔다. 반면 사회기반시설이나 주택, 공공의료 등에 대한 공공투자는 그에 상응하는 만큼 이루어지지 않았다. 이는 부분적으로는 독재자들이 도입한 외자의 결과인데 IMF는 외자의 상환을 강제하는 역할을 했고, 세계은행은 "구조조정"합의라는 명목 아래 공공지출을 축소하고 재배치하는 역할을 담당했다. 전지구적 차원에서 기회와 사회정의가 부족했다는 점은 다음과 같은 사실로도 잘 요약된다. 유엔인간주거계획(UN Habitat)에 따르면, 10억명 이상의 사람들이 현재 슬럼에 거주하고 있으며 2030년까지 그 수가 두배로 증가할 것으로 전망된다. 비슷하거나 혹은 그보다 더 많은 수의 인구가 이른바 비공식 부문에서 생계를 연명한다. 이는 광범위한 실업 사태를 제1세계식의 완곡어법으로 표현한 것이다. 그 와중에 순전히 인구학적 가속도만으로 향후 40년간 전세계 도시 인구가 30억명가량 증가할 것이고, 그 가운데 90퍼센트가 가난한 도시들에서 배출될 것이다. 유엔도, 세계은행도, G20도, 어느 누구도 점증하는 식량과 에너지 위기로 신음하는 슬럼의 행성에서 기초적인 행복과 존엄에 대한 열망은 말할 것도 없고, 생물학적 생존조차 담보해낼 실마리를 갖고 있지 않다.

지구온난화가 열대 및 아열대 농업에 가할 예상되는 충격치에 관한 가장 정교한 연구는 윌리엄 클라인(William Cline)이 수행한 나라별 사례 연구에 요약되어 있다. 그는 이산화탄소 농도에 따른 기후 전망치를 작물의 생장과 신리카도주의적 농업 산출 모델에 결합시켜 향후 인류의 영양 상태를 내다보고자 했다. 전망은 암울하다. 클라인이 상정한 가장 낙관적인 시뮬레이션에서도 파키스탄(현재 농업 산출량보다 20퍼센트 감소)과 북서부 인도(30퍼센트 감소)의 농업 시스템은 황폐해질 것으로 예측되며 중동의 대부분, 마그레브, 사헬 지대, 남아프리카의 일부, 카리브 제도, 멕시코 역시 사정은 마찬가지다. 클라인에 따르면, 29개 개발도상국의 농업 산출량은 지구온난화 때문에 현재의 농업 산출량 대비 20퍼센트 이상 감소할 것이며, 반면 이미 부유한 선진국의 농업 산출량은 평균 8퍼센트가량 신장될 가능성이 높다.[22]

개발도상국 농업 생산성의 이러한 잠재적 손실 전망은, 21세기 중반 무렵의 전세계 인구를 먹여 살리기 위해서는 식량 생산이 두배로 증가해야 한다는 유엔의 경고에 비추어볼 때 더욱 불길하게 다가온다. 바이오연료의 대유행으로 가중된 2008년의 식량 공급 위기는, 식량 고갈과 만성적 불평등, 그리고 기후변화가 한데 수렴할 경우 곧 등장할 수도 있는 혼란의 평범한 징후에 불과하다. 이러한 위험에 직면하면, 인간들 사이의 연대 자체가 서남극 빙상처럼 균열을 일으켜 수천개의 파편으로 조각 날 수도 있다.

낙관적 상상

학문적 연구는 뒤늦게야 인구 성장의 절정, 농업의 붕괴, 갑작스런 기후변화, 석유 생산의 한계, 일부 지역에서의 수자원 고갈, 그리고 도시의 방치로 누적된 문제들이 빚어낼 부정적 시너지 효과들을 직시하게 되었다. 독일 정부와 미국 국방부, 그리고 CIA에서, 향후 수십년 안에 중층 결정될 세계 위기가 국가 안보에 미칠 영향을 조사했다는 사실은 다소 할리우드 영화 내용처럼 들리긴 해도, 크게 놀랍지는 않다. 2007~2008년 유엔의 「인간 개발 보고서」에 따르면, "기후변화는 인류 역사에서 그 유례를 찾기 힘들 만큼 긴급한 문제다".[23] 고기후학이 지구 온난화라는 비선형 물리학의 문제에서 과학자들의 예측을 도와줄 수 있을지는 몰라도, 2050년대에 일어나게 될 일을 이해하는 데 도움이 될 만한 역사적 선례 같은 것은 존재하지 않는다. 그때가 되면 90억~110억 명에 이르러 인구상 최정점에 도달한 어느 종이 기후 이상과 화석에너지 고갈에 적응하기 위해 고군분투하고 있을 것이다. 문명이 붕괴한 이후 융합 에너지가 개발되어 새로운 황금시대가 도래하기까지, 어떤 내용의 시나리오가 됐건 우리 손주들의 미래를 담은 낯선 스크린에 투사될 수 있다.

그러나 우리가 확신할 수 있는 것은 도시가 수렴의 시작점(ground zero of convergence)으로 남을 것이라는 사실이다. 삼림 개간과 수출주도형 단일경작 체계가 새로운 지질학적 시대로의 이행에 중요한 역할을 한 것은 사실이지만, 북반구 도시권역에서 배출된 탄소발자국의 거의 기하급수적인 증가야말로 진정한 견인차였다고 할 수 있다. 도시 건물의 냉난방만 해도 현재 탄소 배출량의 대략 35~45퍼센트를 차지하며, 도시의 산업 시설과 운송 수단이 추가로 35~40퍼센트를 보탠다. 어떤 의미에서 도시 생활은 도시라는 복합적 존재의 진화를 가능하게 한 생태학적 적소(適所), 즉 홀로세 기후 안정기를 급격히 파괴하는 중이다.

그러나 여기에는 한가지 놀랄 만한 역설이 있다. 심지어 가장 규모가 큰 거대도시들에서도 가장 반도시적이거나(anti-urban) 비도시적인(sub-urban) 특징들이야말로 도시권역을 지속 가능하지 않은 환경으로 만드는 주범들이라는 사실이다. 그중 첫번째로 광범위한 수평적 팽창을 들 수 있다. 이것 때문에 자연의 중요한 서비스들(지하수, 하천 유역, 텃밭, 숲, 해안 생태계)이 악화되고, 제멋대로 뻗어나가는 사회기반시설을 공급하는 데 큰 비용이 든다. 그 결과는 기괴하게 확장된 환경상의 생태발자국으로, 교통량과 대기오염의 증가, 빈번히 자행되는 폐기물의 하류 방류 같은 것들을 동반한다. 도시의 형태가 계획과 재원에 대한 민주적 통제를 벗어나 투기꾼들과 개발업자들에게 좌우되는 곳에서 예상되는 사회적 결과는, 아이들과 노인들 및 특별한 도움이 필요한 사람들에게 안전하지 못한 환경이라든지, 수입이나 인종에 따른 공간의 극단적 분리 등이다. 도심 재개발은 퇴거를 통한 젠트리피케이션으로 이어지고, 그 과정에서 노동계급의 도시문화를 파괴한다. 여기에 자본주의적 세계화라는 조건에서 거대도시들이 지닌 사회정치적 특성을 덧붙일 수 있다. 도시 주변부 슬럼의 성장과 비공식적 고용, 공적 공간의 사유화, 경찰과 생계형 범죄자들 사이의 저강도 전쟁, 그리고 출입이 통제된 역사적 중심지(sterilized historical centers), 혹은 벽으로 둘러싸인 교외 주거지에서 엄격히 보호받는 부유층들.

반면 소도시나 읍 단위의 규모에서도 가장 "고전적인" 도시적 특성이 결합되면 더 나은 선순환으로 이어진다. 도시와 시골 사이의 경계가 잘 구획된 곳에서는 도시의 성장으로 녹지와 중요한 자연 생태계를 보존할 수 있으며, 운송과 주택 건설 부문에서 규모의 경제를 창출할 수도 있다. 또한 외곽에서 도심까지의 거리가 접근 가능한 수준이 되면서 교통이 더욱 효율적으로 조정될 수 있고, 폐기물은 더욱 쉽게 재활용되며 하류에서 방류되지 않을 것이다. 이상적인 고전적 도시에서는, 공통의 도시 공간 내에서 욕망과 정체성의 사회화를 통해 사적 소비를 공적 호사(public luxury)로 대체한다. 공공주택이나 비영리 주택이 다량으로 공급됨으로써 인종과 소득에 관계없이 다중다기하게 분포한 주거 패턴이 프랙털처럼 도시 전역으로 확산된다. 아이들과 노인들, 그리고 특별한 도움이 필요한 사람들에게 맞춰 평등주의적 공공서비스와 도시경관이 계획된다. 민주적 통제를 통해 부여받은 강력한 권한으로 누진과세의 도입은 물론, 높은 수준의 정치적 동원과 시민 참여로 소유주의 상징보다 공적 기억을 우선시하며 일과 여가와 가정생활을 공간적으로 통합할 수 있도록 도시를 계획하는 것도 가능하다.

도시가 해답이다

도시 생활의 "좋은" 면과 "나쁜" 면을 이토록 날카롭게 구분하는 것은 도시 예찬론이나 도시 혐오론의 정수를 뽑아내고자 했던 그 유명한 20세기식의 노력을 연상시킨다. 루이스 멈포드(Lewis Mumford)와 제인 제이콥스(Jane Jacobs), 프랭크 로이드 라이트(Frank Lloyd Wright)와 월트 디즈니(Walt Disney), 르 꼬르뷔지에(Le Corbusier)와 근대건축국제회의(CIAM)의 선언, 앙드레 듀아니(Andrés Duany)의 "신 도시주의"(New Urbanism)와 피터 캘도프(Peter Calthorpe) 등등. 그러나 일단 조성된 환경의 미덕과 악덕에 관해, 또 그 환경이 초래하거나 억제하는 사회적 상호작용의 종류에 관해 그럴싸한 입장을 갖고자 도시 이론가들까지 들먹일 필요는 없다. 그런 도덕적 목록을 작성하는 과정에서 종종 간과되는 사실은 사회정의와 환경적 정의 사이에, 그리고 공동체 정신과 더 많은 녹색 도시주의 사이에 한결같은 친연성이 존재한다는 점이다. 이들 사이에는 불가피하진 않을지언정 자력 같은 상호 끌림이 작용한다. 가령 도시의 녹지와 수경(水景)을 보전하는 것은 도시의 물질대사에 핵심적인 자연적 요소들을 보호하는 일이자 대중에게 여가와 문화 자원을 공급하는 일이기도 하다. 더 나은 계획과 더 많은 대중교통 수단으로 교외의 교통정체를 줄이는 것은 교통량을 인근 거리로 분산하는 조치인 동시에 온실가스 배출을 경감하는 조치이기도 하다.

이와 같은 예는 무수히 많으며, 그것들은 모두 하나의 통일된 원칙을 가리키고 있다. 즉 저탄소 도시에 초석이 되는 것은 어떤 특정한 녹색 디자인이나 기술의 차원을 훨씬 넘어서서 사적 부보다 공적 풍요에 우선권을 부여하는 일이라는 것이다. 우리 모두가 알고 있는 것처럼, 전 인류가 자가용 두대와 잔디밭이 딸린 교외 주택에서 거주하려면 여분의 지구가 몇개나 더 필요할 것이며, 이러한 명백한 한계는 때때로 한정된 자원과 높아진 생활수준을 조화시키는 것이 불가능하다는 점을 정당화하기 위해 언급되곤 한다. 부유한 나라든 가난한 나라든, 대부분의 현대 도시들은 인간 거주 밀도에 내재하는 잠재적 환경 효율을 억제한다. 도시의 탁월한 생태적 역량은 여전히 대부분 방대한 잠재력으로 남아 있다. 그러나 우리가 규격화되어 있는 사적 소비가 아니라 민주적인 공적 공간을 지속 가능한 평등의 원동력으로 기꺼이 삼고자 한다면, 지구적 차원에서 "수용 능력"이 부족하지는 않을 것이다. 대규모 도시공원, 공공박물관과 공공도서관, 그리고 무한한 인적 교류의 가능성 등으로 나타나는 공적 풍요는 지구친화적 사회성을 기반으로 풍요로운 생활수준에 도달할 수 있는 대안적 경로에 해당한다. 학계의 도시 이론가들은 좀처럼 인식하지 못하지만, 대학 캠퍼스야말로 학습과 연구, 공연,

그리고 인적 재생산이 이뤄지는 풍요로운 공적 공간을 품은 준(準)사회주의적인 작은 낙원이다.

근대 도시에 관한 유토피아적 생태학의 비판은 사회주의자들과 아나키스트들이 길을 닦았다. 이는 다시금 장인으로 돌아간 영국 노동자들을 위한 정원 도시를 꿈꾼 길드 사회주의 — 끄로뽀뜨낀의 사상과 더 뒤에는 패트릭 게디스(Patrick Geddes)의 생태 지역주의적 사상에 영향을 받았다 — 로부터 시작되어, 1934년 오스트리아 내전기 동안 사회주의 빈의 위대한 공동체 실험과 그 여파로 발생한 칼 맑스-호프(Karl Marx-Hof) 폭발 사건(오스트리아 빈의 사회주의 시 정부가 건설한 대규모 노동자 주택단지 '칼 맑스-호프'를 무대로 1934년 2월 12일 노동자 봉기가 일어났다가 정부군의 포격으로 무산된 사건—옮긴이)과 함께 종결되었다. 그 사이에 러시아와 폴란드 사회주의자들은 키부츠(kibbutz, 이스라엘의 집단 농업 공동체—옮긴이)를 만들어냈고, 바우하우스(Bauhaus)는 현대적 공공주택 프로젝트를 실험했으며, 1920년대 소련에서는 도시주의를 둘러싼 비범한 논쟁이 벌어졌다. 도시에 관한 이러한 급진적 상상은 1930년대와 1940년대에 일어난 비극에 희생되었다. 한편으로는 스딸린이 건축과 예술에서 비인간적인 규모와 질감을 추구하는 기념비주의(monumentalism)로 방향을 전환했는데, 이는 제3제국의 알베르트 슈페어(Albert Speer)가 선보인 바그너식 과장법과 거의 다르지 않았다. 다른 한편으로 전후 사회민주주의는 대안적 도시주의를 포기하고 케인스주의적 대중주택 공급 정책을 선택했는데, 이는 교외의 저렴한 부지에 고층 주택단지를 보급하여 규모의 경제에 중점을 두는 것으로, 그 결과 노동자들의 전통적인 도시적 정체성을 뿌리째 뒤흔들었다.

그러나 19세기 말과 20세기 초의 "사회주의 도시" 담론들은 현재의 위기에 관한 논의에 귀중한 출발점을 제공해준다. 가령 구성주의자들을 생각해보자. 비록 초창기 쏘비에뜨 도시의 비참한 현실과 극도로 부족했던 공공투자 때문에 한계는 있었지만, 엘 리시쯔끼(El Lissitzky), 꼰스딴찐 멜니꼬프(Konstantin Melnikov), 이반 레오니도프(Ivan Leonidov), 일리야 골로소프(Ilya Golosov), 베스닌(Vesnin) 형제, 그리고 그밖의 탁월한 사회주의 건축가들은 근사하게 꾸며진 노동자 클럽이라든지 인민 극장, 스포츠센터 등으로 아파트 생활의 혼잡함을 덜어줄 것을 제안했다. 그들은 공동 취사장, 주간 탁아시설, 공중목욕탕, 그리고 온갖 협업체를 조직하여 프롤레타리아 여성들을 해방시키는 것을 급선무로 했다. 그들은 광대한 포드주의적 공장과 그에 딸린 초고층 주택단지에 연결되어 있는 노동자 클럽이나 공동체 회관 같은 곳을 새로운 프롤레타리아 문명의 "사회적 요체"(social condensers)로 그려내긴 했지만, 궁핍한 상황에 놓인 가난한 도시 노동자들의 생활수준을 높이기 위해 실천적 전략을 수립하는 데에도 각고의 노력을 기울였다.

전지구적 환경 위기의 상황에서 이러한 구성주의적 계획이 의미하는 바는, 도시 생활의 평등주의적 측면이야말로 자원 보존과 탄소 배출 완화에 필요한 최상의 사회적·물리적 지원을 지속적으로 제공해줄 수 있다는 것이다. 실로 지구온난화를 통제하려는 노력이 생활수준을 높이고 전세계 빈곤을 퇴치시키려는 싸움과 한데 수렴하지 않는다면, 온실가스 배출을 줄이는 것이든 인간의 거주 환경을 인류세에 적응시키는 것이든 어느 쪽에도 희망은 없다. 그리고 IPCC의 도식화된 시나리오의 차원이 아니라 실제 생활에서 이를 실천하려면, 도시의 공간과 자본의 흐름, 자원의 보관(resource-sheds) 및 대규모 생산수단을 민주적으로 통제하기 위한 투쟁에 참여해야 한다.

오늘날 환경 정치가 직면한 내저 위기의 핵심은 바로 빈곤과 에너지, 생물 다양성 및 기후변화라는 도전을 인류의 진보에 관한 통합된 전망 안에서 다룰 담대한 개념을 갖고 있지 못하다는 사실에 있다. 물론 대안 기술과 에너지 절감형 패시브하우스 개발 같은 미시적 수준에서는 광범위한 진전이 이뤄졌지만, 부유한 공동체나 부자 나라들에서 진행되는 시범사업 정도로는 세상을 구하지 못한다. 확실히 더 부유한 사람들일수록 이제 생태적 삶을 위해 고안된 다양한 방안들을 선택할 수 있다. 그러나 무엇이 궁극적인 목표란 말인가? 유명인들이 좋은 뜻에서 자신들의 '탄소제로'(zero-carbon) 생활방식을 자랑하는 것인가, 아니면 가난한 도시 공동체에 태양에너지와 화장실, 소아과 치료, 대중교통 수단을 제공하는 것인가?

녹색지대를 넘어

소수의 특권 국가나 사회집단만을 위한 것이 아니라 지구 전체를 위한 지속 가능한 도시계획에 도전하는 문제는, 노동절에 깃든 프후찌마스(Vkhutemas)나 바우하우스의 정신처럼 예술과 과학에서 방대한 상상력을 필요로 한다. 그것은 신자유주의적 자본주의의 지평을 넘어 농촌의 빈민은 물론 비공식 부문의 노동자들까지 재통합하여 그들의 주거 환경과 생계를 지속 가능한 방식으로 재건설하는 전지구적 혁명을 지향하는 일이어야 한다. 물론 이것은 순전히 비현실적인 시나리오일 수 있다. 그러나 우리에게 남은 길은 건축가·엔지니어·생태학자들과 환경 활동가들 사이의 협업으로 '대안세계'를 조금이라도 더 가능하게 만드는 데 일조할 수 있다는 믿음을 가지고 희망의 여행을 떠나든가, 아니면 계획가들이 그저 돈 받고 엘리트들에게 대안적 생존법이나 제공해주는 그런 미래에 굴복하든가, 이 두가지뿐이다. 전지구적 차원의 "녹색지대"는 개개의 비전을 기념비적인 것으로 만드는 데에는 엄청난 기회가 되어줄지도 모른다. 그러나 건축과 도시계획의 도덕적 문제들은 공동주택과 도시 외곽의 스프롤(sprawl) 같은 "적색지대"에서만 해결될 수 있다.

이렇게 볼 때, 명쾌하게 유토피아적 사고로 되돌아가는 것만이 동시다발적으로 등장하는 전지구적 위기들에 직면하여 인류의 연대를 지킬 수 있는 최소한의 조건들을 분명히 밝혀줄 수 있다. 이딸리아의 맑스주의 건축가 만프레도 따푸리(Manfredo Tafuri)와 프란체스꼬 달 꼬(Francesco Dal Co)가 "유토피아를 억압"해서는 안 된다고 경고했을 때, 그것이 무엇을 의미하는 것이었는지 알 것 같다. 그러나 인류세의 도전에 맞서 우리의 상상력을 고취하기 위해서는 주체와 실천, 그리고 사회적 관계를 반드시 다른 방식으로 구성해낼 수 있어야 하며, 또 이는 우리를 현재에 속박하는 정치경제적 가정들과 단절할 것을 요구한다. 그러나 유토피아주의라고 해서 반드시 천년왕국설을 말하는 것은 아니며, 가두의 연단이나 교회의 설교단에만 한정되는 것도 아니다. 연구자들과 활동가들이 지구온난화가 성장에 미치는 충격을 논하는 새로운 지적 공간이 출현한 가운데, 여기서 엿보이는 가장 고무적인 발전 한가지는 단순한 실천(the Practical)이 아니라 불가피성(the Necessary)이 기꺼이 옹호되기 시작했다는 사실이다. 우리는 갈수록 복잡하게 얽히고 있는 도시의 빈곤과 기후변화의 위기에 대한 "불가능한" 해결책을 찾기 위해 싸워야 한다고, 그게 아니라면 우리 스스로가 인류를 선별하는 작업에 사실상 공모하는 것이나 마찬가지라고 이구동성으로 경고하는 전문가들의 목소리가 점점 커지고 있는 것이다.

이런 면에서 2008년 『네이처』의 한 사설은 우리에게 상당히 고무적이다. 편집진은 "걷잡을 수 없이 진행되는 도시화에 따라, 통합적이고 학제적인 접근과 새로운 사고가 절실히 요구된다"고 설명하며, 부유한 나라들에게 개발도상국 도시들의 '탄소제로' 혁명에 재정을 지원해줄 것을 촉구했다.

> 주민들 대다수가 겨우 머리 위에 지붕만 올리고 사는 신흥 개발도상국들의 거대도시에서 이런 혁신을 추진한다는 것이 비현실적으로 보일지도 모른다. 그러나 이들 나라는 이미 기술적 약진을 통해 그 재능을 보여준 바 있다. 가령 유선전화 통신설비를 건너뛰고 바로 휴대폰을 도입한 것처럼 말이다. 그리고 많은 가난한 나라들이 지역의 관습·환경·기후에 맞추어 건물을 짓는 풍부한 전통을 보유하고 있다. 이는 통합적 설계 모델에 대한 자생적 접근법으로, 서구에서는 완전히 소실된 것이다. 지금 그들에겐 이러한 전통적 접근법을 현대 기술과 접목할 기회가 있다.[24]

유엔의 「인간 개발 보고서」 역시 비슷한 맥락에서, "인류 연대의 미래"는 개발도상국이 기후 충격에 적응할 수 있도록 돕는 대규모 원조 계획에 달려 있다고 경고한다. 보고서는 "기후변화의 위험을 피하는 데 필요한 저탄소 기술의 신속한 실행에 어떠한 장벽도" 없어야 한다고 주장한다. "우리는 부유한 나라들이 기후방어 요새 뒤에서 자국의 시민들을 보호하는 동안 가난한 나라들이 가라앉게 놔두거나 그들이 가진 재원만으로 살아가게 둘 수는 없다." 보고서는 계속해서 이렇게 이야기한다. "단도직입적으로 말해, 전세계의 빈민들과 미래 세대들은 지금까지 기후변화에 관한 국제적 논의가 보여준 안주와 얼버무림이라는 여유를 누릴 수가 없다." 인류 전체를 위한 단호한 행동을 거부하는 것은 "역사적으로 유례를 찾기 어려운 도덕적 실패"가 될 것이다. 이것이 바리케이드를 치라는 감정적 외침처럼 들린다면, 40년 전 교실과 거리, 방송국에서 울렸던 메아리처럼 들린다면 그건 어쩔 수 없다. 우리 앞에 놓인 증거에 기초해볼 때, 인류의 미래에 관한 "현실주의자"의 견해를 취한다는 것은, 메두사의 머리를 주시하는 것처럼, 우리를 그저 돌로 변하게 할 뿐이다.

주

들어가며: 치킨색의 맑스

1 래리 맥머트리(Larry McMurtry)와 발터 벤야민(Walter Benjamin)에게 양해
를 구함.

2 Hans-Josef Steinberg and Nicholas Jacobs, "Workers' Libraries in Germany
before 1914," *History Workshop* 1 (Spring 1976), 175-76면. 아이작 도이처
(Isaac Deutscher)는 젊은 공산주의자 시절 『자본』에 입문할 방법을 찾기가
어려웠다는 이야기를 자주 하곤 했다. "나는 저명한 의회 의원이자 사회주
의의 선구자이며 빈과 바르샤바 의회에 입술이 장식되어 있을 정도로 명연
설가였던 이그나치 다신스키(Ignacy Daszyński)가 자신도 『자본』이 너무 단
단한 껍질에 싸여서 접근하기 어려웠다고 했을 때 안도감을 느꼈다. 그는 자
랑하듯 '나는 그 책을 읽지 않았다'라고 말했다. '그렇지만 카를 카우츠키
가 읽고 쉽게 요약한 책을 써냈다. 나는 카우츠키의 책도 읽지 않았다. 그러
나 우리 당의 이론가 켈레스크라우스(Kazimierz Kelles-Krauz)가 카우츠키
의 책을 읽고 요약을 했다. 나는 켈레스크라우스의 책도 읽지 않았지만, 우
리 당의 재정 전문가이자 똑똑한 유대인인 헤르만 다이아몬드(Herman Dia-
mond)가 켈레스크라우스의 책을 읽고 나에게 이야기해준 바 있다." Isaac
Deutscher, "Discovering *Das Kapital*," in *Marxism in Our Time* (San Fran-
cisco: Ramparts 1971), 257면.

3 Boris Nicolaievsky and Otto Maenchen-Helfen, *Karl Marx: Man and Fighter* (증보판, London: Allen Lane 1973 〔1933〕), ix면.

4 *Marx-Engels Collected Works* (이하 *CW*), Vol. 1 (London: Lawrence & Wishart 2010), 576면.

5 Daniel Bensaïd, *Marx for Our Times: Adventures and Misadventures of a Critique* (London: Verso 2002).

6 물론 전집이라고 해서 모든 저술을 완벽하게 갖춘 것은 아니다. 3분의 2는 암스테르담에, 3분의 1은 모스끄바에 있는 맑스-엥겔스 문서고에는 방대한 분량의 초고(네개의 『자본』 초고가 있다)와 기사, 신문 칼럼, 선언문, 메모, 200권 분량의 발췌문, 그리고 2000명의 개인들과 주고받은 서신이 보관되어 있다. 전체를 다 출판할 경우 130권에서 180권 분량에 달할 것으로 추정된다. 더군다나 1911년 오스트리아 학파가 전집 출간을 처음 제안한 이래, 어디까지 전집에 포함할 것이며 어떻게 편집진을 당의 이데올로기적 개입으로부터 보호할 것인지가 끊임없이 논란이 되어왔다. 때로는 이것이 생사를 좌우하는 문제이기도 했다. 1921년 레닌이 모스끄바의 맑스-엥겔스 연구소 책임자로 발탁한 다비트 랴자노프(David Riazanov)는 1923년 첫번째 판본의 전집(*Marx-Engels Gesamtausgabe*), 이른바 MEGA I 작업에 착수했으나, 스딸린의 반대에 부딪혔다. 맑스와 엥겔스가 쓴 러시아에 비판적인 소책자들에 대한 검열 문제가 쟁점이었는데, 결국 랴자노프는 1938년 많은 동료 연구원들과 함께 총살당했다. 그가 하던 작업은 1960년 이후 서로 다른 두가지 형태로 재개되었다. 『맑스-엥겔스 전집』(*Marx-Engels Collected Works*), 이른바 MECW는 1975년부터 출판되기 시작해 지금은 완간되었다. 훨씬 더 완벽하고 야심적인 프로젝트인 MEGA Ⅱ는 동독과 소련이 붕괴된 이후 광범위한 국제적 협업으로 진행되고 있으며 아직 완간에 이르려면 몇년 더 남았다. 이 복잡한 내막에 대한 전반적인 설명에 대해서는 다음을 참조. Kevin Anderson, "Uncovering Marx's Yet Unpublished Writings," *Critique* 30/31 (1998); Jurgen Rohan, "Publishing Marx and Engels after 1989: The Fate of the

MEGA," *Nature, Society, and Thought* 13: 4 (October 2000); Army Wendling, "Comparing Two Editions of Marx-Engels Collected Works," *Socialism and Democracy* 19: 1 (2005). 할 드레이퍼의 탁월한 연대기적 안내서를 참조하면 MECW 작업이 진행되어온 우여곡절을 이해하는 데 더욱 수월할 것이다. Hal Draper, *The Marx-Engels Cyclopedia, Volume I: The Marx-Engels Chronicle* (New York: Schocken 1985).

7 이러한 추정은 다음과 같은 근거에 따라 계산되었다. 러시아 내전 적군 100만명 사망, 이딸리아와 스페인을 포함한 전간기 유럽에서 발생한 탄압으로 15만명 사망, 1949년까지 중국에서 150만명 사망, 1937년 숙청으로 소련에서 공산주의자 15만명 사망, 2차대전으로 소련에서 (공산당원과 꼼소몰단원만) 300만명 사망, 나치 치하 유럽에서 반나치 유격대원을 포함한 50만명 사망, 동남아시아(인도차이나, 필리핀, 인도네시아)에서 100만명 사망, 라틴아메리카에서 10만명 사망.

8 Barbara Taylor, *Eve and the New Jerusalem: Socialism and Feminism in the Nineteenth Century* (London: Virago 1983).

9 "Marxism: Theory of Proletarian Revolution," *New Left Review* I/97 (May-June 1976).

1장 오래된 신, 새로운 수수께끼: 혁명적 주체에 붙이는 주석

1 "History in the 'Age of Extremes': A Conversation with Eric Hobsbawm (1995)," *International Labor and Working-Class History* 83 (March 2013), 19면.

2 Secondary-sector data from statista.com. 농촌 지역 출신 노동자 수천만명이 연안의 수출가공지대로 유입되어 중국 노동계급의 수가 전반적으로 증가했지만, 동시에 이는 국영산업 부문의 쇠퇴와 경험 많은 산업노동자들의 쓰라린 해고 문제를 은폐했다. Ju Li, "From 'Master' to 'Loser': Changing Working-Class Cultural Identity in Contemporary China," *International Labor and Working-Class History* 88 (Fall 2015), 190-208면.

3 Erik Brynjolfesson and Andew McAfee, *Race Against the Machine* (Lexington, MA: Digital Frontier 2011); Simon Head, *Mindless: Why Smarter Machines are Making Dumber Humans* (New York: Basic Books 2014); John Peters, "Neoliberal Convergence in North America and Western Europe: Fiscal Austerity, Privatization, and Public Sector Reform," *Review of Internation Political Economy* 19: 2 (May 2012), 208–35면.

4 Shawn Sprague, "What Can Labor Productivity Tell Us About the U. S. Economy?" *BLS: Beyond the Numbers* 3: 12 (May 2014), Martin Ford, *Rise of the Robots: Technology and the Threat of a Jobless Future* (New York: Basic Books 2015), 281면에서 재인용.

5 Martin Baily and Barry Bosworth, "U. S. Manufacturing: Understanding Its Past and Its Potential Future," *Journal of Economic Perspectives* 28: 1 (Winter 2014), 3–4면.

6 "우리가 반대해야 하는 것은 이러한 일자리 폐지 그 자체가 아니라, 하나의 의무이자 규범으로서 그리고 모든 사람의 권리와 존엄의 대체 불가능한 기반으로서 일자리가 갖는 규범과 존엄성 및 유용성을 폐기하는 일을 영구적으로 지속하겠다는 주장인 것이다." André Gorz, *Reclaiming Work: Beyond the Wage-Based Society* (Cambridge: Polity 1999 〔프랑스어판 1997〕), 1면.

7 가령 많은 연구들이 1970년대 무렵 "우리"라는 광범위한 통합적 의식을 가지고 있었던 조직된 프랑스 노동계급과, 무슬림 이민자들이나 젊은 실업자들 일반에 대해 적개심을 가지고 있는 오늘날 노동자들의 의식을 대조적으로 파악하고 있다. 이제 "그들"이라 함은 전통적인 프롤레타리아보다 "위에" 있는 사람들만이 아니라 그보다 "아래에" 있는 사람들까지도 의미한다. Michele Lamont and Nicolas Duvous, "How Has Neo-liberalism Transformed France's Symbolic Boundaries?" *Culture & Society* 32: 2 (Summer 2014), 57–75면; Olivier Schwartz, "Vivons-nous encore dans une societé des classes?" September 22, 2009, at laviedesidees.fr.

8 향후 20년 안에 자동화와 전산화의 영향으로 미국 일자리의 절반이 사라질 위기에 놓여 있다. 이것은 칼 프레이(Carl Frey)와 마이클 오스본(Michael Osborne)이 옥스퍼드대학교 마틴 스쿨에 제출한 매우 논쟁적인 보고서의 결론이다. "The Future of Employment: How Susceptible Are Jobs to Computerisation?" *Working Paper*, Oxford, September 2013. 이에 대한 비판적 입장에 대해서는 다음을 참조. Melanie Arntz, Terry Gregory, and Ulrich Zierahn, "The Risk of Automation for Jobs in OECD Countries," OECD Social, Employment and Migration Working Papers No. 189 (Paris: OECD 2016).

9 Gregory Woirol, *The Technological Unemployment and Structural Unemployment Debates* (Westport, CT: Greenwood 1996); J. Jesse Ramirez, "Marcuse Among the Technocrats: America, Automation, Postcapitalist Utopias, 1900-1941," *Amerikastudien/American Studies* 57: 1 (2012), 31-50면; Donald Stabile, "Automation, Workers and Union Decline: Ben Seligman's Contribution to the Institutional Economics of Labor," *Labor History* 49: 3 (2008), 275-99면; Daniel Bell, "Government by Commission" (the National Commission on Technology, Automation and Economic Progression, on which Bell served), *The Public Interest* (Spring 1966), 3-9면.

10 *Annual Report of the Council of Economic Advisers* (Washington 2016), 238-39면.

11 "첫번째 물결이 인터넷 인프라의 기반을 놓았고, 두번째 물결이 그 위에다 핵심적인 응용산업(전자상거래, 소셜미디어, 검색엔진 등)을 구축했다면, 세번째 물결에는 이러한 기술들을 의료서비스·금융·농업·제조업 등 사실상 비(非)디지털 경제 영역에 접목시키는 것이 포함된다." Ian Hathaway, "The Third Wave of Digital Technology Meets the Rustbelt," *Brookings: The Avenue*, May 27, 2016.

12 John Markoff, "Skilled Work, Without the Worker," *New York Times*, August 18, 2012. 공장 자동화의 비율이 가속화되고 있다. 미국 제조업계의 3분의 2가 이미 3D 프린팅 기술을 도입했고, 한편 전세계적으로 2013년 이후 제조업에 로봇을 사용하는 비율이 두배로 증가했다. Daniel Araya and Christopher Sulavik, "Disrupting Manufacturing: Innovation and the Future of Skilled Labor," *Brookings: The Brown Center Chalkboard*, May 6, 2016; Darrel West, "How Technology Is Changing Manufacturing," *Brookings Tech-Tank*, June 2, 2016.

13 Markoff, "Skilled Work."

14 "Machines Learning," *Economist*, December 3, 2016, 53면; Commission of the European Communities, "Internet of Things: An Action Plan for Europe," June 18, 2009 (PDF).

15 *World Employment Social Outlook: Trends 2016* (Geneva: ILO 2016); Toward Solutions for Youth Employment: A 2015 Baseline Report, at s4ye.org.

16 물론 도시화-산업화-근대화라는 삼위일체의 연결이 끊어진 선례들도 존재한다. 가령 뜨로쯔끼는 짜르 체제의 러시아를 일종의 "근대화 없는 산업화"로 규정했다. 이에 관한 흥미진진한 논의는 다음을 참조. Baruch Knei-Paz, *The Social and Political Thought of Leon Trotsky* (Oxford: OUP 1978), 94–107면.

17 Michael Goldman, "With the Declining Significance of Labor, Who Is Producing Our Global Cities?" *International Labor and Working-Class History* 87 (Spring 2015), 137–64면(벵갈루루 관련 부분); Olu Ajakaiye, Afeikhena T. Jerome, David Nabena and Olufunke A. Alaba, "Understanding the Relationship between Growth and Employment in Nigeria," *Brookings Paper*, May 2016. "4차 산업혁명"에 관한 세계경제포럼의 개념에 대해서는 wefor-mum.org를 참조.

18 David Neilson and Thomas Stubbs, "Relative Surplus Population and Uneven Development in the Neoliberal Era: Theory and Empirical Application," *Capital and Class* 35: 3 (2011), 451면.

19 "The Results of the Immediate Process of Production," *CW* 34, 204면.

20 Schwartz, "Vivons-nous encore dans une societé des classes?" 지난 두 세대 동안 신자유주의가 광부들과 버스 기사들 그리고 기계공들의 의식에 미친 영향에 관한 그의 민족지학적 연구는 니꼴라 싸르꼬지(Nicolas Sarkozy)와 마린 르 뻰(Marine Le Pen)의 성공을 이해하는 데 본질적인 배경을 이룬다.

21 David McLellan, *Marxism After Marx* (New York: Houghton Mifflin 1981), 37면.

22 Nick Srnicek and Alex Williams, *Inventing the Future: Folk Politics and the Left* (London: Verso 2015), 157면.

23 미국 노동통계국에 따르면, 현재 미국에는 기계공 40만명, 등록된 간호사 280만명, 트럭 기사 350만명, 초·중등 교사 350만명이 있다. 또한 패스트푸드 종업원이 360만명이고, 경찰·교도관·보안요원이 270만명이다.

24 Simon Charlesworth, *A Phenomenology of Working-Class Experience* (Cambridge: CUP 2000), 2면. 이 책은 탈산업화와 전통적 노동 문화의 파괴에 따른 인적 손실을 적나라하게 설명한다.

25 비공식 부문을 정의하고 계량화하는 일의 복잡성은 당연히 악명이 자자하다. 이 분야에 관한 최신 논의는 다음을 참조. International Labour Office, *Measuring Informality: A Statistical Manual on the Informal Sector and Informal Employment* (Geneva: ILO 2013).

26 Christian Marazzi, "Money and Financial Capital," *Theory, Culture, Society* 32: 7-8 (2015), 42면.

27 "A Critique of Hegel's Philosophy of Law: Introduction," *CW* 3, 184면.

28 사회 일반의 이해관계를 대변한다고 하는 부상하는 계급의 주장에 대해서 옛 지배계급은 당연히 부인한다. 제3신분을 민족과 동일시한 씨에예스는 동시에 귀족을 민족의 적으로 규정했다. "왜냐하면 그들은 특권으로 말미암아 능동적인 생산자가 아닌 국부의 게으른 소비자로 전락했고, 특수 이익에 집

착하고 나머지 민족 전체에게 적용되는 법률에 대한 예외를 주장했으며, 또한 삼부회 내에서 별도의 심의를 주장함으로써 다른 프랑스인들과 분리되기를 원했기 때문에, 그들의 이해관계는 민족 전체의 이해관계와 완전히 별개의 것이라고 말할 수 있다." William Sewell, *A Rhetoric of Bourgeois Revolution: The Abbe Sieyès and What Is the Third Estate?* (Chapel Hill, NC: Duke University Press 1994), 5면. 제3신분의 법적 개념은 모든 평민을 포괄하지만, 프랑스 혁명 초기에는 전적으로 재산을 소유하거나 전문직에 종사하는 사람들만을 의미했다.

29 Gil Delannoi, "Review of André Jardin, Histoire du Libéralisme politique...," *Esprit* 106: 10 (October 1985), 105면.

30 프랑스 혁명에 대한 "수정주의적" 해석을 행한 프랑수아 퓌레(François Furet), 모나 오주프(Mona Ozouf), 세라 마자(Sarah Maza) 등은, 프랑스 혁명이 정치적으로나 지도부 구성에서나 진정 "부르주아적"이었다는 어떠한 주장에 대해서도 반대한다. 사실 그들은 1789년 프랑스에 부르주아지가 존재했다는 것 자체를 부인한다. 그들의 저작에서 계급 일반에 관한 논의는 사라진다. 이 논쟁을 둘러싼 간결한 설명과 프랑스 혁명을 부르주아 혁명으로 강력하게 재규정하는 주장에 대해서는 다음을 참조. Henry Heller, "Marx, the French Revolution, and the Spectre of the Bourgeosie," *Science & Society* 74: 2 (April 2010), 184-214면.

31 Eric Hobsbawm, *Echoes of the Marseillaise* (New Brunswick, NJ: Rutgers University Press 1990), 9면.

32 Warren Breckman, *Marx, the Young Hegelians, and the Origins of Radical Social Theory* (Cambridge: CUP 1999), 301면.

33 Stathis Kouvelakis, *Philosophy and Revolution: From Kant to Marx* (London: Verso 2003), 270면.

34 François Furet, "Le Jeune Marx et la Revolution Franciase," in Furet, ed., *Marx et la Revolution Francaise* (Paris: Flammarion 1986), 13-43면, 특히 32면. 부셰

와 루의 계획은 명확히 "프랑스 혁명을 자신들의 이익을 위해 전유하려는" 부르주아지의 시도를 논박하기 위한 것이었다. Jeremy Jennings, *Revolution and the Republic: A History of Political Thought in France Since the Eighteenth Century* (Oxford: OUP 2011), 262면.

35 Jean Bruhat, "La Revolution Française et la Formation de la Pensée de Marx," *Annales historiques de la Revolution francaise* 184 (April-June 1966), 127면. 이 논문은 해당 분야에 관한 선구적 연구였고, 적어도 내 생각에는 퓌레의 소책자보다 세부 사항과 해석이 더 풍부했다.

36 François Furet, *Marx and the French Revolution* (Chicago: University of Chicago Press 1988), 19면.

37 같은 책 23면.

38 Breckman, *Marx*, 283면. 대다수의 사람들처럼 맑스도 몇 단계 과정을 거쳐 급진화했다. 브레크먼이 보기에 맑스는 1843년 여름 무렵 이미 사회주의에 대한 "도덕적 헌신"을 결심한 상태였다. 만약 이게 맞다면, 맑스가 "자꼬뱅" 혹은 혁명적 민주주의자를 자임했던 기간은 1년이 채 안 되는 정도였다.

39 Lorenz von Stein, *The History of the Social Movement in France, 1789-1850*, ed. and transl. Kaethe Mengelberg (Totowa, NJ: Bedminister 1964), 264-65면. 이 인용문은 1850년 출간된 제3판에서 발췌한 서툴고 불완전한 번역본이다. 추정컨대 인용된 구절은 1842년 원전(*Socialism and Communism in Contemporary France*)에도 있었을 터이니, 좋은 도서관을 이용할 수 있는 독일 독자들은 대조해볼 필요가 있다. 폰 슈타인의 이 보고서는 프로이센 경찰의 의뢰를 받아 작성되었지만 그런 사실 때문에 책의 인기가 독일의 젊은 급진주의자들 사이에서 시들해지진 않았다. Davie McLellan, *Karl Marx: A Biography* (London: Macmillan 1973), 45-46면. 1890년대에 프란츠 메링(Franz Mehring)과 뾰뜨르 스뜨루베(Peter Struve)는 맑스에 대한 폰 슈타인의 영향을 놓고 기억할 만한 논쟁을 벌인 적이 있다.

40 Lloyd Kramer, *Threshold of a New World: Intellectuals and the Exile Experi-*

ence in Paris, 1830-1848 (Ithaca: Cornell University Press 1988), 144면.

41 *CW* 3, 201-202면.

42 Neil Davidson, *How Revolutionary Were the Bourgeois Revolutions?* (Chicago: Haymarket 2012), 120면. 강조는 필자.

43 Dorothy Thompson, *The Chartists* (London: Temple Smith 1984), x면. 또한 "1848~49년은 독일 역사상 처음으로 전국적인 노동운동이 등장한 해이기도 했다". 랄프 로스에 따르면 "느슨하지만 인상적인 조직망을 갖추고 있었던 장인들과 노동자들의 협회"는 400개 도시에 지부를 두고 있었다. Ralf Roth, "Burger and Workers", in David Barclay and Eric Weitz, eds., *Between Reform and Revolution: German Socialsim and Communism from 1840 to 1990* (New York: Berghahn 1998), 114면.

44 이 수치는 Hal Draper, *The Marx-Engels Cyclopedia, Volume I: The Marx-Engels Chronicle* (New York: Schocken 1985)에서 추출된 항목에 근거하여 내가 산출했다.

45 Théodore Dézamy, *Calomnies et Politique de M. Cabet* (Paris: Prévost 1842), 8면.

46 Michael Löwy, *The Theory of Revolution in the Young Marx* (Chicago: Haymarket 2005), 104-105면. 강조는 원문.

47 더 정확히 말하자면 맑스는 모순을 받아들였다. 그는 유토피아적 사회주의나 소생산자주의를 굉장히 싫어했는데, 그것이 수공업 생산과 기계화된 산업 생산이 공존하는 시대의 경제 발전에 지장을 초래할 수 있다고 보았기 때문이다. 그러나 1848년 이후에는 민주주의 혁명과 그에 따른 사회주의 혁명으로의 가능한 "확산" 과정에서 프롤레타리아의 지도력에 대해 과도하게 낙관적이었고, 이 말은 조금도 과장이 아니다. 경제의 단계와 혁명을 위한 "객관적 조건" 사이의 관계는 맑스의 저작에 꾸준히 등장하는 주제이자 내적인 논쟁거리였다.

48 Karl Marx, "Contribution to the Critique of Hegel's Philosophy of Law,

Introduction," *CW* 3, 182면.

49 "기독교에 대한 독일인들의 비판은 계몽주의 시대 무신론과 물질주의에 대한 프랑스 급진파들의 비판을 연상시켰다. 루이 블랑 같은 작가들은 그런 교의들을, 프랑스 혁명의 승리자였으나 진정한 민주주의 사회의 등장을 계속해서 차단해온 부르주아 자유주의자들의 이데올로기로 간주했다. 블랑을 비롯한 사람들은 프랑스 급진 정당의 목표에 관해 기술할 때 종교적 모델의 사용을 선호한 반면, 맑스와 급진적 헤겔주의자들은 모든 종교적 정당화와 지시물을 사회 비판과 행위로부터 배제하고자 했다." Kramer, *Threshold of a New World*, 125면.

50 지노비에프의 담화(1924)는 Lars Lih, *Lenin Rediscovered:* What Is to Be Done? *in Context* (Leiden: Brill 2006), 30면에서 인용.

51 Daniel Bensaïd, *Marx for Our Time: Adventures and Misadventures of a Critique* (London: Verso 2002), 99면, 103면, 107면. 또한 Ellen Wood, *The Retreat from Class: A New "True" Socialism* (London: Verso 1986), 5면 참조.

52 Georg Lukács, *History and Class Consciousness: Studies in Marxist Dialectics* (Cambridge, MA: MIT Press 1971 [1923]), 46면.

53 내가 더 이른 시기 맑스의 철학적이고 역사적인 저작들에 나오는 프롤레타리아트와 구별하면서 "『자본』의 노동계급"에 대해 언급할 때에는, 『정치경제학 비판 요강』과 『1861~63년 경제학 수고』를 비롯한 미완성 저작 전체를 통틀어 말하는 것이다.

54 Marcello Musto, "The Rediscovery of Karl Marx," *International Review of Social History* 52 (2007), 478면.

55 Étienne Balibar, *The Philosophy of Karl Marx* (신판, London: Verso 2017), 6면.

56 Michael Lebowitz, *Beyond Capital: Marx's Political Economy of the Working Class* (London: Macmillan 1992), 14면, 152면. 또한 Roman Rosdolsky, "Appendix 1. The Book on Wage-Labour," *The Making of Marx's "Capital"* (London: Pluto 1977), 57-61면 참조. 캘리니코스는 『자본』에 관하여 최근

펴낸 탁월한 저서에서 "노동일에 관한 장〔1권〕"은 『자본』에 관한 리보위츠
의 편파적 주장에 대한 "명확한 논박"이라고 주장한다. 그러나 리보위츠는
분명 『자본』 1권에 프롤레타리아의 실천(praxis)에 관한 내용이 포함되었음
을 인정하지만, 맑스의 초기 저작들에서 누락된 요소에 대해서도 특히 길게
열거한다. 그리고 내 생각에 이는 상당히 신빙성 있는 지적인 것 같다. 아마
도 그 누락된 요소들은 임노동에 관한 저서의 주된 내용이 되었을 것이다.
Alex Callinicos, *Deciphering Capital: Marx's Capital and Its Destiny* (London:
Bookmarks 2014), 309면.

57 Werner Sombart, *Why Is There No Socialism in the United States?* (London:
Macmillan 1976). Robert Michels, *Political Parties: A Sociological Study of the
Oligarchical Tendencies of Modern Democracy* (New York: Free Press 1962). 『정
당론』의 1915년 영어판 번역본은 1911년 독일어판 원본에 대한 개정판이기
도 한데, 「전시의 정당 활동」(Party Life in Wartime)이라는 중요한 장이 새
롭게 추가되었다.

58 이런 언급은 할 드레이퍼의 저서 2장 「특수 계급」(Special Class)에 나오는
주장들을 대담하게 확장한 것으로 볼 수 있다. Hal Draper, *Karl Marx's The-
ory of Revolution, Volume II: The Politics of Social Classes* (New York: Monthly
Review 1978), 33~48면. 드레이퍼의 삼부작은 그의 두권짜리 저서 『맑스-엥
겔스 백과사전』(*The Marx-Engels Cyclopedia*)과 더불어 맑스의 정치이론 유
산을 탐구하고 이해하는 데 필요한 타의 추종을 불허하는 재료다.

59 David Shaw, "Happy in Our Chains? Agency and Language in the Post-
modern Age," *History and Theory* 40 (December 2001), 19면, 21면.

60 Alex Callinicos, *Making History: Agency, Structure, and Change in Social
Theory* (Leiden: Brill 2005 〔1987〕). 또한 계급의식과 주체를 다루는 (방대
한 문헌의) 산업사회학 내 주요 논쟁들도 언급하지 않을 생각이다. 가령 마
이클 부라워이는 1984년에 발표한 영향력 있는 한 논문에서, 프롤레타리아
가 전투적 행동과 의식을 갖추게 될 잠재력은 공장 체계(factory system) 내

부와 외부 모두에서 작동하는 일종의 "생산의 정치학"이라는 관점에서 이해되어야 한다고 제안했다. 그의 주장에 따르면, 서로 다른 **공장 체제들**(factory regimes)은 노동과정과 가족 구조의 상호작용, 자본가들 사이의 경쟁, 또 국가의 형태에 의해 만들어졌다. 랭커셔, 뉴잉글랜드, 그리고 러시아의 19세기 직물산업에 관한 그의 정교한 비교연구는 이런 접근법의 풍부한 생산성을 입증한 고도의 예술적 기교였으며, 다른 면에서라면 서로 유사한 산업들 내에 존재할 수 있는 복합적으로 다양한 사회적 규제의 형태들을 조명해냈다. 비록 부라워이가 자신이 연구한 직물산업의 사례를 부당하게 확장하여 각 국가별 노동계급의 혁명적 잠재력 사이의 차이에 관한 광범위한 일반화로 나아간 것은 오류였지만, 그를 비판한 이들조차도 "생산의 정치학"은 노동과정과 계급의식에 관한 전통적 맑스주의 연구나 제도주의적 분석에 비해 개념적으로 진일보한 것임을 인정했다. Michael Burawoy, "Karl Marx and the Satanic Mills: Factory Politics under Early Capitalism in England, the United States, and Russia," *AJS* 90: 2 (1984), 247–82면. 부라워이는 이듬해 『생산의 정치학』(*The Politics of Production*, London: Verso 1985)을 통해 공장 체계에 관한 분석을 확장했다.

61 맑스는 런던에 체류하던 시절 초창기에 집필한 한 논문("Review/May to October, 1850")에서, 1848년에 일어난 혁명들은 1847년의 경제 위기에 의해 발화되었으며 혁명적 국면도 1849년 말 번영이 회복되면서 끝이 났다고 처음으로 주장했다. 그는 나중에 이 논문을 『1848~50년 프랑스의 계급투쟁』 4장에 삽입했다.

62 핵심 문헌으로는 다음을 참조. Rosa Luxemburg, "Militarism in the Sphere of Capital Accumulation," Chapter 32 of *The Accumulation of Capital*, in *The Complete Works of Rosa Luxemburg, Volume II* (London: Verso 2016), 331–34면; Lenin, "The Impending Catastrophe and How to Combat It" (1917), *CW* 25, 323–69면.

63 여기에 아르헨띠나, 오스트레일리아, 뉴질랜드의 노동운동을 더할 수 있다.

그러나 아직 일본의 경우는 해당되지 않는다.

64 루카치는 프란츠 메링이 서술한 독일사회민주당의 역사를 인용하여 교조적인 비평가들에게 응수했다. 그는 공장 규모와 계급의식 사이의 단순한 상관관계를 상정하는 그 어떤 주장도 논박했다. 사회민주당이 대규모 공장의 숙련 기계공들을 포섭하기 위해 무척이나 지난하고 고된 조직화 작업을 거쳐야 했다면, "연초공이나 구두 수선공, 재단사 등은 상대적으로 손쉽게 혁명운동의 대열에 가담했다". Georg Lukács, *A Defence of History and Class Consciousness: Tailism and the Dialectic* (London: Verso 2000 [1925/26]), 68–69면.

65 다음 논의를 참조. Marcel van der Linden and Wayne Thorpe, "The Rise and Fall of Revolution Syndicalism," in van der Linden and Thorpe, eds., *Revolutionary Syndicalism: An International Perspective* (Aldershot, UK: Scolar 1990), 1–25면.

66 Bensaïd, *Marx for Our Times*, 118면.

67 Roger Magraw, "Socialism, Syndicalism and French Labour Before 1914." in Dick Geary, ed., *Labour and Socialist Movements in Europe Before 1914* (Oxford: Berg 1989), 53면.

68 "르크뢰조에서 [소유주] 외젠 슈네데르(Eugène Schneider)는 의회 의원이었으며 성에 거주했고 시내 광장에는 그의 동상이 세워져 있었다. 그의 시종이 충직한 고용자들에게 결혼 선물을 가져다주기도 했다"(Magraw, 63면). 조지 풀먼(George Pullman)의 경우 시종을 통해 지역 노동자들에게 선물을 보내는 일은 없었다. 대신 그는 "염탐꾼들"을 잠입시켜 "노동자들 사이에 섞여 지내면서 회사에 반하거나 비판적인 신호 혹은 말을 보고하게 했다". Almont Lindsey, *The Pullman Strike* (Chicago: University of Chicago Press 1942), p. 64.

69 Yavuz Karakisla, "The 1908 Strike Wave in the Ottoman Empire," *Turkish Studies Association Bulletin* 16: 2 (September 1992), 155면.

70 Kevin Callahan, "The International Socialist Peace Movement on the Eve of

World War I Revisited," *Peace & Change* 29: 2 (April 2004), 170면.

71 다음 문헌에서 인용한 유리 뽈랴꼬프(Yury Polyakov)의 통계다. Robert Gerwarth, "The Central European Counter-Revolution: Paramilitary Violence in Germany, Austria and Hungary After the Great War," *Past and Present* 200 (August 2008), 181면.

72 Charles Maier, *Recasting Bourgeois Europe* (Princeton, NJ: Princeton University Press 1975), 136면.

73 "해방의 머리는 철학이고, 그 심장은 프롤레타리아트다. 프롤레타리아트가 없어지지 않고서 철학은 현실이 될 수 없으며, 철학이 현실이 되지 않고서는 프롤레타리아트는 폐지될 수 없다." *CW* 4, 187면.

74 "1844 Introduction", *CW* 3, 186면.

75 Joachim Singelmann and Peter Singelmann, "Lorenz von Stein and the Paradigmatic Bifurcation of Social Theory in the Nineteenth Century," *British Journal of Sociology* 37: 3 (September 1986), 442면.

76 *CW* 4, 36–37면.

77 Karl Kautsky, *From Handicraft to Capitalism* (London: SPGB 1907), 14면, 15면. 이 부분은 1892년 출판된 카우츠키의 『에르푸르트 강령』(*Das Erfurter Programm*) 가운데 한 장을 별도로 번역한 것이다.

78 1848년 프랑크푸르트 의회에 제출된 헤센 지역 길드의 청원문에서 인용한 것이다. P. Noyes, *Organization and Revolution: Working-Class Associations in the German Revolutions of 1848-1849* (Princeton, NJ: Princeton University Press 1966), 25면. 크리스토퍼 존슨은 리옹의 비단 직조공들 사이에서 인기를 끌었던 이카루스파 공산주의에 대해 집필하면서, 그들을 1840년대 "대륙에서 가장 성숙하고 정치적으로 의식 수준이 높은" 집단으로 묘사했다. Christopher Johnson, "Communism and the Working Class before Marx: The Icarian Experience," *American Historical Review* 76: 3 (June 1971), 658면.

79 Karl Marx, *Grundrisse* (London: Allen Lane/New Left Review 1973), 604면.

80 Marc Mulholland, "Marx, the Proletariat, and the 'Will to Socialism'," *Critique* 37: 3 (2009), 339–40면.

81 David Montgomery, "Commentary and Response," *Labor History* 40: 1 (1999), 37면.

82 Marx, *Grundrisse*, 770면.

83 Maxine Berg, Pat Hudson, and Michael Sonenscher, eds., *Manufacture in Town and Country Before the Factory* (Cambridge: CUP 1983)의 논문들을 참조.

84 Sanford Elwitt, "Politics and Ideology in the French Labor Movement," *Journal of Modern History* 49: 3 (September 1977), 470면.

85 Ronald Aminzade, "Class Analysis, Politics, and French Labor History," in Lenard Berlanstein, ed., *Rethinking Labor History: Essays on Discourse and Class Analysis* (Urbana, IL: University of Illinois Press 1993), 93면.

86 Jacques Rancière, "The Myth of the Artisan: Critical Reflections on a Category of Social History," *International Labor and Working-Class History* 24 (Fall 1983), 4면.

87 Karl Marx, *Capital Volume I* (London: Penguin 1976), 574면. 물론 맑스는 모든 선진 산업사회에서 집단 전체로서의 임노동자가 압도적 다수를 차지할 것이라고는 믿지 않았다.

88 Adam Przeworski, "Proletariat into a Class: The Process of Class Formation from Karl Kautsky's The Class Struggle to Recent Controversies," *Politics and Society* 7: 4 (1977), 358–59면.

89 Marx, *Capital Volume I*, 517면, 574–75면. 바버라 클레먼츠에 따르면, 혁명 전 러시아에서 "여성 임노동자의 거의 절반(대략 1000만명)이 가내 하인이었다". Barbara Clements, "Working-Class and Peasant Women in the Russian Revolution, 1917–1923," *Signs* 8: 2 (Winter 1982), 225면.

90 Leonore Davidoff, "Mastered for Life: Servant and Wife in Victorian and

Edwardian England," *Journal of Social History* 7 (1974), 406 28면.

91 대서양 양안의 법제사에 대해서는 Christopher Tomlins, *Law, Labor, and Ideology in the Early American Republic* (Cambridge: CUP 1993)의 3부 "Law, Authority, and the Employment Relationship"(223-94면) 참조.

92 Mary Nolan, "Economic Crisis, State Policy, and Working-Class Formation in Germany, 1870-1900," in Ira Katznelson and Aristide Zolberg, eds., *Working-Class Formation: Nineteenth-Century Patterns in Western Europe and the United States* (Princeton, NJ: Princeton University Press 1986), 364면.

93 Raphael Samuel, "Mechanization and Hand Labour in Industrializing Britain," in Lenard Berlanstein, ed., *The Industrial Revolution and Work in Nineteenth-Century Europe* (London: Routledge 1992), 38면. 이는 어느 한 부문에 기계를 도입하는 것이 다른 부문에서의 도입을 야기하는 경향에 역행하는 힘이다. Marx, *Capital Volume I*, 393면.

94 Gareth Stedman Jones, *Outcast London: A Study in the Relationship Between Classes in Victorian Society* (Oxford: OUP 1971), 107면.

95 맑스는 런던의 유대인 사회주의자들의 초창기 활동에 별다른 관심을 보이지 않았던 것 같지만, 그의 사후에 엘리너는 엥겔스의 적극적인 지원으로 유대인 사회주의 클럽의 단골이 되었다. 엥겔스 본인도 제2인터내셔널의 반유대주의 그룹에 대한 가장 강력한 적수였다. Nathan Weinstock, *Le pain de misère: Histoire du mouvement ouvrier juif en Europe, Tome II* (Paris: Le Decouverte 2002), 92-95면.

96 Marx, *Capital Volume I*, 467면.

97 *The Poverty of Philosophy*, CW 6, 183면; *CW* 34, 123면.

98 "The Results of the Direct Process of Production," *CW* 34, 428-29면. 또다른 번역으로는 "the immediate process of production."

99 Étienne Balibar, "On the Basic Concepts of Historical Materialism," in Louis Althusser and Étienne Balibar, *Reading Capital* (London: Verso 2015),

404면.

100 "The Results of the Direct Process of Production," *CW* 34, 14-18면. 이 부분은『자본』1권의 미간행된 "7부"에 해당한다.

101 Carlo Vercellone, "From Formal Subsumption to General Intellect: Elements for a Marxist Reading of the Thesis of Cognitive Capitalism," *Historical Materialism* 15 (2007), 24면.

102 Marx, *Capital Volume I*, 423면, 510면. "노동계급의 봉기에 맞서 자본에 무기를 제공한다는 단 한가지 목적으로 1830년 이후 만들어진 발명의 역사를 쓰는 것이 가능할 정도다"(436면).

103 *CW* 34, 30면.

104 같은 책 123면. 강조는 원문. 이러한 차이와 그것이 계급 형성에 함축하는 바에 대한 정교한 논의는 다음을 참조. David Neilson, "Formal and Real Subordination and the Contemporary Proletariat: Re-coupling Marxist Class Theory and Labour-Process Analysis," *Capital & Class* 31: 1 (Spring 2007), 89-123면.

105 Friedrich Lenger, "Beyond Exceptionalism: Notes on the Artisanal Phase of the Labour Movement in France, England, Germany and the United States," *International Review of Social History* 36 (1991), 2면.

106 Robert Hoffman, *Revolutionary Justice: The Social and Political Theory of P.-J. Proudhon* (Urbana: University of Illinois Press 1972), 311-15면. 구체적인 투쟁들에 관해 이야기할 때는 그것들의 차이를 과장해서는 안 된다. 가령 1840년대에는 장인들과 공장 노동자들이 단일한 계급으로 행동하는 일이 드물지 않았다. 차티스트 운동은 양 집단의 연합으로 이뤄졌고, 1844년 슐레지엔 방직공들이 대규모 봉기를 일으켰을 때 즉각적으로 베를린의 캘리코 공장 노동자들뿐만 아니라 철도 노동자들도 파업에 동참했다. P. H. Noyes, *Organization and Revolution: Working-Class Associations in the German Revolutions of 1848-1849* (Princeton, NJ: Princeton University Press 1966), 34면.

107 André Gorz, *Strategy for Labor* (Boston: Beacon 1967), 3면.

108 Herbert Marcuse, *One-Dimensional Man* (Boston: Beacon 1964), 26면, 주석 7번. 로만 로즈돌스끼(Roman Rosdolsky)는 저서 『맑스 "자본"의 형성』에서 이런 식으로 착취와 빈곤화를 결합시켜 설명하는 것을 단지 하나의 "전설"일 뿐이라고 하면서 맹렬히 공격했다(*The Making of Marx's "Capital"*, 307면). 그러나 그의 책을 주의 깊게 읽어보면, 로즈돌스끼가 비난하는 대상은 스딸린주의 도그마에서 "절대빈곤의 법칙"이라 부른 (점점 증가하는) 세속적 빈곤화라는 관념이었지, 공황 시기나 전시에 일어나는 실업이나 생활 수준의 하락을 의미하는 것이 아니었다.

109 Lebowitz, *Beyond Capital*, Chapter 2. 내가 보기에 리보위츠는 맑스를 정확히 해석하고 있다. 즉 궁핍화는 항상 자본주의 자체에 내재하지만, 그 내용(재생산의 최소한도)은 다양하다는 것이다. 또한 궁핍화가 자동적으로 계급의식을 낳지는 않는다고 강조한 것도 타당하다. 그러나 동시에, 맑스가 빈곤화나 빈곤에 빠질 위협이야말로 모든 진정한 혁명적 위기의 경험적 필요조건이라 믿었다고 간주한 점에서는 마르쿠제가 더 정확했다고 본다.

110 잉글랜드은행(Bank of England)이 어음 할인업자나 어음 중개소 같은 "그림자 금융계"의 구제를 거부하면서부터 공황이 시작되었다. 월터 배젓(Walter Bagehot)이 유명한 저서 『롬바르드가』(*Lombard Street*, 1873)에서 옹호한 원리에 따르면, "최종 대출자"로서 은행의 근대적 정책은 여기서 기인했다. 근래에 일어난 금융 참사는 1866년 사건에 대한 관심을 다시금 불러일으켰다. "2008년 9월 연방준비제도(Fed)가 리먼(Lehman)사에 대한 구제금융을 거부한 일과 그뒤에 일어난 사건들 간의 유사성은 솔깃한 정도가 아니라 합당하다." Marc Flandreau and Stefano Ugolini, "Where It All Began: Lending of Last Resort and the Bank of England during the Overend-Gurney Panic of 1866," *Norge's Bank Working Paper*, 2011, 4면.

111 Marx, *Capital Volume I*, 668면.

112 Jeffry Frieden, *Global Capitalism: Its Fall and Rise in the Twentieth Century*

(New York: W. W. Norton 2006), 121면.

113 맑스는 경기하강 국면에 노동자들의 입지가 좁아지는 것에 대해 노동조합으로서는 어찌할 방도가 없기 때문에, 무엇보다 중요한 점은 노동에 대한 수요가 높아지는 호황기에 임금 인상을 위해 총력을 다하는 것이라고 주장했다(*CW* 20, 143면).

114 Eric Hobsbawm, *The Age of Empire: 1876-1914* (New York: Vintage 1989), 48-49면.

115 1892년 집필된 미간행 원고에서 엥겔스는 다음과 같이 주장했다. "1868년 이후 위기가 발생하지 않은 것은 세계시장이 확장되면서 영국과 유럽의 초과자본이 세계 전역의 운송 장비나 온갖 기계류 분야에 투자될 수 있었기 때문이다. 따라서 철도·은행 등의 분야라든지 특수한 미국식 장비 혹은 인도 무역 분야의 지나친 전문화 때문에 위기가 발생할 가능성은 없다. 다만 지난 3년간 아르헨띠나의 경우에서 보듯 소규모 위기는 발생할 수 있다. 그러나 이 모든 것은 거대한 위기가 닥쳐오고 있음을 보여준다." "On Certain Peculiarities in England's Economic and Political Development," September 12, 1892, *CW* 27, 324-25면.

116 Leon Trotsky, *Manifesto of the Communist International to the Workers of the World*, March 6, 1919, in Jane Degras, ed., *The Communist International: Documents, 1919-1943, Volume 1 (1919-1922)* (Oxford: OUP 1956), 40면.

117 *CW* 11, 187면.

118 Eric Hobsbawm, "Class Consciousness in History," in István Mészáros, ed., *Aspects of History and Class Consciousness* (London: Routledge 1971), 9면.

119 Constantin Pecqueur, *Économie sociale ... sous l'influence des applications de la vapeur* (Paris: Desessart 1839), xi면, 62-63면. 다소 불길한 버전의 국가사회주의의 옹호자였던 뻬꾀르는 이따금 프랑스 작가들로부터 "프랑스의 맑스"라는 칭송을 받기도 했다. Joseph Marie, *Le socialisme de Pecqueur* (Whitefish, MT: Kessinger 2010 (1906)), 66-67면, 108-10면.

120 Katherine Archibald, *Wartime Shipyard: A Study in Social Disunity* (Berkeley, CA: University of California Press 1947).

121 Ralph Darlington, "Shop Stewards' Leadership, Left-Wing Activism and Collective Workplace Union Organization," *Capital & Class* 76 (2002), 99면.

122 간혹 작업장 내에서 벌어지는 저항 활동은, 이민자 집단이 공장이나 광산으로 들여온 지하운동 전통에 따라 조직되기도 했다. 가령 1860~70년대 펜실베이니아 무연탄 지대의 '몰리 매과이어스'(Molly Maguires)를 이루던 이들은, 지주에 맞선 비밀조직 활동이나 보복 폭력 행사의 역사를 갖고 있던 도니골(Donegal) 지역 출신 아일랜드인이 대부분이었다. 이에 관해서는 케빈 케니의 탁월한 연구를 참고. Kevin Kenny, *Making Sense of the Molly Maguires* (New York: New York University Press 1995).

123 Kevin Murphy, *Revolution and Counterrevolution: Class Struggle in a Moscow Metal Factory* (Chicago: Haymarket 2007), 12면, 18면.

124 Roger Friedlander, *The Emergence of a UAW Local, 1936-1939: A Study in Class and Culture* (Pittsburgh: University of Pittsburgh Press 1977).

125 *CW* 4, 511면.

126 *CW* 6, 211면.

127 Gerald Friedman, *State-Making and Labor Movements: France and the United States, 1876-1914* (Ithaca, NY: Cornell University Press 1998), 50-51면.

128 Nick Salvatore, *Eugene V. Debs: Citizen and Socialist* (Urbana, IL: University of Illinois Press 1992), 138면.

129 Michelle Perrot, "1914: Great Feminist Expectations," in Helmut Gruber and Pamela Graves, eds., *Women and Socialism, Socialism and Women: Europe Between the Two World Wars* (New York: Berghahn 1998), 27면.

130 Marx, *Capital Volume I*, 553면.

131 Sidney Pollard, "Factory Discipline in the Industrial Revolution," *The Economic History Review* (new series) 16: 2 (1963), 260면.

132 Kathleen Canning, "Gender and the Politics of Class Formation: Rethinking German Labor History," *American Historical Review* 97: 3 (June 1992), 757면.

133 Barrington Moore, Jr, *Injustice: The Social Bases of Obedience and Revolt* (White Plains, NY: M. E. Sharpe 1978), 268면.

134 신기술을 도입하여 유리 제조 장인들의 탈숙련화를 주도한 외젠 보두 (Eugène Baudoux)라는 유리 제조업자야말로 특히 노동자들에겐 분노의 대상이었다. 유럽에서 가장 최신식이었던 그의 공장과 그가 거주하던 성 모두 잿더미가 되었다. Gita Deneckere, "The Transforming Impact of Collective Action: Belgium, 1886," *International Review of Social History* 38 (1993), 350-52면.

135 Moore, *Injustice*, 253면.

136 Abraham Ascher, *The Revolution of 1905: Russia in Disarray* (Palo Alto, CA: Standford University Press 1988), 140-41면.

137 경영 컨설턴트의 선구자 메리 파커 폴릿(Mary Parker Follett)의 말은 Wallace Hopp and Mark Spearman, *Factory Physics: Foundations of Manufacturing Management* (Chicago, IL: Irwin 1996), 40면에서 인용.

138 Marcel van der Linden and Wayne Thorpe, "The Rise and Fall of Revolutionary Syndicalism," in van der Linden and Thorpe, *Revolutionary Syndicalism*, 11면.

139 Alain Cottereau, "The Distinctiveness of Working-Class Cultures in France, 1848-1900," in Ira Katznelson and Aristide Zolberg, *Working-Class Formation: Nineteenth-Century Patterns in Western Europe and the United States* (New Haven, NJ: Princeton 1986), 131-33면, 140면.

140 같은 글 146-47면.

141 Leon Trotsky, *The History of the Russian Revolution* (전3권 합본, New York: Simon & Schuster 1937), 11면. 1901년 노동절에 쌍뜨뻬쩨르부르크 조선소와

엔지니어링 공장에서 노동자들과 무장 경찰 사이에 유혈 충돌이 벌어진 후, 발트해 공장의 책임자 라뜨니끄(Sergey Ratnik) 장군은 금속 노동자의 구성에 관한 통찰력 있는 연구 결과를 회람했다. 노동자들 가운데 대략 5분의 1 정도는 대부분 숙련도가 높고 문해력이 있었는데, 이들은 뜨로쯔끼가 말하는 "세습 프롤레타리아" 계층에 속했고, 가장 역량 있는 노동자들이자 가장 위험한 활동가들이기도 했다. 대부분 장인 혹은 쁘띠부르주아 집안 출신이었으며, 원래 농촌에 살다가 이주한 경우에도 도시에 거주한 지 오래된 계층이었다. 그러나 압도적 다수의 노동자들, 특히 "공장 점포"(hot shops)에서 일하던 노동자들은 새로 충원된 농민들로, 그중 절반은 시골에 농장을 가지고 있었으며 출신 마을 사람들과의 관계도 유지하고 있었다. 라뜨니끄 장군에 따르면, 그들은 전통적 권위에 가장 순응하는 편이었으나, 동시에 기술적 요구에 맞추어 생산적인 작업을 수행하는 데 가장 부적합한 이들이기도 했다. 그의 결론에 의하면, 효율성 향상을 위한 투쟁의 관건은 현대적인 노동자들을 급진적 집단들로부터 분리해낸 다음, 그들을 "미국식 생산라인"(가령 테일러주의)에 따라 재조직해낼 수 있는 경영진의 역량에 달려 있었다. Heather Hogan, "Scientific Management and the Changing Nature of Work in the St Petersburg Metalworking Industry, 1900-1914", in Leopold Haimson and Charles Tilly, eds., *Strikes, Wars, and Revolutions in an International Perspective* (Cambridge: CUP 1989), 356-79면.

142 Charter Wynn, *Workers, Strikes, and Pogorms: The Donbass-Dnepr Bend in Late Imperial Russia, 1870-1905* (Princeton, NJ: Princeton University Press 1992), 4-8면.

143 칼 맑스의 『1848~50년 프랑스의 계급투쟁』 서문, *The Class Struggles in France, 1848 to 1850* (1895), *CW* 27, 128면.

144 같은 책 516면.

145 같은 책 522면.

146 독일사회민주당 좌파 출신의 힐퍼딩도 보통선거권 수호와 사회주의자들

의 다수당 획득을 위한 궁극적인 무기로서 총파업 투쟁을 옹호했다. 그러나 그것은 "결정적 전투에 임하는 의지"를 선결 조건으로 한다는 점을 덧붙였다. 이에 카우츠키는 전략에 대한 연구가 필요하다고만 제안했다. Carl Schorske, *German Social Democracy, 1905-1917: The Development of the Great Schism* (Cambridge: Harvard University Press 1955), 35-36면.

147 Phil Goodstein, *The Theory of the General Strike from the French Revolution to Poland, Eastern European Monographs* (New York: Columbia University Press 1984), 134-35면.

148 Janet Polasky, "A Revolution for Socialist Reform: The Belgian General Strike for Universal Suffrage," *Journal of Contemporary History* 27: 3 (July 1992), 463면.

149 Jesper Hamark and Christer Thornqvist, "Docks and Defeat: The 1909 General Strike in Sweden and the Role of Port Labour," *Historical Studies in Industrial Relations* 34 (2013), 22-23면. 그들의 주장에 따르면, 한달 동안이나 지속된 총파업이 결국 실패할 수밖에 없었던 것은 정부와 사용자 측이 부두를 계속 운영할 수 있었기 때문이었다.

150 Georges Sorel, *Reflections on Violence* (Glencoe, IL: Free Press 1950), 145면.

151 Rosa Luxemburg, "The Mass Strike [1906]," in Helen Scott, ed., *The Essential Rosa Luxemburg* (Chicago: Haymarket 2008), 141면, 147면; Shorske, *German Social Democracy*, 57-58면. "자발성"에 관한 뜨로쯔끼의 유명한 비판은 Leon Trotsky, "Who Led the February Insurrection?" *The History of the Russian Revolution*, Volume 1, 8장 142-52면 참조. 러시아 제국 내에서만 혁명이 일어난 게 아니라 오스트리아와 작센 지방에서도 100만명의 노동자들이 시위에 참여했다. "빈에서만 25만명이 시위에 참여한 것으로 추산되었다." Christoph Nonn, "Putting Radicalism to the Test: Gernman Social Democracy and the 1905 Suffrage Demonstrations in Dresden," *International Review of Social History* 41 (1996), 186면.

152 Lenin, "The Reorganization of the Party" (1905), *CW* 10, 32면; Goodstein, *Theory of the General Strike*, 153면. 물론 레닌은 4년 전 「무엇을 할 것인가?」에서 노동조합주의는 프롤레타리아트로부터 자발적으로 형성된 의식의 결과라고 주장한 바 있다.

153 Philip Foner, *The History of the Labor Movement in the United States, Vol. 4: The Industrial Workers of the World, 1905-1917* (New York: International Publishers 1980), 281-94면.

154 Pierre Broué, *The German Revolution, 1917-1923* (Chicago: Haymarket 2006 〔1971〕), 68면.

155 Patrick Cunninghame, "For an Analysis of Autonomia: An Interview with Sergio Bologna" (June 1995 진행), *Left History* 7: 2 (2000), 92-93면.

156 *CW* 6, 354면.

157 *CW* 34, 34면. 『자본』에서 맑스는 앤드루 유어(Andrew Ure)의 『생산의 철학』(*Philosophy of Manufactures*, 1835)에 크게 의존하여, 증기엔진으로 가동되는 공장의 진화를 설명했다. 여기서 맑스는 "기계류 전반을 관장하고 수리를 책임지는 엔지니어, 기계공, 소목공 등의 상층 노동계급들은 수적으로는 중요하지 않다"고 기술한다.

158 *CW* 20, 11면. 마찬가지로 『자본』 3권에는 신용 체계가 어떻게 사회주의 경제를 예견하는 소유권 형태를 만들어냈는지에 관한 흥미로운 논의가 등장한다. "협동조합 공장뿐만 아니라 자본주의적 합자회사도 자본주의적 생산양식에서 협동적 생산양식으로의 이행기적 형태로 보아야 한다. 간단히 말하자면 하나는 대립이 부정적인 방식으로 소멸되는 것이고, 다른 하나는 긍정적인 방식으로 소멸되는 것이다." Karl Marx, *Capital Volume III* (London: Penguin 1991), 572면.

159 Marx, *Capital Volume I*, 384-85면.

160 영국 노동사가들 사이에서는 다음과 같은 거의 일치된 합의가 형성되어 있다. "숙련노동자들은 자신들의 직업 공동체를 유지하면서, 지역의 고용

주들이나 당국에 저항할 수 있는 강력하고 안정적인 직능조합을 꾸려나갔고, 대륙의 노동조합들을 훨씬 능가하는 수준으로 단체교섭에 임해왔다." Flemming Mikkelsen, "Working-Class Formation in Europe and Forms of Integration: History and Theory," *Labor History* 46: 3 (August 2005), 288면.

161 존 포스터는 1845년 이후 영국에서 급진적 노동계급이 쇠퇴하고 빅토리아 시대 중기 노동귀족이 부상하게 된 현상을 다룬 유명한 연구에서, 올덤의 핵심 산업인 직기 제작 부문에서 시행된 "하도급"(piecemaster) 체계와 대규모 면직물산업 부문의 "시장주도자"(pacemaker) 엘리트 체계에 대해 상세히 설명했다. John Foster, *Class Struggle and the Industrial Revolution* (London: Weidenfeld & Nicholson 1974), 224-34면.

162 James Hinton, *The First Shop Stewards' Movement* (London: Allen & Unwin 1973), 57면.

163 물론 미국에서는 과학적 경영과 "포드주의"가 단지 노동조합의 생산시점 관리(point-of-production) 체계에 대항하기 위해서만 이용된 것은 아니었고, 비숙련 이민자들을 산업의 "인간 연료"로 활용하기 위한 전략이기도 했다. 마찬가지로 초창기 소련에서 테일러주의는 1917년의 프롤레타리아트가 내전기 동안 죽거나 국가 행정기관으로 차출되어 공백인 상황에서, 대부분 농촌 출신의 어린 노동자들을 산업 부문에 통합시키기 위해 고안된 혁신적 기법으로 마땅히 간주되었다.

164 고르의 주장에 따르면, "다기능 숙련노동자의 소멸은 사회주의를 기획하고 그것을 실천에 옮기는 노동계급 역량의 상실을 수반하기도 했다. 근본적으로 사회주의의 이론과 실천이 퇴보한 원인은 여기에 있다"(Gorz, *Farewell*, 66면).

165 강력한 노동조합 전통뿐만 아니라 경질암 채굴(hard-rock miner) 같은 오래된 기술들을 가지고 들어온 미국의 콘월 출신 이민자들은 재빨리 미국 광산업계 내의 관리자층으로 대거 진출했고, 그들 밑에서 일하는 아일랜드계 노동자들과는 대체로 갈등관계에 있었다. 몬태나의 구리 생산 중심지 뷰트

의 독립기념일은 아명이 자자했다. 양측은 따로 가두 행진을 벌였고, 대개는 난투극이나 폭동으로 마무리되곤 했다.

166 Eric Hobsbawm, *The Age of Capital: 1848-1875* (London: Weidenfeld & Nicolson 1975), 225면.

167 Victoria Bonnell, *Roots of Rebellion: Worker's Politics and Organizations in St Petersburg and Moscow, 1900-1914* (Berkeley, CA: University of California Press 1983), 159면.

168 Jeffrey Haydu, *Between Craft and Class: Skilled Workers and Factory Politics in the United States and Britain, 1890-1922* (Berkeley, CA: University of California Press 1988).

169 "1897년 논쟁은 영국 산업계에서 작업장 내 관리 특권에 관해 이제까지 일어난 논쟁들 가운데 가장 전면적인 충돌이었다." 금속 노동 부문 내 생산의 합리화는 미국 및 독일 수출업자들과의 경쟁의 증가로 더욱 추동되었다. R. Clarke, "The Dispute in the British Engineering Industry 1897–98: An Evaluation," Economica (May 1957), 128–29면.

170 Michelle Perrot, "Introduction: From the Mechanic to the Metallo," in Leopold Haimson and Charles Tilly, eds., *Strikes, Wars, and Revolutions in an International Perspective: Strike Waves in the Late Nineteenth and Early Twentieth Centuries* (Cambridge: CUP 1989), 266면; Elisabeth Domansky, "The Rationalization of Class Struggle: Strikes and Strike Strategy of the German Metalworkers' Union, 1891-1922," in Haimson and Tilly, *Strikes, Wars, and Revolutions*, 345-48면.

171 헤임슨의 주장에 따르면 사실 대규모 공장에는 두 부류의 서로 다른 젊은 노동자층이 존재했는데, 바로 1세대 세습 노동자 집단과 농촌에서 유입된 신규 노동자 집단이다. 첫번째 집단은 "볼셰비끼당의 지도부와 노동자 대중〔두번째 집단〕을 잇는 연결고리 역할을 담당했고, 1913년 봄과 여름, 이 파릇파릇한 젊은이들은 (…) 파업특위에서 나와 공개적인 노동조합으로 대거 진

출하기 시작했으며, 구세대 멘셰비끼 노동조합 활동가들을 밀어내고 지도부를 장악했다". Leopold Haimson, "The Problem of Social Stability in Urban Russia, 1905-1917 (Part One)," *Slavic Review* 23: 4 (December 1964), 633-36면.

172 Chris Wrigley, "Introduction," in Wrigley, ed., *Challenges of Labour: Central and Western Europe, 1917-1920* (London: Routledge 1993), 4-5면.

173 Domansky, "Rationalization of Class Struggle," 350면.

174 Thierry Bonzon, "The Labour Market and Industrial Mobilization, 1915-1917," in Jay Winter and Jean-Louis Robert, eds., *Capital Cities at War: Paris, London, Berlin: 1914-1919* (Cambridge: CUP 1997), 180면.

175 같은 글 188면.

176 Moore, *Injustice*, 256면.

177 Chris Fuller, "The Mass Strike in the First World War," *International Socialsim* 145 (January 5, 2015 게재), at isj.org.uk.

178 Eric Hobsbawm, *Uncommon People: Resistance, Rebellion and Jazz* (New York: New Press 1988), 88면.

179 아직까지는 문헌에서 포괄적인 분류 체계를 보지 못했다. 몇몇 평의회는 공장 노동조합으로부터 완전히 자율적이었는가 하면, 다른 평의회들은 노동조합과 중복되거나 공장위원회의 보다 급진적인 버전이기도 했다. 또다른 평의회들은 도시 전체를 망라하는 초기 볼셰비끼 형태의 파업위원회였고, 혹은 선원들과 병사들을 포함하는 특별자치정부이기도 했다. 러시아에서 레닌은 본래 공장위원회와 그들의 요구(멘셰비끼가 아닌 노동자들이 노동조합을 통제해야 한다는 요구)를 승인했지만, 멘셰비끼 세력이 물러난 이후 그는 입장을 바꿔 다시 노동조합에 대한 지지로 돌아섰다. 그리하여 종국에는 내전기 동안 생산이 붕괴되면서 1인 관리 체제로 귀결되었다. Barbara Allen, *Alexander Shlyapnikov: 1885-1937* (Chicago: Haymarket 2016), 111-12면.

180 Steve Smith, "Craft Consciousness, Class Consciousness: Petrograd 1917,"

History Workshop 11 (Spring 1981), 39면.

181 같은 글 39-40면.

182 Raimund Loew, "The Politics of Austro-Marxism," *New Left Review* I/118 (November-December 1979).

183 Ralf Hoffrogge, *Working-Class Politics in the German Revolution* (Chicago: Haymarket 2015), 110면.

184 Antonio Gramsci, "The Turin Workers' Councils," in Robin Blackburn, ed., *Revolution and Class Struggle: A Reader in Marxist Politics* (London: Fontana/Collins 1977), 380면.

185 물론 그람시가 말한 "공장평의회"는 완전히 현실화된 전망은 아니었고 전략적 지향이었다. 칼 보그스의 지적에 따르면, "신질서(Ordine Nuovo) 시기 동안 삐에몬떼에 실제로 등장한 공장평의회들은 그람시가 정식화한 이론적 처방에 결코 근접하지 못했다. 수백개의 공장평의회들 가운데 대부분은 옛 노동조합들과 연계된 내부 위원회들로부터 진화한 것이었고, 어렵사리 모든 노동자가 참여하는 실질적 민주주의를 향해 나아갔다." 더군다나 은행과 금융 체계는 부르주아의 통제 아래 있었다. Carl Boggs, "Gramsci's Theory of the Factory Councils: Nucleus of the Socialist State," *Berkeley Journal of Sociology* 19 (1974-75), 180면.

186 스티븐 마커스는 이 장을 "엥겔스가 집필한 모든 글 가운데 최고"라고 평가하며, 특히 기계화된 공장이 아닌 도시화로부터 설명을 시작하기로 결정했다는 점에 큰 의미를 부여한다. Stephen Marcus, *Engels, Manchester, and the Working Class* (New York: Random House 1974), 144-45면.

187 Friedrich Engels, *The Condition of the Working-Class in England*, CW 4, 418면. 프리드리히 렝거의 주장에 따르면, "초기 노동운동은 무엇보다도 도시의 현상이었다. 많은 초기 노동자들이 대도시들에 거주하지 않았기 때문에, 이러한 노동운동가들의 도시 집중 현상은 장인들의 주도권이 직업 구조가 시사하는 수준보다 훨씬 더 강했음을 의미한다"(Lenger, *Beyond Excep-*

tionalism, 4면). 확실히 루르나 사우스웨일스 같은 가장 고전적인 산업 중심지들 가운데 일부는 다른 지리적 모델이었다. 탄광과 공장 마을들은 서로 긴밀하게 연계되어 있었고, 뉴포트·스완지·보홈·에센 같은 중소 규모의 산업 도시들과도 연결되어 있었다.

188 Engels, *Condition of the Working-Class in England*, 421면.

189 Hugh McLeod, *Piety and Poverty: Working-Class Religion in Berlin, London and New York, 1870-1914* (New York: Holmes & Meier 1996)의 1장 「베를린」 참조. 가령 결혼식 통계를 보면, 영성체를 받은 신자는 가까스로 전체 인구의 3퍼센트를 채웠다.

190 Eric Hobsbawm, "Labour in the Great City," *New Left Review* I/166 (November-December 1987), 45면.

191 같은 글 47면.

192 Michelle Perrot, "On the Formation of the French Working Class," in Ira Katznelson and Aristide Zolberg, eds., *Working-Class Formation: Nineteenth-Century Patterns in Western Europe and the United States* (Princeton, NJ: Princeton University Press 1986), 102면.

193 Thierry Bonzon, "The Labour Market and Industrial Mobilization, 1915-1917," in Jay Winter and Jean-Louis Robert, eds., *Capital Cities at War: Paris, London, Berlin, 1914-1919* (Cambridge: CUP 1997), 191면.

194 Tyler Stovall, *Paris and the Spirit of 1919* (Cambridge: CUP 2012), 265면. "교외가 도시 중심부의 안녕과 문명을 위협한다는, 즉 야만인들이 목전에 도달했다는 생각은 프랑스에서 오랜 역사를 가지고 있다. 이와 동시에, 2005년 11월 봉기가 보여주는 것처럼 다문화주의와 불만에 가득 찬 청년, 그리고 이슬람 근본주의가 교외와 새롭게 결합함으로써, 정치적 위험 곧 봉기의 지대로서 도시의 변경이라는 관념이 되살아났다"(264-65면).

195 Shelton Stromquist, " 'Thinking Globally; Acting Locally': Municipal Labour and Socialist Activism in Comparative Perspective, 1890-1920," *Labour*

History Review 74: 3 (2009), 576면. 대단히 매력적이고 많은 추천을 받는 논문이다.

196 물론 지방자치체의 정치가 모든 곳에서 노동운동의 실질적 토양인 것은 아니다. 유럽의 일부 도시들에는 선출된 지방정부가 없는 경우도 있고, 독일에서처럼 지방의회가 중간계급에게 과도한 권한을 부여하는 복수투표제 (plural suffrage)로 선출되기도 했다.

197 Christopher Ansell and Arthur Burris, "Bosses of the City United! Labor Politics and Political Machine Consolidation, 1870-1910," *Studies in American Political Development* 11: 1 (April 1997), 27면.

198 William Kenefick, *Red Scotland! The Rise and Fall of the Radical Left, c. 1872 to 1932* (Edinburgh: Edinburgh University Press 2007), 12-13면.

199 Steven Lewis, *Reassessing Syndicalism: The Bourses du Travail and the Origins of French Labor Politics*, Working Paper Series #39 (Cambridge, MA: Harvard Center for European Studies 1992), 2면, 8-10면.

200 Carl Levy, "Currents of Italian Syndicalism before 1926," *International Review of Social History* 45 (2000), 230면.

201 Gwyn Williams, *Proletarian Order: Antonio Gramsci, Factory Councils and the Origins of Italian Communism, 1911-1921* (London: Pluto 1975), 24면.

202 1848년 이후 단절된 페미니즘과 사회주의의 초기 결합에 관한 잘 알려진 설명으로는 다음을 참조. Barbara Taylor, *Eve and the New Jerusalem: Socialism and Feminism in the Nineteenth Century* (London: Virago 1983).

203 클라라 체트킨이라는 대단한 인물의 맹렬한 호소가 없었다면, 독일사회민주당도 오트리아 정당들과 똑같이 가부장적 태도를 취했을 것이다. 다음 문헌에서 이 사건에 관한 귀중한 개요를 살펴볼 수 있다. Ellen DuBois, "Woman Suffrage and the Left: An International Socialist-Feminist Perspective," *New Left Review* I/186 (July-August 1991), 20-45면. 양차 대전 사이 시기에 관해서는 다음을 참조. Gruber & Graves, *Women and Socialism*.

204 David Montgomery, *The Fall of the House of Labor* (New York: CUP 1987), 1면. 몽고메리는 수전 포터 벤슨(Susan Porter Benson)의 연구에 관해 다음과 같이 평한다. "그는 노동계급 가정과 이웃들 사이에 일어나는 상호 지원과 호혜의 결정적 역할을 강조한다. 그의 주장에 따르면, 그러한 호혜는 대체로 여성들 사이의 일이었으며, 남성들은 주로 임금의 일정액을 기부하는 존재였다." David Montgomery, "Class, Gender, and Reciprocity: An Afterword," in Susan Porter Benson, *Household Accounts: Working-Class Family Economics in the Interwar United States* (Ithaca, NY: Cornell University Press 2007), 194면.

205 Temma Kaplan, "Female Consciousness and Collective Action: The Case of Barcelona, 1910-1918," *Signs* 7: 3 (Spring 1982), 555-56면. 캐플런은 역사가들이 계급의식 외에도, 가족의 건강과 영양을 책임지는 여성의 전통적인 역할에서 자라난, 전투적이고 이웃 간 연대에 기반한 "여성 의식"이 존재한다는 사실을 강조해야 한다고 주장한다. 그가 보기에 이런 의식의 급진화야말로 도시 혁명의 필요조건이었다는 점을 역사가들은 너무 자주 간과하곤 했다.

206 Harold Benenson, "Victorian Sexual Ideology and Marx's Theory of the Working Class," *International Labor and Working-Class History* 25 (Spring 1984), 6면.

207 Marcel Streng, "The Food Riot Revisited: New Dimensions in the History of 'Contentious Food Politics' in Germany before the First World War," *European Review of History* 20: 6 (2013), 1081-83면.

208 Karen Hunt, "The Politics of Food and Women's Neighborhood Activism in First World War Britain," *International Labor and Working-Class History* 77 (Spring 2010), 8면.

209 랄프 호프로게는 베를린 노동조합 대표자 실행위원회의 유일한 여성 구성원이자 로자 룩셈부르크와 카를 리프크네히트의 동료이기도 했던 클라레

카스퍼(Clare Casper)에 관한 간략한 묘사로 흥미를 돋우고 있다. Ralf Hof-frogge, *Working-Class Politics in the German Revolution: Richard Muller, the Revolutionary Shop Stewards and the Origins of the Council Movement* (Chicago: Haymarket 2015), 107면.

210 Kaplan, "Female Consciousness and Collective Action," 561-63면.

211 Geoff Eley, *Forging Democracy: The History of the Left in Europe, 1850-2000* (Oxford: Oxford University Press 2002), 58면.

212 Michael Gordon, "The Labor Boycott in New York City, 1880-1886," *Labor History* 16: 2 (1975), 184-229면; Ernest Spedden, *The Trade Union Label* (Baltimore, MD: Johns Hopkins University Press 1910).

213 Van Ginderachter and M. Kamphuis, "The Transnational Dimensions of the Early Socialist Pillars in Belgium and the Netherlands," *Revue belge de philology et d'histoire* 90: 4 (2012), 1328면. 또한 매력적인 웹사이트 vooruit.be 및 Peter Scholliers, "The Social-Democratic World of Consumption: The Path-Breaking Case of the Ghent Cooperative Vooruit Prior to 1914," *International Labor and Working-Class History* 55 (Spring 1999), 71-91면 참조.

214 Tyler Stovall, *The Rise of the Paris Red Belt* (Berkeley, CA: University of California Press 1990), 24면. 빠리의 노동계급은 부르주아를 비난하는 신랄하고 우스꽝스러운 레퍼토리로는 타의 추종을 불허했다. 특히나 과도한 집세로 폭리를 취하는 집주인들에 대한 증오는 그야말로 비할 데 없는 정신적 단두대 그 자체였다.

215 Chris Ealham, "An Imagined Geography: Ideology, Urban Space, and Protest in the Creation of Barcelona's 'Chinatown,' c. 1835-1936," *International Review of Social History* 50 (2005), 373-97면.

216 Friedrich Engels, *The Housing Question* (1872), *CW* 23, 319면.

217 엥겔스는 자택 소유를 프루동처럼 만병통치약으로 보는 게 아니라 노동자 발목에 채워진 족쇄로 여겼다. 그는 엘리너 맑스가 미국에 체류하는 동안 보

낸 편지를 인용하면서 미국 노동자들이 얼마나 자신들의 집에 "얽매여" 있는가를 보여주었다. "노동자들은 주택을 구입하기 위해 과중한 대출에 의존해야 했기에 이제는 완전히 고용주들의 노예로 전락하고 말았다. 그들은 집에 묶여서 다른 곳으로 갈 수도 없기 때문에 어떤 노동조건이라도 감내할 수밖에 없다"(같은 책 330면 주석).

218 Robert Fogelson, *The Great Rent Wars: New York, 1917-1929* (New Haven: Yale University Press 2013), 59면.

219 Stovall, *Paris and the Spirit of 1919*, 46-47면.

220 Fogelson, *The Great Rent Wars*, 61면.

221 James Baer, "Tenant Mobilization and the 1907 Rent Strike in Buenos Aires," *Americas* 49: 3 (January 1993), 343-63면.

222 B. Moorehouse, M. Wilson, and C. Chamberlain, "Rent Strikes, Direct Action and the Working Class," *Socialist Register 1972* (London: Merlin 1972), 135-36면; Hinton, *First Shop Stewards' Movement*, 126-27면.

223 Fogelson, *The Great Rent Wars*, 1-2면.

224 같은 책 86면; Andrew Wood and James Baer, "Strength in Numbers: Urban Rent Strikes and Political Transformation in the Americas, 1904-1925," *Journal of Urban History* 32: 6 (September 2006), 862-84면; Ronald Lawson, "Origins and Evolution of a Social Movement Strategy: The Rent Strike in New York City, 1904-1980," *Urban Affairs Quarterly* 18: 3 (March 1983), 371-95면.

225 다양하고 분화된 노동계급이 있는 미국은 대중 소비문화와 영어를 잘 모르는 이민자 청중을 상대로 한 싸구려 서커스(thrills and spectacles) 산업의 온상이 되었다. 역사 연구에 따르면, 노동조합이나 사회주의 성향의 소수민족 협회들이 조직한 공동체 오락 문화가 20세기 초반만 하더라도 비교적 일상화되어 있었는데, 여가시간 자체가 사적인 방식으로 소비되기 시작했다. 이러한 현상이 유럽에서는 1930년대에도, 심지어 1950년대에도 일상화되지

않았다.

226 일부 역사 서술에서는 이러한 조직된 영역이 "노동자 문화" 자체와 동일
시되기도 했는데, 물론 그건 실제와 다르다. 1900년경 산업노동계급의 생활
환경은 술집, 고용주가 후원하는 오락, 주말 나들이를 위한 공공장소, 그리
고 상업적인 대중 여흥이나 볼거리 같은 비공식적 여가생활 또한 포함했다.
게다가 초창기 소련에서는 "세련된 여가 활동"이 노동자들의 클럽 활동에서
'찰스턴'(Charleston)이나 '더글러스 페어뱅크스'(Douglas Fairbanks) 같은
댄스나 영화 클럽 다음을 차지했다. Diane Koenker, *Republic of Labor: Rus-
sian Printers and Soviet Socialism, 1918-1930* (Ithaca, NY: Cornell University
Press 2005), 187면, 279–80면.

227 Toni Offermann, "The Lassallean Labor Movement in Germany: Organiza-
tion, Social Structure, and Associational Life in the 1860s," in David Barclay
and Eric Weitz, *Between Reform and Revolution: German Socialism and Com-
munism from 1840 to 1990* (New York: Berghahn 1998), 105면.

228 Vernon Lidtke, *The Alternative Culture: Socialist Labor in Imperial Germany*
(New York: OUP 1985), 7–8면.

229 같은 책 194면. 헬무트 그루버는 1920년대 빈 사회주의에 대해, 교양과 프
롤레타리아 정체성 함양에 훌륭히 헌신했지만 무자비한 적에 맞서 제대로
대처하지 못한 것으로 그려낸다. "잘 준비된 문화 전략은 빈의 실험 전체를
정당화하기에 충분했지만 향후 권력 획득 과정과는 아무런 실질적인 연관
도 없었다. 또한 교양(Bildung)을 통한 문화적 헤게모니의 장악과 자본주의
의 발전 법칙 사이의 관계도 명확히 규명되지 않았다." Helmut Gruber, *Red
Vienna: Experiment in Working-Class Culture, 1919-1934* (Oxford: OUP 1991),
39면.

230 Kurt Shell, *The Transformation of Austrian Socialism* (New York: SUNY
Press 1962), 10–11면.

231 Gerald Brenan, *The Spanish Labyrinth: The Social and Political Background*

of the Spanish Civil War (Cambridge: CUP 1943), 218면.

232 Chris Ealham, *Class, Culture and Conflict in Barcelona, 1898-1937* (London: Routledge 2005), 36면.

233 Brenan, *Spanish Labyrinth*, 145면; Lily Litvak, *Musa libertaria: Arte, litera-tura y vida cultural del anarquismo español (1880-1913)* (Madrid: FELAL 2001). 또한 Eduard Masjuan, *La ecologia humana en el anarquismo ibérico* (Madrid: Icaria 2000)는 아나키즘적 도시주의(anarchist urbanism)에 대한 매력적인 설명을 담고 있다.

234 프롤레타리아의 주점 문화라든지 주점과 비슷한 기능을 하는 곳(카페, 사교 클럽 등)은 노동계급 여성들에게 얼마나 개방되어 있었을까? 단순한 질문이지만 아마도 복합적이고 다양한 답변이 가능할 것이다. 또한 노동계급의 여가와 가정생활에 관한 더 많은 연구가 필요하다.

235 Pamela Swett, *Neighbors and Enemies: The Culture of Radicalism in Berlin, 1929-1933* (Cambridge: CUP 2004), 97-99면.

236 Nolan, "Economic Crisis," 128-29면.

237 Peter Nettle, "The German Social Democratic Party 1890-1914 as a Po-litical Model," *Past and Present* 30 (April 1965), 76-77면; Klaus Ensslen, "German-American Working-Class Saloons in Chicago," in Hartmut Keil, *German Workers' Culture in the United States, 1850 to 1920* (Washington, D.C.: Smithsonian Institute 1988), 157-80면.

238 Tom Goyens, *Beer and Revolution: The German Anarchist Movement in New York City, 1880-1914* (Urbana, IL: University of Illinois Press 2007).

239 Melvyn Dubofsky, *We Shall Be All: A History of the IWW* (New York: Quadrangle 1969), 174면.

240 Margaret Kohn, "The Power of Place: The House of the People as Coun-terpublic," *Polity* 33: 4 (Summer 2001), 513면.

241 가장 유명한 사례들에 관한 간략한 건축학적 전기는 다음을 참조. *Maisons*

du Peuple (Brussels: Archives d'Architecture Moderne 1984).

242 필리뽀 뚜라띠(Filippo Turati)의 표현이다. Earlene Craver, "The Third Generation: The Young Socialists in Italy, 1907-1915," *Canadian Journal of History* 31 (August 1966), 203면.

243 젊은 노동자들의 산전수전 다 겪은 "현실주의"에 관해서는 다음을 참조. Nolan, "Economic Crisis," 122-23면.

244 엥겔스가 지기스문트 보르크하임(Sigismund Borkheim)의 소책자 『1806~1807년 독일의 피비린내 나는 애국자들에 대한 회고』(*Zur Erinnerung für die deutschen Mordspatrioten, 1806-1807*)에 부친 서문 가운데 일부. *CW* 26, 451면.

245 Karl Marx, "The Belgian Massacres: To the Workmen of Europe and the United States" (제1인터내셔널에서 발행한 전단지, May 5, 1869), *CW* 21, 47면.

246 Karl Liebknecht, *Militarism and Anti-Militarism* (1907), at marxists.org.

247 Carl Schorske, *German Social Democracy, 1905-1917* (Cambridge, MA: Harvard University Press 1955), 99면.

248 Nettle, "German Social Democratic Party," 73면.

249 Schorske, *German Social Democracy*, 108면.

250 Williams, *Proletarian Order*, 36-37면.

251 Isabel Tirado, *Young Guard! The Communist Youth League, Petrograd 1917-1920* (New York: Greenwood 1988), 14면.

252 Matthias Neumann, *The Communist Youth League and the Transformation of the Soviet Union, 1917-1932* (London: Routledge 2012), 21-22면.

253 Anne Gorsuch, *Youth in Revolutionary Russia: Enthusiasts, Bohemians, Delinquents* (Bloomington, IN: Indiana University Press 2000), 16면, 42면.

254 독일사회민주당의 스포츠 대변인 프리츠 빌둥(Fritz Wildung)의 발언으로 David Steinberg, "The Workers' Sport Internationals, 1920-28," *Journal of*

Contemporary History 13 (1978), 233면에서 인용.

255 Michael Kruger, "The German Workers' Sport Movement between Social-ism, Workers' Culture, Middle-Class Gymnastics and Sport for All," *Inter-national Journal of the History of Sport* 31: 9 (2014), 1100면.

256 Robert Wheeler, "Organized Sport and Organized Labour: The Workers' Sports Movement," Journal of Contemporary History 13: 2 (April 1978), 192면.

257 1차대전 이후 특히 독일과 프랑스에서 사회주의는 다시 '자전거'와 사랑에 빠졌다. "독일노동자사이클링협회(ARS)는 당시 세계에서 가장 큰 사이클링 조직으로서 32만명의 회원(1929년 기준)을 자랑했을 뿐만 아니라, 협동조합으로 운영되는 자전거 생산 공장을 소유하기도 했다"(Wheeler, 198면).

258 전쟁 이후 국제사회주의노동자스포츠협회(Sozialistische Arbeitersport In-ternationale)로 재조직되었으나(1920), 코민테른의 국제 스포츠 조직인 스포틴테른(Sportintern)과 경쟁하게 되었다(1921). 스포틴테른에 관해서는 다음을 참조. Barbara Keys, "Soviet Sport and Transnational Mass Culture in the 1930s," *Journal of Contemporary History* 38: 3 (2003), 413-34면.

259 James Riordan, "The Worker Sports Movement," in James Riordan and Arnd Kruger, *The International Politics of Sport in the 20th Century* (London: Spon 1999), 105면.

260 Steinberg, "Workers' Sport Internationals," 233면. 1848년 혁명에 참여했던 고참 혁명가들이 체조협회 회원들을 미국에 데려갔는데, 북미사회주의체조협회는 노예제에 반대하는 다른 체조협회들과 함께 노예해방운동 지도자들에게 경호 인력을 제공했다. 또한 체조협회 회원들은 최정예 연방 병력의 핵심을 이루기도 했다. Annette Hofmann, "The Turners' Loyalty for Their New Home Country: Their Engagement in the American Civil War," *Inter-national Journal of the History of Sport* 12: 3 (1995), 156면.

261 Lidtke, *Alternative Culture*, 7-8면, 17면. 리트케는 노래와 노래집에 관한

장에서 사회주의자들이 "풍자시"의 형태로 전쟁 선동을 풍자하고 애국주의를 조롱하는 훌륭한 사례들을 다룬다. 베르톨트 브레히트(Bertolt Brecht)는 나중에 이 풍자시들을 연극으로 각색했다.

262 Richard Evans, *The Third Reich in Power, 1933-1939* (New York: Penguin 2005), 272면.

263 Jonathan Rose, *The Intellectual Life of the British Working Classes* (New Haven: Yale University Press 2008), 8면; Dennis Sweeney, "Cultural Practice and Utopian Desire in German Social Democracy: Reading Adolf Levenstein's *Arbeiterfrage* (1912)," *Social History* 28: 2 (2003), 174–99면.

264 1850년 기준으로 프랑스 성인 남성의 4분의 3과 여성의 절반이 문자 해독이 가능했고, 영국의 경우 전 인구의 3분의 2가 문자 해독이 가능했다. Asaf Shamis, "The 'Industrialists of Philosophy': Karl Marx, Friedrich Engels, and the 'Discourse Network of 1840'," *Media History* 22: 1 (2016), 71면.

265 Thompson, *The Chartists*, 6면.

266 Gregory Vargo, "'Outworks of the Citadel of Corruption': The Chartist Press Reports the Empire," *Victorian Studies* 54: 2 (Winter 2012), 231면; Stephen Coltham, "English Working-Class Newspapers in 1867," *Victorian Studies* 13: 2 (December 1969).

267 Karl Marx, *Economic Manuscripts of 1861-63*, *CW* 34, 101면(「상대적 잉여 가치」).

268 앨릭스 홀의 주장에 따르면, 독일의 "공식 뉴스"는 사회민주당 기관지의 성공에 대응하는 과정에서 등장했지, 그 반대가 아니었다. "정부는 독일 사회민주당의 선전에 대응하는 차원에서, 또한 좀더 정확하게 자신의 입장을 표명해야 할 필요에서, 다양한 방식으로 정부에 가해진 압력에 대처하기 시작했다. (…) 단기적 차원에서 기본적으로 갖춰야 할 것은 정부발 뉴스와 각 부처의 보도 자료들을 사실상 매일 배포하는 체계를 확립하여, 사회주의자들의 주장이 갖는 허구성을 폭로하고 정부 정책에 대한 지지를 촉진하

는 것이었다." Alex Hall, "The War of Words: Anti-Socialist Offensives and Counter-Propaganda in Wilhelmine Germany, 1890-1914," *Journal of Contemporary History* 11: 2-3 (July 1976), 15면.

269 1912년 미국에서는 3종의 영자 일간지, 즉『더 뉴욕 콜』과『시카고 데일리 소셜리스트』(*Chicago Daily Socialist*),『밀워키 리더』(*Milwaukee Leader*)가 발행되고 있었다. 여기에 더해 독일어 사용자들은 일간지『뉴욕 포크스차이퉁』(*New York Volkszeitung*)을 이용할 수 있었고, 한편 이디시어를 사용하는 사회주의자들은 전국적으로 발행 부수 27만 5000부를 자랑하던 에이브러햄 커핸(Abraham Cahan)의 일간지『데일리 포워드』(이디시어 제목은 *Forverts*)를 구독했다.

270 이 번역은 나의 조카 후안 빠블로 곤잘레스(Juan Pablo Gonzales)의 도움을 받아, *CW* 26, 122면에 나오는 엥겔스의 "Marx and the *Neue Rheinische Zeitung* (1848-49)" 번역을 대체한 것이다.

271 John Reed, *Ten days That Shook the World* (New York: Boni & Liveright 1919), 24면.

272 Gerhard Ritter, "Workers' Culture in Imperial Germany," *Journal of Contemporary History* 13 (1978), 166면. 카우츠키는『에르푸르트 강령』(1892)에 다음과 같이 썼다. "근대사회의 가장 놀랄 만한 현상 가운데 하나는 프롤레타리아트가 보여주는 지식에 대한 갈망이다. (…) 바로 이들 멸시받고 무지한 프롤레타리아트에게서 아테네 귀족정 구성원들의 눈부신 철학 정신이 되살아난다." *The Cooperative Commonwealth*, adapted from Kautsky, *Class Struggle* for the *New York People* by Daniel DeLeon, *Labour Library* #9 (New York: Labour Library 1898), 37면.

273 "근대사회의 서로 상반되는 이 두가지 기둥, 과학과 노동자 양자가 서로 힘을 합했을 때, 그들은 문화적 진보를 가로 막는 모든 장벽을 강력하게 분쇄할 것이며, 나는 내 몸에 숨이 붙어 있는 한 나의 모든 생을 이들의 결합을 위해 바치기로 결심했다." Ferdinand Lassalle, *Science and the Workingman*

(New York: International Library 1900 [1863]), 44 45면.

274 Martyn Walker, "'Encouragement of Sound Education amongst the Industrial Classes': Mechanics Institutes and Working-Class Membership, 1838-1881," *Educational Studies* 39: 2 (2013), 142면. 워커는 기술학교들을 중간계급이 지배했다고 하는 주장이 잘못되었음을 밝혀낸다. 대신에 그는 기술학교들이 "계급적 이해관계의 수렴"을 재현했다고 본다. "노동계급 급진파는 정치 및 자조(自助)와 관련하여 중간계급 동조자들과 어깨를 나란히 했다" (145면).

275 Ed Block, "T. H. Huxley's Rhetoric and the Popularization of Victorian Scientific Ideas: 1854-1874," *Victorian Studies* 29: 3 (Spring 1986), 369면.

276 Ralph Colp, "The Contacts Between Karl Marx and Charles Darwin," *Journal of the History of Ideas* 35: 2 (1974), 329-38면; Jenny Marx, "Letter to Johann Becker (29 January 1866)," *CW* 42, 586면.

277 E. P. Thompson, "Eighteenth-Century English Society: Class Struggle Without Class?" *Social History* 3: 2 (May 1978), 148면.

278 Rudolf Hilferding, *Finance Capital: A Study of the Latest of Capitalist Development* (London: Routledge 1981), 24장 「노동계약을 둘러싼 분쟁」(Conflict Over the Labor Contract); Schorske, *German Social Democracy*, 29-30면.

279 Leopold Haimson, "The Historical Setting in Russia and the West," in Haimson and Tilly, *Strikes, Wars, and Revolutions*, 24면.

280 Hobsbawm, Age of Empire, 123면.

281 미국 사례에 대해서는 다음을 참조. John Bowman, *Capitalist Collective Action: Competition, Cooperation and Conflict in the Coal Industry* (Cambridge: CUP 1989), 4장 「노동자들이 자본가들을 조직하다」(Workers Organize Capitalists); Colin Gordon, *New Deals: Business, Labor and Politics in America, 1920-1935* (Cambridge: CUP 1994), 3장 「자본가들을 조직하는 노동자들」 (Workers Organizing Capitalists).

282 Joshua Cole, "The Transition to Peace, 1918-1919," in Winter and Robert, *Capital Cities at War*, 222면.

283 다음 문헌에서 인용되고 논의되었다. Steve Wright, *Storming Heaven: Class Composition and Struggle in Italian Autonomist Marxism* (London: Pluto 2002), 36-37면.

284 Hobsbawm, *The Age of Extremes* (London: Michael Joseph 1994), 7-8면.

285 Göran Therborn, "The Rule of Capital and the Rise of Democracy," *New Left Review* I/103 (May-June 1977), 23-24면.

286 Luxemburg, "Mass Strike," 145면. 레닌은 1905년 혁명기 동안 발생한 파업에 관한 개량적 연구를 통해 경험적 측면에서 로자 룩셈부르크의 분석을 옹호했다(*CW* 16, 393-422면).

287 Eric Hobsbawm, "Mass-Producing Traditions: Europe, 1870-1914," in David Boswell and Jessica Evans, eds., *Representing the Nations: A Reader* (London: Routledge 1999), 62면.

288 Hagen Koo, *Korean Workers: The Culture and Politics of Class Formation* (Ithaca, NY: Cornell University Press 2001), 18-19면.

289 이 말은 맑스의 표현이다. Karl Marx, "Instructions for the Delegates of the Provisional General Cpuncil. The Different Questions" (August 1866), *CW* 20, 187면.

290 Sidney Fine, "The Eight-Hour Day Movement in the United States, 1888-1891," *Mississippi Valley Historical Review* 40: 3 (December 1953), 444면.

291 *New York Times*, May 2-4, 1890.

292 Gary Cross, *Quest for Time: The Reduction of Work in Britain and France, 1840-1940* (Berkeley: University of California Press 1989), 134-35면; Gray Cross, "The Quest for Leisure: Reassessing the Eight-Hour Day in France," *Journal of Social History* 18: 2 (Winter 1984), 200면.

293 Perry Anderson, "The Antinomies of Antonio Gramsci," *New Left Review*

I/100 (November 1976–January 1977), 15면.

294 Haimson, "Historical Setting," 27–28면.

295 Arno Mayer, *The Persistence of the Old Regime: Europe to the Great War* (New York: Pantheon 1981), 23–34면. "인구수로 보나 부의 크기로 보나 모든 면에서 농업 경영자들은 지속적으로 사업계의 거물들과 전문직 종사자들을 능가했다." 게다가 영국을 포함한 다른 지역에서도 농촌 엘리트들이야말로 최대의 도시 지주이기도 했다(24–25면).

296 Aminzade, "Class Analysis," 93–94면.

297 Friedrich Engels, "The Peasant Question in France and Germany," (1894), *CW* 27, 484면, 498면.

298 Athar Hussain and Keith Tribe, *Marxism and the Agrarian Question* (제2판, London: Macmillan 1983), 26면.

299 "엥겔스가 보기에는, 소농을 구하겠다는 약속은 노동자들의 당을 평범한 인민당(Volkspartei)으로 변모시킴으로써 당을 반유대주의 수준으로 전락시키고 말 것이 확실했다." 카우츠키는 『농업 문제』(*Die Agrarfrage*, 1899)에서 소농들의 운명에 관해 보다 완곡하게 언급했지만, 그럼에도 그들이 곧 농촌 프롤레타리아트의 성장에 압도될 것이라고 단언했다. Jairus Banaji, "Review Article: Illusions About the Peasantry: Karl Kautsky and the Agrarian Question," *Journal of Peasant Studies* 17: 2 (1990), 290면.

300 브루노 쇤랑크(Bruno Schönlank)가 프랑크푸르트 의회에서 발언한 내용이다. Massimo Salvadori, *Karl Kautsky and the Socialist Revolution, 1880-1938* (London: New Left Books 1979), 50면.

301 Joseph Rothschild, *The Communist Party of Bulgaria: Origins and Developments, 1883-1936* (New York: Colombia University Press 1959), 4장 「라도미르 봉기」(The Radomir Rebellion).

302 Ivan Berend, *Decades of Crisis: Central and Eastern Europe Before World War II* (Berkeley, CA: University of California Press 1998), 82면.

303 독일사회민주당에 대한 네덜란드식 예외도 있다. "사회민주노동당(SDAP) 의 주된 조직 기반은 프리슬란트 농촌 지역의 소작농과 무토지 농업 노동자 들이었는데, 이들은 1880년대의 경제 위기가 장기화되면서 정치화되었다." 이 당의 초창기 도시의 노동자 기반은 암스테르담의 다이아몬드노동자조합 (ANDB)에 국한되었다. John Gerber, *Anton Pannekoek and the Socialism of Workers' Self-Emancipation, 1873-1960* (Dordrecht: Kluwer 1989), 4면.

304 Tony Judt, *Socialism in Provence, 1871-1914* (Cambridge: CUP 1979), 6-7면.

305 다음 논문에서 테마 캐플런은 아나키즘 운동의 폭넓은 영향과 다수의 일 용직 노동자들 외에도 숙련공, 교사 및 소규모 자영농들이 수행한 역할의 중 요성을 보여준다. Temma Kaplan, "The Social Base of Nineteenth-Century Andalusian Anarchism in Jerez de la Frontera," *Journal of Interdisciplinary History* 6: 1 (Summer 1975), 47-70면.

306 Frank Snowden, "The City of the Sun: Red Cerignola, 1900-15," in Martin Blinkhorn and Ralph Gibson, *Landownership and Power in Modern Europe* (London: Harper Collins 1991), 203면.

307 "[농업 노동자들은] 파업 참가자 총 인원과 파업 참가에 따른 연간 손실 노동 일수의 4분의 1에서 3분의 1까지 차지하곤 했고, 거의 모든 파업 투쟁 에서 특히나 결정적인 기여를 했다(그들은 파업 행위 총량의 50퍼센트가량 을 차지했다)." Lorenzo Bordogna, Gian Primo Cella, and Giancarlo Provasi, "Labor Conflicts in Italy Before the Rise of Fascism, 1881-1923: A Quantitative Analysis," in Haimson and Tilly, *Strikes, Wars and Revolutions*, 229면.

308 Thomas Sykes, "Revolutionary Syndicalism in the Italian Labor Movement: The Agrarian Strikes of 1907-08 in the Provence of Parma," International Review of Social History 21: 2 (1976), 176면.

309 Anthony Cardoza, "Commercial Agriculture and the Crisis of Landed Power: Bologna, 1880-1930," in Blinkhorn and Gibson, *Landownership and Power*, 194면.

310 Matti Alestalo and Stein Kuhnle, "The Scandinavian Route: Economic, Social, Political Developments in Denmark, Finland, Norway, and Sweden," *International Journal of Sociology* 16: 3 (Fall 1986-Winter 1987), 24면; Timothy Tilton, "The Social Origins of Liberal Democracy: The Swedish Case," *American Political Science Review* 68: 2 (June 1974), 561-71면.

311 Stefano Bartolini, *The Political Mobilization of the European Left, 1860-1980: The Class Cleavage*, Cambridge Studies in Comparative Politics (Cambridge: CUP 2007), 481면.

312 Esther Kingston-Mann, "A Strategy for Marxist Bourgeois Revolution: Lenin and the Peasantry, 1907-1916," *Journal of Peasant Studies* 7: 2 (1998), 135면.

313 Robert Linhart, *Lénine, les Paysans, Taylor* (제2판, Paris: Seuil 2010).

314 D. A. Longley, "Officers and Men: A Study of the Development of Political Attitudes Among the Sailors of the Baltic Fleet in 1917," *Soviet Studies* 25: 1 (1973), 28-50면.

315 Pierre Broué, *The German Revolution, 1917-1923* (Chicago: Haymarket 2006), 97면.

316 같은 책 100면.

317 Marx, *Poverty of Philosophy*, CW 6, 176면.

318 Lukács, *History and Class Consciousness*, 63면, 66면. 강조는 원문.

319 같은 책 69면, 76-77면.

320 Stephen Perkins, *Marxism and the Proletariat: A Lukácsian Perspective* (London: Pluto 1993), 171면.

321 Lukács, *History and Class Consciousness*, 74면, 80면.

322 Lenin, "The Tasks of the Revolution" (October 1917), CW 26, 60면.

323 Alexander Rabinowitch, *The Bolsheviks Come to Power: The Revolution of 1917 in Petrograd* (Chicago: Haymarket 2004), 311-12면.

324 W. A. Preobrazhensky, "The Average Communist," in *The Preobrazhensky Papers, Volume 1: 1886-1920* (Chicago: Haymarket 2015), 557면.

325 5000만명에서 5500만명 사이의 유럽인들이 19세기와 20세기 초 사이에 해외로 이주했다. Dirk Hoerder, *Cultures in Contact: World Migrations in the Second Millennium* (Durham, NC: Duke University Press 2002), 331-32면.

326 조지 줄리언 하니(George Julian Harney)의 연설로, 엥겔스의 글에 재수록되었다. Friedrich Engels, "The Festival of Nations in London," *CW* 6, 11면.

327 Jacques Grandjonc, "Les étrangers à Paris sous la monarchie de Juillet et la seconde Républiqu," *Population* 29 (프랑스어판, March 1974), 84면. 스탠리 네이들은 "평균적인 숙련공들은 한정된 시간 동안만 빠리에 머물면서 직무를 숙달한 다음, 바로 다른 지역으로 이주한다"는 점을 언급하면서 다음과 같이 추정했다. "빠리의 작업장에서 근무한 대략 10만명에서 50만명 사이의 숙련공들이 (1840년대가) 끝나기 전에 독일로 돌아갔다." Stanley Nadel, "From the Barricades of Paris to the Sidewalks of New York: German Artisans and the European Roots of American Labor Radicalism," *Labor History* 30: 1 (Winter 1989), 49-50면.

328 Yvonne Kapp, *Eleanor Marx*, Vol. 2 (New York: Pantheon 1976), 161면.

329 '공산주의의 원리'(Grundsätze des Kommunismus)라는 제목의, 『공산당 선언』 초고 격인 글에서 엥겔스는 다음과 같이 선언했다. "모든 사람들에게 돌아갈 만큼 충분할 뿐만 아니라 사회적 자본의 증가와 생산력의 더 많은 발전에 필요한 잉여를 확보할 만큼의 생산이 가능하지 않은 이상, 사회의 생산력을 독점하는 지배계급과 억압당하는 계급인 빈민은 늘 존재하기 마련이다"(*CW* 6, 349면).

330 Marx, *Grundrisse*, 704-708면. 역으로, 자유시간을 억제하고 그 시간을 엄격한 노동으로 전환하는 것을 부르주아들은 문명은 아니더라도 산업의 기반 그 자체로 인식했다. 맑스는 다음과 같이 초창기 경제학자 커닝엄(Cunningham, 1770)을 인용한다. "이 왕국의 노동 빈곤층들은 엄청나게 많은 사

치품을 소비한다. 특히 제조업에 종사하는 사람들이 그랬는데, 그들의 소비에서 가장 치명적인 부분은 그것이 그들의 시간까지도 소비한다는 사실이었다"(*CW* 34, 294면).

331 "그가 보기에 문제는 기존의 부를 더 공정하게 혹은 더 균등하게 나누는 재분배가 아니다. 맑스에게 공산주의란 새로운 부의 창출, 즉 새로운 필요와 그 필요를 충족시킬 조건의 창출이다." Shlomo Avineri, *The Social and Political Thought of Karl Marx* (Cambridge: CUP 1968), 64면.

332 Michael Lebowitz, "Review: Heller on Marx's Concept of Needs," *Science and Society* 43: 3 (Fall 1979), 349–50면; Agnes Heller, *The Theory of Need in Marx* (London: Allison & Busty 1976).

333 맑스와 엥겔스는 푸리에주의자들의 팔랑스떼르(phalanstère)라든지 오언의 이상촌(colonies)같이 계급투쟁과 거리를 둔 공동체들과, 노동운동에 통합되어 있는 협동조합 형태의 제도들을 구분했다.

334 Karl Marx, *The Civil War in France*, *CW* 22, 335면.

335 "〔자본주의 체제에서〕 노동자가 자기 노동의 사회적 본질을 바라볼 때는 공동의 목적을 위해 타인의 노동과 결합한다는 맥락에서 본다. 마치 하나의 외부적 힘을 바라보듯이 말이다. (…) 노동자들 스스로가 소유한 공장에서는 상황이 상당히 다르다. 로치데일을 예로 들 수 있다." Karl Marx, *Capital Volume II* (Moscow: Progress 1962), 85면.

336 Massimo Salvadori, *Karl Kautsky and the Socialist Revolution, 1880-1938* (London: Verso 1979), 14면.

337 Kendall Bailes, *Origins of the Soviet Technical Intelligentsia, 1917-1941* (Princeton, NJ: Princeton University Press 1978).

338 헝가리의 저명한 경제학자이자 한때 맑스주의 개혁가였던 코르나이 야노시는, 혁신은 물론이고 획기적 수준의 신제품도 개발하지 못하는 계획경제의 무능을 보여주는 대표적인 사례로 참담한 수준의 "사회주의 체제의 전화기"를 꼽는다. János Kornai, *Dynamism, Rivalry and the Surplus Economy*

(Oxford: OUP 2014), 57–60면.

339 Pekka Sutela and Vladimir Mau, "Economics Under Socialism: The Russian Case." in Hans-Jürgen Wagener, *Economic Thought in Communist and Post-Communist Europe* (London: Routledge 1998), 43면.

340 Eden Medina, *Cybernetic Revolutionaries: Technology and Politics in Allende's Chile* (Cambridge, MA: MIT Press 2011), 159면.

341 예를 들어 생산계획의 분야에서 1982년 기준으로 컴퓨터를 82년간 가동해야 해결할 수 있는 대단히 복잡한 문제가 2003년경이면 "단 1분 만에 해결될 수도 있다. 4300만배가량의 성능 향상이다"(Ford, *Rise of the Robots*, 71면).

342 Leon Trotsky, "Report on the World Economic Crisis," Third Congress of the Communist International, at wsws.org.

2장 맑스의 잃어버린 이론: 1848년의 민족주의 정치

1 Roger Brubaker, "Ethnicity, Race, and Nationalism," *Annual Review of Sociology* 35 (2009), 22면; J. G. A. Pocock, "Review of *British Identities Before Nationalism* by Colin Kidd," *Scottish Historical Review* 79: 2 (October 2000), 262면.

2 Anthony D. Smith, *Nationalism* (Cambridge: Polity 2010), 3면.

3 Clifford Geertz, ed., *Old Societies and New States* (New York: Free Press 1963), 107면.

4 Erica Benner, *Really Existing Nationalisms: A Post-Communist View from Marx and Engels* (Oxford: Clarendon 1995), 222면.

5 1933년부터 1967년 사이에 출간된 10여권 이상의 저서에서 콘은 스위스·영국·독일·미국·프랑스 등의 민족주의뿐만 아니라 "동구권"과 소련의 민족주의도 조사했다. 콘은 시오니스트로서 팔레스타인에 양 민족 단일 국가를 수립해야 한다고 가장 주도적으로 주장했다가 결국 좌절을 맛보았지만, 그럼에도 유대인의 "도덕적 민족주의"야말로 보편성과 민족성의 공존 가능성

을 입증한 최초의 사례였다고 주장했다(이는 차후 영미식 그리고 네덜란드식 자유주의와 프랑스 공화주의에 의해 구현된 이상이었다). 냉전기 동안 그는 (1920년대 초만 해도 매우 열렬했던) 소련에 대한 형식적인 공감마저 포기했고, 자유세계를 선전하는 데 전념했다. 『미국의 민족주의: 해석적 소론』(*American Nationalism: An Interpretative Essay*, 1957)에서 콘은 미국의 역사를 영국식 자유주의와 프랑스식 합리주의가 전대미문의 경제적 기회의 땅에서 피어난 필연적 결실이라고 찬양했다. 이 책은 법원이 리틀록 센트럴 하이스쿨(Little Rock Central High School)의 인종 분리에 대해 통합을 명령했음에도 불구하고 무장한 군중이 실력 행사로 이를 저지했던 바로 그해에 출간되었지만, 콘은 미국의 "공민적 민족주의"를 민족-국가 형성의 전세계적 이상으로 상찬했다.

6 Roger Brubaker, "The Manichean Myth: Rethinking the Distinction between 'Civic' and 'Ethnic' Nationalism," in Hanspeter Kriesi, Klaus Armington, Andreas Wimmer, and Hannes Siegrist, eds., *Nation and National Identity* (Zurich: Verlag Rueger 1999), 69면; Brubaker, "Ethnicity, Race and Nationalism," 13면, 30면; Rogers Brubaker, *Nationalism Reframed: Nationhood and the National Question in the New Europe* (Cambridge: CUP 1996), 16면.

7 Brubaker, *Nationalism Reframed*, 7면, 15-17면, 21면.

8 Siniša Malešević, "The Chimera of National Identity," *Nations and Nationalism* 17: 2 (2011), 272-73면.

9 Siniša Malešević, *Identity as Ideology: Understanding Ethnicity and Nationalism* (New York: Palgrave Macmillan 2006), 7면.

10 Siniša Malešević, *The Sociology of Ethnicity* (London: Sage 2004), 4면. 말레세비치는 동료 학자들에게 베버 역시 종족성을 "집단의 실제 특성이 아닌 잠재적인 사회적 속성"으로 규정되어야 한다고 믿은 비본질론자였음을 상기시킨다(10면).

11 Malešević, *Identity as Ideology*, 28면.

12 Ernst Haas, *Beyond the Nation-State: Functionalism and International Orga-nization* (Stanford: Stanford University Press 1964), 455면. Malešević, *Nation-States and Nationalism* (Cambridge: Wiley 2013), 15면.

13 Anthony D. Smith, *Chosen Peoples: Sacred Sources of National Identity* (Oxford: OUP 2003); Régis Debray, *Critique of Political Reason* (London/New York: Verso 1983).

14 Siniša Malešević, "'Divine Ethnies' and 'Sacred Nations': Anthony D. Smith and the Neo-Durkheimian Theory of Nationalism," *Nationalism and Ethnic Politics* 10: 4 (2004), 561면, 587면. 뒤르껨의 순환론에 관한 드브레의 입장에 대해서는 Régis Debray, *Critique of Political Reason*, 172-73 참조.

15 말레세비치와 브루베이커는 민족지학적 도구와 사회학적 도구를 모두 사용하여 독립적으로 이러한 결속들의 실체를 현장에서 탐구해왔다. 브루베이커는 현지 동료들과 함께 클루지나포카(Cluj-Napoca)라는 트란실바니아 지방의 한 도시에서 민족주의 정치와 "일상적 종족성"에 관한 야심찬 연구를 병행해왔다. 이 도시에서는 일찍이 차우셰스쿠(Nicolae Ceaușescu) 독재가 부추긴 "엘리트들 사이의 강렬하고 완고한 종족-정치적 분쟁"이 지금도 지속되고 있다. 수세기 동안 마자르인들과 루마니아인들이 함께 공존해왔던 이 도시에서 그들이 발견한 가장 흥미로운 사실들 가운데 하나는, 광신적 애국주의가 판을 치는 정치 영역 안과 일상생활이 이루어지는 정치 영역 밖에서 민족주의의 온도차가 극적으로 크다는 점이었다. 일상생활에서 사람들은 각자의 민족문화에 대한 주도권 문제보다 경제 문제에 훨씬 더 관심이 컸다. 말레세비치도 몇몇 독창적인 사례 연구를 통해 구 유고슬라비아 지역의 종족적-민족적 증오가 아래로부터 분출된 것이 아니라 군벌 통제 언론들이 유포하는 강렬한 공포 마케팅에 의해 위로부터 부추겨진 것임을 밝혀냈다.

16 Benner, *Really Existing Nationalisms*, 98면, 주석 4번.

17 Franz Borkenau, *World Communism* (New York: W. W. Norton 1939), 94면.

18 Tom Nairn, "The Modern Janus," *New Left Review* I/94 (November-December 1975), 3면; Ernesto Laclau, "Introducton" in Ephraim Nimmi, *Marxism and Nationalism: Theoretical Origins of a Political Crisis* (London: Pluto 1991), vi면.

19 Régis Debray, "Marxism and the National Question," *New Left Review* I/105 (September-October 1977), 26면, 31면, 32면.

20 Erica Benner, *Machiavelli's Prince: A New Reading* (Oxford: OUP 2013); Erica Benner, *Machiavelli's Ethics* (Princeton, NJ: Princeton University Press 2009).

21 Benner, *Really Existing Nationalisms*, 9면, 50면, 228면. 강조는 필자.

22 불행히도 이 논쟁은 너무나 자주 선택적 인용과 생략된 논증, 그리고 무분별한 억측을 통해 이뤄져왔다. 연구자들은 대개 맑스의 견해가 극적으로 변화한 사실을, 특히 당대의 정치적 사건들에 열정적으로 개입함으로써 발생한 변화를 인식하지 못했다. 1844년 맑스의 인용과 1870년 맑스의 인용이 마치 대등한 권위를 갖는 것인 양 나란히 인용될 수 있었다. 이런 이유로 솔로몬 프랭크 블룸(Solomon Frank Bloom)의 『민족들의 세계: 칼 맑스 저작의 민족적 함의에 관한 연구』(*The World of Nations: A Study of the National Implications in the Work of Karl Marx*, New York: Columbia University Press 1941)를 민족주의에 관한 맑스 사상의 궤적을 이해하기 위한 영어권 저술로서 가장 적합한 입문서로 볼 수 있다. 출간된 지도 오래됐고 거의 인용되지도 않았지만, 품격 있게 집필된 이 책은 특히 맑스가 순전히 반민족주의자라거나 그가 사회주의 체제에서는 민족이 자동적으로 소멸될 것으로 믿었다고 생각하는 사람들에게는 두 눈이 번쩍 뜨일 만한 내용을 담고 있다. 당시 독일에서 구할 수 있는 맑스의 모든 저서를 독파한 블룸은, 맑스의 문헌이 집필된 역사적 맥락을 세심하게 고려하고 나중에 그 문헌의 내용이 수정된 것까지 고려하여 이를 해석했다. 따라서 그는 베너의 글을 읽는 데 거의 필수불가결한 동반자인 셈이다.

23 1860년대 이전에 맑스와 엥겔스는 노동계급 전체의 이해관계와 인류 일

반의 사회경제적 진보라는 이중적 기준을 가지고 국제정치를 평가했다. 따라서 "민족적 열망에 관해서는 지역과 시대를 불문하고 일관된 태도를 갖는 것이 불가능했다. (…) 국제적 이해관계의 맥락 속에서 어떤 민족들은 독립의 훈풍을 맞이할지도 모르나 이는 다른 민족의 희생에 근거한 것이다"(Bloom, *World of Nations*, 7면). 그러나 미국 남북전쟁, 폴란드 봉기, 그리고 페니언의 음모(Fenian plots) 등으로 새로운 전략적 문제가 생겨났고, 맑스는 인종 평등과 식민지 해방을 미국과 영국의 백인 노동자들 사이에서 혁명적 의식화의 전제조건으로 인식하기 시작했다. 뒤이어 1870년대에는 짜르 체제의 잠재적인 내적 붕괴 과정에서 농촌 계급투쟁의 역할을 재평가했다. 엥겔스는 대담하게도 아일랜드에 대한 지지를 표명하는 가운데, 소규모 슬라브 민족들의 권리에 관해서는 "대(大)독일"의 관점을 유지했다. 이 모든 주제의 논의에 관해서는 인상 깊게 기록된 다음 문헌을 참조하라. Kevin Anderson, *Marx at the Margins: On Nationalism, Ethnicity, and Non-Western Societies* (Chicago: University of Chicago Press 2010).

24 Friedrich Engels, "The Debate on Poland in the Frankfurt Assembly," in Karl Marx, *The Revolutions of 1848: Political Writings, Volume 1* (London/New York: Verso 2010), 152면.

25 Terrell Carver, "Marx's *Eighteenth Brumaire of Louis Bonaparte*: Eliding 150 Years," *Strategies* 16: 1 (2003), 9면.

26 Jeffrey Mehlman, *Revolution and Repetition: Marx/Hugo/Balzac* (Berkeley: University of California Press 1977), 82면.

27 Maurice Agulhon, *The Republican Experiment, 1848-1852* (Cambridge: CUP 1983), 115면, 196-97면.

28 Karl Marx, *The Eighteenth Brumaire of Louis Bonaparte*, *CW* 11, 112-13면. 강조는 원문.

29 Marx, *Eighteenth Brumaire*, 190면; Bloom, *World of Nations*, 76면; Marx, *Eighteenth Brumaire*, 192면.

30 Benner, *Really Existing Nationalisms*, 103면.

31 같은 책 52면.

32 맑스가 『루이 나뽈레옹의 브뤼메르 18일』에서 사용한 방법론은 그가 1843년 말부터 1844년 초까지 집중적으로 수행했던 연구, 이른바 『크로이츠나흐 수고』(*Kreuznach Notebooks*)가 미친 영향을 보여준다. 맑스는 프랑스 국민공회의 역사를 쓰고자 했으나 실제로 집필하지는 못했다. 자꼬뺑파 국민공회 의원이었던 '싸르트의 르네 르바쒀르'(René Levasseur de la Sarthe)의 『비망록』(*Mémoires*)은 당대의 정치 분파들과 사회 세력들의 복잡하고 부단히 변화하는 합종연횡을 재구성하고자 했던 청년 맑스에게는 특히나 풍부한 자료의 보고였다. *CW* 3, 361-74면.

33 Karl Marx and Friedrich Engels, *The German Ideology*, *CW* 5, 77면.

34 여느 혁명과 마찬가지로 1848~51년 프랑스에서 일어난 사건들도 부단히 변화하는 세력균형과 더불어 무수히 많은 주역들이 등장하고 퇴장하면서 복잡하게 전개되었다. 그러나 밥 제솝이 강조한 바 있듯이, 맑스의 분석은 전통적인 방식의 단선적 설명이 아니다. "맑스의 글에는 단순한 연대기가 아니라 당대사에 대한 복합적인 시기 구분이 제시되어 있다. 이 점이 바로 맑스를 정치 분석의 모델로 만들어 향후 많은 맑스주의 분석가들에게 영감을 불러일으켰고, 또한 많은 정통 역사가들로부터도 그 이론적 역량과 경험적 안목에 대해 존경을 얻도록 했다. 그는 연속된 세 시기를 구분한다. 첫번째 시기는 짧게 지속되며, 두번째와 세번째 시기는 각각 세개의 국면으로 구성되는데, 세번째 시기의 세번째 국면은 또 4단계로 이루어진다. (⋯) 맑스는 각각의 시기에 대해 세가지 해석을 제시한다. 그는 각 시기를 구분하면서 첫째로 그 시기들이 당면한 국면에서 갖는 중요성, 즉 정치적 드라마가 펼쳐지는 주요 제도적 장소 안팎에 미치는 중요성을 언급한다. 게다가 각 시기는 (그리고 그 시기를 구성하는 각 국면은) 과거와 현재의 측면에서, 그리고 이미 공적 기록에 수록되었거나 맑스 자신이 생각하기에 알 만한 가치가 있다고 판단하는 한 미래의 중요성의 측면에서도 논의된다."

Bob Jessop, "The Political Scene and the Politics of Representation: Periodising Class Struggle and the State in the *Eighteenth Brumaire*," in Mark Cowling and James Martin, eds., *Marx's 'Eighteenth Brumaire': (Post)Modern Interpretations* (London: Pluto 2002).

35 데이비드 에이브러햄이 묘사한 것처럼, 몇가지 핵심적 측면에서 제2공화국의 실패는 독일 최초 공화국의 실패를 예견했다. "바이마르 공화국의 마지막 몇년간 위기는 부분적으로는 국가가 당파적 이해관계를 초월한 자율적 방식으로 지배계급의 이해관계를 조직해내지 못한 데서 비롯했다. 공화국은 기존의 사회적 관계들을 보호하지 못했는데, 어떤 혁명적 위협 때문이 아니라 지배계급 블록 내부의 갈등과 모순, 아울러 이전 시기의 정책적 불확정성 때문이었다." David Abraham, *The Collapse of the Weimar Republic: Political Economy and Crisis* (New York: Lynne Rienner 1986), 2-3면.

36 비스마르크 체제에 대한 엥겔스의 성격 규정에 관해서는 Hal Draper, *Karl Marx's Theory of Revolution, Volume I: State and Bureaucracy* (New York: Monthly Review 1977), 385-590면 참조. 탈하이머에 관해서는 Martin Kitchen, "August Thalheimer's Theory of Fascism," *Journal of the History of Ideas* 34: 1 (January-March 1973); V. I. Lenin, "The Beginning of Bonapartism," *CW* 25; Leon Trotsky, "German Bonapartism" (October 30, 1932), in Leon Trotsky, *The Struggle Against Fascism in Germany* (New York: Pathfinder 1971) 참조. 제2제국과 스딸린 체제의 약탈적 차원에 대한 뜨로쯔끼의 비교는 설득력이 떨어진다. Leon Trotsky, "The Bonapartist Philosophy of the State," *New International* 5: 6 (June 1939).

37 Sergio Bologna, "Money and Crisis: Marx as Correspondent of the New York Daily Tribune, 1856-57" (1973), transl. Ed Emery in *Common Sense* 13 (January 1993).

38 Karl Marx, "The Economic Crisis in Europe," *CW* 15, 109면.

39 Karl Marx, "The French Credit Mobilier, Ⅲ," *CW* 15, 21면.

40 1865년 12월 맑스가 엥겔스에게 보낸 서신, *CW* 42, 206면.

41 Sudir Hazareesingh, *The Saint-Napoleon: Celebrations of Sovereignty in Nineteenth-Century France* (Cambridge, MA: Havard University Press 2004), 22–23면, 31면. 바스띠유 함락 기념일은 공식적으로 1880년에 제정되었다.

42 Karl Marx, *The Class Struggles in France*, *CW* 10, 58면.

43 Friedrich Engels, *Briefwechsel*, IV, 339–40면; Bloom, *World of Nations*, 146–47면의 번역문 재인용.

44 Friedrich Engels, *The Magyar Struggle* (January 1849). 1891년 9월 29일 엥겔스가 아우구스트 베벨에게 보낸 서신, *CW* 49, 246면. 강조는 필자.

45 Debray, "Marxism and the National Question," 31면.

46 Ronald Aminzade, *Ballots and Barricades: Class Formation and Republican Politics in France, 1830-1871* (Princeton, NJ: Princeton University Press 1993), 9면.

47 Marx, *Class Struggles in France*, 57면, 50면. 강조는 필자.

48 같은 책 122면, 100면, 80면. 강조는 원문.

49 Charles Beard, *An Economic Interpretation of the Constitution of the United States* (New York: Macmillan 1913), 14-16면. 비어드의 사상에 대한 탁월한 해석은 Clyde Barrow, *More Than a Historian: The Political and Economic Thought of Charles A. Beard* (New Brunswick, NJ: Routledge 2000) 참조.

50 James Madition, "The Federalist 10," in Alexander Hamilton, John Jay, and James Madition, *The Federalist Papers* (Createspace 2018).

51 Jessop, "Politics of Representation."

3장 사막화: 끄로뽀뜨낀, 화성, 그리고 아시아의 맥박

1 "사실상 기후는 고정불변인 것으로 가정되었다." Hubert Lamb, *Climate, History and the Modern World* (London: Routledge 1995), 2면.

2 George Woodcock and Ivan Avkumovic, *The Anarchist Prince: The Biography*

of Prince Peter Kropotkin (London: T. V. Boardman 1950), 71면.

3 Prince Kropotkin, "The Orography of Asia," *Geographical Review* 23: 2-3 (February-March 1904).

4 Woodcock and Avakumovic, *Anarchist Prince*, 61-86면. 고원을 하나의 근본적 지형으로 보았던 그의 인식에 대해서는 다음을 참조. Alexander Vucinich, *Science in Russian Culture: 1861-1917* (Palo Alto, CA: Stanford University Press 1970), 88면.

5 Woodcock and Avakumovic, *Anarchist Prince*, 73면. 훗날 카스피해의 수위와 면적의 역사적 변동을 둘러싸고 격렬한 논쟁이 일었는데, 다른 많은 논란들과 마찬가지로 이 논란도 지형의 연대를 측정할 만한 그 어떤 기술적 수단도 존재하지 않았던 까닭에 해결이 불가능했다. 그러나 20세기 중반부터는, 중앙아시아에서 서서히 사막화가 진행되고 있다는 가설이 식자들 사이에서 주지의 사실이 되었다. 한 예로 엥겔스의 다음 저서를 들 수 있다. Friedrich Engels, *The Dialectics of Nature* (New York: International 1940 [1883]), 235면.

6 Tobias Kruger, *Discovering the Ice Ages: International Reception and Consequences for a Historical Understanding of Climate* (Leiden: Brill 2013), 348-51면.

7 "내가 이야기하는 건조화는 강수량의 감소에서 비롯하는 것이 아니다. 그것은 빙하기가 지속된 수만년 동안 우리 유라시아 대륙 표면에 쌓인 거대한 양의 빙하가 녹아내리고 있기 때문이다. 따라서 (빙하가 줄어드는 곳에서 일어난) 강수량의 감소는 건조화의 원인이 아니라 결과다." Kropotkin, "On the Desiccation of Eurasia and Some General Aspects of Desiccation," *Geographical Journal* 43: 4 (April 1914); Peter Kropotkin, *Memoires of a Revolutionist* (Garden City, NY: Doubleday 1962 [1899]), 156-57면.

8 그의 형 알렉산더가 828페이지 분량의 1권 『빙하기에 관한 연구』(*Issledovanie o lednikovom periode*, St. Petersburg: zap. imp. russk. geogr. vol. 1, 1876) 출판을 관장했다. 1877년 6월 23일자 『네이처』에 짧은 서평 한편이 실렸다. 2권

의 미완성 원고는 비밀경찰에 압수되어 1998년까지 출판되지 못했다. Ta-tiana Ivanova and Vyacheslav Markin, "Piotr Alekseevich Kropotkin and His Monograph Researches on the Glacial Period (1876)," in Rodney Grapes, David Oldroyd, and Algimantas Grigelis eds., *History of Geomorphology and Quaternary Geology* (London: Geological Society 2008), 18면.

9 캘리포니아 출신의 저명한 지질학자 조사이어 휘트니(Josiah Whitney, 그의 이름을 딴 산봉우리도 있다)는 적어도 1870년대 초부터 점진적인 건조화 개념을 옹호해왔다. 그는 삼림 파괴가 기후변화를 야기했다는 통념을 받아들이지 않았으며, 대신에 수백만년 동안 지구의 건조화와 한랭화가 동시에 진행되어왔다는 가설을 제기했다. 이 이론에 따르면 당대 미국 서부의 기온이 빙하기 때보다 더 낮다고 주장하는 셈이어서 휘트니의 입장은 난처해졌다. 그는 이 모순을 대륙 빙상이 존재했다는 증거를 부정하는 방식으로 해결했다. 그가 보기에 루이 아가시를 비롯한 몇몇 학자는 순전히 국지적인 차원에서 일어난 빙하의 확장 현상을 전지구적 한냉화와 혼동한 것이었다. J. D. Whitney, *The Climatic Changes of Later Geological Times: A Discussion Based on Observations Made in the Cordilleras of North America* (Cambridge: University Press, John Wilson & Son 1882), 394면.

10 Theophrastus of Eresus, *Sources for His Life, Writings, Thought and Influence: Commentary Vol. 3.1, Sources on Physics (Texts 137-233)* (Leiden: Brill 1998), 212면.

11 18세기 중반 무렵이면 이미 식민지 관료들이 토바고나 모리셔스 같은 부유한 플랜테이션 섬들의 건조화를 막기 위한 삼림 보호 제도를 추진했다. 환경보호 운동이 식민지에서 기원했음을 밝히는 데 가장 큰 공을 세운 역사가 리처드 그로브는 모리셔스의 총독 삐에르 뿌아브르(Pierre Poivre)의 예를 인용한다. 뿌아브르는 1763년 리옹에서 삼림 파괴가 기후변화에 미치는 위험에 관해 중요한 연설을 했다. "이 연설은 광범위한 기후변화에 대한 명시적 두려움에 근거한 최초의 환경주의 문헌들 가운데 하나로 역사에 기록될 것이

다." Richard Grove, "The Evolution of the Colonial Discourse on Deforestation and Climate Change, 1500-1940," in Richard Grove, *Ecology, Climate and Empire* (Cambridge: White Horse 1997), 11면. 70년 뒤 7월 왕정의 선전가들은 아랍인들에 의한 북아프리카의 사막화를 알제리 침략의 구실로 내세웠다. 프랑스인들은 대규모 삼림 조성을 통해 기후를 변화시켜 사막화를 되돌려놓겠다고 약속했다. Diana Davis, *Resurrection the Granary of Rome: Environmental History and French Colonial Expansion in North Africa* (Athens, OH: Ohio University Press 2007), 4-5면, 77면.

12 뷔퐁은 토지 개간이 강수량뿐만 아니라 기온 변화에도 영향을 미친다고 믿었다. 빠리와 퀘벡은 동일 위도상에 있기 때문에, 뷔퐁은 두 도시 간의 기후 차이에 관한 가장 가능성 있는 설명으로 빠리 주변 늪지대의 배수와 삼림 벌채에 따른 온난화를 꼽았다. Clarence Glacken, *Resurrection the Granary of Rome: Environmental History and French Colonial Expansion in North Africa Traces on the Rhodian Shore* (Berkeley: University of California Press 1976), 699면.

13 제롬아돌프 블랑끼의 말은 George Perkins Marsh, *Man and Nature* (Cambridge, MA: Harvard University Press 1965 〔1864〕), 160ff면. 209-13면에서 인용.

14 Michael Williams, *Deforesting the Earth: From Prehistory to Global Crisis* (Chicago: University of Chicago Press 2003), 431면.

15 Karl Fraas, *Klima und Pflanzenwelt in der Zeit: ein Beitrag zur Geschichte Beider* (Landshut: J. G. Wölfe 1847). 프라스는 조지 퍼킨스 마시(George Perkins Marsh)에게 중요한 영향을 미쳤는데, 『인간과 자연』(*Man and Nature*)에 소개된 퍼킨스 마시의 가장 유명한 주장은 인류가 전지구적 차원에서 자연을 파멸적으로 재형성하고 있다는 것이다.

16 1868년 3월 25일 맑스가 엥겔스에게 보낸 서신, *CW* 42, 558-59면.

17 Friedrich Engels, "The Part Played by Labour in the Transition from Ape to

Man," in *Dialectics of Nature*, 291-92면. 그가 집필한 바에 따르면, 심지어 오늘날 산업 문명의 경우에도 "여전히 의도된 목적과 드러난 결과 사이에 엄청난 불균형이 존재하며, 예상치 못한 결과가 두드러짐을, 또 통제되지 않은 힘들이 계획에 따라 가동된 힘들보다 훨씬 더 강력함을 발견하게 된다" (19면).

18 *CW* 25, 511면.

19 뉴턴과 핼리 둘 다 "연이은 지각 변동과 잇따른 창조와 정화가 계속되었다고 믿었다. 역사는 혜성과 같은 신의 대리인이 태양계 전체를 재구축함으로써, 새로운 창조와 새로운 밀레니엄을 맞이할 장소를 준비하는 재난들로 구분지어졌다". Sara Genuth, "The Teleological Role of Comets," in Norman Thrower, ed., *Standing on the Shoulders of Giants: A Longer View of Newton and Halley* (Berkeley, CA: University of California Press 1990), 302면.

20 Anne O'Conner, *Finding Time for the Old Stone Age: A History of Palaeolithic Archaeology and Quaternary Geology in Britain, 1860-1960* (Oxford: OUP 2007), 28-30면.

21 Kruger, *Discovering the Ice Ages*, 475면. 20세기 초, 연층(매년 형성되는 호수 퇴적물 층)과 나이테 연대 측정이 퇴빙기의 연대를 계산하는 데 사용되기 시작했다. 그러나 2차대전 이후 탄소의 방사성동위원소 측정법이 정교해지면서부터 신뢰할 만한 연대 측정이 가능해졌다.

22 James Fleming, *Historical Perspectives on Climate Change* (Oxford: OUP 1998), 52-53면.

23 한세기 동안이나 지속된 중앙아시아 건조화 논쟁의 개요에 관해서는 David Moon, "The Debate over Climate Change in the Steppe Region in Ninteeenth-Century Russia," *Russian Review* 69 (2010) 참조. 당대의 견해에 관해서는 François Herbette, "Le problème du dessèchement de l'Asie intérieure," *Annales de Géographie* 23: 127 (1914); John Gregory, "Is the Earth Drying Up?" *Geographical Journal* 43: 2 (March 1914) 참조.

24 Peter Kropotkin, "The Desiccation of Eur-Asia," *Geographical Journal* 23: 6 (June 1904).

25 Kropotkin, *Memoirs of a Revolutionist*, 239면.

26 물론 건조화는 많은 풍광들 속에서 발견되는 지형학적 사실이다. 그러나 유럽 탐험가들이 행한 인상비평 수준의 고고학은 문명의 붕괴와 건조화 사이의 인과관계를 입증하지도, 비교 가능한 연대를 확립하지도 못했다.

27 David Moon, *The Plough that Broke the Steppes: Agriculture and Environment on Russia's Grasslands, 1700-1914* (Oxford: OUP 2013), 91-92면, 130-33면.

28 Eduard Brückner, *Klimaschwankungen seit 1700* (Vienna: Hölzel 1890), 324면.

29 Nico Stehr and Hans von Storch, "Eduard Brückner's Ideas: Relevant in His Time and Today," in Stehr and von Storch, eds., *Eduard Brückner: The Sources and Consequences of Climate Change and Climate Variability in Historical Times* (Dordrecht: Springer 2000), 9면, 17면.

30 Robert Cromie, *A Plunge into Space* (London: Frederick Warne & Co. 1890).

31 "화성의 존재를 말한다고 해서 그것이 화성인을 의미하는 것은 아니다. 어느 한쪽일 가능성만큼이나 다른 쪽이 아닐 가능성도 있다. 심지어 여기 지구에서도 인간은 우연의 산물이다. 인간은 결코 최적의 물리적 유기체로서 살아남은 것이 아니다. 심지어 인간은 최상의 포유동물이라 할 수조차 없다. 마음이야말로 인간의 발명품이다. 우리가 아는 한, 도마뱀이나 양서류도 경주에서 일찌감치 인간의 자리를 차지했다면, 지금쯤 지상에서 가장 지배적인 생명체가 됐을는지 모른다. 다른 물리적 조건에서라면 확실히 그렇게 됐을지도 모른다. 지구와는 매우 다른 화성의 환경에서라면 우리가 전혀 알지 못하는 다른 유기체가 진화했을지 모른다는 실질적인 추정이 가능하다." Percival Lowell, *Mars* (Boston: Houghton Mifflin 1895), 211면.

32 Alfred Russel Wallace, *Is Mars Habitable?* (London: Macmillan, 1907).

33 Percival Lowell, *Mars and Its Canals* (New York: Macmillan 1906), 153면, 384면. 나는 로웰의 주장에 관한 끄로뽀뜨낀의 입장을 알아내진 못했지만,

과학적 기질로 봤을 때 친구인 윌리스와 같은 입장이었을 가능성이 높다.

34 Percival Lowell, *Mars as Adobe of Life* (New York: Macmillan 1908), 122면, 124면, 142-43면.

35 Gabriele Gramelsberger, "Conceiving Processes in Atmospheric Models," *Studies in the History and Philosophy of Modern Physics* 41: 3 (September 2010).

36 Nils Ekholm, "On the Origins of the Climate of the Geological and Historical Past and Their Causes," *Quarterly Journal of the Royal Meteorological Society* XXVII: 117 (January 1901).

37 커즌 경의 말은 Sidney Burrard, "Correspondence," *Geographical Journal* 43: 6 (June 1914)에서 인용. 커즌 경은 왕립공병단(Royal Engineers)에 몸담은 친구 토머스 홀디치(Thomas Holdich) 경의 편에서 이야기하고 있다. 홀디치 경은 일평생 인도의 북서부 변경지대를 탐험한 확고한 건조화론자였다.

38 까에따니는 비엔니오 로소(Biennio Rosso, '붉은 2년'이라는 뜻으로 1차대전 이후 1919~20년 이딸리아에서 발생한 극심한 사회갈등의 시기를 일컫는다──옮긴이) 동안 노동자들이 그의 가족 영지를 점거했을 때, 자신의 상속권을 동생에게 양도하고 캐나다 브리티시컬럼비아의 웅장한 셀커크산 기슭에 자리 잡은 도시 버넌으로 이주했다. 그는 그곳에서 어린 시절 회색곰을 사냥한 적이 있었다. 1935년 까에따니가 죽은 뒤, 그의 아내와 뛰어난 예술가이던 딸은 전설적인 은둔자의 삶을 살았다. Seveva Caetani, *Recapitulation: A Journey* (Vernon, BC: Coldstream 1995); "Sveva Caetani: A Fairy Tale Life," at en.copian.ca.

39 Premysl Kubat, "The Desiccation Theory Revisited," *Les carnets de l'ifpo* (Institute français du Proche-Orient, April 18, 2011), at www.ifop.hypotheses. org; Nimrod Hurvitz, "Muhibb ad-Din al-Khatib's Semitic Wave Theory and Pan-Arbism," *Middle Eastern Studies* 29: 1 (January 1993).

40 Ellsworth Huntington, "The Rivers of Chinese Turkestan and the Desiccation of Asia," *Geographical Journal* 28: 4 (October 1906).

41 Geoffrey Martin, *Ellsworth Huntington: His Life and Thought* (Hamden, CT: Shoe String Press 1973), 92–93면.

42 앤드루 더글러스(1867~1962)는 로웰의 연구원으로 일하면서 화성 운하의 "지도를 제작"하는 작업을 했고, 이후 태양의 흑점 변화와 강수량 사이의 상관관계에 관심을 가졌다. 그는 나이테의 너비를 이용해 날씨를 추정하는 방법인, 수목기후학이라 불릴 법한 분야를 개선했다. 한편 그의 기술은 가령 푸에블로(pueblo) 유적지의 나무 기둥 같은 고목의 연대 측정 가능성을 열었다. 처음에는 상대적인 연대 측정만 가능했으나, 1929년 더글러스는 "HH-39"라는 애리조나 유적지의 한 나무 기둥을 발견함으로써, 기원후 700년부터 현재까지 연속적으로 연대를 측정해냈다. 이로써 최초로 선사시대 고고학 유적지에 대한 절대연대의 측정이 가능해졌다.

43 Ellsworth Huntington, *The Pulse of Asia* (Boston: Houghton, Mifflin & Co. 1907), 385면. 그가 끄로뽀뜨낀의 주장에 대해서 처음에는 동의를 했다가 추후에 수정한 점에 대해서는 Huntington, "Climate Change," *Geographical Journal* 44: 2 (August 1914) 참조.

44 Owen Lattimore, "The Geographical Factor in Mongol History" (1938), in Lattimore, *Studies in Frontier History: Collected Papers, 1928-1959* (Oxford: OUP 1962).

45 토인비는 제프리 마틴(Geoffrey Martin)이 집필한 헌팅턴 전기에 감사의 서문을 쓴 바 있다.

46 Philippe Fôret, "Climate Change: A Challenge to the Geographers of Colonial Asia," *Perspectives* 9 (Spring 2013). 알렉산드르 보예이꼬프는 1914년에 집필한 러시아 중앙아시아 지역에 관한 저서에서 헌팅턴의 "아시아의 맥박" 이론을 "헛소리"로 취급했다. Aleksandr Voeikov, *Le Turkestan Russe* (Paris: Colin 1914), 360면.

47 Martin, *Ellsworth Huntington*, 86면.

48 같은 책 86면.

49 어빙 랭뮤어의 강연을 글로 옮긴 *Physics Today* (October 1989), 43면 참조.

50 Emmanuel Le Roy Ladurie, *Histoire du climat depuis l'an mil* (Paris: Flammarion 1967), 17면.

51 Charles Brooks, *Climate Through the Ages: A Study of the Climate Factors and Their Variations* (개정판, New York: McGraw Hill, 1949 〔1926〕), 327면.

52 Rhoads Murphey, "The Decline of North Africa since the Roman Occupation: Climatic or Human?" *Annals of the Association of American Geographers* 41: 2 (1951).

53 Martin, *Ellsworth Huntington*, 102-103면, 111면.

54 Fleming, *Historical Perspectives on Climate Change*, 100면. 그는 다음과 같이 덧붙인다. "헌팅턴의 생각은 당대에는 실제로 영향력이 있었지만, 이후 그의 인종주의적 편견과 노골적인 결정주의는 대체로 거부되었다. 그럼에도 그가 범한 체계적인 오류는 날씨와 기후의 영향에 관해 과도한 주장을 제기하는 사람들에게서 되풀이될 것으로 보인다"(95면).

55 1998년 러시아에서 출판되었다. 끄로뽀뜨낀의 과학 저작들(지리학, 빙하학, 생태학 및 진화론)의 영어판 선집은 때늦은 지 오래다.

56 "Appendix A: The Published Works of Ellsworth Huntington," in Martin, *Ellsworth Huntington*.

57 Martin, *Ellsworth Huntington*, 249-50면.

58 David Blackbourn, *The Conquest of Nature: Water, Landscape, and the Making of Modern Germany* (New York: Pimlico, 2006), 278면, 285-86면.

59 Sir Gilbert Walker, "Climatic Cycles: Discussion," *Geographical Journal* 89: 3 (March 1937).

60 Stehr and von Storch, "Eduard Brückner's Ideas," 12면.

61 Aaron Putnam et al., "Little Ice Age Wetting of Interior Asian Deserts and the Rise of the Mongol Empire," *Quaternary Science Reviews* 131 (2016), 333-34면, 340-41면. 공저자 가운데 한명은 라몬트-도허티 지구관측소의

"교황" 윌리스 브로커(Wallace Broecker)로 북대서양 자오선 전복 순환 가설, 즉 그 유명한 "컨베이어벨트 가설"을 최초로 제안한 인물이다.

62 Colin P. Kelley, Shahrzad Mohtadi, Mark A. Cane, Richard Seager, and Yochanan Kushnir, "Climate Change in the Fertile Crescent and Implications of the Recent Syrian Drought," *Proceedings of the National Academy of Sciences* 112: 11 (March 17, 2015).

63 Akio Kitoh, Akiyo Tatagai, and Pinhas Alpert, "First Super-High-Resolution Model Projection that the Ancient 'Fertile Crescent' Will Disappear in This Century," *Hydrological Research Letters* 2 (2008).

4장 누가 방주를 지을 것인가?

1 이 장은 UCLA 사회이론 및 비교사 센터(Center for Social Theory and Comparative History)에서 2009년 1월에 개최한 좌담회 자료로 제출된 바 있다.

2 케이토연구소(Cato Institute)의 패트릭 마이클스(Patrick Michaels)가 바로 그 통탄할 만한 인사였다. *Washington Times*, February 12, 2005.

3 Jan Zalasiewicz et al., "Are We Now Living in the Anthropocene?" *GSA Today* 18: 2 (February 2008).

4 같은 글.

5 실제로 제1실무단에 참여한 세 명의 주요 인사들은 보고서가 고의로 해수면 상승의 위험성을 과소평가했고, 그린란드와 남극대륙 서부 빙상의 불안정성에 대한 새로운 연구를 무시했다고 비난했다. 논쟁의 자세한 사항은 "Letters," *Science* 319 (January 25, 2008), 409-10면 참조.

6 James Hansen, "Global Worming Twenty Years Later: Tipping Point Near," 2008년 6월 23일 의회 증언.

7 Scientific Committee on Problems of the Environment (이하 SCOPE), *The Global Carbon Cycle* (Washington DC: SCOPE 2004), 77-82면; IPCC, *Climate*

Change 2007: Mitigation of Climate Chagne: Contribution of Working Group III to the Fourth Assessment Report (Cambridge: IPCC 2007), 172면, 218-24면.

8 SCOPE, *Global Carbon Cycle*, 82면.

9 International Energy Agency, *Energy Technology Perspectives: In Support of the G8 Plan of Action — Executive Summary* (Paris: IEA 2008), 3면.

10 Josep Canadell et al., "Contributions to Accelerating Atmospheric CO_2 Growth," *Proceedings of the National Academy of Sciences* 104: 20 (November 2007), 18면, 866-70면.

11 Global Carbon Project, *Carbon Budget 2007*, at globalcarbonproject.org, 10면.

12 Elisabeth Rosenthal, "Europe Turns Back to Coal, Raising Climate Fears," *New York Times*, April 23, 2008.

13 Stephen Ansolabehere et al., *The Future of Coal* (Cambridge, MA: Mit Press 2007), xiv면.

14 Pew Center on Global Climate Change, quoted in Matthew Wald, "Coal, a Tough Habit to Kick," New York Times, September 25, 2008.

15 UN, *Human Development Report 2007/2008: Fighting Climate Change: Human Solidarity in a Divided World*, 7면.

16 국제에너지기구(IEA) 보고서는 *Wall Street Journal*, November 7, 2008에서 인용.

17 Clifford Krauss, "Alternative Energy Suddenly Faces Headwinds," *New York Times*, October 21, 2008.

18 Peggy Hollinger, "EU Needs Stable Energy Policy, EDF Warns," *Financial Times*, October 5, 2008.

19 오바마 대통령의 자포자기에 가까운 기만적 합의로 절정을 찍은 코펜하겐에서의 수치스러운 가식은 국가들 사이의 정치적 거리보다는 각국 정부와 인류애 사이에 존재하는 도덕적 심연을 더 잘 드러냈다. 그러는 사이에 각국 대통령과 수상이 막아내겠다고 맹세한 그 유명한 '추가 온난화 섭씨 2도'

는 이미 전세계 바다를 통해 진행되고 있었다. 이는 내일 당장 모든 탄소 배출이 중단된다 하더라도 일어날 미래가 되어버렸다. 이미 "저질러진" 온난화와 코펜하겐 합의의 근원적 환상에 관해서는, 스크립스해양연구소(Scripps Institution) 연구원 라마나단(V. Ramanathan)과 펭(Y. Feng)의 다소 거북하거나 끔찍할 수도 있는 제목의 논문 "On Avoiding Dangerous Anthropogenic Interference with the Climate System: Formidable Challenges Ahead," *Proceedings of the National Academy of Science* 105 (September 23, 2008), 14면, 245-50면 참조.

20 UN, *Human Development Report 2007/2008*, 6면.

21 U. Srinivasan et al., "The Debt of Nations and the Distribution of Ecological Impacts from Human activiteis," *Proceedings of the National Academy of Science* 105 (February 5, 2008), 1768-73면.

22 William Cline, *Global Warming and Agriculture: Impact Estimates by Country* (Washington, DC: Center for Global Development 2007), 67-71면, 77-78면.

23 UN, *Human Development Report 2007/2008*, 6면.

24 "Turning Blight into Bloom," *Nature* 455 (September 11, 2008), 137면.

옮긴이의 말

오늘날 "맑스"만큼 기표와 기의 사이의 괴리가 심한 용어가 존재할까? 많은 사람들에게 맑스는 오류투성이의 이론가이자 한때 인류의 거의 절반을 잘못된 길로 인도한 거짓 선지자다. 한편 그보다 소수이기는 하겠지만 어떤 사람들에게는 과학적 방법론과 혁명적 실천을 통해 역사의 진보를 추동한 위대한 인물이기도 하다. 그러나 대체로 밀레니얼 세대 이후의 젊은이들 대다수에게 맑스라는 기표의 기의는 그 인지도에 비해 사실상 텅 비어 있는 것이나 다름없다. 간단히 말해 맑스는 더 이상 소비되지 않는다. 대학 교양과목으로 역사를 가르칠 경우 최소 두 번(자본주의가 등장하는 근대 초와 사회주의가 발흥하는 19세기 중반)은 맑스를 언급하지 않을 수 없는 상황에 놓인다. 그때마다 느끼는 것이지만, 이 간단치 않은 사상가이자 혁명가의 업적을 간략히 요약해서 소개할라치면, 안 팔리는 물건을 가지고 나와 영업을 해야 하는 영업 사원의 당혹감과 '위대한 스승'의 유산으로 겨우 '약'이나 파는 제자의 죄책감 같은 심정이 동시에 엄습한다. 어쨌거나 나는 학생들에게 맑스주의를 한번쯤 짚고 넘어가야 하는 고전의 하나로 소개하곤 한다. 그렇다,

맑스는 고전인 것이다, 선생들이 학생들에게 떠먹여주기 전까지는 절대로 스스로 찾아서 먹을 일이 없는 마음의 양식 말이다.

1990년대 초, 프랜시스 후쿠야마(Francis Fukuyama) 같은 학자들이 사회주의 체제의 몰락에 팡파르를 울리며 '역사의 종언'을 공언했을 때만 하더라도, 압축적이긴 하지만 매사 서구의 자취를 뒤늦게 쫓고 있었던 한국 사회에서는 아직 사회주의의 몰락을 극적으로 체감하지 못했다. 1980년대에 삼저호황(三低好況)과 민주화 운동이라는 한국식 이중혁명을 경험한 한국 사회는 1990년대 들어서야 비로소 민주주의의 형식적 완성과 자본주의 발전의 고도화라는 '부르주아적 모순' 단계에 들어설 참이었다. 그다음에는 말할 것도 없이 노동운동과 진보정치를 중심으로 하는 실질적 민주주의의 심화와 사회적 경제의 발전이 뒤따라야 했다. 그 최종적 종착지가 꼭 사회주의일 필요는 없었지만 아직 한국 사회에는 맑스가 필요했던 것이다. 그러나 1990년대 말 갑작스럽게 외환 위기가 찾아왔고, 나라가 망했다는 굴욕과 세기말의 어수선함 속에서 21세기에 들어서고 보니 어느덧 신자유주의가 '뉴노멀'(new normal)인 시대가 시작되었다. 하나로 뭉친 유럽 국가들의 번영과 중국의 굴기, 그리고 월스트리트와 실리콘밸리를 앞세운 미국의 눈부신 성장 속에서 한국도 세계화의 단물을 단단히 빨아먹고 세계 10대 경제 대국으로 부상했다. 그러나 머지않아 자본주의의 탁월성 덕분인 줄 알았던 신자유주의 시대의 번영이 고삐 풀린 금융과 빚잔치의 결과임을 알게 되었다. 2008년 금융공황으로 세계는 신자유주의의 미몽에서 깨어났다.

달콤했던 만큼 환멸도 컸다. 그리고 그 결과는 정치적 혼동과 경제적 대안의 부재였다. 번영에 가려졌던 불균형의 문제가 적나라하게 드러났다. 금융과 실물 사이, 선진국과 개발도상국 사이, 초거대기업과 나머지 기업들 사이, 공급과 수요 사이, 그리고 그냥 부자와 가난한 사람 사이 등, 모든 분야에 불균형이 만연했지만 이를 해결할 수 있는 새로운 경제 패러다임이나 시장의 원리 같은 것은 보이지 않았다. 복잡한 기술적 문제를 알지 못하는 평범한 사람들의 분노는 정치를 향해 폭발했다. 특히나 겉으로는 위선과 가식으로 '정치적 올바름'을 강요하면서 뒤로는 온갖 실리를 다 챙기는 것으로 보였던 자유주의적이고 코즈모폴리턴적인 엘리트들, 다시 말해 사회정의를 내세우면서 신자유주의 시대의 단물을 독차지한 좌파연하는 기득권자들이 분노의 대상이었다. 그 결과 '정치적 올바름'을 노골적으로 조롱하는 포퓰리즘과 적나라한 욕망의 정치가 전면에 부상했다. 러시아는 사이버 공격을 통해 서구의 민주주의를 유린했고, 극우 언론들과 정치인들의 막무가내식 선동 끝에 영국은 유럽연합을 탈퇴했으며, 이러한 정치적 퇴행의 정점에는 당연히 트럼프(Donald Trump)의 당선이라는 일대 사건이 있었다.

그러나 대중의 분노를 먹고 급성장한 포퓰리즘과 욕망의 정치는 어떠한 측면에서도 미래를 위한 진정한 대안이 될 수 없다. 이는 처음부터 너무나 분명한 진실이었지만 한동안 그 위세에 짓눌려 논의되지 못하다가 갑작스럽게 시작된 '코로나19 팬데믹' 시대에 돌연 새롭게 발견된 진리인 양 회자되기 시작했다. 코로나19의 대유행은 편을 갈라 으르렁거리던 사람들에게, 마치 '설국열차' 안에서 계급투쟁에 골몰하던 사람들이 열차가 서면 모든 것이 끝난다는 새삼스러울 것도 없는 진실을 깨달은 것과 같은 각성을 '선물'했다. 코로나19가 전대미문의 대재앙인지는 모르겠으나, 인간의 욕망과 당파심으로는 어찌할 수 없는 외부적 위협임은 분명하다. 그리고 보니 그런 외부적 위협이 한두가지가 아님을 불현듯 많은 사람들이 깨닫기 시작했다. 기후변화, 에너지 고갈, 식량문제, 해양오염, 쓰레기 처리, 생물 다양성의 고갈 같은 환경문제는 물론이고, 자산 시장의 거품, 극도로 불평등한 부의 분배, 공권력의 사유화와 민주주의의 형해화, 자본 축적의 고도화에 따른 일자리 감소, 성장동력의 고갈, 그리고 빅데이터·인공지능·로봇 등 첨단 기술의 발전이 가져올 인간 소외와 존엄의 문제 등, 인류가 공동으로 직면한 문제가 산적해 있었다.

이 모든 문제를 돌파할 수 있는 어떤 기술적 해결책이 존재한다면 그것이 아무리 달성하기 어려운 과제라 하더라도 희망을 가지고 도전해볼 수 있을 것이다. 그러나 인류의 역사는 한번도 그런 판타지를 허용한 적이 없다. 유발 하라리(Yuval Harari)의 말마따나 인간은 상상을 공유하고 허구를 기획하는 방식으로 역사를 발전시켜왔다. 거기서 바로 종교가 나오고 이데올로기가 등장한 것이다. 그렇다면 현실 사회주의의 혁명과 자유주의의 섭리로도 해결하지 못한 내적 불균등의 문제를 잔뜩 짊어지고 있는 인류가, 인류 전체를 무차별적으로 위협하는 산적한 외부적 위협들 앞에서 상상해낼 수 있는 새로운 희망의 서사는 무엇인가? 마이크 데이비스(Mike Davis)라는 노학자가 사회주의와는 가장 거리가 멀다는 미국 땅에서 다시 맑스를 꺼내 들어 우리를 당혹스럽게 하는 근본적인 이유도 아마 어떤 식으로든 이러한 인식을 공유하기 때문이 아닐까?

물론 여전히 맑스를 진리의 담지자로 보는 사람들이 존재하며, 데이비스 또한 본인의 연구를 혁명적 실천의 진리를 발견하겠다는 오래된 맑스주의 전통의 연장선상에서 규정하고 있는지도 모르겠다. 그러나 오늘날 인류가 직면하고 있는 대내외적 외협은 전통적인 맑스주의의 범주를 크게 넘어서는 분야에 걸쳐 있다. 그러니 일단 진리니 과학이니 하는 오만은 접어두고 더 '겸손'한 자세로, 오래된 맑스주의를 재료 삼아 '희망의 부활'과 '대안의 재구성'을 시도하는 노학자의 진지한 여정을 따라가 보자.

주로 자본주의와 세계화의 문제에 골몰해온 마이크 데이비스는 그의 대표작이라 할 수 있는 도시사 연구서『슬럼, 지구를 뒤덮다』(돌베개 2007)를 비롯해 여러 책들이 국내에 번역되어 소개된 바 있어 그다지 낯설지 않은 인물이다. 그는 역사학과 사회학에 두루 통달한 역사사회학자로 볼 수 있으며, 맑스주의 전통의 정치경제학과 노동사, 그리고 도시생태학 또는 도시사회학으로 분류될 수 있는 주제를 주로 다뤄왔다. 따라서 한평생 맑스의 문헌만 파온 그런 유형의 맑스주의자와는 거리가 멀뿐더러, 그 스스로도 밝히고 있듯이 오히려 꽤나 오랫동안 맑스의 원전과는 담을 쌓고 지내왔다고도 볼 수 있다. 그런 의미에서 이 책은 맑스의 문제의식으로 새로운 영역을 개척하는 데 평생을 바쳐온 맑스주의 연구자가 다시 맑스의 원전으로 돌아가 맑스주의를 우리 시대에 필요한 변혁의 서사로서 재구성하려 한 시도라고 볼 수 있다.

이 책은 서론을 제외하면 네개의 장으로 구성되어 있다. 1장과 2장에서는 다시 맑스의 원전으로 돌아가, 그동안 맑스주의 연구 전통에서 소홀히 다뤄온 부분과 재해석의 여지가 있는 개념이나 이론적 측면을 발굴하는 데 집중한다. 분량상 압도적으로 많은 비중을 차지하는 1장에서는 노동사 연구의 전통들을 다시 되짚어내면서, 혁명적 주체라는 개념을 어떻게 재구성해낼 것인가라는 맑스주의의 오래된 이론적 난제를 현대적 맥락에서 다시 끄집어낸다. 그러나 저자는 단순히 과거의 논의들을 되풀이하는 데 머무르지 않고 오늘날 도시 인구의 절대 다수를 차지하는 반실업 상태의 '비공식 프롤레타리아트'를 새로운 혁명적 주체로 '격상'시키는 미래지향적 서사의 필요성을 제기한다. 2장에서는 많은 연구자들이 맑스주의의 이론적 공백으로 지적해왔던 맑스주의 정치학과 특히 민족주의의 문제를 다룬다. 저자는 맑스주의가 민족주의의 고유성을 포착하지 못한다고, 심지어 맑스주의에는 정치학이라 할 만한 것이 아예 존재하지 않는다고 보는 오래된 편견들을 통렬히 비판하면서, 진정한 맑스주의 정치학을 복원하기 위해서는 당대 사건들에 대한 맑스의 통찰이 담긴 광범위한 논평들에 주목하여 저널리스트이자 전략가인 맑스를 되살려내야 한다고 주장한다.

본론의 2부에 해당하는 3장과 4장에서는 기후변화와 도시화라는 저자 고유의 관심 분야로 맑스주의의 확장을 시도한다. 3장은 사회주의 성향의 아나키스트이면서 훈련받은 지리학자로 러시아의 '붉은 대공'이라는 별명을 지닌 끄로뽀뜨낀을 다룬다. 그는 유라시아 내륙이 장기간에 걸쳐 오랜 건조화 과정을 지나왔다는 '건조화 가설'을 제기했는데, 이는 기후변화 문제를 과학적으로 규명하고자 했던 최초의 시도들 가운데 하나였다. 문제는 끄로뽀뜨낀의 진지한 과학적 가설이 엘즈워스 헌팅턴 같은 사람들에 의해 통속화되고 심지어 기괴한 과학적 인종주의로 변질되면서, 역사기후학이라는 중요한 분야가 오랫동안 과학계와 역사학계 양쪽 모두로부터 외면받는 결과를 낳았다는 것이다. 그리고 그러한 공백의 여파로 지금 인류는 지질학적 인류세에 들어선 이후에도 기후변화와 생태위기에 대해 심각할 정도로 지적·윤리적 '진공상태'에 머물러 있다. '누가 방주를 지을 것인가?'라는 묵시록적 물음을 던지는 4장에서는, 역설적으로 자본주의와 세계화의 모순이 집약되어 등장한 초기대도시들과 그 도시의 거주민인 반실업 상태의 비공식 프롤레타리아들이야말로 불평등과 생태위기에 직면한 인류를 구원해줄 유일한 '설국열차'일 수도 있음을 이야기한다. 제러미 리프킨(Jeremy Rifkin)이 인류를 거대해진 탄소발자국으로부터 구원할 돌파구로 기술혁명과 스마트 그린뉴딜을 제시했다면, 맑스주의자 데이비스는 민주적 공공성을 회복한 인민의 도시적 삶의 전통이야말로 인류를 구원할 유일한 방주라고 이야기한다.

이 책을 접하게 될 국내의 독자들에게 이 책이 전하고자 하는 궁극적인 메시지는 무엇일까? 어떤 사람들에게는 지금 인류가 위기를 겪고 있다는 외침이 양치기 소년의 외침처럼 들릴 수도 있다. 사실 모든 시대의 증인들은 늘 자신들의 실존적 위기를 이야기하기 마련이니 그런 생각이 틀렸다고 단정할 수도 없다. 문제는 지금 우리에게 이 위기로부터 감히 우리를 구원해준다고 이야기하는 '담론'이든, '철학'이든, '컨센서스'든, '이데올로기'든 그 무언가가 존재하느냐 하는 점이다. 왜냐하면 우리는 호모사피엔스이며, 실존하지 않는 것에 대한 공감적 상상으로 살아가는 존재이기 때문이다.

찾아보기

인류세 시대의 맑스
불평등과 생태위기에 관하여

초판 1쇄 발행 / 2020년 10월 16일
초판 2쇄 발행 / 2020년 11월 24일

지은이 / 마이크 데이비스
옮긴이 / 안민석
펴낸이 / 강일우
책임편집 / 김새롬 김유경
조판 / 박아경
펴낸곳 / (주)창비
등록 / 1986년 8월 5일 제85호
주소 / 10881 경기도 파주시 회동길 184
전화 / 031-955-3333
팩시밀리 / 영업 031-955-3399 편집 031-955-3400
홈페이지 / www.changbi.com
전자우편 / human@changbi.com

한국어판 ⓒ (주)창비 2020
ISBN 978-89-364-8674-7 93330